"十二五"普通高等教育本科国家级规划教材

高等学校经济学类核心课程教材

计量经济学

（第五版）

学习指南与练习

潘文卿　李子奈　编著

高等教育出版社·北京

内容简介

本书完全按照教育部面向21世纪课程教材——《计量经济学（第五版）》的内容体系编写，各章主要根据经典单方程计量经济学模型、时间序列计量经济学模型、非经典截面数据计量经济学模型等相对应的章节，编写了内容提要与学习指南、典型例题分析、教材练习题及参考解答三部分主体内容。内容提要与学习指南列出了各章的知识结构，归纳了主要学习内容，提示了学习要点与应关注的问题，并对典型例题与教材练习题中所要关注的知识点进行了总结与提炼。典型例题分析对各章的典型题型作了较为详细的分析与解答，它包括了教材内容中由于篇幅限制只给出相关结论而没有细致讨论的问题及其解答过程，也给出了教材没有涉及但在计量经济学的学习与对相关知识的深入理解方面都非常重要的知识点。教材练习题及参考解答提供了各章练习题的参考解答，一些重要的知识点也出现在这部分练习题及其解答中。为了加深和巩固计量经济学的相关知识，本书还补充了一部分练习题以提供更多的练习机会，同样地，我们也给出了补充练习题的参考解答。

本书无论对于相关专业学生，还是对于从事经济学研究和经济分析领域的其他人员，都是一本具有操作性与实用性的读物。

图书在版编目（CIP）数据

计量经济学（第五版）学习指南与练习/潘文卿，李子奈编著.--北京：高等教育出版社，2021.3（2023.7重印）
ISBN 978-7-04-055412-0

Ⅰ.①计… Ⅱ.①潘… ②李… Ⅲ.①计量经济学-高等学校-教学参考资料 Ⅳ.①F224.0

中国版本图书馆CIP数据核字（2021）第015258号

Jiliang Jingjixue（Di-wu Ban）Xuexizhinan Yu Lianxi

策划编辑 施春花　责任编辑 施春花 李斐琳　封面设计 张 志　版式设计 杨 树
插图绘制 于 博　责任校对 张 薇　责任印制 耿 轩

出版发行 高等教育出版社
社　　址 北京市西城区德外大街4号
邮政编码 100120
印　　刷 捷鹰印刷（天津）有限公司
开　　本 787mm × 1092mm 1/16
印　　张 18.75
字　　数 440千字
购书热线 010-58581118
咨询电话 400-810-0598
网　　址 http://www.hep.edu.cn
　　　　 http://www.hep.com.cn
网上订购 http://www.hepmall.com.cn
　　　　 http://www.hepmall.com
　　　　 http://www.hepmall.cn
版　　次 2021年3月第1版
印　　次 2023年7月第5次印刷
定　　价 42.00元

物 料 号 55412-00

前言

计量经济学作为经济学科最重要的方法论课程在中国高等教育中已受到越来越多的关注与重视，它与微观经济学、宏观经济学一道成为经济学科的“三大支柱”。当前，国内各高等院校的经济学类与管理类学科几乎全部开设了不同层次的计量经济学课程。

由于计量经济学是一门集经济学、统计学与数学为一体的交叉性学科，经济学类与管理类的学生在学习中常常感到有较大困难。这些困难一方面表现在对计量经济学理论的理解与把握上，另一方面表现在运用计量经济学的技术手段对现实问题的分析应用上。为此，对理论的提炼与梳理以及必要的应用练习在克服上述困难方面显得格外重要。

在教学过程中我们发现，由于计量经济学自身的知识体系庞杂，而大多数计量经济学教材是在有限的时间与篇幅里讲解计量经济学的基础理论体系，因此不可能覆盖所有的知识点。同时，计量经济学涉及较多的数学与统计学等数理知识，而有些数理知识本身就呈现推理冗长难懂的特征，因此大多数计量经济学教材都将相关结论性的知识点列入，而将其推理过程略去。这样做可使该课程的教授与学习更好地保持计量经济学自身理论逻辑的连贯性，从而使学生感觉是在学习经济学而不是数学或统计学。当然，当学习到有关知识点后，大多数学生自然也想了解相关的推理过程，以便对所学内容有更深入的理解与把握。针对上述情况，受高等教育出版社委托，我们在对《计量经济学（第四版）》教材进行全面修订的同时，也修订了其配套教材《计量经济学（第四版）学习指南与练习》，以期帮助学生深入、透彻地理解和掌握计量经济学的基本理论，并在练习中更好地应用理论。

这本《计量经济学（第五版）学习指南与练习》完全按照教育部面向21世纪课程教材《计量经济学（第五版）》的全新内容体系编写。各章包括内容提要与学习指南、典型例题分析、教材练习题及参考解答三部分主体内容。内容提要与学习指南首先以结构图的形式列出了每一章的知识结构，之后对每章的主要学习内容作了简要的归纳与总结，提示了教材的学习要点与应关注的问题，最后对典型例题与教材练习题中所要关注的知识点进行了总结与提炼，以帮助学生在使用教材时明确相关的知识内容。典型例题分析对每一章挑选的典型题型作了较为详细的分析与解答，所选例题中包括了教材内容中由于篇幅限制只给出相关结论而没有细致讨论的问题，也给出了教材没有涉及但在计量经济学的学习与对相关知识的深入理解方面都非常重要的知识点。教材练习题及参考解答是对教材中每章练习题的参考解答。同样地，针对教材中一些没有展开讨论的问题，有的以练习的方式出现在每章的练习题及其解答中，它们对计量经济学基本理论的把握和巩固很有帮助。除此之外，本书还精选了一部分补充练习题并给出了参考解答，目的是增加练习量以达到对课程内容的熟练掌握。

本书是教育部面向21世纪课程教材《计量经济学(第五版)》的配套读本,当然也可以独立成册。本书除内容提要与学习指南部分概括、提炼每一章的学习重点外,还在练习题部分设置了概念辨析、思考问答、推理证明与计算分析四大类题型。所有计算题都采用较新的Eviews9.0软件完成。书中的相关习题解答部分都给出了Eviews9.0软件下的详细操作步骤。因此,无论对于在校学生,还是对于从事经济学研究和经济分析领域的其他人员,本书都是一本更具操作性与实用性的读物。

由于我们的水平有限,对计量经济学的理解和掌握难免存在一定的局限性。因此,本书可能存在不妥甚至错误之处,恳请读者批评指正,以便对其不断进行修正与完善。

潘文卿、李子奈
2020年10月于清华大学

目录

第一章

绪论

一、内容提要与学习指南

1. 知识结构

- 绪论
  - 计量经济学概念与内容体系
    - 计量经济学基本概念
    - 计量经济学模型
    - 计量经济学的性质
      - 经济学科
      - 经济学方法论学科
      - 计量经济学方法论
    - 计量经济学内容体系分类
      - 广义与狭义计量经济学
      - 初级、中级、高级计量经济学
      - 理论与应用计量经济学
      - 经典与非经典计量经济学
      - 微观与宏观计量经济学
  - 计量经济学建模步骤
    - 设定理论模型：选择变量、确定函数形式、拟定参数期望值
    - 收集样本数据：明确数据类型、保障数据质量
    - 估计模型参数：识别模型、选择估计方法
    - 进行模型检验：经济意义检验、统计检验、计量检验、预测检验
  - 计量经济学模型的应用
    - 结构分析
    - 经济预测
    - 政策评价
    - 检验与发展经济理论

2. 学习指南

本章是全课程的纲,主要介绍计量经济学的基本概念、经典计量经济学模型的建模步骤和要点,以及计量经济学模型的应用三方面的内容。

计量经济学是经济学的一个重要分支,以揭示经济活动中客观存在的数量关系的理论与方法为主要内容,其核心是建立计量经济学模型。计量经济学的内容体系包括广义计量经济学和狭义计量经济学,理论计量经济学和应用计量经济学等,有初级、中级与高级三个层次。计量经济学在经济学科中已占据了重要的地位。

计量经济学是一门经济学科,更进一步说,计量经济学是一门经济学方法论学科。计量经济学的产生和迅速发展,集中体现了归纳法或者说经验检验在经济学研究中的兴起。然而,不应由此而简单地断言,计量经济学仅仅是经验归纳法。计量经济学应用研究包含两大基本步骤:设定模型和检验模型,前者属于演绎法的范畴,后者则属于归纳法的范畴。因此,计量经济学既是归纳的,又是演绎的,演绎推理和归纳推理是紧密结合在一起的,这种结合不仅意味着彼此补充,也导致了彼此限制。而传统的计量经济学教科书,都是以模型估计和检验方法作为核心内容,甚至是全部内容。也就是说,计量经济学课程所讲授的,并不是计量经济学模型方法的全部,只是其中的一部分。

计量经济学的建模步骤包括理论模型的设定、样本数据的收集、模型参数的估计与模型的检验四个方面。理论模型的设定是建立计量经济学模型的第一步,包括选择变量,确定变量间的数学关系,以及拟定模型中参数的数值范围。在样本数据的收集阶段,主要关注数据类型与数据质量,它们对所建模型的好坏有着较大的影响。模型参数的估计是建立计量经济学模型的核心,涉及对模型的识别、估计方法的选择等多个方面。模型的检验包括经济意义检验、统计检验、计量检验以及预测检验等。一个成功的计量经济学模型离不开对经济理论的深刻领会和对建模方法的熟练掌握,并要收集加工出高质量的统计数据。经济理论、建模方法与高质量的数据是计量经济学模型成功的三要素。

计量经济学模型的应用主要涉及四个方面:结构分析、经济预测、政策评价,以及检验与发展经济理论。结构分析就是对经济现象中变量间关系所进行的研究,主要方法有弹性分析、乘数分析与比较静力分析。经济预测包括短期预测与中长期预测。政策评价主要指研究不同的政策对经济运行的影响,并从中选择相对适当的政策的一种模拟性试验,起到“经济政策实验室”的作用。检验与发展经济理论则是通过实际数据考察理论的适用性并发展新的适用的经济学理论。

二、教材练习题及参考解答

1. 什么是计量经济学?计量经济学方法与一般经济数学方法有什么区别?

解答 计量经济学是经济学的一个分支学科，以揭示经济活动中客观存在的数量关系为主要内容，是由经济理论、统计学和数学三者结合而成的交叉性学科。

计量经济学方法揭示经济活动中具有因果关系的各因素间的定量关系，它用随机性的数学方程加以描述；而一般经济数学方法揭示经济活动中各因素间的理论关系，更多地用确定性的数学方程加以描述。

2. 计量经济学的研究对象和内容是什么？计量经济学模型研究的经济关系有哪两个基本特征？

解答 计量经济学的研究对象是经济现象，主要研究经济现象中的具体数量规律，换言之，计量经济学是利用数学方法，根据统计或调查测定的经济数据，对反映经济现象本质的经济数量关系进行研究。计量经济学的内容大致包括两个方面：一是方法论，即计量经济学方法或理论计量经济学；二是应用，即应用计量经济学。无论是理论计量经济学还是应用计量经济学，都包括理论、方法和数据三要素。

计量经济学模型研究的经济关系有两个基本特征：一是随机关系，二是因果关系。

3. 为什么说计量经济学模型研究是演绎和归纳的结合？

解答 计量经济学的产生和迅速发展，集中体现了归纳法或者说经验检验在经济学研究中的兴起。计量经济学模型研究包含两大基本步骤：设定模型和检验模型。前者是由一定的前提假设出发，经由逻辑变形而导出可检验的理论假说，并将之形式化为数理模型，属于演绎法的范畴；后者则是依托于样本数据，对模型进行回归估计和统计检验，并根据检验结果作出在一定概率水平上接受或拒绝原理论假说的判断，属于归纳法的范畴。如果缺少前一个步骤，而仅仅从事经济数据的调查、收集、整理和统计分析，那就不再是计量经济学，而是经济统计学的工作；如果缺少后一个步骤，而仅仅对经济变量之间的逻辑关系进行数理推导，那也不是计量经济学，而是数理经济学的工作。计量经济学综合了上述两个步骤，将抽象演绎法和经验归纳法有机结合，或者说，它既是归纳的，又是演绎的。

在计量经济学模型研究中，演绎推理和归纳推理是紧密结合在一起的，这种结合不仅意味着彼此补充，也导致了彼此限制。由于计量研究中归纳推理的作用在于检验演绎推理得出的理论假说，故而演绎阶段对归纳阶段形成了根本性的限制。当然，归纳阶段反过来也会对演绎阶段形成极大限制。从模型的基本形式到变量的选择，甚至最初研究主题的确定，都要受到既定的数据条件和已有的计量分析方法的局限。所以说，演绎法和归纳法是计量经济学的两翼，缺一不可，不能偏废。

4. 建立与应用计量经济学模型的主要步骤有哪些？

解答 建立与应用计量经济学模型的主要步骤如下：① 设定理论模型，包括选择模型所包含的变量，确定变量之间的数学关系和拟定模型中待估参数的数值范围；② 收集样本数据，要考虑样本数据的完整性、准确性、可比性和一致性；③ 估计模型参数；④ 检验模型，包括经济意义检验、统计检验、计量检验和预测检验。

5. 计量经济学模型主要有哪些应用领域？各自的原理是什么？

解答 计量经济学模型主要有以下几个方面的应用：

（1）结构分析，即研究一个或几个经济变量发生变化及结构参数的变动对其他变量乃至整个经济系统产生何种影响，其原理是弹性分析、乘数分析与比较静力分析；

（2）经济预测，即进行中短期经济的因果预测，其原理是模拟历史，从已经发生的经济活动中找出变化规律；

（3）政策评价，即利用计量经济学模型定量分析政策变量变化对经济系统运行的影响，是对不同政策执行情况的“模拟仿真”；

（4）检验与发展经济理论，即利用计量经济学模型和实际统计资料实证分析某个理论假说正确与否，其原理是如果按照某种经济理论建立的计量经济学模型可以很好地拟合实际观察数据，则意味着该理论是符合客观事实的，否则，则表明该理论不能解释客观事实。

6. 模型的检验包括几个方面？其具体含义是什么？

解答 模型的检验主要包括经济意义检验、统计检验、计量检验和模型的预测检验四个方面。在经济意义检验中，需要检验模型是否符合经济意义，检验求得的参数估计值的符号与大小是否与根据人们的经验和经济理论所拟订的期望值相符合；在统计检验中，需要检验模型参数估计值的可靠性，即检验模型的统计学性质；在计量检验中，需要检验模型的计量性质，包括随机干扰项的序列相关性检验与异方差性检验、解释变量的多重共线性检验与内生性检验、模型设定的偏误性检验等；模型的预测检验主要检验模型参数估计量的稳定性及样本容量发生变化时的灵敏度，以确定所建立的模型是否可以用于样本观测值以外的范围。

7. 下列假想模型是否属于揭示因果关系的计量经济学模型？为什么？

（1）$S_t=112.0+0.12R_t$，其中 S_t 为第 t 年农村居民储蓄增加额（单位：亿元），R_t 为第 t 年城镇居民可支配收入总额（单位：亿元）。

（2）$S_{t-1}=4\ 432.0+0.30R_t$，其中 S_{t-1} 为第 $t-1$ 年底农村居民储蓄余额（单位：亿元），R_t 为第 t 年农村居民纯收入总额（单位：亿元）。

解答 （1）不是。因为农村居民储蓄增加额应与农村居民可支配收入总额有关，而与城镇居民可支配收入总额之间没有因果关系。

（2）不是。第 t 年农村居民的纯收入对当年及以后年份的农村居民储蓄有影响，但并不对第 $t-1$ 年的储蓄产生影响。

8. 指出下列假想模型中的错误，并说明理由：

$$RS_t=8\ 300.0-0.24RI_t+1.12IV_t$$

其中，RS_t 为第 t 年社会消费品零售总额（单位：亿元），RI_t 为第 t 年居民收入总额（单位：亿元）（城镇居民可支配收入总额与农村居民纯收入总额之和），IV_t 为第 t 年全社会固定资产投资总额（单位：亿元）。

解答 一是居民收入总额 RI_t 前参数的符号有误，应是正号；二是全社会固定资产投资总额 IV_t 这一解释变量的选择有误，它对社会消费品零售总额没有直接的影响。

第二章

经典单方程计量经济学模型：一元线性回归模型

一、内容提要与学习指南

1. 知识结构

- 一元线性回归模型
  - 回归分析概述
    - 回归分析基本概念
      - 变量间的相互关系
      - 相关分析与回归分析
    - 总体回归函数与总体回归模型
    - 样本回归函数与样本回归模型
    - 随机干扰项与样本残差
  - 模型的参数估计
    - 基本估计方法：OLS 估计
    - 拟合优度检验：R^2 统计量
  - 模型的基本假设与 OLS 估计量的统计性质
    - 模型的基本假设
      - 对模型的假设
      - 对解释变量的假设
      - 对随机干扰项的假设
    - OLS 估计量的统计性质
      - 小样本性质
      - 大样本性质
  - 模型的统计检验
    - OLS 估计量的概率分布
    - 变量的显著性检验：t 统计量
    - 参数的置信区间
  - 模型的应用：预测
    - 点预测：总体均值与个值的无偏预测
    - 区间预测：总体均值与个值的区间预测

2. 学习指南

本章介绍了回归分析的基本思想与基本方法。首先,本章从总体回归模型与总体回归函数、样本回归模型与样本回归函数这两组概念出发,给出了回归分析的基本思想。总体回归模型是被解释变量与解释变量间定量关系的一种描述方式,这一描述的最大特征是引入了一个被称为随机扰动项或随机干扰项的随机变量,它本质上是其他影响着被解释变量但又未包含在模型中的所有因素的"综合体"。总体回归函数是对总体变量间关系的另一种更"简洁"的定量表述方式,描述的是被解释变量的条件期望与解释变量间的某种确定的函数关系,由总体回归模型在随机干扰项的条件期望为零的基本假设下得到。逻辑上,总体回归模型刻画了变量间关系的全部信息,而回归函数则只刻画被解释变量的"平均"状态与解释变量间的关系,前者的信息更"全面"但也更"庞杂",不易把握,后者的信息更"综合"因此也更"简洁",由此也成为计量经济学中主要的表述变量间因果关系的工具。当然,由于"总体"未知的原因,在现实中往往观察到的是总体中的一个样本,因此实际是在样本回归模型下获得样本回归函数,并用它对总体回归函数做出统计推断。

本章学习的第一个重点是如何获取线性的样本回归函数,主要介绍了计量经济学中最重要、最基本的估计方法:普通最小二乘法(OLS)。这一方法将贯穿计量经济学学习的始终。尤其是在初级阶段,普通最小二乘法显得格外重要,需要重点掌握。普通最小二乘法能够保证所得到的样本回归线最大可能地"拟合"样本点,而拟合的程度可以通过可决系数(R^2)来测度。

本章学习的第二个重点是对总体回归模型的基本假设,以及 OLS 估计量的统计性质。在计量经济学的模型估计中,OLS 为什么会被作为最重要的一个方法而首先被介绍呢?除了最小二乘原理操作简单、容易被理解之外,一个重要的原因在于,该方法得到的参数估计量在一些基本假设下具有良好的统计性质。因此,需要掌握对模型给出了哪些基本假设,以及在这些假设下,OLS 估计量的小样本统计性质与大样本统计性质。教材涉及的对模型的基本假设包括了对模型设定的假设、对解释变量的假设和对随机干扰项的假设 3 种类型的 5 个假设。在基本假设成立的条件下,OLS 估计量具有良好的小样本性质:线性性、无偏性、有效性。高斯-马尔可夫定理表明,只要总体回归模型满足前 4 个基本假设,OLS 估计量就是最佳线性无偏估计量(BLUE)。而在大样本下,重点考察的是估计量的一致性,这时在放松一些基本假设的条件下,也能保证 OLS 估计量具有的一致性。

本章学习的第三个重点是通过样本回归函数对总体的某些特征进行统计推断,即进行所谓的统计检验。统计推断或统计检验主要包括两个方面:一是变量的显著性检验,即检验解释变量对被解释变量是否存在着显著的线性影响关系,通过变量的 t 检验完成;二是考察总体参数的"置信区间",即通过总体参数的样本估计值寻找参数某一置信度下可能取值的区间范围,它也在一定程度上是对样本回归函数与总体回归函数"接近"程度的检验。

本章最后还对运用样本回归函数进行预测的相关问题进行了简单讨论,包括被解释变量条件均值与个值的预测、预测置信区间的计算及其变化特征等。

3. 典型例题与教材练习题知识点

在下面的典型例题分析与教材练习题的解答分析中，还有如下内容需要关注，它们在教材中没有特别提及或只给出了结论，但在计量经济学的学习与对相关知识的深入理解方面是非常重要的。

第一，改变被解释变量的计量单位或解释变量的计量单位，会改变参数的估计结果和变量的拟合优度吗？

第二，对解释变量进行线性变换，如乘以或加上一个非零常数会改变模型参数的估计值以及拟合状况吗？

第三，当模型中不包含常数项时的回归称为"过原点回归"（regression through the origin），过原点回归的 OLS 估计会出现什么样的变化？

第四，在一个样本下的 OLS 估计是通过使得样本回归模型的残差平方和最小化完成的。与该残差有关的一些数值特征称为 OLS 估计的"数值性质"（numerical properties），如残差和为零，残差项与解释变量不相关，残差项与估计的被解释变量不相关等，它们是如何推导出的？

第五，教材指出，在满足高斯基本假设的情况下，一元线性回归模型参数的 OLS 估计量是最佳线性无偏估计量，并证明了线性性与无偏性。那么最小方差性应如何证明呢？

第六，教材给出了一元线性回归模型随机干扰项方差的估计量表达式，如何推导此表达式？

第七，教材在给出一元线性回归模型预测的置信区间时用到了截距项与斜率项估计量的协方差的表达式，又该如何推导该表达式？

二、典型例题分析

例 1

令 Y 表示一名妇女生育孩子的生育率，X 表示该妇女接受过教育的年数。生育率对教育年数的简单回归模型为

$$Y=\beta_0+\beta_1 X+\mu$$

（1）随机扰动项 μ 包含什么样的因素？它们可能与教育水平相关吗？

（2）上述简单回归分析能够揭示教育对生育率在其他条件不变下的影响吗？请解释。

解答　（1）收入、年龄、家庭状况、政府的相关政策等也是影响生育率的重要因素，在上述简单回归模型中，它们被包含在了随机干扰项 μ 之中。有些因素可能与教育水平相关，如

收入水平与教育水平往往呈正相关、年龄大小与教育水平呈负相关等。

(2) 当归结在随机干扰项 μ 中的重要影响因素与模型中的教育水平 X 相关时,上述回归模型不能够揭示教育对生育率在其他条件不变下的影响,因为这时出现解释变量与随机干扰项相关的情形,违背了基本假设。

例 2

已知回归模型 $E=\alpha+\beta N+\mu$,式中 E 为某类公司一名新员工的起始薪金(单位:元),N 为受教育水平(单位:年)。随机干扰项 μ 的分布未知,其他所有假设都满足。

(1) 从直观及经济角度解释 α 和 β。

(2) OLS 估计量 $\hat{\alpha}$ 和 $\hat{\beta}$ 满足线性性、无偏性及有效性吗? 简单陈述理由。

(3) 对参数的假设检验还能进行吗? 简单陈述理由。

解答 (1) $\alpha+\beta N$ 为接受过 N 年教育的员工的总体平均起始薪金。当 N 为零时,平均薪金为 α,因此 α 表示没有接受过教育的员工的平均起始薪金。β 是每单位 N 变化所引起的 E 的变化,即表示每多接受一年学校教育所对应的薪金增加值。

(2) OLS 估计量 $\hat{\alpha}$ 和 $\hat{\beta}$ 仍满足线性性、无偏性及有效性,因为这些性质的成立无需随机干扰项 μ 的正态分布假设。

(3) 如果 μ 的分布未知,则所有的假设检验都是无效的。因为 t 检验与 F 检验是建立在 μ 的正态分布假设之上的。

例 3

在例 2 中,如果被解释变量新员工起始薪金的度量单位由元改为百元,估计的截距项与斜率项有无变化? 如果解释变量所受教育水平的度量单位由年改为月,估计的截距项与斜率项有无变化?

解答 首先考察被解释变量度量单位变化的情形。以 E^* 表示以百元为度量单位的薪金,则

$$E^*=\frac{E}{100}$$

由此有如下新模型

$$E^*=\frac{\alpha}{100}+\frac{\beta N}{100}+\frac{\mu}{100}$$

或

$$E^*=\alpha^*+\beta^*N+\mu^*$$

这里 $\alpha^*=\frac{\alpha}{100},\beta^*=\frac{\beta}{100}$。即估计的截距项与斜率项均为原始模型回归系数的$\frac{1}{100}$。

再考虑解释变量度量单位变化的情形。设 N^* 为用月份表示的新员工受教育的时间长度,则 $N^*=12N$,于是

$$E=\alpha+\beta N+\mu=\alpha+\beta\frac{N^*}{12}+\mu$$

或

$$E=\alpha+\frac{\beta}{12}N^*+\mu$$

可见，估计的截距项不变，而斜率项将为原回归系数的$\frac{1}{12}$。

例 4

假设居民户储蓄（Y）与收入（X）之间可建立如下形式的储蓄模型

$$Y=\beta_0+\beta_1X+\mu,\mu=\sqrt{X}\varepsilon$$

其中，ε 为具有零均值 $\mathrm{E}(\varepsilon)=0$、同方差 $\mathrm{Var}(\varepsilon)=\sigma_\varepsilon^2$ 且与 X 相互独立的随机变量。

（1）该模型满足零均值基本假设 $\mathrm{E}(\mu\mid X)=0$ 吗？

（2）该模型满足同方差基本假设 $\mathrm{Var}(\mu\mid X)=\sigma^2$ 吗？

（3）如果该模型不满足同方差性，试解释随着居民户收入 X 的提高，随机干扰项 μ 的方差是增大还是缩小？

解答（1）由于 ε 与 X 相互独立，则

$$\mathrm{E}(\mu\mid X)=\mathrm{E}(\sqrt{X}\varepsilon\mid X)=\sqrt{X}\mathrm{E}(\varepsilon\mid X)=\sqrt{X}\mathrm{E}(\varepsilon)=\sqrt{X}\cdot 0=0$$

即模型满足零均值基本假设。

（2）由于 ε 与 X 相互独立，则

$$\begin{aligned}\mathrm{Var}(\mu\mid X)&=\mathrm{Var}(\sqrt{X}\varepsilon\mid X)=X\cdot\mathrm{Var}(\varepsilon\mid X)=X\{\mathrm{E}(\varepsilon^2\mid X)-[\mathrm{E}(\varepsilon\mid X)]^2\}\\&=X\{\mathrm{E}(\varepsilon^2)-[\mathrm{E}(\varepsilon)]^2\}=X\cdot\mathrm{Var}(\varepsilon)=X\sigma_\varepsilon^2\end{aligned}$$

这里，虽然 σ_ε^2 为常数，但 $\mathrm{Var}(\mu\mid X)=X\sigma_\varepsilon^2$ 却随 X 的变化而变化，不是常数，因此模型不满足同方差性。

（3）由（2）知 $\mathrm{Var}(\mu\mid X)=X\sigma_\varepsilon^2$，故随机干扰项 μ 的方差会随着居民户收入 X 的提高而增大。事实上，收入低的居民户，其对收入的支配范围往往很有限，其绝大多数收入需要用来购买食品、衣物等生活必需品，不同收入的居民户用于储蓄的额度往往是一个较为固定的小的额度，差异不会太大。但对高收入居民户来说，储蓄的大小在不同居民户间差异很大，有的家庭大部分收入用来消费，储蓄额较低，而有些家庭则可能有较高的储蓄额。

例 5

对没有截距项的一元回归模型

$$Y_i=\beta_1X_i+\mu_i$$

称之为过原点回归。试证明：

（1）如果通过相应的样本回归模型可得到通常的正规方程组

$$\begin{cases}\sum e_i=0\\\sum e_iX_i=0\end{cases}$$

则可以得到β_1的两个不同的估计值：

$$\tilde{\beta}_1=\frac{\bar{Y}}{\bar{X}},\quad \hat{\beta}_1=\frac{\sum X_iY_i}{\sum X_i^2}。$$

（2）在基本假设 $E(\mu_i \mid X)=0$ 下，$\tilde{\beta}_1$与$\hat{\beta}_1$均为无偏估计量。

（3）拟合线 $\hat{Y}=\hat{\beta}_1X$ 通常不会经过均值点$(\bar{X},\bar{Y})$，但拟合线 $\tilde{Y}=\tilde{\beta}_1X$ 则相反。

（4）只有$\hat{\beta}_1$是β_1的 OLS 估计量。

证明　（1）由第一个正规方程 $\sum e_i=0$ 得

$$\sum(Y_i-\tilde{\beta}_1X_i)=0$$

或

$$\sum Y_i=\tilde{\beta}_1\sum X_i$$

求解得

$$\tilde{\beta}_1=\frac{\bar{Y}}{\bar{X}}$$

由第二个正规方程$\sum X_i(Y_i-\hat{\beta}_1X_i)=0$ 得

$$\sum X_iY_i=\hat{\beta}_1\sum X_i^2$$

求解得

$$\hat{\beta}_1=\frac{\sum X_iY_i}{\sum X_i^2}$$

（2）对于$\tilde{\beta}_1=\frac{\bar{Y}}{\bar{X}}$，求条件期望

$$\begin{aligned}E(\tilde{\beta}_1 \mid X)&=E\left(\frac{\bar{Y}}{\bar{X}}\,\middle|\, X\right)=E\left[\frac{\beta_1\bar{X}+\bar{\mu}}{\bar{X}}\,\middle|\, X\right]\\&=E(\beta_1)+E\left(\frac{\bar{\mu}}{\bar{X}}\,\middle|\, X\right)\\&=\beta_1+\frac{1}{\bar{X}}E\left(\frac{1}{n}\sum_i\mu_i \,\middle|\, X\right)\\&=\beta_1+\frac{1}{n\bar{X}}\sum_i E(\mu_i \mid X)=\beta_1\end{aligned}$$

对于$\hat{\beta}_1=\frac{\sum X_iY_i}{\sum X_i^2}$，求关于 X 的条件期望，得

$$\begin{aligned}E(\hat{\beta}_1 \mid X)&=E\left(\frac{\sum X_iY_i}{\sum X_i^2}\,\middle|\, X\right)\\&=\left(\frac{1}{\sum X_i^2}\right)\sum X_iE(Y_i \mid X)=\left(\frac{1}{\sum X_i^2}\right)\sum X_iE[(\beta_1X_i+\mu_i) \mid X]\\&=\left(\frac{1}{\sum X_i^2}\right)\beta_1\sum(X_i^2)+\frac{1}{\sum X_i^2}\sum X_iE(\mu_i \mid X)=\beta_1\end{aligned}$$

（3）要想拟合值 $\hat{Y}=\hat{\beta}_1 X$ 通过点$(\overline{X},\overline{Y})$，$\hat{\beta}_1\overline{X}$ 必须等于 $\overline{Y}$。但 $\hat{\beta}_1\overline{X}=\dfrac{\sum X_iY_i}{\sum X_i^2}\overline{X}$，通常不等于 $\overline{Y}$。这就意味着点$(\overline{X},\overline{Y})$不太可能位于直线 $\hat{Y}=\hat{\beta}_1 X$ 上。

相反地，由于 $\tilde{\beta}_1\overline{X}=\overline{Y}$，所以直线 $\hat{Y}=\tilde{\beta}_1 X$ 经过点$(\overline{X},\overline{Y})$。

（4）OLS 方法要求残差平方和最小

$$\text{Min}\quad \text{RSS}=\sum e_i^2=\sum(Y_i-\hat{\beta}_1X_i)^2$$

将 RSS 对 $\hat{\beta}_1$ 求偏导得

$$\frac{\partial \text{RSS}}{\partial\hat{\beta}_1}=2\sum(Y_i-\hat{\beta}_1X_i)(-X_i)=0$$

即

$$\sum X_i(Y_i-\hat{\beta}_1X_i)=0$$

$$\hat{\beta}_1=\frac{\sum X_iY_i}{\sum X_i^2}$$

可见 $\hat{\beta}_1$ 是 OLS 估计量。

例 6

假设模型为 $Y_i=\alpha+\beta X_i+\mu_i$。给定 n 个观察值(X_1,Y_1)，(X_2,Y_2)，…，(X_n,Y_n)，按如下步骤建立 β 的一个估计量：在散点图上把第 1 个点和第 2 个点连接起来并计算该直线的斜率；如此继续下去，最终将第 1 个点和最后一个点连接起来并计算该条线的斜率。最后对这些斜率取平均值，称之为 $\hat{\beta}$，即 β 的估计值。

（1）画出散点图，给出 $\hat{\beta}$ 的几何表示并推出代数表达式。

（2）计算 $\hat{\beta}$ 的期望值并对所做假设进行陈述。这个估计值是有偏的还是无偏的？解释理由。

（3）证明为什么该估计值不如以前用 OLS 方法所获得的估计值好，并做具体解释。

解答　（1）散点图如图 2-1 所示。

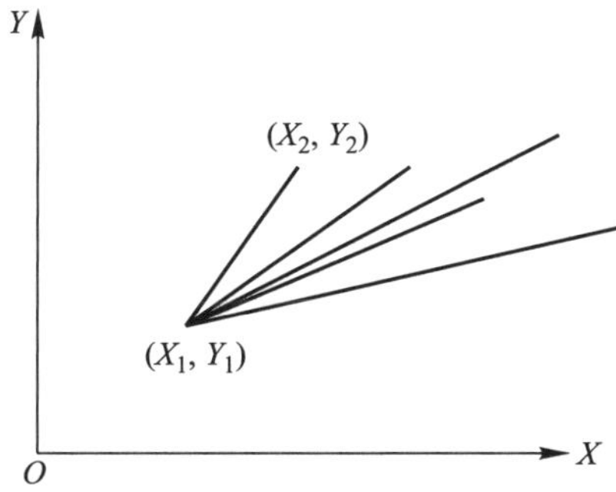

图 2-1　散点图

首先计算每条直线的斜率,而后求平均斜率。连接(X_1,Y_1)和(X_i,Y_i)的直线斜率为$(Y_i-Y_1)/(X_i-X_1)$。由于共有$n-1$条这样的直线,因此

$$\hat{\beta}=\frac{1}{n-1}\sum_{i=2}^{n}\left(\frac{Y_i-Y_1}{X_i-X_1}\right)$$

(2) 因为给定X的样本下,$\mathrm{E}(\mu_i \mid X)=0$,因此

$$\mathrm{E}\left(\frac{Y_i-Y_1}{X_i-X_1}\mid X\right)=\mathrm{E}\left[\frac{(\alpha+\beta X_i+\mu_i)-(\alpha+\beta X_1+\mu_1)}{X_i-X_1}\mid X\right]$$

$$=\beta+\mathrm{E}\left(\frac{\mu_i-\mu_1}{X_i-X_1}\mid X\right)=\beta$$

这意味着求和中的每一项都有条件期望值β,所以平均值也会有同样的条件期望值,表明$\hat{\beta}$是无偏的。

(3) 根据高斯-马尔可夫定理,只有β的 OLS 估计量是最佳线性无偏估计量,因此,这里得到的$\hat{\beta}$的有效性不如β的 OLS 估计量,所以较差。

例 7

对于人均存款(元)与人均收入(元)之间的关系式$S_i=\alpha+\beta Y_i+\mu_i$,使用某年某国 36 个城市的年度数据,得到如下估计模型(括号内为标准差):

$$\hat{S}_i=384.105+0.067Y_i$$
$$(151.105)\quad(0.011)$$
$$R^2=0.538$$

(1) β的经济解释是什么?

(2) α和β的符号是什么?为什么?实际的符号与你的直觉一致吗?如果有冲突,你可以给出可能的原因吗?

(3) 对于拟合优度你有什么看法吗?

(4) 检验是否每一个回归系数都与零显著不同(在 1%水平下)。同时对零假设和备择假设、检验统计值及其分布和自由度,以及拒绝零假设的标准进行陈述。你的结论是什么?

解答　(1) β为收入的边际储蓄倾向,表示人均收入每增加 1 元时人均储蓄的预期平均变化量。

(2) 由于收入为零时,家庭仍会有支出,可预期零收入时的平均储蓄为负,因此α的符号应为负。储蓄是收入的一部分,且会随着收入的增加而增加,因此预期β的符号为正。实际的回归式中,β的符号为正,与预期的一致;但截距项为正,与预期不符。这可能是由于模型的错误设定造成的。如家庭的人口数可能影响家庭的储蓄行为,省略该变量将对截距项的估计产生影响;另一种可能就是线性设定在此处不正确。

(3) 拟合优度刻画解释变量对被解释变量变化的解释能力。模型中 53.8%的拟合优度表明收入的变化可以解释储蓄中 53.8%的变动。

(4) 检验单个参数采用t检验,在零假设下参数为零,在备择假设下参数不为零。双变

量情形下，在零假设下 t 分布的自由度为 $n-2=36-2=34$。由 t 分布表知，双侧 1%下的临界值为±2.728。斜率项计算的 t 值为 0.067/0.011 = 6.09；截距项计算的 t 值为 384.105/151.105=2.54。可见斜率项计算的 t 值大于临界值 2.728，截距项计算的 t 值在临界值 -2.728 与 2.728 之间，因此拒绝斜率项为零的假设，但不拒绝截距项为零的假设。

例 8

对一元线性回归模型 $Y_i=\beta_0+\beta_1X_i+\mu_i$，试证明普通最小二乘估计量 $\hat{\beta}_1$ 在所有线性无偏估计量中具有最小方差性。

证明 设 $\hat{\beta}_1^*$ 是其他方法得到的关于 β_1 的线性无偏估计量：

$$\hat{\beta}_1^* = \sum c_iY_i$$

其中，$c_i=k_i+d_i$，d_i 为不全为零的常数，于是

$$\begin{aligned}\mathrm{E}(\hat{\beta}_1^* \mid X) &= \mathrm{E}(\sum c_iY_i \mid X) = \sum c_i\mathrm{E}(Y_i \mid X)\\ &= \sum c_i[(\beta_0+\beta_1X_i) \mid X] = \beta_0\sum c_i+\beta_1\sum c_iX_i\end{aligned}$$

由 $\hat{\beta}_1^*$ 的无偏性，即 $\mathrm{E}(\hat{\beta}_1^* \mid X)=\beta_1$ 可知

$$\beta_0\sum c_i+\beta_1\sum c_iX_i=\beta_1$$

从而有

$$\sum c_i=0, \sum c_iX_i=1$$

$\hat{\beta}_1^*$ 的条件方差

$$\begin{aligned}\mathrm{Var}(\hat{\beta}_1^* \mid X) &= \mathrm{Var}(\sum c_iY_i \mid X) = \sum c_i^2\mathrm{Var}(Y_i \mid X) = \sum c_i^2\mathrm{Var}(\mu_i \mid X) = \sum c_i^2\sigma^2\\ &= \sum(k_i+d_i)^2\sigma^2 = \sum k_i^2\sigma^2+\sum d_i^2\sigma^2+2\sigma^2\sum k_id_i\end{aligned}$$

由于

$$\begin{aligned}\sum k_id_i &= \sum k_i(c_i-k_i) = \sum k_ic_i-\sum k_i^2\\ &= \sum \frac{x_i}{\sum x_i^2}c_i-\sum k_i^2 = \frac{\sum X_ic_i-\bar{X}\sum c_i}{\sum x_i^2}-\sum k_i^2 = \frac{1}{\sum x_i^2}-\frac{1}{\sum x_i^2}=0\end{aligned}$$

故

$$\mathrm{Var}(\hat{\beta}_1^* \mid X) = \sum k_i^2\sigma^2+\sum d_i^2\sigma^2 = \frac{1}{\sum x_i^2}\sigma^2+\sigma^2\sum d_i^2 = \mathrm{Var}(\hat{\beta}_1 \mid X)+\sigma^2\sum d_i^2$$

因为

$$\sum d_i^2 \geqslant 0$$

所以

$$\mathrm{Var}(\hat{\beta}_1^* \mid X) \geqslant \mathrm{Var}(\hat{\beta}_1 \mid X)$$

当 $d_i=0$，$(i=1,2,\cdots,n)$ 等号成立，此时，$c_i=k_i$，$\hat{\beta}_1^*$ 就是 OLS 估计量 $\hat{\beta}_1$。

例 9

试证明一元线性回归模型随机干扰项 μ 的方差 σ^2 的无偏估计量为

$$\hat{\sigma}^2=\frac{\sum e_i^2}{n-2}$$

证明　给定一组样本(X_i,Y_i)，容易写出模型$Y_i=\beta_0+\beta_1X_i+\mu_i$的离差形式为

$$y_i=\beta_1x_i+(\mu_i-\overline{\mu})$$

根据样本回归函数的离差形式：

$$\hat{y}_i=\hat{\beta}_1x_i$$

易知

$$\begin{aligned}\sum e_i^2&=\sum(y_i-\hat{y}_i)^2\\&=\sum[(\beta_1-\hat{\beta}_1)x_i+(\mu_i-\overline{\mu})]^2\\&=\sum[(\beta_1-\hat{\beta}_1)^2x_i^2+2(\beta_1-\hat{\beta}_1)x_i(\mu_i-\overline{\mu})+(\mu_i-\overline{\mu})^2]\\&=\sum(\beta_1-\hat{\beta}_1)^2x_i^2+\sum(\mu_i-\overline{\mu})^2-2\sum(\sum k_i\mu_i)x_i(\mu_i-\overline{\mu})\\&=\sum(\beta_1-\hat{\beta}_1)^2x_i^2+\sum(\mu_i-\overline{\mu})^2-2\sum x_i\mu_i\sum k_i\mu_i+2\overline{\mu}\sum x_i\sum k_i\mu_i\\&=\sum(\beta_1-\hat{\beta}_1)^2x_i^2+\sum(\mu_i-\overline{\mu})^2-2\sum x_i\mu_i\frac{\sum x_i\mu_i}{\sum x_i^2}\end{aligned}$$

其中，$k_i=\dfrac{x_i}{\sum x_i^2}$。

因为

$$\mathrm{E}[\sum(\beta_1-\hat{\beta}_1)^2x_i^2\mid X]=\sum x_i^2\mathrm{Var}(\hat{\beta}_1\mid X)=\frac{\sum x_i^2\sigma^2}{\sum x_i^2}=\sigma^2$$

$$\mathrm{E}[\sum(\mu_i-\overline{\mu})^2\mid X]=\mathrm{E}[(\sum\mu_i^2-2\overline{\mu}\sum\mu_i+n\overline{\mu}^2)\mid X]=\mathrm{E}[(\sum\mu_i^2-n\overline{\mu}^2)\mid X]=(n-1)\sigma^2$$

$$\mathrm{E}\left[\frac{(\sum x_i\mu_i)^2}{\sum x_i^2}\mid X\right]=\mathrm{E}\left[\frac{\sum x_i^2\mu_i^2+2\sum\limits_{i\neq j}(x_ix_j)(\mu_i\mu_j)}{\sum x_i^2}\mid X\right]=\sigma^2$$

所以

$$\mathrm{E}(\sum e_i^2\mid X)=\sigma^2+(n-1)\sigma^2-2\sigma^2=(n-2)\sigma^2$$

从而

$$\mathrm{E}\left(\frac{\sum e_i^2}{n-2}\mid X\right)=\sigma^2$$

例 10

对一元线性回归模型$Y_i=\beta_0+\beta_1X_i+\mu_i$，试证明$\mathrm{Cov}(\hat{\beta}_0,\hat{\beta}_1)=-\dfrac{\sigma^2\overline{X}}{\sum x_i^2}$。

证明　在给定 X 的样本的条件下

$$\begin{aligned}\mathrm{Cov}(\hat{\beta}_0,\hat{\beta}_1)&=\mathrm{E}[(\hat{\beta}_0-\beta_0)(\hat{\beta}_1-\beta_1)]=\mathrm{E}\{[\hat{\beta}_0-\mathrm{E}(\hat{\beta}_0)][\hat{\beta}_1-\mathrm{E}(\hat{\beta}_1)]\}\\&=\mathrm{E}\{[\overline{Y}-\hat{\beta}_1\overline{X}-\overline{Y}+\overline{X}\mathrm{E}(\hat{\beta}_1)][\hat{\beta}_1-\mathrm{E}(\hat{\beta}_1)]\}\end{aligned}$$

$$=-\overline{X}\mathrm{E}\{[\hat{\beta}_1-\mathrm{E}(\hat{\beta}_1)][\hat{\beta}_1-\mathrm{E}(\hat{\beta}_1)]\}$$
$$=-\overline{X}\mathrm{E}[\hat{\beta}_1-\mathrm{E}(\hat{\beta}_1)]^2=-\overline{X}\mathrm{Var}(\hat{\beta}_1)$$
$$=-\frac{\sigma^2\overline{X}}{\sum x_i^2}$$

三、教材练习题及参考解答

1. 为什么计量经济学模型的理论方程中必须包含随机干扰项？

解答 计量经济学模型考察的是具有因果关系的随机变量间的具体联系方式。由于是随机变量，意味着影响被解释变量的因素是复杂的，除了解释变量的影响外，还有其他无法在模型中独立列出的各种因素的影响。这样，理论模型中就必须使用一个称为随机干扰项的变量来代表所有这些无法在模型中独立表示出来的影响因素，以保证模型在理论上的科学性。

2. 下列计量经济学方程哪些是正确的？哪些是错误的？为什么？

(1) $Y_i=\alpha+\beta X_i \quad i=1,2,\cdots,n$；

(2) $Y_i=\alpha+\beta X_i+\mu_i \quad i=1,2,\cdots,n$；

(3) $Y_i=\hat{\alpha}+\hat{\beta}X_i+\mu_i \quad i=1,2,\cdots,n$；

(4) $\hat{Y}_i=\hat{\alpha}+\hat{\beta}X_i+\mu_i \quad i=1,2,\cdots,n$；

(5) $Y_i=\hat{\alpha}+\hat{\beta}X_i \quad i=1,2,\cdots,n$；

(6) $\hat{Y}_i=\hat{\alpha}+\hat{\beta}X_i \quad i=1,2,\cdots,n$；

(7) $Y_i=\hat{\alpha}+\hat{\beta}X_i+\hat{\mu}_i \quad i=1,2,\cdots,n$；

(8) $\hat{Y}_i=\hat{\alpha}+\hat{\beta}X_i+\hat{\mu}_i \quad i=1,2,\cdots,n$。

其中带“^”者表示“估计值”。

解答 对于计量经济学模型有两种类型：总体回归模型和样本回归模型。两类回归模型都具有确定形式与随机形式两种表达方式：

总体回归模型的确定形式：$\mathrm{E}(Y\mid X)=\beta_0+\beta_1X$

总体回归模型的随机形式：$Y=\beta_0+\beta_1X+\mu$

样本回归模型的确定形式：$\hat{Y}=\hat{\beta}_0+\hat{\beta}_1X$

样本回归模型的随机形式：$Y=\hat{\beta}_0+\hat{\beta}_1X+e$

除此之外，其他的表达形式均是错误的，因此判断如下：(1) 错误；(2) 正确；(3) 错误；

(4) 错误;(5) 错误;(6) 正确;(7) 正确;(8) 错误。

3. 一元线性回归模型的基本假设主要有哪些?违背基本假设的计量经济学模型是否就不可以估计?

解答 线性回归模型的基本假设除了一般默认的模型设定正确之外,主要有两大类:一类是关于随机误差项的,包括条件零均值、同方差、不序列相关、满足正态分布等假设;另一类是关于解释变量的,主要是随机解释变量有变异,且与随机干扰项不相关。实际上,这些假设都是针对 OLS 的。在违背这些基本假设的情况下,OLS 估计量就不再是最佳线性无偏估计量。但只要解释变量具有变异性,模型本身还是可以估计的,即数学估计过程是可以进行下去的。

4. 线性回归模型

$$Y_i=\alpha+\beta X_i+\mu_i \quad i=1,2,\cdots,n$$

的零均值假设是否可以表示为 $\frac{1}{n}\sum_{i=1}^{n}\mu_i=0$?为什么?

解答 线性回归模型中的条件零均值假设 $E(\mu_i \mid X)=0$ 可以推出非条件零均值假设(特征):$E(\mu_i)=0$

非条件零均值假设(特征)$E(\mu_i)=0$ 可以表示为:

$$E(\mu_1)=0, E(\mu_2)=0, E(\mu_3)=0, \cdots$$

但是不能表示为 $\frac{1}{n}\sum_{i=1}^{n}\mu_i=0$,理由是

$$\frac{1}{n}\sum_{i=1}^{n}\mu_i \neq E(\mu_i)=0$$

严格说来,随机干扰项的非条件零均值假设(特征)描述的是随机干扰项的总体特征,而 $\frac{1}{n}\sum_{i=1}^{n}\mu_i$ 描述的是随机干扰项在一个样本下的样本均值,因此,$E(\mu_i)$ 与 $\frac{1}{n}\sum_{i=1}^{n}\mu_i$ 是两个完全不同的概念。

5. 假设已经得到关系式 $Y=\beta_0+\beta_1 X$ 的最小二乘估计,试回答:

(1) 假设决定把变量 X 扩大 10 倍,即每个观测值乘以 10,这样对原回归的斜率和截距会有什么样的影响?如果把变量 Y 扩大 10 倍,又会怎样?

(2) 假定给 X 的每个观测值都增加 2,对原回归的斜率和截距会有什么样的影响?如果给 Y 的每个观测值都增加 2,又会怎样?

解答 (1) 记 X^* 为原变量 X 扩大 10 倍的变量,则 $X=\frac{X^*}{10}$,于是

$$\begin{aligned} Y &= \beta_0+\beta_1 X \\ &= \beta_0+\beta_1\frac{X^*}{10} \\ &= \beta_0+\frac{\beta_1}{10}X^* \end{aligned}$$

可见,解释变量乘以 10 时,回归的截距项不变,而斜率项将会成为原回归系数的 $\frac{1}{10}$。

同样地，记 Y^* 为原变量 Y 扩大 10 倍的变量，则 $Y=\frac{Y^*}{10}$，于是

$$\frac{Y^*}{10}=\beta_0+\beta_1X$$

即 $$Y^*=10\beta_0+10\beta_1X$$

可见，被解释变量扩大 10 倍时，截距项与斜率项都会比原回归系数扩大 10 倍。

（2）记 $X^*=X+2$，则原回归模型变为

$$\begin{aligned}Y&=\beta_0+\beta_1X\\&=\beta_0+\beta_1(X^*-2)\\&=(\beta_0-2\beta_1)+\beta_1X^*\end{aligned}$$

记 $Y^*=Y+2$，则原回归模型变为

$$Y^*-2=\beta_0+\beta_1X$$

即 $$Y^*=(\beta_0+2)+\beta_1X$$

可见，无论解释变量还是被解释变量以加法的形式变化，都会造成原回归模型的截距项变化，而斜率项不变。

6. 假设在回归模型 $Y_i=\beta_0+\beta_1X_i+\mu_i$ 中，用不为零的常数 δ 去乘每一个 X 值，这会不会改变 Y 的拟合值及残差？如果对每个 X 都加大一个非零常数 δ，又会怎样？

解答 记原总体模型对应的样本回归模型为 $Y_i=\hat{\beta}_0+\hat{\beta}_1X_i+e_i$，则有

$$\hat{\beta}_1=\frac{\sum x_iy_i}{\sum x_i^2},\quad \hat{\beta}_0=\overline{Y}-\hat{\beta}_1\overline{X}$$

Y 的拟合值与残差分别为

$$\hat{Y}_i=\hat{\beta}_0+\hat{\beta}_1X_i,$$

$$e_i=Y_i-(\hat{\beta}_0+\hat{\beta}_1X_i)$$

记 $X_i^*=\delta X_i$，则有

$$\overline{X}^*=\frac{\sum X_i^*}{n}=\delta\overline{X},\quad x_i^*=X_i^*-\overline{X}^*=\delta x_i$$

记新总体模型对应的样本回归模型为

$$Y_i=\hat{\alpha}_0+\hat{\alpha}_1X_i^*+e_i^*$$

则有：

$$\begin{aligned}\hat{\alpha}_1&=\frac{\sum x_i^*y_i}{\sum(x_i^*)^2}=\frac{\sum\delta x_iy_i}{\sum\delta^2x_i^2}\\&=\frac{1}{\delta}\frac{\sum x_iy_i}{\sum x_i^2}=\frac{1}{\delta}\hat{\beta}_1\end{aligned}$$

$$\begin{aligned}\hat{\alpha}_0&=\overline{Y}-\hat{\alpha}_1\overline{X}^*=\overline{Y}-\frac{1}{\delta}\hat{\beta}_1\delta\overline{X}\\&=\overline{Y}-\hat{\beta}_1\overline{X}=\hat{\beta}_0\end{aligned}$$

于是在新的回归模型下，Y 的拟合值与残差分别为

$$\begin{aligned}\hat{Y}_i &= \hat{\alpha}_0+\hat{\alpha}_1 X_i^* \\ &= \hat{\beta}_0+\frac{1}{\delta}\hat{\beta}_1 \delta X_i \\ &= \hat{\beta}_0+\hat{\beta}_1 X_i \\ e_i^* &= Y_i-(\hat{\alpha}_0+\hat{\alpha}_1 X_i^*) \\ &= Y_i-\left(\hat{\beta}_0+\frac{1}{\delta}\hat{\beta}_1 \delta X_i\right) \\ &= Y_i-(\hat{\beta}_0+\hat{\beta}_1 X_i)\end{aligned}$$

可见，对 X 乘非零常数后，不改变 Y 的拟合值与模型的残差。

如果记 $X_i^* = X_i+\delta$，则有

$$\overline{X}^* = \overline{X}+\delta,\quad x_i^* = x_i$$

于是新模型的回归参数分别为

$$\hat{\alpha}_1 = \frac{\sum x_i^* y_i}{\sum (x_i^*)^2} = \frac{\sum x_i y_i}{\sum x_i^2} = \hat{\beta}_1$$

$$\begin{aligned}\hat{\alpha}_0 &= \overline{Y}-\hat{\alpha}_1 \overline{X}^* = \overline{Y}-\hat{\beta}_1(\overline{X}+\delta) \\ &= \overline{Y}-\hat{\beta}_1\overline{X}-\hat{\beta}_1\delta = \hat{\beta}_0-\delta\hat{\beta}_1\end{aligned}$$

在新的回归模型下，Y 的拟合值与残差分别为

$$\begin{aligned}\hat{Y}_i &= \hat{\alpha}_0+\hat{\alpha}_1 X_i^* \\ &= (\hat{\beta}_0-\delta\hat{\beta}_1)+\hat{\beta}_1(X_i+\delta) \\ &= \hat{\beta}_0+\hat{\beta}_1 X_i \\ e_i^* &= Y_i-(\hat{\alpha}_0+\hat{\alpha}_1 X_i^*) \\ &= Y_i-[(\hat{\beta}_0-\delta\hat{\beta}_1)+\hat{\beta}_1(X_i+\delta)] \\ &= Y_i-(\hat{\beta}_0+\hat{\beta}_1 X_i)\end{aligned}$$

可见，对 X 都加大一个非零常数后，也不改变 Y 的拟合值与模型的残差。

7. 假设有人做了如下的回归：

$$y_i = \hat{\beta}_0+\hat{\beta}_1 x_i+e_i$$

其中，y_i，x_i分别为 Y_i，X_i关于各自均值的离差。问 $\hat{\beta}_1$ 和 $\hat{\beta}_0$将分别取何值？

解答　记 $\bar{x}=\frac{1}{n}\sum x_i$，$\bar{y}=\frac{1}{n}\sum y_i$，则易知 $\bar{x}=\bar{y}=0$，于是

$$\hat{\beta}_1 = \frac{\sum (x_i-\bar{x})(y_i-\bar{y})}{\sum (x_i-\bar{x})^2} = \frac{\sum x_i y_i}{x_i^2}$$

$$\hat{\beta}_0 = \bar{y}-\hat{\beta}_1\bar{x} = 0$$

可见，在离差形式下没有截距项，只有斜率项。

8. 记样本回归模型为 $Y_i=\hat{\beta}_0+\hat{\beta}_1 X_i+e_i$，试证明普通最小二乘估计的如下数值特征：

（1）估计的 Y 的均值等于实测的 Y 的均值：$\overline{\hat{Y}}=\overline{Y}$；

（2）点 $(\overline{X},\overline{Y})$ 总在样本回归线上；

（3）残差和为零，从而残差的均值为零：$\sum e_i=0,\bar{e}=0$；

（4）残差与 X 不相关：$\sum e_i X_i=0$；

（5）残差与估计的 Y 不相关：$\sum e_i \hat{Y}_i=0$；

（6）残差项与 Y 离差的估计不相关：$\sum e_i \hat{y}_i=0$。

证明　（1）由于

$$\begin{aligned}\hat{Y}_i&=\hat{\beta}_0+\hat{\beta}_1 X_i\\&=(\overline{Y}-\hat{\beta}_1\overline{X})+\hat{\beta}_1 X_i\\&=\overline{Y}+\hat{\beta}_1(X_i-\overline{X})\end{aligned}$$

故

$$\overline{\hat{Y}}=\overline{Y}+\hat{\beta}_1\frac{1}{n}\sum(X_i-\overline{X})=\overline{Y}$$

这里用到了

$$\sum x_i=\sum(X_i-\overline{X})=0$$

（2）样本回归线的方程为

$$\hat{Y}_i=\hat{\beta}_0+\hat{\beta}_1 X_i$$

从而有

$$\sum \hat{Y}_i=n\hat{\beta}_0+\hat{\beta}_1\sum X_i$$

或

$$\overline{\hat{Y}}=\hat{\beta}_0+\hat{\beta}_1\overline{X}$$

由(1)知 $\overline{\hat{Y}}=\overline{Y}$，故

$$\overline{Y}=\hat{\beta}_0+\hat{\beta}_1\overline{X}$$

表明，点 $(\overline{X},\overline{Y})$ 总在样本回归线上。

（3）由一元回归中正规方程组中的第一个方程 $\sum(Y_i-\hat{\beta}_0-\hat{\beta}_1 X_i)=0$ 知

$$\sum e_i=0,$$

$$\bar{e}=\frac{1}{n}\sum e_i=0$$

（4）由一元回归中正规方程组中的第二个方程 $\sum(Y_i-\hat{\beta}_0-\hat{\beta}_1 X_i)X_i=0$ 知

$$\sum e_i X_i=0$$

（5）由(3)及(4)易知

$$\begin{aligned}\sum e_i\hat{Y}_i&=\sum e_i(\hat{\beta}_0+\hat{\beta}_1 X_i)\\&=\hat{\beta}_0\sum e_i+\hat{\beta}_1\sum e_i X_i=0\end{aligned}$$

（6）由（1）、（3）及（5）的结果有

$$\begin{aligned}\sum e_i\hat{y}_i &= \sum e_i(\hat{Y}_i-\overline{Y})\\&= \sum e_i\hat{Y}_i-\sum e_i\overline{Y}\\&=\sum e_i\hat{Y}_i-\overline{Y}\sum e_i\\&=0\end{aligned}$$

9. 令 $\hat{\beta}_{YX}$ 和 $\hat{\beta}_{XY}$ 分别为 Y 对 X 回归和 X 对 Y 回归中的斜率，试证明：

$$\hat{\beta}_{YX}\hat{\beta}_{XY}=r^2$$

其中 r 为 X 与 Y 之间的线性相关系数。

证明　容易知道，在上述两回归中斜率项分别为

$$\hat{\beta}_{YX}=\frac{\sum x_iy_i}{\sum x_i^2},\quad \hat{\beta}_{XY}=\frac{\sum x_iy_i}{\sum y_i^2}$$

于是

$$\hat{\beta}_{YX}\hat{\beta}_{XY}=\frac{\sum x_iy_i}{\sum x_i^2}\frac{\sum x_iy_i}{\sum y_i^2}=\frac{(\sum x_iy_i)^2}{\sum x_i^2\sum y_i^2}=r^2$$

10. 试证明：Y 关于 X 的普通最小二乘回归，其可决系数 R^2 就是 X 与 Y 之间的线性相关系数 r 的平方。

证明　记离差形式的样本回归函数为

$$\hat{y}_i=\hat{\beta}_1x_i$$

则

$$R^2=\frac{\text{ESS}}{\text{TSS}}=\frac{\sum \hat{y}_i^2}{\sum y_i^2}=\hat{\beta}_1^2\frac{\sum x_i^2}{\sum y_i^2}$$

考虑到

$$\hat{\beta}_1=\frac{\sum x_iy_i}{\sum x_i^2}$$

故有

$$R^2=\left(\frac{\sum x_iy_i}{\sum x_i^2}\right)^2\frac{\sum x_i^2}{\sum y_i^2}=\frac{(\sum x_iy_i)^2}{\sum x_i^2\sum y_i^2}=r^2$$

11. 试证明：一元线性回归模型的截距项的普通最小二乘估计量 $\hat{\beta}_0$ 具有一致性。

证明　对一元线性回归模型

$$Y_i=\beta_0+\beta_1X_i+\mu_i$$

在假设 $\mathrm{E}(\mu_i \mid X)=0$ 下，由期望迭代法则知 $\mathrm{E}(\mu_i)=0$，故

$$\mathrm{E}(Y_i)=\beta_0+\beta_1\mathrm{E}(X_i)$$

或

$$\beta_0=\mathrm{E}(Y_i)-\beta_1\mathrm{E}(X_i)$$

而 OLS 估计下

$$\hat{\beta}_0=\overline{Y}-\hat{\beta}_1\overline{X}$$

因此

$$
\begin{aligned}
P\lim\hat{\beta}_0 &= P\lim\ \overline{Y} - P\lim\hat{\beta}_1 \times P\lim\overline{X} \\
&= \mathrm{E}(Y) - \beta_1 \mathrm{E}(X) \\
&= \beta_0
\end{aligned}
$$

这里用到了大数定律以及 $\hat{\beta}_1$ 的一致性特征。

12. 下面数据是依据 10 对 X 和 Y 的观察值得到的：

$$
\sum Y_i = 1\ 110;\ \sum X_i = 1\ 680;\ \sum X_i Y_i = 204\ 200
$$

$$
\sum X_i^2 = 315\ 400;\ \sum Y_i^2 = 133\ 300
$$

假定满足所有线性回归模型的经典假设。试求：

（1）β_0,β_1的估计值及其标准差。

（2）可决系数 R^2。

（3）对 β_0,β_1分别建立 95%的置信区间。利用置信区间法，你可以接受零假设$\beta_1=0$吗？

解答 （1）由已知条件易知

$$
\overline{X} = \frac{\sum X_i}{n} = 168,\ \overline{Y} = \frac{\sum Y_i}{n} = 111
$$

故

$$
\begin{aligned}
&\sum (X_i - \overline{X})(Y_i - \overline{Y}) \\
=& \sum (X_i Y_i - \overline{Y}\ X_i - Y_i \overline{X} + \overline{X}\ \overline{Y}) \\
=& 204\ 200 - 1\ 680 \times 111 - 168 \times 1\ 110 + 10 \times 168 \times 111 \\
=& 17\ 720
\end{aligned}
$$

又因为

$$
\begin{aligned}
&\sum (X_i - \overline{X})^2 \\
=& \sum (X_i^2 - 2X_i\overline{X} + \overline{X}^2) \\
=& \sum X_i^2 - 2 \times 10\overline{X}^2 + 10\overline{X}^2 \\
=& 315\ 400 - 10 \times 168 \times 168 \\
=& 33\ 160
\end{aligned}
$$

所以

$$
\hat{\beta}_1 = \frac{\sum (X_i - \overline{X})(Y_i - \overline{Y})}{\sum (X_i - \overline{X})^2} = \frac{17\ 720}{33\ 160} = 0.534\ 4
$$

$$
\hat{\beta}_0 = \overline{Y} - \hat{\beta}_1 \overline{X} = 111 - 0.534\ 4 \times 168 = 21.22
$$

若要求 $\hat{\beta}_0$与 $\hat{\beta}_1$的标准差，首先求随机干扰项方差的估计

$$
\hat{\sigma}^2 = \frac{\sum e_i^2}{n-2} = \frac{\sum (Y_i - \hat{Y}_i)^2}{10-2}
$$

$$
= \frac{\sum (Y_i^2 - 2Y_i\hat{Y}_i + \hat{Y}_i^2)}{8}
$$

因为 $\hat{Y}_i=21.22+0.5344X_i$,所以

$$
\begin{aligned}
&\sum(Y_i^2-2Y_i\hat{Y}_i+\hat{Y}_i^2)\\
&=\sum(Y_i^2-2\times21.22Y_i-2\times0.5344X_iY_i+\hat{\beta}_0^2+\hat{\beta}_1^2X_i^2+2\hat{\beta}_0\hat{\beta}_1X_i)\\
&=133\,300-2\times21.22\times1\,110-2\times0.5344\times204\,200+10\times21.22\times\\
&\quad 21.22+0.5344\times0.5344\times315\,400+2\times21.22\times0.5344\times1\,680\\
&=620.81
\end{aligned}
$$

故
$$\hat{\sigma}^2=\frac{620.81}{8}=77.60$$

$$
\begin{aligned}
S_{\hat{\beta}_0}&=\sqrt{\frac{\sum X_i^2\sigma^2}{n\sum(X_i-\overline{X})^2}}\\
&=\sqrt{\frac{77.60\times315\,400}{10\times33\,160}}\\
&=\sqrt{73.81}=8.5913
\end{aligned}
$$

$$
\begin{aligned}
S_{\hat{\beta}_1}&=\sqrt{\frac{\sigma^2}{\sum x_i^2}}\\
&=\sqrt{\frac{77.60}{33\,160}}\\
&=\sqrt{0.0023}=0.0484
\end{aligned}
$$

(2) 由于

$$\sum e_i^2=620.81$$

$$
\begin{aligned}
\sum(Y_i-\overline{Y})^2&=\sum Y_i^2-\overline{Y}^2\times10\\
&=133\,300-123\,210=10\,090
\end{aligned}
$$

故
$$
\begin{aligned}
R^2&=1-\frac{\text{RSS}}{\text{TSS}}=1-\frac{\sum e_i^2}{\sum(Y_i-\overline{Y})^2}\\
&=1-\frac{620.81}{10\,090}=0.9365
\end{aligned}
$$

(3) 对自由度为 10-2=8 的 t 分布,在 5%的显著性水平下的临界值为 $t_{0.025}(8)=2.306$,故 β_0,β_1的 95%的置信区间分别为

$$
\begin{aligned}
(\hat{\beta}_0-t_{\frac{\alpha}{2}}\times S_{\hat{\beta}_0},\hat{\beta}_0+t_{\frac{\alpha}{2}}\times S_{\hat{\beta}_0})&=(21.22-2.306\times8.5913,21.22+2.306\times8.5913)\\
&=(1.4085,41.0315)
\end{aligned}
$$

$$
\begin{aligned}
(\hat{\beta}_1-t_{\frac{\alpha}{2}}\times S_{\hat{\beta}_1},\hat{\beta}_1+t_{\frac{\alpha}{2}}\times S_{\hat{\beta}_1})&=(0.5344-2.306\times0.0484,0.5344+2.306\times0.0484)\\
&=(0.4227,0.646)
\end{aligned}
$$

由于 $\beta_1=0$ 不在 β_1的置信区间内,故拒绝零假设:$\beta_1=0$。

13. 表 2-1 是中国内地某年各地区税收 Y 与国内生产总值 GDP 的统计资料。

表 2-1　中国内地某年各地区税收 Y 与国内生产总值 GDP 的统计资料　单位:亿元

地区	Y	GDP	地区	Y	GDP
北京	1 435.7	9 353.3	湖北	434.0	9 230.7
天津	438.4	5 050.4	湖南	410.7	9 200.0
河北	618.3	13 709.5	广东	2 415.5	31 084.4
山西	430.5	5 733.4	广西	282.7	5 955.7
内蒙古	347.9	6 091.1	海南	88.0	1 223.3
辽宁	815.7	11 023.5	重庆	294.5	4 122.5
吉林	237.4	5 284.7	四川	629.0	10 505.3
黑龙江	335.0	7 065.0	贵州	211.9	2 741.9
上海	1 975.5	12 188.9	云南	378.6	4 741.3
江苏	1 894.8	25 741.2	西藏	11.7	342.2
浙江	1 535.4	18 780.4	陕西	355.5	5 465.8
安徽	401.9	7 364.2	甘肃	142.1	2 702.4
福建	594.0	9 249.1	青海	43.3	783.6
江西	281.9	5 500.3	宁夏	58.8	889.2
山东	1 308.4	25 965.9	新疆	220.6	3 523.2
河南	625.0	15 012.5			

要求,以手工和运用 Eviews 软件(或其他软件):

(1) 作出散点图,建立税收随国内生产总值 GDP 变化的一元线性回归方程,并解释斜率的经济意义;

(2) 对所建立的回归方程进行检验;

(3) 若该年某地区国内生产总值为 8 500 亿元,求该地区税收的预测值及预测区间。

解答　(1) 首先作 Y 关于 GDP 的散点图。

在 Eviews 软件中,选择 Quick/Graph(图 2-2),出现 Series List 对话框(图 2-3)。

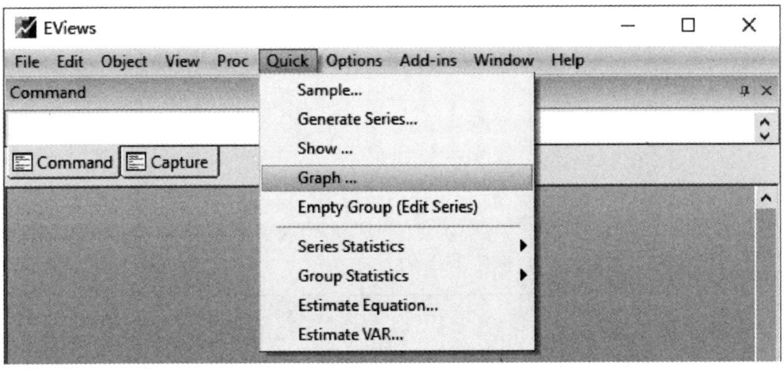

图 2-2　Quick/Graph 下拉菜单

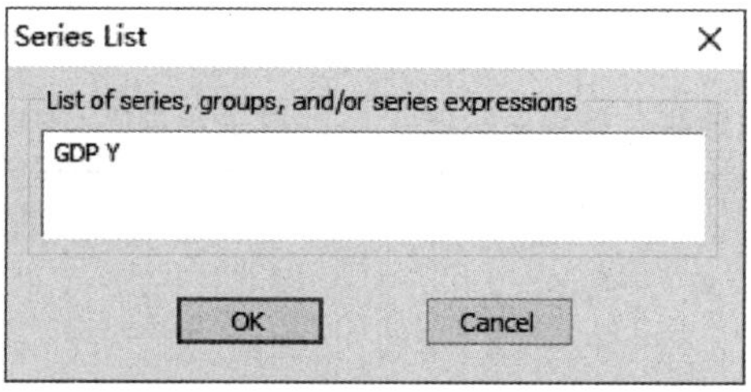

图 2-3　Series List 对话框及输入

在编辑对话框中输入“GDP　Y”，点击 OK 按钮，出现 Graph Options 窗口（图 2-4）。

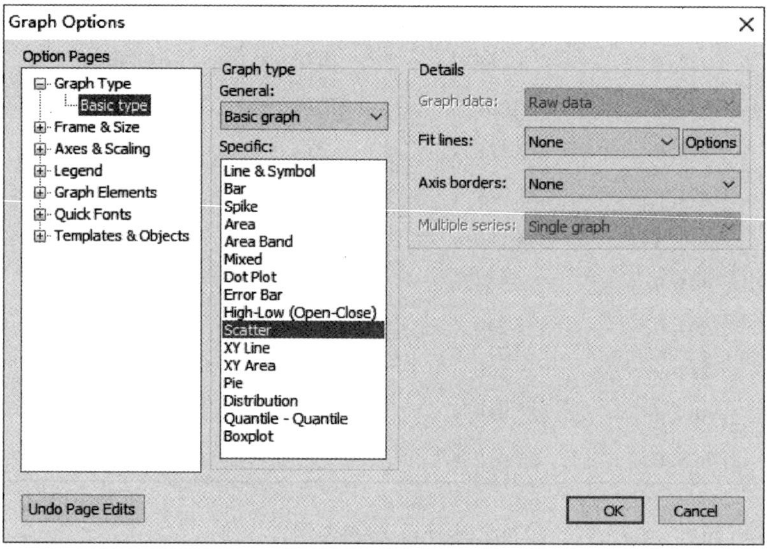

图 2-4　Graph Options 窗口

在 Graph Options 窗口的 Graph type 栏中选择 Scatter，点击 OK 按钮，即出现如图 2-5 所示的散点图。

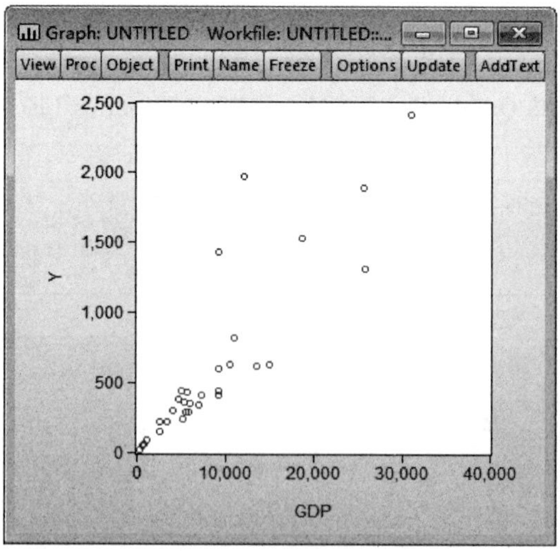

图 2-5　*Y* 与 GDP 散点图

其次，表 2-2 给出了以手工方式计算参数估计值的相关数据。

表 2-2　手工方式计算参数估计值的相关数据

省区	GDP_i	Y_i	gdp_i	y_i	gdp_i^2	gdp_iy_i
北京	9 353.3	1 435.7	462.2	814.6	213 631.8	376 526.8
天津	5 050.4	438.4	-3 840.7	-182.7	14 751 105.3	701 589.9
河北	13 709.5	618.3	4 818.4	-2.7	23 216 816.9	-13 200.9
山西	5 733.4	430.5	-3 157.8	-190.5	9 971 491.0	601 667.6
内蒙古	6 091.1	347.9	-2 800.0	-273.1	7 839 981.9	764 763.9
辽宁	11 023.5	815.7	2 132.4	194.6	4 547 015.6	415 029.1
吉林	5 284.7	237.4	-3 606.4	-383.6	13 006 314.1	1 383 604.9
黑龙江	7 065.0	335.0	-1 826.1	-286.1	3 334 702.5	522 397.0
上海	12 188.9	1 975.5	3 297.7	1 354.4	10 875 044.4	4 466 593.7
江苏	25 741.2	1 894.8	16 850.0	1 273.7	283 923 619.7	21 462 460.3
浙江	18 780.4	1 535.4	9 889.3	914.3	97 798 713.9	9 041 994.2
安徽	7 364.2	401.9	-1 526.9	-219.2	2 331 535.9	334 637.5
福建	9 249.1	594.0	358.0	-27.0	128 173.5	-9 670.8
江西	5 500.3	281.9	-3 390.9	-339.2	11 497 977.5	1 150 109.8
山东	25 965.9	1 308.4	17 074.8	687.3	291 548 563.7	11 735 771.8
河南	15 012.5	625.0	6 121.3	4.0	37 470 842.9	24 360.5
湖北	9 230.7	434.0	339.6	-187.1	115 303.2	-63 518.7
湖南	9 200.0	410.7	308.9	-210.4	95 408.8	-64 981.6
广东	31 084.4	2 415.5	22 193.3	1 794.4	492 541 820.3	39 824 435.3
广西	5 955.7	282.7	-2 935.5	-338.4	8 616 965.2	993 230.1
海南	1 223.3	88.0	-7 667.8	-533.0	58 795 720.8	4 087 282.9
重庆	4 122.5	294.5	-4 768.6	-326.6	22 739 610.6	1 557 316.3
四川	10 505.3	629.0	1 614.2	7.9	2 605 587.5	12 779.3
贵州	2 741.9	211.9	-6 149.2	-409.2	37 812 866.9	2 516 166.0
云南	4 741.3	378.6	-4 149.8	-242.4	17 220 896.3	1 005 912.7
西藏	342.2	11.7	-8 548.9	-609.4	73 084 149.0	5 209 453.5
陕西	5 465.8	355.5	-3 425.3	-265.5	11 732 863.5	909 531.5
甘肃	2 702.4	142.1	-6 188.7	-479.0	38 300 215.3	2 964 288.9
青海	783.6	43.3	-8 107.5	-577.8	65 731 666.1	4 684 116.1
宁夏	889.2	58.8	-8 001.9	-562.2	64 030 672.1	4 499 068.9

续表

省区	GDP_i	Y_i	gdp_i	y_i	gdp_i^2	$gdp_i y_i$
新疆	3 523.2	220.6	-5 368.0	-400.4	28 814 959.9	2 149 276.2
和	275 624.6	19 252.1			1 734 694 236.1	123 242 992.7
均值	8 891.1	621.0			55 957 878.6	3 975 580.4

由此表可得：

$$\hat{\beta}_1=\frac{\sum x_i y_i}{\sum x_i^2}=\frac{3\ 975\ 580.4}{55\ 957\ 878.6}=0.071$$

$$\hat{\beta}_0=\overline{Y}-\hat{\beta}_1\overline{X}=621.0-0.071\times 8\ 891.1=-10.63$$

在 Eviews 软件下，为了得到税收 Y 随 GDP 变化的一元线性回归方程，选择 Quick/Estimate Equation（图 2-6），出现 Equation Estimation 对话框（图 2-7）。

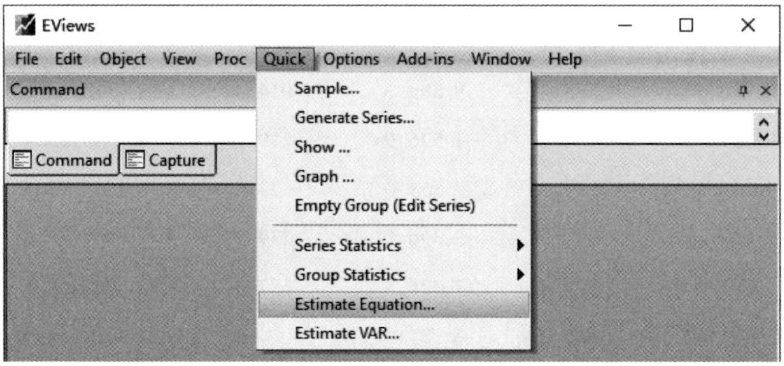

图 2-6　Quick/Estimate Equation 下拉菜单

在编辑对话框中输入"Y C GDP"，点击确定按钮，得如下估计结果（图 2-8）。

由此可知，税收 Y 随 GDP 变化的一元线性回归方程为：

$$\hat{Y}=-10.63+0.071\mathrm{GDP}$$
$$(-0.12)\quad(9.59)$$
$$R^2=0.760\ 3$$

斜率的经济意义是：某年，中国各省区 GDP 每增加 1 亿元时，税收平均增加 0.071 亿元。

（2）在 5%的显著性水平下，自由度为 31-2=29 的 t 分布的临界值为 2.045。因此，从参数的 t 检验值看，斜率项显著不为零，但不拒绝截距项为零的假设。另外，拟合优度 $R^2=0.760\ 3$ 表明，税收的 76%的变化可由 GDP 的变化来解释，因此拟合情况较好。

（3）根据回归的模型，当该年中国某省区 GDP 为 8 500 亿元时，预测的税收为

$$\hat{Y}=-10.63+0.071\times 8\ 500=592.87\text{（亿元）}$$

为了建立预测的置信区间，需要先求出解释变量 GDP 的均值与离差平方和。表 2-2 给出了 GDP 的均值与离差平方和：

$$\overline{\mathrm{GDP}}=8\ 891.1,\ \sum \mathrm{gdp}_i^2=1\ 734\ 694\ 236.1$$

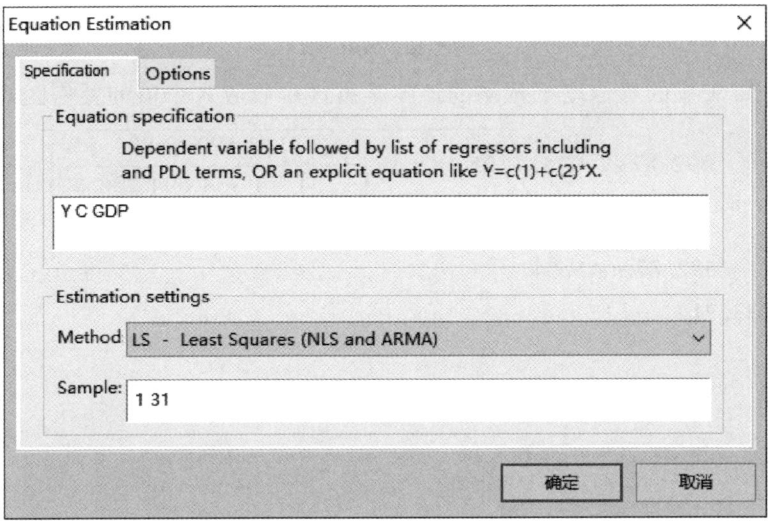

图 2-7　Equation Estimation 对话框

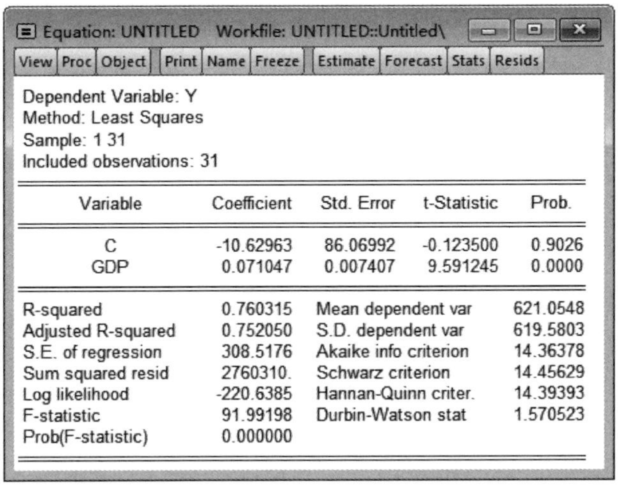

图 2-8　*Y* 对 GDP 的估计结果

又在图 2-8 中已知 RSS = 2 760 310，从而随机干扰项的估计的方差为

$$\hat{\sigma}^2 = \text{RSS}/(n-2) = 2\ 760\ 310/29 = 95\ 183.1$$

于是预测的 Y 的方差为：

$$S_{\hat{Y}} = \sqrt{\hat{\sigma}^2\left[\frac{1}{n}+\frac{(\text{GDP}_0-\overline{\text{GDP}})^2}{\sum \text{gdp}^2}\right]}$$

$$= \sqrt{95\ 183.1\times\left[\frac{1}{31}+\frac{(8\ 500-8\ 891.1)^2}{1\ 734\ 694\ 236.1}\right]} = 55.49$$

在 5%的显著性水平下，自由度为 31－2 = 29 的临界值为 2.045。于是在 95%的置信度下，预测某省区的该年的税收收入均值的置信区间为：

$$592.87 \pm 2.045 \times 55.49 = 592.87 \pm 113.49$$

或
$$(479.40, 706.34)$$

同样地，易知 95%的置信度下预测的该年某省区税收收入个值的置信区间为

$$592.87 \pm 2.045 \times \sqrt{95\ 183.1 \times \left[1 + \frac{1}{31} + \frac{(8\ 500 - 8\ 891.1)^2}{1\ 734\ 694\ 236.1}\right]}$$
$$= 592.87 \pm 2.045 \times 313.47$$
$$= 592.87 \pm 641.04$$

或$(-48.17, 1\ 233.91)$

第三章

经典单方程计量经济学模型：多元线性回归模型

一、内容提要与学习指南

1. 知识结构

- 多元线性回归模型
  - 多元回归模型的形式与基本假设
    - 模型的基本形式：偏回归系数的含义
    - 矩阵表示
      - 总体回归函数与总体回归模型
      - 样本回归函数与样本回归模型
    - 基本假设：非矩阵表示与矩阵表示
  - 基本建模过程
    - 模型的参数估计
      - 三大估计方法：OLS 估计、ML 估计、MM 估计
      - OLS 估计量的统计性质：高斯-马尔可夫定理
      - 拟合优度检验：R^2 与调整的 R^2
    - 模型的统计检验
      - OLS 估计量的概率分布：正态分布
      - 方程总体线性性检验：F 统计量
      - 变量的显著性检验：t 统计量
      - 参数的置信区间
    - 模型的应用：预测
      - 点预测：总体均值与个值的无偏预测
      - 区间预测：总体均值与个值的区间预测
  - 建模过程中的其他问题
    - 样本容量问题
    - 非线性模型的线性化：直接替换法、函数变换法、级数展开法
    - 非线性模型的直接估计：非线性 OLS 法
    - 虚拟变量模型
      - 基本概念：为什么引入虚拟变量
      - 虚拟变量的引入方式：加法、乘法及两者的组合方式
      - 虚拟变量的设置原则：避免“虚拟变量陷阱”
    - 模型参数的约束性检验
      - 模型参数的线性约束检验
      - 模型中增加或减少解释变量的检验
      - 组间参数差异检验（参数的稳定性检验）
      - 非线性约束：LR、LM、Wald 检验统计量

2. 学习指南

本章将一元回归模型拓展到了多元回归模型，其基本的建模思想与建模方法与一元的情形相同。主要内容仍然包括模型的基本假定、模型的估计、模型的检验以及模型在预测方面的应用等。只不过为了多元建模的需要，在基本假设方面以及检验方面有所扩充。

本章仍重点介绍了多元线性回归模型的基本假设、估计方法以及检验程序。与一元回归分析相比，多元回归分析的基本假设中引入了多个解释变量间不存在（完全）多重共线性这一假设。在参数的估计中，除了常用到的普通最小二乘法（OLS），还介绍了矩估计法（MM）以及极大似然估计法（ML）这两种更一般化的估计方法，并引入了调整的可决系数 $\bar{R}^2$ 来帮助判断是否需要在模型中加入新的变量。在检验部分，引入了 F 统计检验，以检验多个解释变量联合起来是否对被解释变量具有显著的线性影响关系，并讨论了 F 检验与拟合优度的内在联系。

本章第二个学习重点是将线性回归模型拓展到非线性回归模型，主要学习非线性模型转化为线性回归模型的常见类型与方法。这里需要注意各回归参数的具体经济含义。当然，作为选学内容，本章也同时介绍了非线性模型的直接估计方法——非线性普通最小二乘法。

本章第三个学习重点涉及建立包含虚拟解释变量模型的相关问题。虚拟变量将经济现象中的一些定性因素引入可以进行定量分析的回归模型，拓展了回归模型的功能。如何引入不同类型的虚拟变量来解决相关的定性因素所产生的影响是建立虚拟变量模型的核心，需要对具体问题进行深入分析来完成。引入虚拟变量的方式主要有加法方式、乘法方式以及二者的组合方式。在引入虚拟变量时有两点需要注意，一是明确虚拟变量的对比基准，二是避免出现“虚拟变量陷阱”。

本章第四个学习重点是关于模型的约束性检验问题，包括参数的线性约束检验与非线性约束检验。参数的线性约束检验包括对参数线性约束的检验、对模型增加或减少解释变量的检验，以及不同组之间函数差异的检验（也称参数的稳定性检验）三方面的内容。参数的约束性检验都是以 F 检验为主要检验工具，以受约束模型与无约束模型是否有显著差异为检验基点。参数的非线性约束检验主要包括极大似然比检验（LR）、沃尔德检验（Wald）与拉格朗日乘数检验（LM）。它们仍以估计无约束模型与受约束模型为基础，且都可以归结到极大似然原理的估计上来，并且检验统计量都是在大样本下渐近地服从以约束条件个数为自由度的 χ^2 分布。可以说，参数的约束性检验这一基本思想贯穿了计量经济学学习的整个过程。当然，极大似然比检验、沃尔德检验与拉格朗日乘数检验也都可用来检验线性约束，拉格朗日乘数检验在后面的章节中多次使用。

3. 典型例题与教材练习题知识点

在下面的典型例题分析与教材练习题的解答分析中，还有如下内容需要关注，它们在教材中没有特别提及或只作为结论列出，但在计量经济学的学习内容中非常重要。

第一，多元线性模型关于参数是线性的，但关于变量可以是非线性的。因此模型变量采用不同的函数形式，其参数的经济含义就不会相同。例如在被解释变量与某解释变量都以对数函数的形式出现在模型中时，该解释变量前的参数就是弹性的含义。关于其他的函数形式如何对参数的含义进行解释呢？

第二，计量经济学的初学者可能关注的一个问题是，多元回归模型参数的估计何时恰好等于被解释变量与每一个解释变量作一元回归时的参数估计结果，即多元回归等价于多个一元回归？

第三，多元回归中，OLS 估计中与残差有关的若干“数值性质”有哪些？例如仍有残差和为零、残差项与解释变量不相关、残差项与估计的被解释变量不相关等性质吗？它们的推导过程是怎样的？

第四，多元回归模型中不包含常数项时的回归仍称为“过原点回归”，多元回归模型中过原点回归的 OLS 估计会出现什么样的变化？模型的结构参数的估计与包含常数项的回归有差别吗？与残差有关的“数值性质”有何变化？

第五，教材指出，在满足高斯基本假设的情况下，多元线性回归模型参数的 OLS 估计量是最佳线性无偏估计量，并证明了线性性与无偏性。那么最小方差性应如何证明呢？

第六，教材给出了多元线性回归模型随机干扰项方差的估计量表达式，它是如何推导出的呢？

第七，矩估计是根据总体的矩条件，写出对应的样本矩条件，在矩阵表达式中，如何理解两者的“对应”性特征呢？

二、典型例题分析

例 1

某地区通过一个样本容量为 722 的调查数据得到劳动力受教育的一个回归方程为

$$Y=10.36-0.094X_1+0.131X_2+0.210X_3$$

$$R^2=0.214$$

式中，Y 为劳动力受教育年数，X_1 为该劳动力家庭中兄弟姐妹的个数，X_2 与 X_3 分别为母亲与父亲受教育的年数。问：

（1）X_1 是否具有预期的影响？为什么？若 X_2 与 X_3 保持不变，为了使预测的受教育水平减少一年，需要 X_1 增加多少？

（2）请对 X_2 的系数给予适当的解释。

（3）如果两个劳动力都没有兄弟姐妹，但其中一个的父母受教育的年数为 12 年，另一个的父母受教育的年数为 16 年，则两人受教育的年数预期相差多少？

解答　（1）预期 X_1 对劳动者受教育的年数有影响。因为在收入及支出预算约束一定的条件下，子女越多的家庭，每个孩子接受教育的时间会越短。

根据多元回归模型偏回归系数的含义，X_1 前的参数估计值 -0.094 表明，在其他条件不变的情况下，每增加 1 个兄弟姐妹，受教育年数会减少 0.094 年，因此，要减少 1 年受教育的时间，兄弟姐妹需增加 $\frac{1}{0.094}=10.6$ 个。

（2）X_2 的系数表示当兄弟姐妹数与父亲受教育的年数保持不变时，母亲每增加 1 年受教育的机会，其子女作为劳动者就会预期增加 0.131 年的受教育机会。

（3）首先计算两人受教育的年数分别为

$$10.36+0.131\times 12+0.210\times 12=14.452$$

$$10.36+0.131\times 16+0.210\times 16=15.816$$

因此，两人的受教育年限的差别为

$$15.816-14.452=1.364$$

例 2

以企业研发（R&D）支出占销售额的比重为被解释变量 Y，以企业销售额 X_1 与利润占销售额的比重 X_2 为解释变量，一个有 32 容量的样本企业的估计结果如下：

$$Y=0.472+0.32\log(X_1)+0.05X_2$$

$$(1.37)\ (0.22)\qquad (0.046)$$

$$R^2=0.099$$

其中括号中为系数估计值的标准差。

（1）解释 $\log X_1$ 的系数。如果 X_1 增加 10%，估计 Y 会变化多少个百分点？这在经济上是一个很大的影响吗？

（2）针对 R&D 强度随销售额的增加而提高这一备择假设，检验它不随 X_1 而变化的假设。分别在 5% 和 10% 的显著性水平上进行这个检验。

（3）利润占销售额的比重 X_2 对 R&D 强度 Y 是否在统计上有显著的影响？

解答　（1）$\log X_1$ 的系数表明在其他条件不变时，$\log X_1$ 变化 1 个单位，Y 变化的单位数，即 $\Delta Y=0.32\Delta\log X_1\approx 0.32\left(\frac{\Delta X_1}{X_1}\right)=0.32\times 100\%$，换言之，当企业销售额 X_1 增长 100% 时，企业研发支出占销售额的比重 Y 会增加 0.32 个百分点。由此，如果 X_1 增加 10%，Y 会增加 0.032 个百分点。这在经济上不是一个较大的影响。

（2）针对备择假设 $H_1:\beta_1>0$，检验原假设 $H_0:\beta_1=0$。易知计算的 t 统计量的值为 $t=\frac{0.32}{0.22}=1.455$。在 5% 的显著性水平下，自由度为 $32-3=29$ 的 t 分布的临界值为 1.699（单侧），计算的 t 值小于该临界值，所以不拒绝原假设。意味着 R&D 强度不随销售额的增加而变化。在 10%的显著性水平下，t 分布的临界值为 1.311，计算的 t 值大于该值，拒绝原假设，意味着 R&D 强度随销售额的增加而增加。

（3）对 X_2，参数估计值的 t 统计值为 $\frac{0.05}{0.046}=1.087$，它比在 10%的显著性水平下的临界值还小，因此可以认为它对 Y 在统计上没有显著的影响。

例 3

表 3-1 为有关经批准的私人住房单位及其决定因素的 4 个模型的估计量和相关统计值（括号内为 p 值，即以对应的 t 统计值为临界值的显著性水平 α）（如果某项为空，则意味着模型中没有此变量）。数据为美国 40 个城市的数据。模型如下：

$$Y=\beta_0+\beta_1X_1+\beta_2X_2+\beta_3X_3+\beta_4X_4+\beta_5X_5+\beta_6X_6+\beta_7X_7+\mu$$

其中，Y 为实际颁发的建筑许可证数量，X_1 为每平方英里（1 平方英里=2.59 平方千米）的人口密度，X_2 为自有房屋的均价（单位：百美元），X_3 为平均家庭收入（单位：千美元），X_4 为 1980—1992 年的人口增长百分比，X_5 为失业率，X_6 为人均缴纳的地方税，X_7 为人均缴纳的州税。

表 3-1　经批准的私人住房单位及其决定因素的 4 个模型的估计量和相关统计值

变量	模型 A	模型 B	模型 C	模型 D
C	813（0.74）	−392（0.81）	−1279（0.34）	−973（0.44）
X_1	0.075（0.43）	0.062（0.32）	0.042（0.47）	
X_2	−0.855（0.13）	−0.873（0.11）	−0.994（0.06）	−0.778（0.07）
X_3	110.41（0.14）	133.03（0.04）	125.71（0.05）	116.60（0.06）
X_4	26.77（0.11）	29.19（0.06）	29.41（0.001）	24.86（0.08）
X_5	−76.55（0.48）			
X_6	−0.061（0.95）			
X_7	−1.006（0.40）	−1.004（0.37）		
RSS	4.763×10^7	4.843×10^7	4.962×10^7	5.038×10^7
R^2	0.349	0.338	0.322	0.312
$\hat{\sigma}^2$	1.488×10^6	1.424×10^6	1.418×10^6	1.399×10^6
AIC	1.776×10^6	1.634×10^6	1.593×10^6	1.538×10^6

（1）检验模型 A 中的每一个回归系数在 10%水平下是否为零（括号中的值为 p 值）。根据检验结果，你认为应该把变量保留在模型中还是去掉？

（2）在模型 A 中，在 10%水平下检验联合假设 $H_0:\beta_i=0(i=1,5,6,7)$。说明备择假设，计算检验统计值，说明其在零假设条件下的分布，拒绝或接受零假设的标准。说明你的结论。

（3）哪个模型是“最优的”？解释你的选择标准。

（4）说明最优模型中有哪些系数的符号是“错误的”。说明你的预期符号并解释原因。确认其是否为正确符号。

解答 （1）直接给出了 p 值，所以没有必要计算 t 统计值以及查 t 分布表。根据题意，如果 p 值<0.10，则我们拒绝参数为零的原假设。

由于表中所有参数的 p 值都超过了 10%，所以没有系数是显著不为零的。但由此去掉所有解释变量，则会得到非常奇怪的结果。其实正如我们所知道的，多元回归中去掉变量时一定要谨慎，要有所选择。本例中，X_2、X_3、X_4 的 p 值仅比 0.1 稍大一点，在略掉 X_5、X_6、X_7 的模型 C 中，这些变量的系数都是显著的。

（2）针对联合假设 $H_0:\beta_i=0(i=1,5,6,7)$，其对应的备择假设为 $H_1:\beta_i(i=1,5,6,7)$ 中至少有一个不为零。检验假设 H_0，实际上就是参数的约束性检验，非约束模型为模型 A，约束模型为模型 D，检验统计值为

$$F=\frac{(\mathrm{RSS_R}-\mathrm{RSS_U})/(k_\mathrm{U}-k_\mathrm{R})}{\mathrm{RSS_U}/(n-k_\mathrm{U}-1)}$$
$$=\frac{(5.038e+7-4.763e+7)/(7-3)}{(4.763e+7)/(40-8)}=0.462$$

显然，在 H_0 假设下，上述统计量满足 F 分布，在 10% 的显著性水平下，自由度为(4,32)的 F 分布的临界值为 2.129。显然，计算的 F 值小于临界值，我们不能拒绝 H_0，所以 $\beta_i(i=1,5,6,7)$ 是联合不显著的。

（3）模型 D 中的 3 个解释变量全部通过显著性检验。尽管 R^2 值相对较小、残差平方和相对较大，但相对来说其 AIC 值最低，所以我们选择该模型为最优模型。

（4）随着收入的增加，我们预期住房需要会随之增加。所以可以预期 $\beta_3>0$，事实上其估计值确实是大于零的。同样地，随着人口的增加，住房需求也会随之增加，所以我们预期 $\beta_4>0$，事实上其估计值也是如此。随着房屋价格的上升，我们预期住房需求人数减少，即我们预期 β_2 估计值的符号为负，回归结果与直觉相符。出乎预料的是，地方税与州税是不显著的。由于税收的增加将使可支配收入降低，所以我们预期住房的需求将下降。虽然模型 A 是这种情况，但它们的影响却非常微弱。

例 4

试证明调整的可决系数与未经调整的可决系数之间存在如下关系：

$$\bar{R}^2=1-(1-R^2)\frac{n-1}{n-k-1}$$

并判断，其值在何时可能出现负值？

证明

由
$$\bar{R}^2=1-\frac{\mathrm{RSS}/(n-k-1)}{\mathrm{TSS}/(n-1)}$$

得
$$\frac{\text{RSS}}{\text{TSS}}=(1-\bar{R}^2)\frac{n-k-1}{n-1}$$

$$1-\frac{\text{RSS}}{\text{TSS}}=1-(1-\bar{R}^2)\frac{n-k-1}{n-1}$$

于是
$$R^2=1-(1-\bar{R}^2)\frac{n-k-1}{n-1}$$

$$(1-\bar{R}^2)\frac{n-k-1}{n-1}=1-R^2$$

$$\bar{R}^2=1-(1-R^2)\frac{n-1}{n-k-1}$$

当模型中至少包含 1 个解释变量时，$\frac{n-1}{n-k-1}>1$，因此当 $R^2=0$ 时，调整的可决系数 $\bar{R}^2$ 为负值。事实上，当$(1-R^2)\frac{n-1}{n-k-1}>1$ 时，$\bar{R}^2$就会出现负值，由此易知，只要 $R^2<1-\frac{n-k-1}{n-1}=\frac{k}{n-1}$，则 $\bar{R}^2$就会出现负值。

例 5

在经典线性模型基本假定下，对含有三个自变量的多元回归模型：
$$Y=\beta_0+\beta_1X_1+\beta_2X_2+\beta_3X_3+\mu$$
你想检验的虚拟假设是 $H_0:\beta_1-2\beta_2=1$。

(1) 用 $\hat{\beta}_1$，$\hat{\beta}_2$的方差及其协方差求出 $\text{Var}(\hat{\beta}_1-2\hat{\beta}_2)$。

(2) 写出检验 $H_0:\beta_1-2\beta_2=1$ 的 t 统计量。

(3) 如果定义 $\beta_1-2\beta_2=\theta$，写出一个涉及 β_0、θ、β_2和 β_3的回归方程，以便能直接得到 θ 估计值 $\hat{\theta}$ 及其标准误。

解答 (1) 由数理统计学知识易知
$$\text{Var}(\hat{\beta}_1-2\hat{\beta}_2)=\text{Var}(\hat{\beta}_1)-4\text{Cov}(\hat{\beta}_1,\hat{\beta}_2)+4\text{Var}(\hat{\beta}_2)$$

(2) 由数理统计学知识易知
$$t=\frac{\hat{\beta}_1-2\hat{\beta}_2-1}{\text{se}(\hat{\beta}_1-2\hat{\beta}_2)}$$
其中 $\text{se}(\hat{\beta}_1-2\hat{\beta}_2)$为$(\hat{\beta}_1-2\hat{\beta}_2)$的标准差。

(3) 由 $\beta_1-2\beta_2=\theta$ 知 $\beta_1=\theta+2\beta_2$，代入原模型得
$$\begin{aligned}Y&=\beta_0+(\theta+2\beta_2)X_1+\beta_2X_2+\beta_3X_3+\mu\\&=\beta_0+\theta X_1+\beta_2(2X_1+X_2)+\beta_3X_3+\mu\end{aligned}$$
这就是所需的模型，其中 θ 估计值 $\hat{\theta}$ 及其标准误都能通过对该模型进行估计得到。

例 6

对于涉及三个变量 Y、X_1、X_2 的数据做以下回归：

(1) $$Y_i=\alpha_0+\alpha_1 X_{i1}+\mu_{i1}$$

(2) $$Y_i=\beta_0+\beta_1 X_{i2}+\mu_{i2}$$

(3) $$Y_i=\gamma_0+\gamma_1 X_{i1}+\gamma_2 X_{i2}+\mu_{i3}$$

问在什么条件下才能有 $\hat{\alpha}_1=\hat{\gamma}_1$ 及 $\hat{\beta}_1=\hat{\gamma}_2$，即多元回归与各自的一元回归所得的参数估计值相同。

解答　由回归模型(1)与(2)分别知

$$\hat{\alpha}_1=\frac{\sum x_{i1}y_i}{\sum x_{i1}^2},\hat{\beta}_1=\frac{\sum x_{i2}y_i}{\sum x_{i2}^2}$$

对模型(3)，令其样本回归模型的离差形式为

$$y_i=\hat{\gamma}_1 x_{i1}+\hat{\gamma}_2 x_{i2}+e_{i3}$$

求

$$\sum e_i^2=(y_i-\hat{\gamma}_1 x_{i1}-\hat{\gamma}_2 x_{i2})^2$$

的最小值，可得如下正规方程组：

$$\begin{cases}\sum y_i x_{i1}=\hat{\gamma}_1\sum x_{i1}^2+\hat{\gamma}_2\sum x_{i1}x_{i2}\\ \sum y_i x_{i2}=\hat{\gamma}_1\sum x_{i1}x_{i2}+\hat{\gamma}_2\sum x_{i2}^2\end{cases}$$

解此方程组得

$$\hat{\gamma}_1=\frac{(\sum y_i x_{i1})(\sum x_{i2}^2)-(\sum y_i x_{i2})(\sum x_{i1}x_{i2})}{\sum x_{i1}^2\sum x_{i2}^2-(\sum x_{i1}x_{i2})^2}$$

$$\hat{\gamma}_2=\frac{(\sum y_i x_{i2})(\sum x_{i1}^2)-(\sum y_i x_{i1})(\sum x_{i1}x_{i2})}{\sum x_{i1}^2\sum x_{i2}^2-(\sum x_{i1}x_{i2})^2}$$

可见，当 $\sum x_{i1}x_{i2}=0$ 时，即 X_1 与 X_2 完全线性无关时(正交)，有 $\hat{\alpha}_1=\hat{\gamma}_1$ 及 $\hat{\beta}_1=\hat{\gamma}_2$。由此得多元回归的一个重要的结论：当各解释变量没有线性相关性时，多元回归中各解释变量的参数估计等于分别进行一元回归时解释变量的参数估计。

例 7

记样本多元回归模型为 $Y_i=\hat{\beta}_0+\hat{\beta}_1 X_{i1}+\cdots+\hat{\beta}_k X_{ik}+e_i$ 或 $\boldsymbol{Y}=\boldsymbol{X}\hat{\boldsymbol{\beta}}+\boldsymbol{e}$，试证明 OLS 估计具有如下数值性质：

(1) 估计的 Y 的均值等于实测的 Y 的均值：$\overline{\hat{Y}}=\overline{Y}$

(2) 残差 $\boldsymbol{e}$ 和 $\boldsymbol{X}$ 不相关：$\boldsymbol{X}'\boldsymbol{e}=\boldsymbol{0}$

(3) 残差和为零，从而残差的均值为零：$\sum e_i=0,\bar{e}=0$

(4) 残差 $\boldsymbol{e}$ 和估计的 $\boldsymbol{Y}$ 不相关：$\sum e_i\hat{Y}_i=\hat{\boldsymbol{Y}}'\boldsymbol{e}=0$

证明 （1）由于

$$\begin{aligned}\hat{Y}_i &= \hat{\beta}_0 + \hat{\beta}_1 X_{i1} + \cdots + \hat{\beta}_k X_{ik} \\ &= (\overline{Y} - \hat{\beta}_1 \overline{X}_1 - \cdots - \hat{\beta}_k \overline{X}_k) + \hat{\beta}_1 X_{i1} + \cdots + \hat{\beta}_k X_{ik} \\ &= \overline{Y} + \hat{\beta}_1 (X_{i1} - \overline{X}_1) + \cdots + \hat{\beta}_k (X_{ik} - \overline{X}_k)\end{aligned}$$

于是

$$\sum \hat{Y}_i = n\overline{Y} + \hat{\beta}_1 \sum (X_{i1} - \overline{X}_1) + \cdots + \hat{\beta}_k \sum (X_{ik} - \overline{X}_k) = n\overline{Y}$$

从而

$$\overline{\hat{Y}} = \frac{\sum \hat{Y}_i}{n} = \overline{Y}$$

（2）由于多元回归的 OLS 估计是在如下残差平方和的最小化基础上完成的

$$\sum e_i^2 = \boldsymbol{e}'\boldsymbol{e} = (\boldsymbol{Y} - \boldsymbol{X}\hat{\boldsymbol{\beta}})'(\boldsymbol{Y} - \boldsymbol{X}\hat{\boldsymbol{\beta}})$$

由矩阵的求导法则容易得到该式的一阶极值条件

$$\frac{\partial \boldsymbol{e}'\boldsymbol{e}}{\partial \hat{\boldsymbol{\beta}}} = -2\boldsymbol{X}'(\boldsymbol{Y} - \boldsymbol{X}\hat{\boldsymbol{\beta}}) = \boldsymbol{0}$$

即有如下矩阵形式表示的正规方程组

$$\boldsymbol{X}'(\boldsymbol{Y} - \boldsymbol{X}\hat{\boldsymbol{\beta}}) = \boldsymbol{0}$$

则有

$$\boldsymbol{X}'\boldsymbol{e} = \boldsymbol{0}$$

（3）$\boldsymbol{X}'$的第一行各元素均为 1，因此，（2）中的正规方程组的第一个方程恰为

$$(1, 1, \cdots, 1)\begin{pmatrix} e_1 \\ e_2 \\ \vdots \\ e_n \end{pmatrix} = \sum e_i = 0$$

于是

$$\overline{e} = \frac{\sum e_i}{n} = 0$$

（4）由于 $\hat{\boldsymbol{Y}} = \boldsymbol{X}\hat{\boldsymbol{\beta}}$，则有

$$\sum e_i \hat{Y}_i = \hat{\boldsymbol{Y}}'\boldsymbol{e} = (\boldsymbol{X}\hat{\boldsymbol{\beta}})'\boldsymbol{e} = \hat{\boldsymbol{\beta}}'\boldsymbol{X}'\boldsymbol{e} = \hat{\boldsymbol{\beta}}' \cdot \boldsymbol{0} = 0$$

例 8

对多元线性回归模型 $\boldsymbol{Y} = \boldsymbol{X\beta} + \boldsymbol{\mu}$，试证明随机干扰项 μ 的方差的无偏估计量为 $\hat{\sigma}^2 = \frac{\boldsymbol{e}'\boldsymbol{e}}{n-k-1}$。其中 $\boldsymbol{e}$ 为相应样本回归模型的残差向量。

证明 由于被解释变量的估计值与观测值之间的残差

$$\boldsymbol{e} = \boldsymbol{Y} - \boldsymbol{X}\hat{\boldsymbol{\beta}}$$

$$
\begin{aligned}
&= \boldsymbol{X\beta}+\boldsymbol{\mu}-\boldsymbol{X}(\boldsymbol{X'X})^{-1}\boldsymbol{X'}(\boldsymbol{X\beta}+\boldsymbol{\mu})\\
&= \boldsymbol{\mu}-\boldsymbol{X}(\boldsymbol{X'X})^{-1}\boldsymbol{X'\mu}\\
&= [\boldsymbol{I}-\boldsymbol{X}(\boldsymbol{X'X})^{-1}\boldsymbol{X'}]\boldsymbol{\mu}\\
&= \boldsymbol{M\mu}
\end{aligned}
$$

残差的平方和为

$$\boldsymbol{e'e}=\boldsymbol{\mu'M'M\mu}$$

因为 $\boldsymbol{M}=(\boldsymbol{I}-\boldsymbol{X}(\boldsymbol{X'X})^{-1}\boldsymbol{X'})$ 为对称等幂矩阵，即

$$\boldsymbol{M}=\boldsymbol{M'}$$

$$\boldsymbol{M}^2=\boldsymbol{M'M}=\boldsymbol{M}$$

所以有

$$\boldsymbol{e'e}=\boldsymbol{\mu'M\mu}$$

由于 $\boldsymbol{\mu'M\mu}$ 为一数量，它本身就是它的迹，于是

$$
\begin{aligned}
\mathrm{E}(\boldsymbol{e'e}\mid\boldsymbol{X})&=\mathrm{E}(\boldsymbol{\mu'M\mu}\mid\boldsymbol{X})=\mathrm{E}[\mathrm{tr}(\boldsymbol{\mu'M\mu})\mid\boldsymbol{X}]=\mathrm{E}[\mathrm{tr}(\boldsymbol{M\mu\mu'})\mid\boldsymbol{X}]\\
&=\mathrm{tr}[\mathrm{E}(\boldsymbol{M\mu\mu'})\mid\boldsymbol{X}]=\mathrm{tr}[\boldsymbol{M}\mathrm{E}(\boldsymbol{\mu\mu'}\mid\boldsymbol{X})]=\mathrm{tr}(\boldsymbol{M}\sigma^2\boldsymbol{I})\\
&=\sigma^2\mathrm{tr}[\boldsymbol{I}-\boldsymbol{X}(\boldsymbol{X'X})^{-1}\boldsymbol{X'}]=\sigma^2\{\mathrm{tr}(\boldsymbol{I})-\mathrm{tr}[(\boldsymbol{X'X})^{-1}\boldsymbol{X'X}]\}\\
&=\sigma^2[n-(k+1)]
\end{aligned}
$$

其中符号“tr”表示矩阵的迹，其定义为矩阵主对角线元素的和。这里用到了矩阵的迹的两个重要性质：$\mathrm{tr}(\boldsymbol{AB})=\mathrm{tr}(\boldsymbol{BA})$，$\mathrm{tr}(\boldsymbol{A}+\boldsymbol{B})=\mathrm{tr}(\boldsymbol{A})+\mathrm{tr}(\boldsymbol{B})$，于是

$$\sigma^2=\frac{\mathrm{E}(\boldsymbol{e'e})}{n-k-1}$$

以上过程既导出了随机误差项方差的估计量为

$$\hat{\sigma}^2=\frac{\boldsymbol{e'e}}{n-k-1}$$

也证明了该估计量是无偏估计量。

例 9

对多元线性回归模型 $\boldsymbol{Y}=\boldsymbol{X\beta}+\boldsymbol{\mu}$，试证明 OLS 估计量 $\hat{\boldsymbol{\beta}}$ 具有最小方差性。

证明　设 $\boldsymbol{\beta}^*$ 是其他方法得到的关于 $\boldsymbol{\beta}$ 的线性无偏估计量：

$$\boldsymbol{\beta}^*=\boldsymbol{C}^*\boldsymbol{Y}$$

其中，$\boldsymbol{C}^*=\boldsymbol{C}+\boldsymbol{D}=(\boldsymbol{X'X})^{-1}\boldsymbol{X'}+\boldsymbol{D}$，$\boldsymbol{D}$ 为一固定矩阵，$\boldsymbol{C}$ 满足 $\hat{\boldsymbol{\beta}}=\boldsymbol{CY}$，于是

$$\boldsymbol{\beta}^*=\boldsymbol{C}^*\boldsymbol{Y}=\boldsymbol{C}^*\boldsymbol{X\beta}+\boldsymbol{C}^*\boldsymbol{\mu}$$

$$\mathrm{E}(\boldsymbol{\beta}^*\mid\boldsymbol{X})=\boldsymbol{C}^*\boldsymbol{X\beta}+\boldsymbol{C}^*\mathrm{E}(\boldsymbol{\mu}\mid\boldsymbol{X})=\boldsymbol{C}^*\boldsymbol{X\beta}$$

$\boldsymbol{\beta}^*$ 的无偏性要求 $\boldsymbol{C}^*\boldsymbol{X}=\boldsymbol{I}$。由于

$$\boldsymbol{C}^*\boldsymbol{X}=(\boldsymbol{X'X})^{-1}\boldsymbol{X'X}+\boldsymbol{DX}$$

于是，$\boldsymbol{C}^*\boldsymbol{X}=\boldsymbol{I}$ 当且仅当 $\boldsymbol{DX}=\boldsymbol{0}$。

$\boldsymbol{\beta}^*$ 的方差-协方差矩阵为：

$$
\begin{aligned}
\mathrm{Cov}(\boldsymbol{\beta}^* \mid \boldsymbol{X}) &= \mathrm{E}[(\boldsymbol{\beta}^* - \boldsymbol{\beta})(\boldsymbol{\beta}^* - \boldsymbol{\beta})' \mid \boldsymbol{X}] \\
&= \mathrm{E}[(\boldsymbol{C}^*\boldsymbol{Y} - \boldsymbol{\beta})(\boldsymbol{C}^*\boldsymbol{Y} - \boldsymbol{\beta})' \mid \boldsymbol{X}] \\
&= \mathrm{E}[(\boldsymbol{C}^*\boldsymbol{\mu})(\boldsymbol{C}^*\boldsymbol{\mu})' \mid \boldsymbol{X}] \\
&= \mathrm{E}[\boldsymbol{C}^*\boldsymbol{\mu}\boldsymbol{\mu}'(\boldsymbol{C}^*)' \mid \boldsymbol{X}] \\
&= [(\boldsymbol{X}'\boldsymbol{X})^{-1}\boldsymbol{X}' + \boldsymbol{D}]\mathrm{E}(\boldsymbol{\mu}\boldsymbol{\mu}' \mid \boldsymbol{X})[\boldsymbol{X}(\boldsymbol{X}'\boldsymbol{X})^{-1} + \boldsymbol{D}'] \\
&= \sigma^2[(\boldsymbol{X}'\boldsymbol{X})^{-1}\boldsymbol{X}'\boldsymbol{X}(\boldsymbol{X}'\boldsymbol{X})^{-1} + (\boldsymbol{X}'\boldsymbol{X})^{-1}\boldsymbol{X}'\boldsymbol{D}' + \boldsymbol{D}\boldsymbol{X}(\boldsymbol{X}'\boldsymbol{X})^{-1} + \boldsymbol{D}\boldsymbol{D}'] \\
&= \sigma^2(\boldsymbol{X}'\boldsymbol{X})^{-1} + \sigma^2\boldsymbol{D}\boldsymbol{D}' \\
&= \mathrm{Cov}(\hat{\boldsymbol{\beta}} \mid \boldsymbol{X}) + \sigma^2\boldsymbol{D}\boldsymbol{D}'
\end{aligned}
$$

$\boldsymbol{D}\boldsymbol{D}'$为主对角线元素非负的对称矩阵(半正定矩阵),由此得 $\boldsymbol{\beta}^*$ 的方差大于或等于 OLS 估计量 $\hat{\boldsymbol{\beta}}$ 的方差。

例 10

对多元线性回归模型

$$Y_i = \boldsymbol{X}_i\boldsymbol{\beta} + \mu_i \quad i = 1, 2, \cdots, n$$

其中,$\boldsymbol{X}_i = [1 \quad X_{i1} \quad X_{i2} \quad \cdots \quad X_{ik}]$,$\boldsymbol{\beta} = [\beta_0 \quad \beta_1 \quad \cdots \quad \beta_k]'$。由条件零均值假设可推出随机干扰项 μ_i与解释变量 $\boldsymbol{X}_i$的同期不相关特征:

$$\mathrm{E}(\boldsymbol{X}_i'\mu_i) = \boldsymbol{0} \quad i = 1, 2, \cdots, n$$

该式即为以矩阵形式表示的一组总体矩条件。根据矩估计的思想,可写出对应的样本矩条件:

$$\frac{1}{n}\sum \boldsymbol{X}_i'(Y_i - \boldsymbol{X}_i\hat{\boldsymbol{\beta}}) = \boldsymbol{0}$$

试证明,该样本矩条件可等价地写为

$$\frac{1}{n}\boldsymbol{X}'(\boldsymbol{Y} - \boldsymbol{X}\hat{\boldsymbol{\beta}}) = \boldsymbol{0}$$

证明 只需证明$\sum \boldsymbol{X}_i'(Y_i - \boldsymbol{X}_i\hat{\boldsymbol{\beta}})$与 $\boldsymbol{X}'(\boldsymbol{Y} - \boldsymbol{X}\hat{\boldsymbol{\beta}})$相等。因为

$$Y_i - \boldsymbol{X}_i\hat{\boldsymbol{\beta}} = Y_i - (\hat{\beta}_0 + \hat{\beta}_1 X_{i1} + \cdots + \hat{\beta}_k X_{ik}) = e_i, \boldsymbol{X}_i' = \begin{pmatrix} 1 \\ X_{i1} \\ \vdots \\ X_{ik} \end{pmatrix}$$

于是

$$\sum \boldsymbol{X}_i'(Y_i - \boldsymbol{X}_i\hat{\boldsymbol{\beta}}) = \sum \begin{pmatrix} 1 \\ X_{i1} \\ \vdots \\ X_{ik} \end{pmatrix} e_i = \sum \begin{pmatrix} e_i \\ X_{i1}e_i \\ \vdots \\ X_{ik}e_i \end{pmatrix} = \begin{pmatrix} \sum e_i \\ \sum X_{i1}e_i \\ \vdots \\ \sum X_{ik}e_i \end{pmatrix}$$

而

$$
\boldsymbol{X}\hat{\boldsymbol{\beta}}=\begin{pmatrix}1 & X_{11} & \cdots & X_{1k}\\ 1 & X_{21} & \cdots & X_{2k}\\ \vdots & \vdots & & \vdots\\ 1 & X_{n1} & \cdots & X_{nk}\end{pmatrix}\begin{pmatrix}\hat{\beta}_0\\ \hat{\beta}_1\\ \vdots\\ \hat{\beta}_k\end{pmatrix}=\begin{pmatrix}\hat{\beta}_0+\hat{\beta}_1X_{11}+\cdots+\hat{\beta}_kX_{1k}\\ \hat{\beta}_0+\hat{\beta}_1X_{21}+\cdots+\hat{\beta}_kX_{2k}\\ \vdots\\ \hat{\beta}_0+\hat{\beta}_1X_{n1}+\cdots+\hat{\beta}_kX_{nk}\end{pmatrix}
$$

$$
\boldsymbol{X}'(\boldsymbol{Y}-\boldsymbol{X}\hat{\boldsymbol{\beta}})=\begin{pmatrix}1 & 1 & \cdots & 1\\ X_{11} & X_{21} & \cdots & X_{n1}\\ \vdots & \vdots & & \vdots\\ X_{1k} & X_{2k} & \cdots & X_{nk}\end{pmatrix}\begin{pmatrix}Y_1-(\hat{\beta}_0+\hat{\beta}_1X_{11}+\cdots+\hat{\beta}_kX_{1k})\\ Y_2-(\hat{\beta}_0+\hat{\beta}_1X_{21}+\cdots+\hat{\beta}_kX_{2k})\\ \vdots\\ Y_n-(\hat{\beta}_0+\hat{\beta}_1X_{n1}+\cdots+\hat{\beta}_kX_{nk})\end{pmatrix}
$$

$$
=\begin{pmatrix}1 & 1 & \cdots & 1\\ X_{11} & X_{21} & \cdots & X_{n1}\\ \vdots & \vdots & & \vdots\\ X_{1k} & X_{2k} & \cdots & X_{nk}\end{pmatrix}\begin{pmatrix}e_1\\ e_2\\ \vdots\\ e_n\end{pmatrix}=\begin{pmatrix}\sum e_i\\ \sum X_{i1}e_i\\ \vdots\\ \sum X_{ik}e_i\end{pmatrix}
$$

因此，$\sum \boldsymbol{X}_i'(Y_i-\boldsymbol{X}_i\hat{\boldsymbol{\beta}})=\boldsymbol{X}'(\boldsymbol{Y}-\boldsymbol{X}\hat{\boldsymbol{\beta}})$，从而$\frac{1}{n}\sum \boldsymbol{X}_i'(Y_i-\boldsymbol{X}_i\hat{\boldsymbol{\beta}})=\boldsymbol{0}$与$\frac{1}{n}\boldsymbol{X}'(\boldsymbol{Y}-\boldsymbol{X}\hat{\boldsymbol{\beta}})=\boldsymbol{0}$等价。而$\sum \boldsymbol{X}_i'(Y_i-\boldsymbol{X}_i\hat{\boldsymbol{\beta}})=\boldsymbol{0}$与$\boldsymbol{X}'(\boldsymbol{Y}-\boldsymbol{X}\hat{\boldsymbol{\beta}})=\boldsymbol{0}$也都是多元回归模型 OLS 估计中的正规方程组的矩阵形式。

例 11

对多元线性回归模型 $\boldsymbol{Y}=\boldsymbol{X\beta}+\boldsymbol{\mu}$，试证明普通最小二乘估计量 $\hat{\boldsymbol{\beta}}$ 具有一致性。

证明　多元线性回归模型的 OLS 估计量为

$$
\hat{\boldsymbol{\beta}}=(\boldsymbol{X}'\boldsymbol{X})^{-1}\boldsymbol{X}'\boldsymbol{Y}
$$

将 $\boldsymbol{Y}=\boldsymbol{X\beta}+\boldsymbol{\mu}$ 代入上式得：

$$
\hat{\boldsymbol{\beta}}=(\boldsymbol{X}'\boldsymbol{X})^{-1}\boldsymbol{X}'(\boldsymbol{X\beta}+\boldsymbol{\mu})=\boldsymbol{\beta}+(\boldsymbol{X}'\boldsymbol{X})^{-1}\boldsymbol{X}'\boldsymbol{\mu}
$$

类似于例 10 的方式，容易验证

$$
\boldsymbol{X}'\boldsymbol{X}=\begin{pmatrix}n & \sum X_{i1} & \cdots & \sum X_{ik}\\ \sum X_{i1} & \sum X_{i1}^2 & \cdots & \sum X_{i1}X_{ik}\\ \vdots & \vdots & & \vdots\\ \sum X_{ik} & \sum X_{ik}X_{i1} & \cdots & \sum X_{ik}^2\end{pmatrix}=\sum \boldsymbol{X}_i'\boldsymbol{X}_i
$$

$$\boldsymbol{X'\mu}=\begin{pmatrix}1 & 1 & \cdots & 1\\ X_{11} & X_{21} & \cdots & X_{n1}\\ \vdots & \vdots & & \vdots\\ X_{1k} & X_{2k} & \cdots & X_{nk}\end{pmatrix}\begin{pmatrix}\mu_1\\ \mu_2\\ \vdots\\ \mu_n\end{pmatrix}=\begin{pmatrix}\sum\mu_i\\ \sum X_{i1}\mu_i\\ \vdots\\ \sum X_{ik}\mu_i\end{pmatrix}=\sum \boldsymbol{X}_i'\mu_i$$

于是

$$P\lim\hat{\boldsymbol{\beta}}=\boldsymbol{\beta}+P\lim(\boldsymbol{X'X})^{-1}\boldsymbol{X'\mu}=\boldsymbol{\beta}+\left(P\lim\frac{1}{n}\boldsymbol{X'X}\right)^{-1}P\lim\left(\frac{1}{n}\boldsymbol{X'\mu}\right)$$

根据大数定律:

$$P\lim\frac{1}{n}\boldsymbol{X'X}=P\lim\frac{1}{n}\sum\boldsymbol{X}_i'\boldsymbol{X}_i=\mathrm{E}(\boldsymbol{X}_i'\boldsymbol{X}_i)=\boldsymbol{Q}$$

$$P\lim\frac{1}{n}\boldsymbol{X'\mu}=P\lim\frac{1}{n}\sum\boldsymbol{X}_i'\mu_i=\mathrm{E}(\boldsymbol{X}_i'\mu_i)=\boldsymbol{0}$$

这里,第一个式子假设概率极限 $P\lim\frac{1}{n}\boldsymbol{X'X}$ 存在且为可逆矩阵 $\boldsymbol{Q}$;第二个式子假设 $\boldsymbol{X}_i$ 与 μ_i 同期无关(这在条件零均值假设下是显然的)。于是

$$P\lim\hat{\boldsymbol{\beta}}=\boldsymbol{\beta}+P\lim(\boldsymbol{X'X})^{-1}\boldsymbol{X'\mu}=\boldsymbol{\beta}+(\boldsymbol{Q})^{-1}\cdot\boldsymbol{0}=\boldsymbol{\beta}$$

例 12

对一个以受教育程度(educ)与性别(D)为解释变量的劳动者工资(wage)模型

$$\text{wage}=\beta_0+\beta_1\text{educ}+\beta_2 D+\mu$$

其中,D 为虚拟变量,当为女性时它取值为 1,为男性时取值为 0。

(1) 请解释 D 前参数的实际含义。

(2) 如何理解偏回归系数 β_2 的含义?

解答 (1) 在 $\mathrm{E}(\mu\mid\text{educ},D)=0$ 的假设下,容易得到

$$\beta_2=\mathrm{E}(\text{wage}\mid\text{educ},D=1)-\mathrm{E}(\text{wage}\mid\text{educ},D=0)$$

因此,D 参数的实际含义为:在受教育程度相同的条件下,女性劳动者与男性劳动者工资的平均差异。

(2) 偏回归系数表示当其他解释变量保持不变,某解释变量增加一个单位时被解释变量的平均变化量。因此,β_2 作为偏回归系数的含义为:在受教育程度相同的条件下,变量 D 由 0 增加到 1 时,工资的平均变化量,这一变化量恰为女性劳动者工资与男性劳动者工资的平均差额。

例 13

一个由容量为 209 的样本估计的解释 CEO 薪水的方程为

$$\ln\hat{Y}=4.59+0.257\ln X_1+0.011X_2+0.158D_1+0.181D_2-0.283D_3$$
$$t:\ (15.3)(8.03)\quad(2.75)\quad(1.775)\ (2.130)\ (-2.895)$$

其中,Y 表示年薪水平(单位:万元),X_1 表示公司年销售收入(单位:万元),X_2 表示公司股票收益(单位:万元);D_1,D_2 和 D_3 均为虚拟变量,分别表示金融业、消费品工业和公用事业。假设对比产业为交通运输业,方程下括号中的数据为估计参数的 t 统计值。要求:

(1) 解释三个虚拟变量参数的经济含义;

(2) 保持 X_1 和 X_2 不变,计算公用事业和交通运输业之间估计薪水的近似百分比差异。这个差异在 1%的显著性水平上是统计显著的吗?

(3) 消费品工业和金融业之间估计薪水的近似百分比差异是多少? 写出一个使你能直接检验这个差异是否统计显著的方程。

解答　(1) D_1 的参数的经济含义为:当销售收入与公司股票收益保持不变时,金融业的 CEO 与交通运输业的 CEO 所获薪水的对数的差异。由于某变量对数的差可近似地看成该变量变动的百分率,因此,D_1 的参数的经济含义还可解释为:当销售收入与公司股票收益保持不变时,金融业的 CEO 要比交通运输业的 CEO 多获 15.8%的薪水。其他两个可类似解释。

(2) 公用事业和交通运输业之间估计薪水的近似百分比差异就是以百分数解释的 D_3 的参数,即为-28.3%。由于参数的 t 统计值为-2.895,其绝对值大于 1%显著性水平下自由度为 203 的 t 分布的临界值 2.600,因此这种差异是统计上显著的。

(3) 由于消费品工业和金融业相对于交通运输业的薪水百分比差异分别为 15.8%与 18.1%,因此它们间的差异为 18.1%-15.8%=2.3%。一个能直接检验这一差异是否显著的方程为

$$\ln Y=\beta_0+\beta_1\ln X_1+\beta_2X_2+\alpha_1D_2+\alpha_2D_3+\alpha_3\text{trans}+\mu$$

其中,trans 为交通运输业虚拟变量。这里对比基准为金融业,因此 α_1 表示了消费品工业与金融业薪水的百分比差异,其 t 统计值可用来进行显著性检验。

例 14

索洛增长模型自提出后由于其对经济增长因素分析的适用性而得到了广泛的应用。当然,20 世纪 90 年代以来的应用大都是在对该模型的扩展下进行的。曼昆、罗默和威尔(1992)将人力资本因素引入后得到如下扩展的索洛增长模型:

$$\ln(Q/L)=\alpha_0+[\alpha_1/(1-\alpha_1-\alpha_2)]\ln[s_p/(n+g+d)]+$$
$$[\alpha_2(1-\alpha_1-\alpha_2)]\ln(s_h/(n+g+d)]+\mu$$

其中,α_1表示物质资本的收入份额,α_2表示人力资本的收入份额,s_p表示物质资本储蓄率,s_h表示人力资本储蓄率,n 表示一个国家或地区的人口增长率,g 表示世界范围内的技术进步率,d 表示资本折旧率。Q/L 表示人均产出量。曼昆、罗默和威尔指出,会计资料表明 α_1约为 1/3,并论证了 α_2也约等于 1/3。表 3-2 列出了 98 个国家和地区按 1985 年工作年龄人口的人均国内生产总值(Q/L),人口增长率(n),工作人口读过中学的比例(s_h),投资占 GDP 的比例(s_p)计算的三组数据:

$$Y=\ln(\text{GDP}/L),X_1=\ln(s_p/(n+g+d)),X_2=\ln(s_h/(n+g+d))$$

其中 g、d 分别取值 2%、3%。于是上述索洛增长模型可以简写为

$$Y=\beta_0+\beta_1 X_1+\beta_2 X_2+\mu$$

请用手工与软件两种方式估计该二元线性回归模型。其中手工方式要求以矩阵表达式进行运算。要求：

（1）估计回归方程的参数及随机干扰项的方差 $\hat{\sigma}^2$，计算 R^2 及 $\bar{R}^2$；

（2）对方程进行 F 检验，对参数进行 t 检验，并构造参数 95%的置信区间；

（3）依据对 β_1、β_2的估计，计算 α_1、α_2的估计值，它们均在 1/3 左右吗？

表 3-2　98 个国家和地区的人均国内生产总值等相关资料

国别（地区）	Y	X_1	X_2	国别（地区）	Y	X_1	X_2
Algeria	8.383	1.154	−0.524	Philippines	7.796	0.622	0.281
Angola	7.066	−0.202	−1.372	Singapore	9.594	1.444	0.169
Benin	6.976	0.378	−1.414	Sri Lanka	7.817	0.693	0.115
Botswana	8.208	1.239	−1.039	Syrian Arab Rep.	8.706	0.687	0.095
Burkina Faso	6.753	0.767	−2.691	Thailand	8.077	0.799	−0.610
Burundi	6.497	−0.273	−2.818	Austria	9.498	1.466	0.393
Cameroon	7.692	0.589	−0.736	Belgium	9.567	1.448	0.525
Central Afr. Rep.	6.671	0.449	−1.566	Denmark	9.711	1.558	0.647
Chad	6.136	0.000	−2.848	Finland	9.531	1.868	0.702
Congo, Peop. Rep.	7.872	1.359	−0.666	France	9.618	1.474	0.394
Egypt	7.678	0.776	−0.069	Germany, Fed Rep.	9.635	1.645	0.423
Ethiopia	6.410	−0.301	−1.893	Greece	8.835	1.637	0.326
Ghana	6.589	0.220	−0.440	Ireland	9.068	1.446	0.625
Ivory Coast	7.441	0.288	−1.397	Italy	9.313	1.492	0.237
Kenya	7.192	0.728	−1.253	Netherlands	9.486	1.394	0.514
Liberia	6.850	0.989	−1.163	Norway	9.890	1.630	0.562
Madagascar	6.882	−0.014	−1.019	Portugal	8.670	1.391	0.035
Malawi	6.713	0.579	−2.512	Spain	9.201	1.082	0.288
Mali	6.565	0.014	−1.974	Sweden	9.631	1.512	0.380
Mauritania	6.945	1.269	−1.974	Switzerland	9.673	1.633	−0.189
Mauritius	7.995	0.811	−0.040	Turkey	8.399	0.991	−0.310
Morocco	7.761	0.101	−0.734	United Kingdom	9.498	1.245	0.518
Mozambique	6.942	−0.233	−2.398	Canada	9.795	1.203	0.415
Niger	6.735	0.304	−2.721	Costa Rica	8.410	0.548	−0.194
Nigeria	7.078	0.483	−1.169	Dominican Rep.	8.104	0.772	−0.309
Rwanda	6.545	0.013	−2.970	El Salvador	7.599	−0.037	−0.755
Senegal	7.279	0.274	−1.457	Guatemala	8.018	0.083	−1.216

续表

国别(地区)	Y	X_1	X_2	国别(地区)	Y	X_1	X_2
Sierra Leone	6.691	0.502	-1.356	Haiti	7.120	0.120	-1.199
Somalia	6.488	0.533	-1.997	Honduras	7.508	0.533	-0.784
S. Africa	8.863	1.085	-0.889	Jamaica	8.033	1.138	0.529
Sudan	6.945	0.552	-1.335	Mexico	8.907	0.854	-0.229
Tanzania	6.565	0.824	-2.760	Nicaragua	8.289	0.558	-0.358
Togo	6.886	0.726	-0.950	Panama	8.521	1.182	0.372
Tunisia	8.205	0.623	-0.543	Trinidad+Tobago	9.331	1.084	0.243
Uganda	6.503	-0.681	-1.997	United States	9.852	1.177	0.605
Zaire	6.021	-0.130	-0.721	Argentina	8.618	1.359	-0.262
Zambia	7.104	1.415	-1.166	Bolivia	7.628	0.586	-0.412
Zimbabwe	7.653	0.995	-0.573	Brazil	8.624	1.077	-0.519
Bangladesh	7.107	-0.111	-0.865	Chile	8.618	1.403	0.053
Burma	6.938	0.532	-0.649	Colombia	8.390	0.811	-0.271
Hong Kong, China	9.501	0.911	-0.105	Ecuador	8.413	1.140	-0.080
India	7.200	0.820	-0.372	Paraguay	8.272	0.418	-0.560
Israel	9.254	1.296	0.197	Peru	8.236	0.418	0.013
Japan	9.539	1.759	0.564	Uruguay	8.612	0.745	0.223
Jordan	8.369	0.827	0.338	Venezuela	8.754	0.259	-0.229
Korea, Rep. of	8.471	1.063	0.281	Australia	9.504	1.504	0.336
Malaysia	8.664	1.040	-0.116	Indonesia	7.677	0.700	-0.521
Nepal	6.881	-0.171	-1.113	New Zealand	9.418	1.211	0.574
Pakistan	7.685	0.422	-0.981	Papua New Guinea	7.841	0.825	-1.555

资料来源：Michael P. Murray, *Econometrics: A Modern Introduction* 中引用的网上数据 http://ups.aw.com/中的 Excel 格式文件 mrw.xls。

解答　(1) 以矩阵形式表达，二元样本回归方程为

$$\boldsymbol{Y}=\boldsymbol{X}\hat{\boldsymbol{\beta}}+\boldsymbol{e}$$

参数的估计值为

$$\hat{\boldsymbol{\beta}}=(\boldsymbol{X}'\boldsymbol{X})^{-1}(\boldsymbol{X}'\boldsymbol{Y})$$

由于

$$(\boldsymbol{X}'\boldsymbol{X})^{-1}=\begin{pmatrix}0.076\,287 & -0.060\,78 & 0.030\,561\\ -0.060\,78 & 0.059\,453 & -0.023\,36\\ 0.030\,561 & -0.023\,36 & 0.020\,476\end{pmatrix},\ \boldsymbol{X}'\boldsymbol{Y}=\begin{pmatrix}788.695\\ 668.452\\ -382.383\end{pmatrix}$$

于是

$$\begin{pmatrix}\hat{\beta}_0\\ \hat{\beta}_1\\ \hat{\beta}_2\end{pmatrix}=(\boldsymbol{X'X})^{-1}(\boldsymbol{X'Y})=\begin{pmatrix}7.853\ 2\\ 0.738\ 2\\ 0.657\ 2\end{pmatrix}$$

根据随机干扰项方差的估计式 $\hat{\sigma}^2=\sum e_i^2/(n-k-1)$ 得到

$$\hat{\sigma}^2=\boldsymbol{e'e}/(n-k-1)$$

而

$$\begin{aligned}\boldsymbol{e'e}&=(\boldsymbol{Y}-\hat{\boldsymbol{Y}})'(\boldsymbol{Y}-\hat{\boldsymbol{Y}})=(\boldsymbol{Y}-\boldsymbol{X}\hat{\boldsymbol{\beta}})'(\boldsymbol{Y}-\boldsymbol{X}\hat{\boldsymbol{\beta}})\\&=\boldsymbol{Y'Y}-\boldsymbol{Y'X}\hat{\boldsymbol{\beta}}-\hat{\boldsymbol{\beta}}'\boldsymbol{X'Y}+\hat{\boldsymbol{\beta}}'\boldsymbol{X'X}\hat{\boldsymbol{\beta}}\\&=\boldsymbol{Y'Y}-\boldsymbol{Y'X}\hat{\boldsymbol{\beta}}-\hat{\boldsymbol{\beta}}'\boldsymbol{X'Y}+\hat{\boldsymbol{\beta}}'\boldsymbol{X'X}(\boldsymbol{X'X})^{-1}\boldsymbol{X'Y}\\&=\boldsymbol{Y'Y}-\boldsymbol{Y'X}\hat{\boldsymbol{\beta}}\\&=6\ 460.362-6\ 435.944=24.418\end{aligned}$$

故 $$\hat{\sigma}^2=\boldsymbol{e'e}/(n-k-1)=\frac{24.418}{98-2-1}=0.257$$

又由于 $$\begin{aligned}\text{TSS}&=\sum(Y_i-\overline{Y})^2=\sum(Y_i^2-2\overline{Y}Y_i+\overline{Y}^2)=\sum Y_i^2-n\overline{Y}^2\\&=\boldsymbol{Y'Y}-n\overline{Y}^2\\&=6\ 460.362-98\times8.048^2=113.013\end{aligned}$$

故 $$R^2=1-\frac{\text{RSS}}{\text{TSS}}=1-\frac{\boldsymbol{e'e}}{\boldsymbol{Y'Y}-n\overline{Y}^2}=1-\frac{24.418}{113.013}=0.783\ 9$$

$$\overline{R}^2=1-(1-R^2)\frac{n-1}{n-k-1}=0.779\ 4$$

（2）方程的总体线性性检验由下面的 F 检验进行

$$\begin{aligned}F&=\frac{\text{ESS}/k}{\text{RSS}/(n-k-1)}=\frac{(\text{TSS}-\text{RSS})/k}{\text{RSS}/(n-k-1)}\\&=\frac{(113.013-24.418)/2}{24.418/(98-2-1)}=172.345\end{aligned}$$

在5%的显著性水平下，自由度为(2,95)的 F 分布的临界值为 $F_{0.05}(2,95)=3.09$，可见172.345>3.09，表明方程的总体线性性显著成立。

由于

$$S_{\hat{\beta}_0}=\sqrt{\hat{\sigma}^2c_{00}}=\sqrt{0.257\times0.076\ 287}=\sqrt{0.019\ 608}=0.140\ 0$$

$$S_{\hat{\beta}_1}=\sqrt{\hat{\sigma}^2c_{11}}=\sqrt{0.257\times0.059\ 453}=\sqrt{0.015\ 281}=0.123\ 6$$

$$S_{\hat{\beta}_2}=\sqrt{\hat{\sigma}^2c_{22}}=\sqrt{0.257\times0.020\ 476}=\sqrt{0.052\ 63}=0.072\ 5$$

故常数项与 X_1、X_2 前参数的估计值的 t 检验值分别为

$$t=\frac{\hat{\beta}_0}{S_{\hat{\beta}_0}}=\frac{7.8532}{0.1400}=56.08$$

$$t=\frac{\hat{\beta}_1}{S_{\hat{\beta}_1}}=\frac{0.7382}{0.1236}=5.97$$

$$t=\frac{\hat{\beta}_2}{S_{\hat{\beta}_2}}=\frac{0.6572}{0.0725}=9.06$$

在 5%的显著性水平下，自由度为 95 的 t 分布的临界值为 $t_{0.025}(95)=1.985$，可见常数项及 X_1 与 X_2 的总体参数值均显著地异于零。

常数项、X_1 与 X_2 参数的 95%的置信区间分别为

$\hat{\beta}_0 \pm t_{0.025}\times S_{\hat{\beta}_0}=7.853\pm1.985\times0.1400$ 或 $(7.575, 8.131)$

$\hat{\beta}_1 \pm t_{0.025}\times S_{\hat{\beta}_1}=0.738\pm1.985\times0.1236$ 或 $(0.493, 0.984)$

$\hat{\beta}_2 \pm t_{0.025}\times S_{\hat{\beta}_2}=0.657\pm1.985\times0.0725$ 或 $(0.513, 0.801)$

在 Eviews 软件下，回归结果如图 3-1 所示。

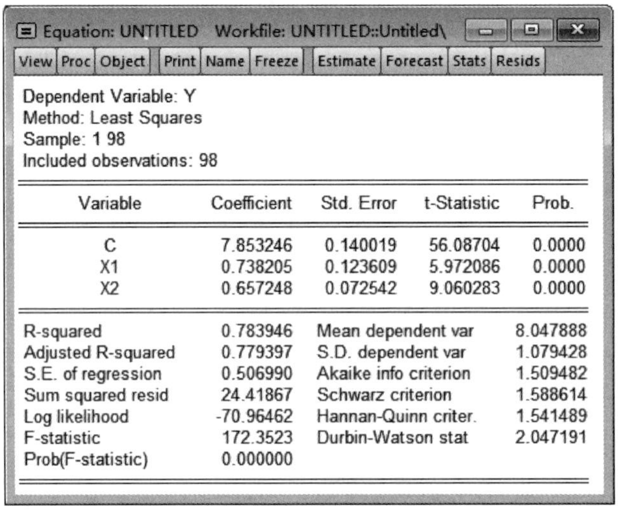

Variable	Coefficient	Std. Error	t-Statistic	Prob.
C	7.853246	0.140019	56.08704	0.0000
X1	0.738205	0.123609	5.972086	0.0000
X2	0.657248	0.072542	9.060283	0.0000

R-squared	0.783946	Mean dependent var	8.047888
Adjusted R-squared	0.779397	S.D. dependent var	1.079428
S.E. of regression	0.506990	Akaike info criterion	1.509482
Sum squared resid	24.41867	Schwarz criterion	1.588614
Log likelihood	-70.96462	Hannan-Quinn criter.	1.541489
F-statistic	172.3523	Durbin-Watson stat	2.047191
Prob(F-statistic)	0.000000		

图 3-1　回归结果

最后，由关系式

$$\beta_1=\alpha_1/(1-\alpha_1-\alpha_2)$$
$$\beta_2=\alpha_2/(1-\alpha_1-\alpha_2)$$

可解出 α_1、α_2的估计值：

$$\hat{\alpha}_1=\hat{\beta}_1/(1+\hat{\beta}_1+\hat{\beta}_2)=0.308$$

$$\hat{\alpha}_2=\hat{\beta}_2/(1+\hat{\beta}_1+\hat{\beta}_2)=0.274$$

这一结果与曼昆、罗默和威尔的理论预期结果非常接近。

例 15

k 元线性回归模型的普通最小二乘估计量与极大似然估计量的表达式有何关系？试以教材例 3. 5. 1 中国工业生产函数估计的无约束模型(3. 5. 16)式与受约束模型(3. 5. 17)式的普通最小二乘估计结果计算各自对应的似然函数值的对数。

解答 k 元线性回归模型中结构参数的普通最小二乘估计量与极大似然估计量的表达式完全相同,都是

$$\hat{\boldsymbol{\beta}}_{\text{OLS}}=\hat{\boldsymbol{\beta}}_{\text{ML}}=(\boldsymbol{X}'\boldsymbol{X})^{-1}\boldsymbol{X}'\boldsymbol{Y}$$

而模型中随机干扰项的估计,在两种估计方法下略有差异,分别为

$$\hat{\sigma}^2_{\text{OLS}}=\frac{\boldsymbol{e}'\boldsymbol{e}}{n-k-1},\hat{\sigma}^2_{\text{ML}}=\frac{\boldsymbol{e}'\boldsymbol{e}}{n}$$

显然有

$$\hat{\sigma}^2_{\text{ML}}=\frac{\boldsymbol{e}'\boldsymbol{e}}{n}=\frac{n-k-1}{n}\frac{\boldsymbol{e}'\boldsymbol{e}}{n-k-1}=\frac{n-k-1}{n}\hat{\sigma}^2_{\text{OLS}}$$

似然函数的对数估计为

$$\begin{aligned}\ln L&=-n\ln\sqrt{2\pi\hat{\sigma}^2_{\text{ML}}}-\frac{1}{2\sigma^2_{\text{ML}}}(\boldsymbol{Y}-\boldsymbol{X}\hat{\boldsymbol{\beta}}_{\text{ML}})'(\boldsymbol{Y}-\boldsymbol{X}\hat{\boldsymbol{\beta}}_{\text{ML}})\\&=-n\ln\sqrt{2\pi\frac{n-k-1}{n}\hat{\sigma}^2_{\text{OLS}}}-\frac{n}{2(n-k-1)\sigma^2_{\text{OLS}}}(\boldsymbol{Y}-\boldsymbol{X}\hat{\boldsymbol{\beta}}_{\text{OLS}})'(\boldsymbol{Y}-\boldsymbol{X}\hat{\boldsymbol{\beta}}_{\text{OLS}})\\&=-n\ln\sqrt{2\pi\frac{\boldsymbol{e}'\boldsymbol{e}}{n}}-\frac{n}{2\boldsymbol{e}'\boldsymbol{e}}\boldsymbol{e}'\boldsymbol{e}=-n\ln\sqrt{2\pi\frac{\sum e_i^2}{n}}-\frac{n}{2}\end{aligned}$$

例 3. 5. 1 中国工业生产函数的无约束模型的普通最小二乘估计为

$$\ln\hat{Y}=1.800+0.678\ln K+0.291\ln L$$
$$(0.400)\,(0.081)\quad(0.857)$$

$$n=39,R^2=0.940\,8,\bar{R}^2=0.937\,6,F=286.31,\text{SSR}=4.400\,6$$

将结构参数与分布参数的 OLS 估计代入上述似然函数的对数估计式,得无约束回归模型的似然函数的对数为

$$\ln(L_{\text{U}})=-39\times\ln\left(\sqrt{2\pi\times\frac{4.400\,6}{39}}\right)-\frac{39}{2}=-12.8$$

受约束模型的普通最小二乘估计为

$$\ln\frac{\hat{Y}}{L}=1.613+0.687\ln\frac{K}{L}$$
$$(0.311)\,(0.080)$$

$$n=39,R^2=0.666\,1,\bar{R}^2=0.657\,0,F=73.80,\text{SSR}=4.469\,4$$

将结构参数与分布参数的 OLS 估计代入上述似然函数的对数估计式,得受约束回归模

型的似然函数的对数为

$$\ln(L_R) = -39\times\ln\sqrt{2\pi\times\frac{4.4694}{39}}-\frac{39}{2}=-13.1$$

可见,对无约束与受约束模型,这里由普通最小二乘估计的相关信息计算的对数似然函数值与教材 Eviews 软件给出的值相同。

三、教材练习题及参考解答

1. 多元线性回归模型的基本假设是什么?在证明最小二乘估计量的无偏性和有效性的过程中,哪些基本假设起了作用?

解答　多元线性回归模型的基本假定仍然是针对随机干扰项与针对解释变量两大类的假设。针对随机干扰项的假设有:给定解释变量条件下的零均值,同方差,无序列相关性且服从正态分布。针对解释变量的假设有:解释变量不能与随机干扰项同期相关;各解释变量之间不存在(完全)线性相关关系。

在证明最小二乘估计量的无偏性中,利用了解释变量与随机干扰项不相关的假定;在有效性的证明中,利用了随机干扰项同方差且无序列相关的假设。

2. 在多元线性回归分析中,t 检验与 F 检验有何不同?在一元线性回归分析中二者是否有等价的作用?

解答　在多元线性回归分析中,t 检验常被用作检验回归方程中各个参数的显著性,而 F 检验则被用作检验整个回归关系的显著性。各解释变量联合起来对被解释变量有显著的线性关系,并不意味着每个解释变量分别对被解释变量有显著的线性关系。在一元线性回归分析中,两者具有等价作用,因为两者都是对共同的假设——解释变量的参数等于零——进行检验的。

3. 为什么说对模型参数施加约束条件后,其回归的残差平方和一定不比未施加约束的残差平方和小?在什么样的条件下,受约束回归与无约束回归的结果相同?

解答　对模型参数施加约束条件后,就限制了参数的取值范围,寻找到的参数估计值也是在此条件下使残差平方和达到最小,它不可能比未施加约束条件时找到的参数估计值使得残差平方达到的最小值还要小。但当约束条件为真时,受约束回归与无约束回归的结果就相同了。

4. 在一项调查大学生一学期平均成绩(Y)与每周在学习(X_1)、睡觉(X_2)、娱乐(X_3)与其他各种活动(X_4)所用时间的关系的研究中,建立如下回归模型:

$$Y=\beta_0+\beta_1X_1+\beta_2X_2+\beta_3X_3+\beta_4X_4+\mu$$

如果这些活动所用时间的总和为一周的总小时数 168。问:保持其他变量不变,而改变其中一个变量的说法是否有意义？该模型是否有违背基本假设的情况？如何修改此模型以使其更加合理？

解答 由于 $X_1+X_2+X_3+X_4=168$，当其中一个变量变化时，至少有一个其他变量也要变化，因此，保持其他变量不变，而改变其中一个变量的说法是无意义的。

显然，由于四类活动的总和为一周的总小时数 168，表明 X_1,X_2,X_3,X_4 间存在完全的线性关系，因此违背了解释变量间不存在(完全)多重共线性的假设。

可以去掉其中的一个变量，如去掉代表"其他"活动的变量 X_4，则新构成的三个解释变量的模型更加合理。如这时 β_1 就测度了当其他两变量不变时，每周增加 1 小时的学习时间所带来的学习成绩的平均变化。这时，即使睡觉和娱乐的时间保持不变，也可以通过减少其他活动的时间来增加学习的时间。而这时三个解释变量间也不存在明显的共线性问题。

5. 考虑下列两个模型：

Ⅰ
$$Y_i=\alpha_0+\alpha_1X_{i1}+\alpha_2X_{i2}+u_i$$

Ⅱ
$$Y_i-X_{i1}=\beta_0+\beta_1X_{i1}+\beta_2X_{i2}+v_i$$

(1) 证明：$\hat{\beta}_1=\hat{\alpha}_1-1,\hat{\beta}_0=\hat{\alpha}_0,\hat{\beta}_2=\hat{\alpha}_2$。

(2) 证明：两个模型的最小二乘残差相等，即对任何 i，有 $\hat{u}_i=\hat{v}_i$。

(3) 在什么条件下，模型Ⅱ的 R^2 小于模型Ⅰ的 R^2？

解答 (1) 对模型Ⅱ变形如下：

$$Y_i=\beta_0+(\beta_1+1)X_{i1}+\beta_2X_{i2}+v_i$$

因此，在与模型Ⅰ有相同的样本下进行 OLS 估计，有

$$\hat{\alpha}_1=\hat{\beta}_1+1,\hat{\beta}_0=\hat{\alpha}_0,\hat{\beta}_2=\hat{\alpha}_2$$

或

$$\hat{\beta}_1=\hat{\alpha}_1-1,\hat{\beta}_0=\hat{\alpha}_0,\hat{\beta}_2=\hat{\alpha}_2$$

(2) 在(1)成立的条件下，

$$\begin{aligned}\hat{u}_i&=Y_i-\hat{\alpha}_0-\hat{\alpha}_1X_{i1}-\hat{\alpha}_2X_{i2}\\&=Y_i-\hat{\beta}_0-(\hat{\beta}_1+1)X_{i1}-\hat{\beta}_2X_{i2}\\&=Y_i-X_{i1}-\hat{\beta}_0-\hat{\beta}_1X_{i1}-\hat{\beta}_2X_{i2}=\hat{v}_i\end{aligned}$$

(3) 对模型Ⅰ

$$R^2=1-\frac{\sum\hat{u}_i^2}{\sum(Y_i-\overline{Y})^2}$$

对模型Ⅱ

$$R^2=1-\frac{\sum\hat{v}_i^2}{\sum[(Y_i-X_{i1})-(\overline{Y}-\overline{X}_1)]^2}$$

由(2)知 $\sum\hat{u}_i=\sum\hat{v}_i$，故，只有当 $\sum[(Y_i-X_{i1})-(\overline{Y}-\overline{X}_1)]^2<\sum(Y_i-\overline{Y})^2$ 时，即模型Ⅱ的总变差(解释变量的离差平方和)小于模型Ⅰ的总变差(解释变量的离差平方和)时，才会有模型Ⅱ的 R^2 小于模型Ⅰ的 R^2。

6. 考虑下列三个试验步骤：

（1）对 $Y_i=\beta_0+\beta_1X_{i1}+\beta_2X_{i2}+u_i$进行回归；

（2）对 $X_{i1}=\alpha_0+\alpha_1X_{i2}+v_i$进行回归，计算残差 $\hat{v}_i$；

（3）对 $Y_i=\gamma_0+\gamma_1\hat{v}_i+\gamma_2X_{i2}+w_i$进行回归。

试证明 $\hat{\beta}_1=\hat{\gamma}_1$，并直观地解释该结果。

证明　由（2）计算残差 $\hat{v}_i$：

$$\hat{v}_i=X_{i1}-\hat{\alpha}_0-\hat{\alpha}_1X_{i2}$$

代入（3）的回归中得：

$$Y_i=\gamma_0+\gamma_1(X_{i1}-\hat{\alpha}_0-\hat{\alpha}_1X_{i2})+\gamma_2X_{i2}+w_i$$

或

$$Y_i=(\gamma_0-\hat{\alpha}_0\gamma_1)+\gamma_1X_{i1}+(\gamma_2-\hat{\alpha}_1\gamma_1)X_{i2}+w_i$$

可见，模型形式与步骤（1）中的完全相同，因此必有 $\hat{\beta}_1=\hat{\gamma}_1$。直观地看，$v_i$测度的是 X_2以外的因素对 X_1的影响。因此对（3）中的模型来说，$\hat{v}_i$对 Y 的影响只能归结到 X_1对 Y 的影响上来，与 X_2无关。所以，（1）中模型的β_1与（3）中模型的 γ_1都是测度排除了 X_2后的 X_1对 Y 的影响，二者的回归结果应该是相等的。

7. 考虑以下过原点回归：

$$Y_i=\hat{\beta}_1X_{i1}+\hat{\beta}_2X_{i2}+e_i$$

（1）求参数的 OLS 估计量；

（2）对该模型，是否仍有结论 $\sum e_i=0$，$\sum e_iX_{i1}=0$，$\sum e_iX_{i2}=0$？

解答　（1）根据最小二乘原理，寻找适当的 $\hat{\beta}_1$、$\hat{\beta}_2$，使得残差平方和最小：

$$\min\quad\sum e_i^2=\sum(Y_i-\hat{\beta}_1X_{i1}-\hat{\beta}_2X_{i2})^2$$

由微积分的知识，对上式分别关于 $\hat{\beta}_1$、$\hat{\beta}_2$求偏导，并令导数值为零，得出如下正规方程组：

$$\begin{cases}\sum(Y_i-\hat{\beta}_1X_{i1}-\hat{\beta}_2X_{i2})X_{i1}=0\\ \sum(Y_i-\hat{\beta}_1X_{i1}-\hat{\beta}_2X_{i2})X_{i2}=0\end{cases}$$

或

$$\begin{cases}\hat{\beta}_1\sum X_{i1}^2+\hat{\beta}_2\sum X_{i1}X_{i2}=\sum X_{i1}Y_i\\ \hat{\beta}_1\sum X_{i1}X_{i2}+\hat{\beta}_2\sum X_{i2}^2=\sum X_{i2}Y_i\end{cases}$$

解得

$$\hat{\beta}_1=\frac{(\sum Y_iX_{i1})(\sum X_{i2}^2)-(\sum Y_iX_{i2})(\sum X_{i1}X_{i2})}{\sum X_{i1}^2\sum X_{i2}^2-(\sum X_{i1}X_{i2})^2}$$

$$\hat{\beta}_2=\frac{(\sum Y_iX_{i2})(\sum X_{i1}^2)-(\sum Y_iX_{i1})(\sum X_{i1}X_{i2})}{\sum X_{i1}^2\sum X_{i2}^2-(\sum X_{i1}X_{i2})^2}$$

（2）由（1）中的正规方程组知，对该模型，仍有

$$\sum e_iX_{i1}=0$$

$$\sum e_iX_{i2}=0$$

但不存在 $\sum e_i=0$。即过原点的残差和不一定为零。

8. 对下列模型：

Ⅰ　　$Y_i=\alpha+\beta X_i+2Z_i+u_i$

Ⅱ　　$Y_i=\alpha+\beta X_i-\beta Z_i+u_i$

求出 β 的最小二乘估计值，并将结果与下面的三变量回归方程的最小二乘估计值作比较：

Ⅲ　　$Y_i=\alpha+\beta X_i+\gamma Z_i+u_i$

你认为哪一个估计值更好？

解答　将模型Ⅰ改写成

$$(Y_i-2Z_i)=\alpha+\beta X_i+u_i$$

则 β 的估计值为：

$$\hat{\beta}=\frac{\sum(x_i)(y_i-2z_i)}{\sum(x_i)^2}$$

将模型Ⅱ改写成

$$Y_i=\alpha+\beta(X_i-Z_i)+u_i$$

则 β 的估计值为：

$$\hat{\beta}=\frac{\sum(x_i-z_i)y_i}{\sum(x_i-z_i)^2}$$

对模型Ⅲ，β 的估计值为

$$\hat{\beta}=\frac{(\sum y_ix_i)(\sum z_i^2)-(\sum y_iz_i)(\sum x_iz_i)}{\sum x_i^2\sum z_i^2-(\sum x_iz_i)^2}$$

显然，模型Ⅰ与模型Ⅱ分别是模型Ⅲ的参数在如下约束下的变形式：

$$\gamma=2,\gamma=-\beta$$

因此，如果限制条件是真实的，则三个回归结果相同。当然，从参数估计的表达式上看，模型Ⅰ与模型Ⅱ的回归算法更简洁。但如果限制条件不是真实的，则模型Ⅰ与模型Ⅱ的回归参数是有偏误的。

9. 回归模型中引入虚拟变量的作用是什么？有哪几种基本的引入方式，它们各适用于什么情况？

解答　在模型中引入虚拟变量，主要是为了刻画某(些)定性因素对解释变量的影响。加法方式与乘法方式是最主要的引入方式，前者主要适用于定性因素对截距项产生影响的情况，后者主要适用于定性因素对斜率项产生影响的情况。除此之外，还可采用加法与乘法组合的方式引入虚拟变量，这时可测度定性因素对截距项与斜率项同时产生影响的情况。

10. 在一项对北京某大学学生月消费支出的研究中，认为学生的消费支出除受其家庭的每月收入水平影响外，还受在学校中是否得到奖学金、来自农村还是城市、是经济发达地区还是欠发达地区，以及性别等因素的影响。试设定适当的模型，并导出如下情形下学生消费支出的平均水平：

(1) 来自欠发达农村地区的女生，未得到奖学金；

(2) 来自欠发达城市地区的男生，得到奖学金；

(3) 来自发达地区的农村女生，得到奖学金；

(4) 来自发达地区的城市男生,未得到奖学金。

解答 记学生月消费支出为 Y,其家庭月收入水平为 X。则在不考虑其他因素的影响时,有如下基本回归模型:

$$Y_i=\beta_0+\beta_1 X_i+\mu_i$$

其他定性因素可用如下虚拟变量表示:

$$D_1=\begin{cases}1,\text{有奖学金}\\0,\text{无奖学金}\end{cases},D_2=\begin{cases}1,\text{来自城市}\\0,\text{来自农村}\end{cases},$$

$$D_3=\begin{cases}1,\text{来自发达地区}\\0,\text{来自欠发达地区}\end{cases},D_4=\begin{cases}1,\text{男性}\\0,\text{女性}\end{cases}$$

则引入各虚拟变量后的回归模型如下:

$$Y_i=\beta_0+\beta_1 X_i+\alpha_1 D_{i1}+\alpha_2 D_{i2}+\alpha_3 D_{i3}+\alpha_4 D_{i4}+\mu_i$$

由此回归模型,可得如下各种情形下学生的平均消费支出:

(1) 来自欠发达农村地区的女生,未得到奖学金时的月消费支出:

$$\mathrm{E}(Y_i \mid X_i,D_{i1}=D_{i2}=D_{i3}=D_{i4}=0)=\beta_0+\beta_1 X_i$$

(2) 来自欠发达城市地区的男生,得到奖学金时的月消费支出:

$$\mathrm{E}(Y_i \mid X_i,D_{i1}=D_{i2}=D_{i4}=1,D_{i3}=0)=(\beta_0+\alpha_1+\alpha_2+\alpha_4)+\beta_1 X_i$$

(3) 来自发达地区的农村女生,得到奖学金时的月消费支出:

$$\mathrm{E}(Y_i \mid X_i,D_{i1}=D_{i3}=1,D_{i2}=D_{i4}=0)=(\beta_0+\alpha_1+\alpha_3)+\beta_1 X_i$$

(4) 来自发达地区的城市男生,未得到奖学金时的月消费支出:

$$\mathrm{E}(Y_i \mid X_i,D_{i2}=D_{i3}=D_{i4}=1,D_{i1}=0)=(\beta_0+\alpha_2+\alpha_3+\alpha_4)+\beta_1 X_i$$

11. 表 3-3 给出三变量模型 $Y_i=\beta_0+\beta_1 X_{i1}+\beta_2 X_{i2}+\mu_i$ 的回归结果:

表 3-3 Y 关于 $X_1 X_2$ 的线性回归结果

方差来源	平方和(SS)	自由度(d. f.)	平方和的均值(MSS)
来自回归	65 965	—	—
来自残差	—	—	—
总离差	66 042	14	

(1) 求样本容量 n、残差平方和 RSS、回归平方和 ESS 及残差平方和 RSS 的自由度。

(2) 求拟合优度 R^2 及调整的拟合优度 $\bar{R}^2$。

(3) 检验假设:X_1 和 X_2 对 Y 无影响。应采用什么假设检验?为什么?

(4) 根据以上信息,你能否确定 X_1 和 X_2 各自对 Y 的影响?

解答 (1) 样本容量为

$$n=\text{d. f.}+1=15$$

$$\text{RSS}=\text{TSS}-\text{ESS}=66\ 042-65\ 965=77$$

ESS 的自由度为

$$\text{d. f.}=k=2$$

RSS 的自由度为

$$\text{d.f.}=n-k-1=12$$

（2）
$$R^2=\frac{\text{ESS}}{\text{TSS}}=\frac{65\ 965}{66\ 042}=0.998\ 8$$

$$\bar{R}^2=1-(1-R^2)\frac{n-1}{n-k-1}$$

$$=1-0.001\ 2\times\frac{14}{12}=0.998\ 6$$

（3）应该采用联合假设检验，即 F 检验，理由是只有这样做才能判断 X_1、X_2 一起是否对 Y 有影响。

（4）不能。因为仅通过上述信息，可初步判断 X_1、X_2 联合起来对 Y 有线性性影响，两者的变化解释了 Y 变化的 99.8%。但由于无法知道回归前 X_1、X_2 参数的具体估计值，因此还无法判断它们各自对 Y 的影响有多大。

12. 试由教材[①]中的式(3.7.16)推导出式(3.7.17)。

解答 对

$$F=\frac{(\text{ESS}_\text{U}-\text{ESS}_\text{R})/q}{\text{RSS}_\text{U}/[n-(k+q+1)]}$$

的分子、分母同时除以 TSS 得

$$F=\frac{\left(\frac{\text{ESS}_\text{U}}{\text{TSS}}-\frac{\text{ESS}_\text{R}}{\text{TSS}}\right)\Big/q}{\frac{\text{RSS}_\text{U}}{\text{TSS}}\Big/[n-(k+q+1)]}=\frac{(R_\text{U}^2-R_\text{R}^2)/q}{\left(1-\frac{\text{ESS}_\text{U}}{\text{TSS}}\right)\Big/[n-(k+q+1)]}$$

$$=\frac{(R_\text{U}^2-R_\text{R}^2)/q}{(1-R_\text{U}^2)/[n-(k+q+1)]}$$

其中，R_U^2，R_R^2 分别为无约束回归与受约束回归方程的可决系数。

13. 在考察两组回归函数是否有差异的 F 检验中，试证明

$$\text{RSS}_\text{U}=\text{RSS}_1+\text{RSS}_2$$

其中，RSS_1，RSS_2 分别为两组对应各自样本下回归的残差平方和，RSS_U 为两组对应的样本合成的大样本下的回归的残差平方和。

解答 设两组子样本各自的样本容量分别为 n_1、n_2，在两组子样本下的回归模型分别记为

$$\boldsymbol{Y}_1=\boldsymbol{X}_1\boldsymbol{\alpha}+\boldsymbol{\mu}_1$$
$$\boldsymbol{Y}_2=\boldsymbol{X}_2\boldsymbol{\beta}+\boldsymbol{\mu}_2$$

该两组子样本下回归的残差分别为：

$$\boldsymbol{e}_1=\boldsymbol{Y}_1-\boldsymbol{X}_1\hat{\boldsymbol{\alpha}}=\boldsymbol{Y}_1-\boldsymbol{X}_1(\boldsymbol{X}_1'\boldsymbol{X}_1)^{-1}\boldsymbol{X}_1'\boldsymbol{Y}_1=(\boldsymbol{I}-\boldsymbol{P}_1)\boldsymbol{Y}_1=\boldsymbol{M}_1\boldsymbol{Y}_1$$

$$\boldsymbol{e}_2=\boldsymbol{Y}_2-\boldsymbol{X}_2\hat{\boldsymbol{\beta}}=\boldsymbol{Y}_2-\boldsymbol{X}_2(\boldsymbol{X}_2'\boldsymbol{X}_2)^{-1}\boldsymbol{X}_2'\boldsymbol{Y}_2=(\boldsymbol{I}-\boldsymbol{P}_2)\boldsymbol{Y}_2=\boldsymbol{M}_2\boldsymbol{Y}_2$$

---

① 本书中所指教材，如无特殊说明，均指《计量经济学（第五版）》（李子奈，潘文卿编著，高等教育出版社，2020）。

其中，$P_i=X_i(X_i'X_i)^{-1}X_i'$，$M_i=I-P_i(i=1,2)$

于是，两组子样本下回归的残差平方和分别为：

$$\mathrm{RSS}_1=e_1'e_1=Y_1'M_1'M_1Y_1=Y_1'M_1Y_1$$

$$\mathrm{RSS}_2=e_2'e_2=Y_2'M_2'M_2Y_2=Y_2'M_2Y_2$$

当将两子样本合并成一个大样本时，对应的回归模型为

$$\begin{pmatrix}Y_1\\Y_2\end{pmatrix}=\begin{pmatrix}X_1&0\\0&X_2\end{pmatrix}\begin{pmatrix}\alpha\\\beta\end{pmatrix}+\begin{pmatrix}\mu_1\\\mu_2\end{pmatrix}$$

类似于上面的讨论，该大样本下回归的残差平方和为

$$\mathrm{RSS}_U=e'e=Y'M'MY=Y'MY$$

其中，

$$Y=\begin{pmatrix}Y_1\\Y_2\end{pmatrix},M=I-\begin{pmatrix}X_1&0\\0&X_2\end{pmatrix}\left[\begin{pmatrix}X_1&0\\0&X_2\end{pmatrix}'\begin{pmatrix}X_1&0\\0&X_2\end{pmatrix}\right]^{-1}\begin{pmatrix}X_1&0\\0&X_2\end{pmatrix}'$$

容易验证，M 可进一步写为：

$$M=\begin{pmatrix}I_1-X_1(X_1'X_1)^{-1}X_1'&0\\0&I_2-X_2(X_2'X_2)^{-1}X_2'\end{pmatrix}$$

其是 I_1、I_2 分别是 n_1、n_2 阶单位矩阵，于是

$$\begin{aligned}\mathrm{RSS}_U&=Y'MY\\&=(Y_1'\quad Y_2')\begin{pmatrix}I_1-X_1(X_1'X_1)^{-1}X_1'&0\\0&I_2-X_2(X_2'X_2)^{-1}X_2'\end{pmatrix}\begin{pmatrix}Y_1\\Y_2\end{pmatrix}\\&=Y_1'(I_1-X_1(X_1'X_1)^{-1}X_1')Y_1+Y_2'(I_2-X_2(X_2'X_2)^{-1}X_2')Y_2\\&=Y_1'M_1Y_1+Y_2'M_2Y_2\\&=\mathrm{RSS}_1+\mathrm{RSS}_2\end{aligned}$$

14. 在一项对某社区家庭对某种消费品的消费需求调查中，得到表 3-4 的资料。

表 3-4 某种消费品消费需求调查结果

序号	对某商品的消费支出 Y(元)	商品单价 X_1(元)	家庭月收入 X_2(元)	序号	对某商品的消费支出 Y(元)	商品单价 X_1(元)	家庭月收入 X_2(元)
1	591.9	23.56	7 620	6	644.4	34.14	12 920
2	654.5	24.44	9 120	7	680	35.3	14 340
3	623.6	32.07	10 670	8	724	38.7	15 960
4	647	32.46	11 160	9	757.1	39.63	18 000
5	674	31.15	11 900	10	706.8	46.68	19 300

请用手工与软件两种方式对该社区家庭对该商品的消费需求支出作二元线性回归分析，其中手工方式要求以矩阵表达式进行运算。

(1) 估计回归方程的参数及随机干扰项的方差 $\hat{\sigma}^2$，计算 R^2 及 $\bar{R}^2$；

（2）对方程进行 F 检验，对参数进行 t 检验，并构造参数 95%的置信区间。

（3）如果商品单价变为 35 元，则某一月收入为 20 000 元的家庭对其的消费支出估计是多少？构造该估计值的 95%的置信区间。

解答 （1）以矩阵形式表达，二元样本回归方程为

$$\boldsymbol{Y}=\boldsymbol{X\beta}+\boldsymbol{e}$$

参数的估计值为

$$\hat{\boldsymbol{\beta}}=(\boldsymbol{X}'\boldsymbol{X})^{-1}(\boldsymbol{X}'\boldsymbol{Y})$$

由于

$$(\boldsymbol{X}'\boldsymbol{X})^{-1}=\begin{pmatrix} 5.325\,360\,28 & -0.363\,021\,10 & 0.000\,538\,17 \\ -0.363\,021\,10 & 0.033\,816\,04 & -0.000\,059\,58 \\ 0.000\,538\,17 & -0.000\,059\,58 & 0.000\,000\,11 \end{pmatrix},\boldsymbol{X}'\boldsymbol{Y}=\begin{pmatrix} 6\,703.3 \\ 228\,956.63 \\ 89\,275\,178 \end{pmatrix}$$

于是

$$\begin{pmatrix} \hat{\beta}_0 \\ \hat{\beta}_1 \\ \hat{\beta}_2 \end{pmatrix}=(\boldsymbol{X}'\boldsymbol{X})^{-1}(\boldsymbol{X}'\boldsymbol{Y})=\begin{pmatrix} 626.509 \\ -9.790\,57 \\ 0.028\,62 \end{pmatrix}$$

根据随机误差项方差的估计式 $\hat{\sigma}^2=\dfrac{\sum e_i^2}{n-k-1}$得到

$$\hat{\sigma}^2=\frac{\boldsymbol{e}'\boldsymbol{e}}{n-k-1}$$

而

$$\begin{aligned}\boldsymbol{e}'\boldsymbol{e}&=(\boldsymbol{Y}-\hat{\boldsymbol{Y}})'(\boldsymbol{Y}-\hat{\boldsymbol{Y}})=(\boldsymbol{Y}-\boldsymbol{X}\hat{\boldsymbol{\beta}})'(\boldsymbol{Y}-\boldsymbol{X}\hat{\boldsymbol{\beta}})\\ &=\boldsymbol{Y}'\boldsymbol{Y}-\boldsymbol{Y}'\boldsymbol{X}\hat{\boldsymbol{\beta}}-\hat{\boldsymbol{\beta}}'\boldsymbol{X}'\boldsymbol{Y}+\hat{\boldsymbol{\beta}}'\boldsymbol{X}'\boldsymbol{X}\hat{\boldsymbol{\beta}}\\ &=\boldsymbol{Y}'\boldsymbol{Y}-\boldsymbol{Y}'\boldsymbol{X}\hat{\boldsymbol{\beta}}-\hat{\boldsymbol{\beta}}'\boldsymbol{X}'\boldsymbol{Y}+\hat{\boldsymbol{\beta}}'\boldsymbol{X}'\boldsymbol{X}(\boldsymbol{X}'\boldsymbol{X})^{-1}\boldsymbol{X}'\boldsymbol{Y}\\ &=\boldsymbol{Y}'\boldsymbol{Y}-\boldsymbol{Y}'\boldsymbol{X}\hat{\boldsymbol{\beta}}\\ &=4\,515\,071.83-4\,512\,954.98=2\,116.85\end{aligned}$$

故
$$\hat{\sigma}^2=\boldsymbol{e}'\boldsymbol{e}/(n-k-1)=\frac{2\,116.85}{10-2-1}=302.41$$

又由于
$$\begin{aligned}\text{TSS}&=\sum(Y_i-\overline{Y})^2=\sum(Y_i^2-2\,\overline{Y}\,Y_i+\overline{Y}^2)\\ &=\sum Y_i^2-n\,\overline{Y}^2\\ &=\boldsymbol{Y}'\boldsymbol{Y}-n\,\overline{Y}^2\\ &=4\,515\,071.83-10\times449\,342.31=21\,648.74\end{aligned}$$

故
$$R^2=1-\frac{\text{RSS}}{\text{TSS}}=1-\frac{\boldsymbol{e}'\boldsymbol{e}}{\boldsymbol{Y}'\boldsymbol{Y}-n\,\overline{Y}^2}=1-\frac{2\,116.85}{21\,648.74}=0.902\,2$$

$$\overline{R}^2=1-(1-R^2)\frac{n-1}{n-k-1}=0.874\,3$$

（2）方程的总体线性性检验由下面的 F 检验进行

$$F=\frac{\text{ESS}/k}{\text{RSS}/(n-k-1)}=\frac{(\text{TSS}-\text{RSS})/k}{\text{RSS}/(n-k-1)}$$

$$=\frac{(21\ 648.74-2\ 116.85)/2}{2\ 116.85/(10-2-1)}=32.29$$

在5%的显著性水平下,自由度为(2,7)的 F 分布的临界值为 $F_{0.05}(2,7)=4.74$,可见 $32.29>4.74$,表明方程的总体线性性显著成立。

由于

$$S_{\hat{\beta}_0}=\sqrt{\hat{\sigma}^2c_{00}}=\sqrt{302.41\times5.325\ 36}=\sqrt{1\ 610.42}=40.13$$

$$S_{\hat{\beta}_1}=\sqrt{\hat{\sigma}^2c_{11}}=\sqrt{302.41\times0.033\ 816}=\sqrt{10.226\ 2}=3.197\ 8$$

$$S_{\hat{\beta}_2}=\sqrt{\hat{\sigma}^2c_{22}}=\sqrt{302.41\times0.000\ 000\ 11}=\sqrt{0.000\ 034\ 08}=0.005\ 838$$

故常数项与 X_1、X_2 前参数的 t 检验值分别为

$$t=\frac{\hat{\beta}_0}{S_{\hat{\beta}_0}}=\frac{626.509}{40.13}=15.612$$

$$t=\frac{\hat{\beta}_1}{S_{\hat{\beta}_1}}=\frac{-9.790\ 57}{3.197\ 8}=-3.062$$

$$t=\frac{\hat{\beta}_2}{S_{\hat{\beta}_2}}=\frac{0.028\ 618}{0.005\ 838}=4.902$$

在5%的显著性水平下,自由度为7的 t 分布的临界值为 $t_{0.025}(7)=2.365$,可见常数项及 X_1 与 X_2 的总体参数值均显著地异于零。

常数项、X_1 与 X_2 参数的95%的置信区间分别为

$$\hat{\beta}_0\pm t_{0.025}\times S_{\hat{\beta}_0}=626.509\pm2.365\times40.13 \text{ 或}(531.62,721.40)$$

$$\hat{\beta}_1\pm t_{0.025}\times S_{\hat{\beta}_1}=-9.791\pm2.365\times3.197\ 8 \text{ 或}(-17.35,-2.22)$$

$$\hat{\beta}_2\pm t_{0.025}\times S_{\hat{\beta}_2}=0.028\ 6\pm2.365\times0.005\ 8 \text{ 或}(0.014,0.042)$$

在 Eviews 软件下,回归结果如图3-2所示。

（3）将 $X_1=35$,$X_2=20\ 000$ 代入回归方程,可得

$$Y=626.51-9.790\ 6\times35+0.028\ 6\times20\ 000=856.20(\text{元})$$

由于

$$(\boldsymbol{X}'\boldsymbol{X})^{-1}=\begin{pmatrix}5.325\ 360\ 28 & -0.363\ 021\ 10 & 0.000\ 538\ 17\\ -0.363\ 021\ 10 & 0.033\ 816\ 04 & -0.000\ 059\ 58\\ 0.000\ 538\ 17 & -0.000\ 059\ 58 & 0.000\ 000\ 11\end{pmatrix}$$

因此,取 $\boldsymbol{X}_0=(1\quad 35\quad 20\ 000)$,$Y$ 均值的预测的标准差为

$$S_{\hat{Y}_0}=\sqrt{\hat{\sigma}^2\boldsymbol{X}_0(\boldsymbol{X}'\boldsymbol{X})^{-1}\boldsymbol{X}_0'}=\sqrt{302.41\times4.539}=\sqrt{1\ 372.62}=37.05$$

在5%的显著性水平下,自由度为 $10-2-1=7$ 的 t 分布的临界值为 $t_{0.025}(7)=2.365$,于

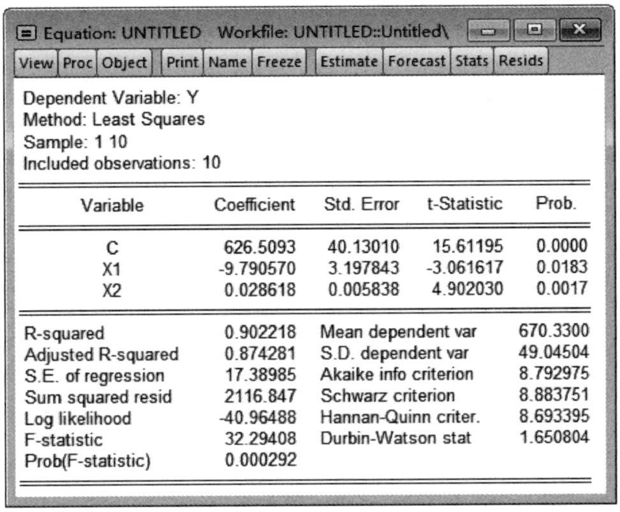

Dependent Variable: Y
Method: Least Squares
Sample: 1 10
Included observations: 10

Variable	Coefficient	Std. Error	t-Statistic	Prob.
C	626.5093	40.13010	15.61195	0.0000
X1	-9.790570	3.197843	-3.061617	0.0183
X2	0.028618	0.005838	4.902030	0.0017

R-squared	0.902218	Mean dependent var	670.3300
Adjusted R-squared	0.874281	S.D. dependent var	49.04504
S.E. of regression	17.38985	Akaike info criterion	8.792975
Sum squared resid	2116.847	Schwarz criterion	8.883751
Log likelihood	-40.96488	Hannan-Quinn criter.	8.693395
F-statistic	32.29408	Durbin-Watson stat	1.650804
Prob(F-statistic)	0.000292		

图 3-2 回归结果

是 Y 均值的 95%的预测区间为

$$856.20 \pm 2.365 \times 37.05 \text{ 或}(768.58, 943.82)$$

同样容易得到 Y 个值的预测的标准差为

$$S_{\hat{Y}_0} = \sqrt{\hat{\sigma}^2(1+\boldsymbol{X}_0(\boldsymbol{X}'\boldsymbol{X})^{-1}\boldsymbol{X}_0')} = \sqrt{302.41 \times 5.539} = \sqrt{1\ 675.03} = 40.93$$

于是，Y 个值的 95%的预测区间为：

$$856.20 \pm 2.365 \times 40.93 \text{ 或}(759.41, 952.99)$$

15. 在教材例 3.6.1 中，将 3 项来源的收入合并成 1 项可支配收入 $X=X_1+X_2+X_3$，试通过引入虚拟变量的方式检验农村居民的消费函数是否与城镇居民不同。

解答 引入虚拟变量 DUM_i：

$$\mathrm{DUM}_i = \begin{cases} 1, & \text{农村居民} \\ 0, & \text{城镇居民} \end{cases}$$

可建立如下消费模型：

$$Y_i = \beta_0 + \alpha_0 \mathrm{DUM}_i + \beta_1 X_i + \alpha_1(\mathrm{DUM}_i X_i) + \mu_i$$

则对城镇居民，其消费函数为

$$\mathrm{E}(Y_i \mid X_i, \mathrm{DUM}_i = 0) = \beta_0 + \beta_1 X_i$$

对农村居民，其消费函数为

$$\mathrm{E}(Y_i \mid X_i, \mathrm{DUM}_i = 1) = (\beta_0 + \alpha_0) + (\beta_1 + \alpha_1) X_i$$

对包含虚拟变量的消费函数，Eviews 软件给出如图 3-3 所示的回归结果：

即 2018 年中国居民消费函数的 OLS 估计为

$$\hat{Y}_i = 2\ 242.8 + 941.2\mathrm{DUM}_i + 0.614X_i - 0.009(\mathrm{DUM}_i X_i)$$

由于 DUM 与 DUM · X 前的参数估计量的 t 统计值的绝对值甚至没有超过 10%显著性水平下的临界值 $t_{0.05}(58) = 1.671$，因此均不拒绝它们的参数为 0 的原假设，表明 2018 年中国农村居民与城镇居民的消费函数是没有显著差异的。

Equation: UNTITLED Workfile: UNTITLED::Untitled\

View | Proc | Object | Print | Name | Freeze | Estimate | Forecast | Stats | Resids

Dependent Variable: Y
Method: Least Squares
Sample: 1 62
Included observations: 62

Variable	Coefficient	Std. Error	t-Statistic	Prob.
C	2242.805	962.5987	2.329948	0.0233
DUM	941.1657	1221.613	0.770429	0.4442
X	0.613973	0.024693	24.86405	0.0000
DUM*X	-0.009108	0.052923	-0.172099	0.8640

R-squared	0.974946	Mean dependent var	18907.77
Adjusted R-squared	0.973650	S.D. dependent var	8234.709
S.E. of regression	1336.708	Akaike info criterion	17.29615
Sum squared resid	1.04E+08	Schwarz criterion	17.43338
Log likelihood	-532.1806	Hannan-Quinn criter.	17.35003
F-statistic	752.3370	Durbin-Watson stat	1.689190
Prob(F-statistic)	0.000000		

图 3-3 含虚拟变量消费函数的 OLS 估计结果

16. 针对教材例 3.6.1，如果仅针对虚拟变量 D 进行如下回归

$$Y_i=\beta_0+\delta_0 D_i+\mu_i$$

如何解释这里的 β_0 与 δ_0 的含义？请采用该例中的数据进行上述回归，回归结果能否支持你对 β_0 与 δ_0 的含义的解释？

解答 在条件零均值 $\mathrm{E}(\mu_i \mid D)=0$ 假设下，对城镇居民与农村居民分别有

$$\mathrm{E}(Y_i \mid D_i=0)=\beta_0$$

$$\mathrm{E}(Y_i \mid D_i=1)=\beta_0+\delta_0$$

可见，模型中 β_0 的含义为城镇居民的平均消费支出，而农村居民的平均消费支出为 $\beta_0+\delta_0$，因此，δ_0 恰为城镇居民平均消费支出与农村居民平均消费支出的差额。

采用教材例 3.6.1 中的数据，对不含收入项的上述消费函数的 OLS 估计结果如下

$$\hat{Y}_i=25\ 420.6-13\ 025.6D_i$$

$$(900.0)\quad (1\ 272.8)$$

$$n=62\quad R^2=0.635\ 8\quad F=104.73$$

可以看出，在 5%的显著性水平下，方程是显著的，变量也是显著的。因此，2018 年城镇居民消费支出的平均值为 25 420.6 元，农村居民的平均消费支出比城镇居民少 13 025.6 元。这恰与教材例 3.6.1 中表 3.6.1 所显示的城镇居民消费支出的平均值以及农村居民消费支出的平均值相吻合。

17. 针对教材例 3.6.1，包含虚拟变量的模型(3.6.7)为

$$Y_i=\beta_0+\delta_0 D_i+\beta_1 X_{i1}+\delta_1(D_i X_{i1})+\beta_2 X_{i2}+\delta_2(D_i X_{i2})+\beta_3 X_{i3}+\delta_3(D_i X_{i3})+\mu_i$$

请检验如下两个联合假设，并回答问题：

(1) $H_0:\delta_1=0,\delta_2=0,\delta_3=0$。并与单参数的 t 检验结果进行对比。

(2) $H_0:\delta_0=0,\delta_1=0,\delta_2=0,\delta_3=0$。并与例 3.7.3 中的邹氏参数稳定性检验的结果进行对比。

解答 （1）依题意可将模型

$Y_i=\beta_0+\delta_0D_i+\beta_1X_{i1}+\delta_1(D_iX_{i1})+\beta_2X_{i2}+\delta_2(D_iX_{i2})+\beta_3X_{i3}+\delta_3(D_iX_{i3})+\mu_i$ 视为无约束模型；如果施加约束条件 $\delta_1=\delta_2=\delta_3=0$，则可转化为如下受约束模型

$$Y_i=\beta_0+\delta_0D_i+\beta_1X_{i1}+\beta_2X_{i2}+\beta_3X_{i3}+\mu_i$$

上述无约束模型的回归结果如下

$$\hat{Y}_i=3\ 148.1+24.49D_i+0.672X_{i1}-0.093D_iX_{i1}+0.248X_{i2}+0.320D_iX_{i2}+0.539X_{i3}+0.175D_iX_{i3}$$

$$(1\ 162.4)\ (1\ 783.3)\ (0.062)\ (0.093)\quad (0.143)\quad (0.226)\quad (0.079)\quad (0.263)$$

$$n=62\quad R^2=0.978\ 007\quad F=343.04$$

上述受约束模型的回归结果如下

$$\hat{Y}_i=3\ 186.8+1\ 024.9D_i+0.618X_{i1}+0.395X_{i2}+0.597X_{i3}$$

$$(964.6)\ (612.2)\quad (0.044)\quad (0.108)\quad (0.067)$$

$$n=62\quad R^2=0.976\ 657\quad F=596.20$$

于是，可进行如下 F 检验

$$F=\frac{(0.978\ 007-0.976\ 657)/3}{(1-0.978\ 007)/(62-8)}=1.104$$

该值小于5%显著性水平下相应的临界值 $F_{0.05}(3,54)=2.78$，因此，不拒绝原假设 $H_0:\delta_1=0$，$\delta_2=0$，$\delta_3=0$。原无约束回归模型的 t 检验显示，在5%的显著性水平下，均不拒绝 $\delta_1=0$、$\delta_2=0$ 与 $\delta_3=0$ 的假设。

在 Eviews 软件下，相应的检验过程如下（虚拟变量设为 DUM）：

在对无约束模型进行 OLS 估计的回归结果窗口中，选择 View/Coefficient Diagnostics/Wald Test-Coefficient Restrictions...（图 3-4）。

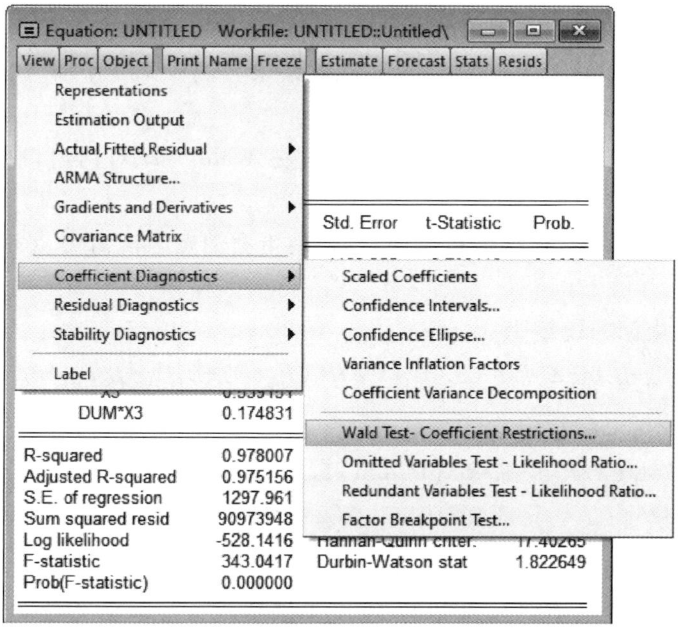

图 3-4 Wald Test 下拉菜单

在出现的 Wald Test 对话窗口中输入"C(4)= C(6)= C(8)= 0"(图 3-5)。

点击 OK 按钮，即得 F 检验统计量的检验结果(图 3-6)。

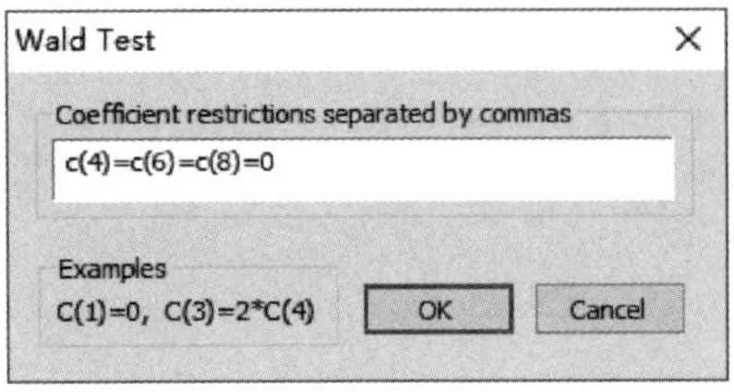

图 3-5　Wald Test 对话窗口

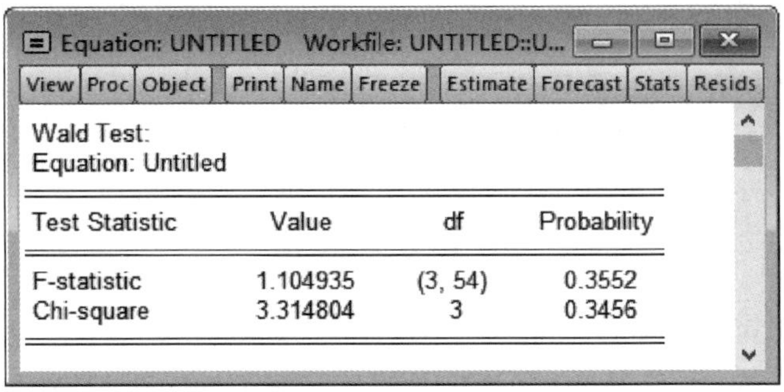

图 3-6　F 检验结果

(2) 依题意，在约束条件 $H_0:\delta_0=0,\delta_1=0,\delta_2=0,\delta_3=0$ 下，原模型变化为

$$Y_i=\beta_0+\beta_1X_{i1}+\beta_2X_{i2}+\beta_3X_{i3}+\mu_i$$

该受约束模型的 OLS 估计为：

$$\hat{Y}_i=4\ 322.7+0.575X_{i1}+0.401X_{i2}+0.596X_{i3}$$

$$(695.5)\quad(0.036)\quad(0.110)\quad(0.068)$$

$$n=62\quad R^2=0.975\ 511\quad F=770.1$$

而原无约束模型中的可决系数为 $R^2=0.978\ 007$，于是，可进行如下 F 检验

$$F=\frac{(0.978\ 007-0.975\ 511)/4}{(1-0.978\ 007)/(62-8)}=1.53$$

在 5%的显著性水平下相应的临界值为 $F_{0.05}(4,54)=2.54$，因此，在 5%的显著性水平下不拒绝原假设 $H_0:\delta_0=0,\delta_1=0,\delta_2=0,\delta_3=0$。这一检验结果与例 3.7.3 中的邹氏参数稳定性检验的结果相一致。

Eviews 软件下的操作过程与(1)相似，只不过在 Wald Test 对话窗口中需输入"C(2)= C(4)= C(6)= C(8)= 0"。

18. 在教材例 3.7.2 中，你如何检验联合假设：蛋类消费与肉禽类、水产类消费没有显著的替代关系？

解答　原无约束回归模型为：

$$\ln Q=\beta_0+\beta_1\ln(X/P_0)+\beta_2(P_1/P)+\beta_3(P_2/P)+\beta_4P_{01}+\beta_5P_{02}+\beta_6P_{03}+\mu$$

OLS 估计结果为

$$\ln\hat{Q}=-11.15+1.328\ln(X/P_0)-1.453(P_1/P)+5.127(P_2/P)+0.015P_{01}+0.005P_{02}+0.010P_{03}$$

$$(12.75)\ (0.326)\qquad(4.210)\qquad(2.281)\qquad(0.077)\quad(0.076)\quad(0.033)$$

$$R^2=0.527\ 304\quad \bar{R}^2=0.409\ 1\quad F=4.46\quad \mathrm{RSS}_{\mathrm{U}}^2=6.318\ 707$$

要检验联合假设：蛋类消费与肉禽类、水产类消费没有显著的替代关系，即检验的假设为 $H_0:\beta_2=0,\beta_3=0$。在该假设下，受约束回归的 OLS 估计为

$$\ln\hat{Q}=-8.34+1.438\ln(X/P_0)+0.025P_{01}+0.018P_{02}-0.004P_{03}$$
$$(10.98)\ (0.333)\qquad\quad (0.072)\ \ (0.077)\ \ (0.033)$$
$$R^2=0.424\,621\quad \bar{R}^2=0.336\,1\quad F=4.80\quad \mathrm{RSS}_R^2=7.691\,299$$

于是，F 检验统计量的值为

$$F=\frac{(7.691\,299-6.318\,707)/2}{6.318\,707/(31-7)}=2.61$$

在 5%与 10%的显著性水平下相应的临界值分别为 $F_{0.05}(2,24)=3.40$、$F_{0.10}(2,24)=2.54$，因此，在 5%的显著性水平下不拒绝原假设 $H_0:\beta_2=0,\beta_3=0$，但在 10%的显著性水平下拒绝。

Eviews 软件下的操作过程与 17 题类似，只不过在 Wald Test 对话窗口中需输入“C(3)=C(4)=0”。

19. 表 3-5 列出了某年中国按行业分的全部制造业国有企业及规模以上制造业非国有企业的工业总产值 Y，资产合计 K 及职工人数 L。

表 3-5 某年中国制造业分行业工业总产值 Y、资产合计 K 及职工人数 L 的数据

序号	工业总产值 Y（亿元）	资产合计 K（亿元）	职工人数 L（万人）	序号	工业总产值 Y（亿元）	资产合计 K（亿元）	职工人数 L（万人）
1	3 722.70	3 078.22	113	17	812.70	1 118.81	43
2	1 442.52	1 684.43	67	18	1 899.70	2 052.16	61
3	1 752.37	2 742.77	84	19	3 692.85	6 113.11	240
4	1 451.29	1 973.82	27	20	4 732.90	9 228.25	222
5	5 149.30	5 917.01	327	21	2 180.23	2 866.65	80
6	2 291.16	1 758.77	120	22	2 539.76	2 545.63	96
7	1 345.17	939.10	58	23	3 046.95	4 787.90	222
8	656.77	694.94	31	24	2 192.63	3 255.29	163
9	370.18	363.48	16	25	5 364.83	8 129.68	244
10	1 590.36	2 511.99	66	26	4 834.68	5 260.20	145
11	616.71	973.73	58	27	7 549.58	7 518.79	138
12	617.94	516.01	28	28	867.91	984.52	46
13	4 429.19	3 785.91	61	29	4 611.39	18 626.94	218
14	5 749.02	8 688.03	254	30	170.30	610.91	19
15	1 781.37	2 798.90	83	31	325.53	1 523.19	45
16	1 243.07	1 808.44	33				

设定模型：

$$Y=AK^{\alpha}L^{\beta}e^{\mu}$$

（1）利用上述资料，进行回归分析。

（2）中国该年的制造业总体是否呈现规模报酬不变状态？

解答 （1）在 Eviews 软件下，选中 Quick \ Estimate Equation，在出现的 Equation Estimation 对话框中输入“log(Y) C log(K) log(L)”①，得到如图 3-7 所示的回归结果。

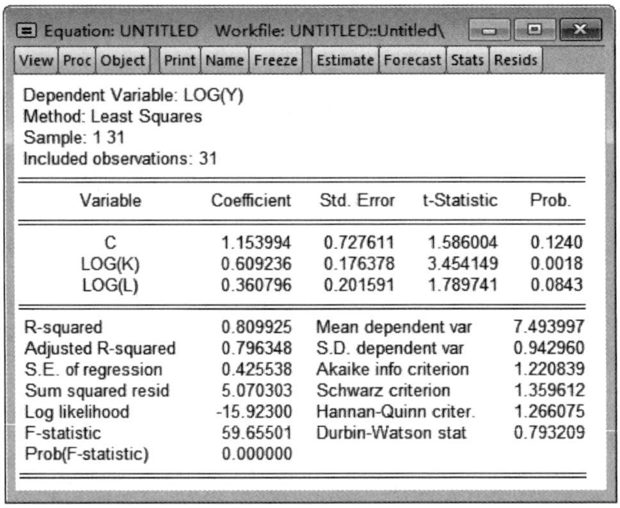

Equation: UNTITLED Workfile: UNTITLED::Untitled\

View | Proc | Object | Print | Name | Freeze | Estimate | Forecast | Stats | Resids

Dependent Variable: LOG(Y)
Method: Least Squares
Sample: 1 31
Included observations: 31

Variable	Coefficient	Std. Error	t-Statistic	Prob.
C	1.153994	0.727611	1.586004	0.1240
LOG(K)	0.609236	0.176378	3.454149	0.0018
LOG(L)	0.360796	0.201591	1.789741	0.0843

R-squared	0.809925	Mean dependent var	7.493997
Adjusted R-squared	0.796348	S.D. dependent var	0.942960
S.E. of regression	0.425538	Akaike info criterion	1.220839
Sum squared resid	5.070303	Schwarz criterion	1.359612
Log likelihood	-15.92300	Hannan-Quinn criter.	1.266075
F-statistic	59.65501	Durbin-Watson stat	0.793209
Prob(F-statistic)	0.000000		

图 3-7 OLS 估计结果

于是，样本回归方程为

$$\ln\hat{Y}=1.154+0.609\ln K+0.361\ln L$$
$$(0.728)\quad(0.176)\quad(0.202)$$
$$n=31\quad R^2=0.8099\quad \bar{R}=0.7963\quad F=59.66$$

给定显著性水平 5%，自由度为(2,28)的 F 分布的临界值为 $F_{0.05}(2,28)=3.34$，因此总体上看，$\ln K$、$\ln L$ 联合起来对 $\ln Y$ 有着显著的线性性影响。在 5%的显著性水平下，自由度为 28 的 t 分布的临界值为 $t_{0.025}(28)=2.048$。$\ln K$ 前估计参数的 t 统计量为 $0.609/0.176=3.46$，$\ln L$ 前估计参数的 t 统计量为 $0.361/0.202=1.79$，因此，$\ln K$ 的参数通过了该显著性水平下的 t 检验，但 $\ln L$ 未通过检验。如果设定显著性水平为 10%，t 分布的临界值为 $t_{0.05}(28)=1.701$，这时 $\ln L$ 的参数通过了显著性水平检验。

$R^2=0.8099$ 表明，工业总产值对数值的 80.9%的变化可以由资产合计的对数与职工的对数值的变化来解释，但仍有 19.1%的变化是由其他因素的变化影响的。

（2）从上述回归结果看，$\hat{\alpha}+\hat{\beta}=0.97\approx1$，即资产与劳动的产出弹性之和近似为 1，表明中国制造业在该年基本呈现规模报酬不变的状态。下面进行参数的约束检验，检验的零假设为 $H_0:\alpha+\beta=1$。

如果原假设为真，则可估计如下模型：

$$\ln(Y/L)=\delta+\alpha\ln(K/L)+\mu$$

通过上述资料，Eviews 软件的估计结果如图 3-8 所示。

① 为简单起见，本书软件操作中仅输入 log(Y)，表示 $\ln Y$。

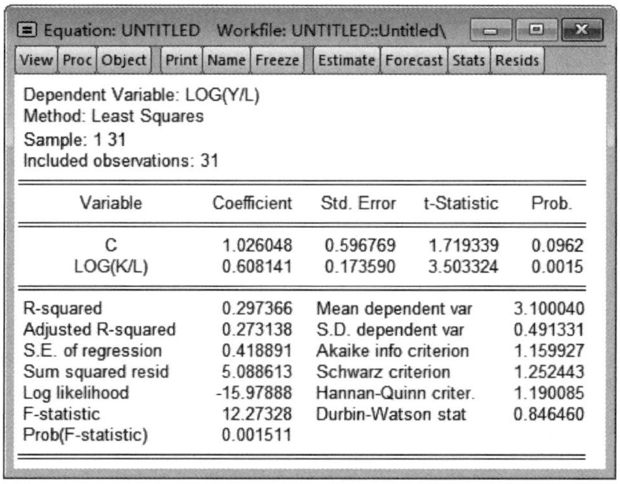

Equation: UNTITLED Workfile: UNTITLED::Untitled\
View | Proc | Object | Print | Name | Freeze | Estimate | Forecast | Stats | Resids

Dependent Variable: LOG(Y/L)
Method: Least Squares
Sample: 1 31
Included observations: 31

Variable	Coefficient	Std. Error	t-Statistic	Prob.
C	1.026048	0.596769	1.719339	0.0962
LOG(K/L)	0.608141	0.173590	3.503324	0.0015

R-squared	0.297366	Mean dependent var	3.100040
Adjusted R-squared	0.273138	S.D. dependent var	0.491331
S.E. of regression	0.418891	Akaike info criterion	1.159927
Sum squared resid	5.088613	Schwarz criterion	1.252443
Log likelihood	-15.97888	Hannan-Quinn criter.	1.190085
F-statistic	12.27328	Durbin-Watson stat	0.846460
Prob(F-statistic)	0.001511		

图 3-8　变换后生产函数 OLS 估计结果

容易看出，该估计方程通过了 F 检验与参数的 t 检验。

在原假设为真的条件下，有

$$F=\frac{(\mathrm{RSS_R}-\mathrm{RSS_U})/1}{\mathrm{RSS_U}/(31-2-1)}=\frac{(5.0886-5.0703)}{5.0703/28}=0.1011$$

在 5%的显著性水平下，自由度为(1, 28)的 F 分布的临界值为 4.20。0.101 1<4.20，不拒绝原假设，表明该年中国制造业呈现规模报酬不变的状态。

在 Eviews 软件中，当估计完图 3-7 所示的模型后，选中 View/Coefficient Diagnostics/Wald Test-Coefficient Restrictions...，在出现的对话框中输入“C(2)+C(3)= 1”，单击 OK 按钮后出现图 3-9 所示的结果。因此，得出的结论仍是不拒绝原假设，原假设为真。

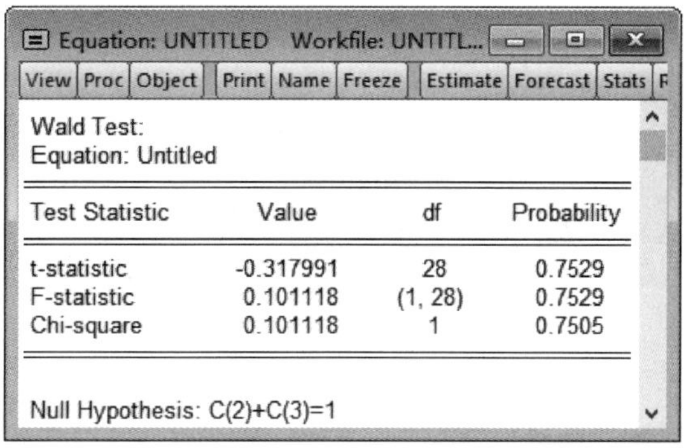

Equation: UNTITLED Workfile: UNTITL...
View | Proc | Object | Print | Name | Freeze | Estimate | Forecast | Stats | R

Wald Test:
Equation: Untitled

Test Statistic	Value	df	Probability
t-statistic	-0.317991	28	0.7529
F-statistic	0.101118	(1, 28)	0.7529
Chi-square	0.101118	1	0.7505

Null Hypothesis: C(2)+C(3)=1

图 3-9　Wald 检验结果

20. 继续 19 题，如果将柯布-道格拉斯生产函数设定为 $Y=AK^{\alpha}L^{\beta}+\mu$，则模型是非线性的，而且无法线性化。试给出这一设定的非线性普通最小二乘估计结果，并与第 19 题的估计结果进行比较。

解答　在 Eviews 软件下，选中 Quick\Estimate Equation，在出现的 Equation Estimation 对话窗口中输入“Y=C(1) * K^C(2) * L^C(3)”，见图 3-10。点击确定按钮，得如图 3-11 所示的结果。

因此按非线性普通最小二乘法估计的 C-D 生产函数为

$$\hat{Y}=26.60K^{0.4018}L^{0.2918}$$

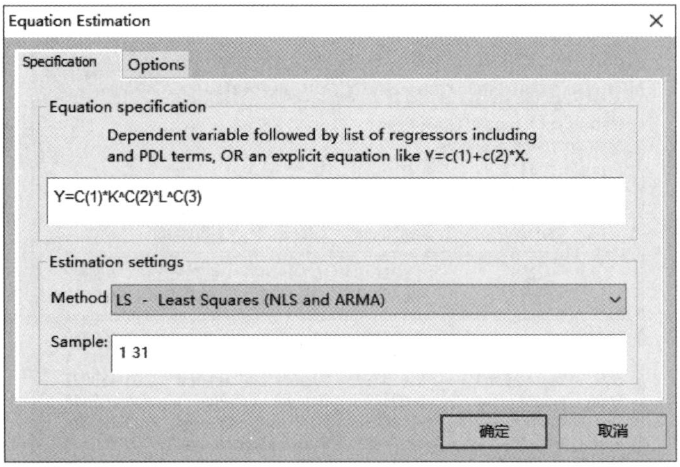

图 3-10 Equation Estimation 窗口

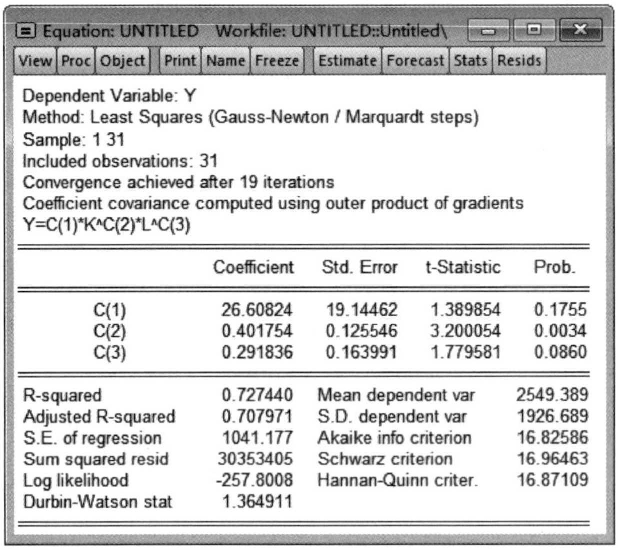

Dependent Variable: Y
Method: Least Squares (Gauss-Newton / Marquardt steps)
Sample: 1 31
Included observations: 31
Convergence achieved after 19 iterations
Coefficient covariance computed using outer product of gradients
Y=C(1)*K^C(2)*L^C(3)

	Coefficient	Std. Error	t-Statistic	Prob.
C(1)	26.60824	19.14462	1.389854	0.1755
C(2)	0.401754	0.125546	3.200054	0.0034
C(3)	0.291836	0.163991	1.779581	0.0860

R-squared	0.727440	Mean dependent var	2549.389
Adjusted R-squared	0.707971	S.D. dependent var	1926.689
S.E. of regression	1041.177	Akaike info criterion	16.82586
Sum squared resid	30353405	Schwarz criterion	16.96463
Log likelihood	-257.8008	Hannan-Quinn criter.	16.87109
Durbin-Watson stat	1.364911		

图 3-11 C-D 生产函数的非线性估计

对照 19 题的估计结果

$$\ln\hat{Y}=1.154+0.609\log K+0.361\ln L$$

或

$$\hat{Y}=3.17K^{0.609}L^{0.361}$$

可以看出直接采用非线性 OLS 法的估计与化为线性模型后的估计结果有所不同。19 题的这一估计结果显示，存在规模报酬不变的特性，但这里非线性的估计结果不存在这一特性（仍可通过 Wald Test 进行检验）。尽管如此，两个估计结果显示的基本特征大致相同：一方面，两个结果均表明资本投入的产出弹性大于劳动投入的产出弹性；另一方面，它们都呈现资本投入的产出弹性在 5%的显著水平下显著不为零，而劳动投入的产出弹性则在 5%的显著性水平下不显著，在 10%的显著性水平下显著的基本特征。

第四章

经典单方程计量经济学模型:放宽基本假定的模型

一、内容提要与学习指南

1. 知识结构

- 放宽基本假定的模型
  - 多重共线性
    - 基本概念:完全共线、近似共线
    - 多重共线性的来源
    - 多重共线性的后果
    - 多重共线性的检验
    - 多重共线性的克服
  - 异方差
    - 基本概念
    - 异方差的类型与来源
    - 异方差的后果
    - 异方差的检验:图示法、布罗施-帕甘法、怀特法
    - 异方差的修正
      - 加权最小二乘法(WLS)
      - 异方差稳健标准误法
  - 内生解释变量问题
    - 内生解释变量的含义:同期相关(同期内生)
    - 内生解释变量问题的来源
      - 双向因果关系
      - 遗漏变量
      - 测量误差
    - 内生解释变量问题的后果:有偏且不一致
    - 内生解释变量模型的估计:工具变量法(IV 法、2SLS 法)
    - 工具变量的外生性检验:过度识别约束检验
    - 变量的同期内生性检验:豪斯曼检验
  - 模型设定偏误问题
    - 设定偏误类型
      - 遗漏相关变量
      - 多选无关变量
      - 误设函数形式
    - 设定偏误后果
    - 设定偏误检验
      - 多选取无关变量的检验:t 检验、F 检验
      - 遗漏相关变量或误设函数形式的检验
        - 残差图示法
        - RESET 检验

2. 学习指南

本章主要介绍计量经济模型的二级检验问题,即计量经济检验;主要讨论对回归模型的若干基本经典假设是否成立进行检验,当检验发现假设不成立时继续采用 OLS 估计模型所带来的不良后果以及如何修正等问题。具体包括多重共线性问题、异方差性问题、内生解释变量问题以及模型设定偏误这四大类问题。

多重共线性是多元回归模型可能存在的一类现象,分为完全共线性与近似共线性两类。模型的多个解释变量间出现完全共线性时,模型的参数无法估计。更多的情况则是近似共线性,这时,由于并不违背所有的基本假定,模型参数的估计量仍是无偏、一致且有效的,但估计的参数的标准差往往较大,从而使得 t 统计值减小,参数的显著性下降,导致某些本应存在于模型中的变量被排除,甚至出现参数正负号方面的一些混乱。显然,近似多重共线性使得模型偏回归系数的特征不再明显,从而很难对单个系数的经济含义进行解释。多重共线性的检验包括检验多重共线性是否存在以及估计多重共线性的范围两层递进的检验。而解决多重共线性的办法通常有逐步回归法、差分法以及使用额外信息、增大样本容量等方法。需要注意的是,多重共线性本质上是一个样本问题,如果多重共线性没有带来较大的问题(如关心的变量仍是统计上显著的),这时即使存在较严重的共线性,也可以不用去理会。

异方差是模型随机干扰项的方差不相同时产生的一类现象。在异方差存在的情况下,OLS 估计尽管是无偏、一致的,但通常的假设检验却不再可靠,这时仍采用通常的 t 检验和 F 检验,则有可能导致出现错误的结论。同样地,由于随机干扰项异方差的存在而导致的参数估计值的标准差的偏误,也会使采用模型的预测变得无效。对模型的异方差性有若干种检测方法,如图示法、布罗施-帕甘检验法以及怀特检验法等。而当检测出模型确实存在异方差性时,通常有两种方法进行修正的估计:一种是采用加权最小二乘法,另一种是采用异方差稳健标准误法。前者是对原模型进行加权,使加权后的新模型的随机干扰项不再存在异方差性,并对其进行 OLS 估计;后者则是直接对原模型进行 OLS 估计,但对估计的标准差进行修正。

当模型中的解释变量是内生解释变量时,需要区分两种类型:内生解释变量与随机干扰项同期无关但异期相关(这种形式在截面数据中几乎不存在),内生解释变量与随机干扰项同期相关。由于第一种类型在截面类型的数据下被认为是不存在的,因此也不去讨论。第二种类型下,OLS 估计量既是有偏的,也是非一致的,需要采用工具变量法(IV)来加以克服,工具变量法可以获得模型参数的一致估计量。当一个内生解释变量只有一个工具变量时,称模型为恰好识别,当有多个工具变量时,称模型为过度识别。在过度识别的情况下,工具变量法是通过两阶段最小二乘法(2SLS)来估计的。运用工具变量法还涉及两个重要的检验,一是检验所寻找的工具变量是否真的具有外生性,在过度识别的情况下可通过过度识别约束检验来完成;二是被怀疑的内生变量是否真的是内生变量,豪斯曼检验是一种比较常用的检验方法。

本章最后讨论模型的设定偏误问题。模型设定偏误的类型包括解释变量选取偏误与模型函数形式选取偏误两种类型,前者又可分为漏选相关变量与多选无关变量两种情况。在漏选相关变量的情况下,如果遗漏的变量恰好与模型中的变量相关,则会出现解释变量的内生性问题,OLS 估计量在小样本下有偏,在大样本下非一致;当多选了无关变量时,OLS 估计量是无偏且一致的，但却得不到方差的正确估计；而当函数形式选取有问题时，OLS 估计量的偏误是全方位的，不仅参数估计有偏、非一致，而且也得不到参数估计量正确的方差估计，同时，参数的经济含义也发生了改变。在模型设定的检验方面，检验是否含有无关变量，可用传统的 t 检验与 F 检验进行；根据图示法检测残差项的变化，可一定程度地检验是否遗漏了相关变量或模型函数选取有错误，而对模型函数形式设定偏误的检验最常用的方法是一般性设定偏误检验（RESET 检验）。

3. 典型例题与教材练习题知识点

在下面的典型例题分析与教材练习题的解答分析中，还有如下内容需要关注，它们在教材中没有特别强调，但在计量经济学的学习内容中非常重要。

第一，多重共线性往往导致解释变量的方差增大，在二元线性模型中如何明确地推导出斜率项估计量方差的表达式呢？

第二，在一元线性模型的情形下，当存在随机干扰项的异方差性时，如何明确地推导出斜率项的方差表达式，它与假设不存在异方差时的模型的斜率项的方差表达式有何异同？

第三，对于截面数据、含有内生解释变量的单方程模型，随机干扰项与某内生解释变量的同期相关性往往存在于下面三种情形中：一是模型的解释变量与被解释变量互相影响，即互为因果关系；二是解释变量与某未包含在模型中的变量同期相关，即存在遗漏变量；三是某实际参与回归的随机解释变量是具有测量误差的变量，即存在测量误差。那么，第三种情形是如何从数理上揭示内生性的存在呢？

第四，当工具变量的个数与内生解释变量的个数相同时，两阶段最小二乘法与工具变量法是等价的，如何在一元线性模型的情形下推导出二者所估计的参数相同呢？

第五，如果正确的模型是一个包含了两个变量的模型，但错误地估计了只含一个变量的模型，这时错误模型的 OLS 估计是有偏的，那么错误模型涉及变量参数的 OLS 估计与正确模型该变量对应参数的 OLS 估计之间有一个什么样的关系呢？正确模型与错误模型估计的参数的方差在理论上有何关系？在实践中两个方差估计的关系又如何？

第六，当遗漏变量或多选无关变量涉及的是常数项时，OLS 估计会有哪些特殊的结果？

二、典型例题分析

例 1

对二元线性模型

$$Y_i=\beta_0+\beta_1X_{i1}+\beta_2X_{i2}+\mu_i$$

试在离差形式的样本回归函数下推导 $\hat{\beta}_1$ 的方差为

$$\mathrm{Var}(\hat{\beta}_1)=\frac{\sigma^2\sum x_{i2}^2}{\sum x_{i1}^2\sum x_{i2}^2-(\sum x_{i1}x_{i2})^2}=\frac{\sigma^2}{\sum x_{i1}^2}\cdot\frac{1}{1-r^2}$$

其中

$$r^2=\frac{(\sum x_{i1}x_{i2})^2}{\sum x_{i1}^2\sum x_{i2}^2}$$为 X_1 与 X_2 的线性相关系数的平方。

解答　记

$$\boldsymbol{Y}=\boldsymbol{X\beta}+\boldsymbol{\mu}$$

其中

$$\boldsymbol{Y}=\begin{pmatrix}Y_1\\Y_2\\\vdots\\Y_n\end{pmatrix},\boldsymbol{X}=\begin{pmatrix}1&X_{11}&X_{12}\\1&X_{21}&X_{22}\\\vdots&\vdots&\vdots\\1&X_{n1}&X_{n2}\end{pmatrix},\boldsymbol{\beta}=\begin{pmatrix}\beta_0\\\boldsymbol{\beta}_*\end{pmatrix}=\begin{pmatrix}\beta_0\\\beta_1\\\beta_2\end{pmatrix},\ \boldsymbol{\mu}=\begin{pmatrix}\mu_1\\\mu_2\\\vdots\\\mu_n\end{pmatrix}$$

其离差形式的样本回归模型为

$$y_i=\hat{\beta}_1x_{i1}+\hat{\beta}_2x_{i2}+e_i\quad i=1,2,\cdots,n$$

离差形式的矩阵式为

$$\boldsymbol{y}=\boldsymbol{x}_*\hat{\boldsymbol{\beta}}_*+\boldsymbol{e}$$

其中

$$\boldsymbol{y}=\begin{pmatrix}y_1\\y_2\\\vdots\\y_n\end{pmatrix},\boldsymbol{x}_*=\begin{pmatrix}x_{11}&x_{12}\\x_{21}&x_{22}\\\vdots&\vdots\\x_{n1}&x_{n2}\end{pmatrix},\hat{\boldsymbol{\beta}}_*=\begin{pmatrix}\hat{\beta}_1\\\hat{\beta}_2\end{pmatrix},\boldsymbol{e}=\begin{pmatrix}e_1\\e_2\\\vdots\\e_n\end{pmatrix}$$

易知该模型的 OLS 估计为

$$\hat{\boldsymbol{\beta}}_*=(\boldsymbol{x}'_*\boldsymbol{x}_*)^{-1}\boldsymbol{x}'_*\boldsymbol{y}$$

由于

$$\boldsymbol{y}=\boldsymbol{Y}-\overline{\boldsymbol{Y}},\boldsymbol{x}=\boldsymbol{X}-\overline{\boldsymbol{X}}=\begin{pmatrix}0&x_{11}&x_{12}\\0&x_{21}&x_{22}\\\vdots&\vdots&\vdots\\0&x_{n1}&x_{n2}\end{pmatrix}=(\boldsymbol{0}\quad\boldsymbol{x}_*)$$

其中

$$\overline{\boldsymbol{Y}}=\begin{pmatrix}\overline{Y}\\\overline{Y}\\\vdots\\\overline{Y}\end{pmatrix},\overline{\boldsymbol{X}}=\begin{pmatrix}1&\overline{X}_1&\overline{X}_2\\1&\overline{X}_1&\overline{X}_2\\\vdots&\vdots&\vdots\\1&\overline{X}_1&\overline{X}_2\end{pmatrix}$$

于是

$$\hat{\boldsymbol{\beta}}_* = (\boldsymbol{x}'_*\boldsymbol{x}_*)^{-1}\boldsymbol{x}'_*\boldsymbol{y} = (\boldsymbol{x}'_*\boldsymbol{x}_*)^{-1}\boldsymbol{x}'_*\boldsymbol{Y} - (\boldsymbol{x}'_*\boldsymbol{x}_*)^{-1}\boldsymbol{x}'_*\overline{\boldsymbol{Y}} = (\boldsymbol{x}'_*\boldsymbol{x}_*)^{-1}\boldsymbol{x}'_*\boldsymbol{Y}$$

其中，$(\boldsymbol{x}'_*\boldsymbol{x}_*)^{-1}\boldsymbol{x}'_*\overline{\boldsymbol{Y}} = \boldsymbol{0}$，因为 $\boldsymbol{x}'_*\overline{\boldsymbol{Y}} = \overline{Y}\begin{pmatrix}\sum x_{i1}\\ \sum x_{i2}\end{pmatrix} = \begin{pmatrix}0\\0\end{pmatrix} = \boldsymbol{0}$，于是

$$\begin{aligned}
\hat{\boldsymbol{\beta}}_* &= (\boldsymbol{x}'_*\boldsymbol{x}_*)^{-1}\boldsymbol{x}'_*\boldsymbol{Y} = (\boldsymbol{x}'_*\boldsymbol{x}_*)^{-1}\boldsymbol{x}'_*(\boldsymbol{X\beta}+\boldsymbol{\mu}) = (\boldsymbol{x}'_*\boldsymbol{x}_*)^{-1}\boldsymbol{x}'_*\boldsymbol{X\beta} + (\boldsymbol{x}'_*\boldsymbol{x}_*)^{-1}\boldsymbol{x}'_*\boldsymbol{\mu}\\
&= (\boldsymbol{x}'_*\boldsymbol{x}_*)^{-1}\boldsymbol{x}'_*(\boldsymbol{x}+\overline{\boldsymbol{X}})\boldsymbol{\beta} + (\boldsymbol{x}'_*\boldsymbol{x}_*)^{-1}\boldsymbol{x}'_*\boldsymbol{\mu}\\
&= (\boldsymbol{x}'_*\boldsymbol{x}_*)^{-1}\boldsymbol{x}'_*\boldsymbol{x\beta} + (\boldsymbol{x}'_*\boldsymbol{x}_*)^{-1}\boldsymbol{x}'_*\overline{\boldsymbol{X}}\boldsymbol{\beta} + (\boldsymbol{x}'_*\boldsymbol{x}_*)^{-1}\boldsymbol{x}'_*\boldsymbol{\mu}\\
&= (\boldsymbol{x}'_*\boldsymbol{x}_*)^{-1}\boldsymbol{x}'_*(\boldsymbol{0} \quad \boldsymbol{x}_*)\begin{pmatrix}\boldsymbol{\beta}_0\\ \boldsymbol{\beta}_*\end{pmatrix} + (\boldsymbol{x}'_*\boldsymbol{x}_*)^{-1}\boldsymbol{x}'_*\boldsymbol{\mu}\\
&= (\boldsymbol{x}'_*\boldsymbol{x}_*)^{-1}\boldsymbol{x}'_*\boldsymbol{x}_*\boldsymbol{\beta}_* + (\boldsymbol{x}'_*\boldsymbol{x}_*)^{-1}\boldsymbol{x}'_*\boldsymbol{\mu}\\
&= \boldsymbol{\beta}_* + (\boldsymbol{x}'_*\boldsymbol{x}_*)^{-1}\boldsymbol{x}'_*\boldsymbol{\mu}
\end{aligned}$$

这里用到了

$$\boldsymbol{x}'_*\overline{\boldsymbol{X}} = \begin{pmatrix} x_{11} & x_{21} & \cdots & x_{n1}\\ x_{12} & x_{22} & \cdots & x_{n2}\end{pmatrix}\begin{pmatrix}1 & \overline{X}_1 & \overline{X}_2\\ 1 & \overline{X}_1 & \overline{X}_2\\ \vdots & \vdots & \vdots\\ 1 & \overline{X}_1 & \overline{X}_2\end{pmatrix} = \begin{pmatrix}\sum x_{i1} & \overline{X}_1\sum x_{i1} & \overline{X}_2\sum x_{i1}\\ \sum x_{i2} & \overline{X}_1\sum x_{i2} & \overline{X}_2\sum x_{i2}\end{pmatrix} = \boldsymbol{0}$$

由于 $\mathrm{E}(\hat{\boldsymbol{\beta}}_* \mid \boldsymbol{X}) = \boldsymbol{\beta}_*$，于是在 $\boldsymbol{X}$ 给定的条件下

$$\begin{aligned}
\mathrm{Var}(\hat{\boldsymbol{\beta}}_* \mid \boldsymbol{X}) &= \mathrm{E}[(\hat{\boldsymbol{\beta}}_* - \boldsymbol{\beta}_*)(\hat{\boldsymbol{\beta}}_* - \boldsymbol{\beta}_*)' \mid \boldsymbol{X}] = \mathrm{E}[(\boldsymbol{x}'_*\boldsymbol{x}_*)^{-1}\boldsymbol{x}'_*\boldsymbol{\mu\mu}'\boldsymbol{x}_*(\boldsymbol{x}'_*\boldsymbol{x}_*)^{-1} \mid \boldsymbol{X}]\\
&= (\boldsymbol{x}'_*\boldsymbol{x}_*)^{-1}\boldsymbol{x}'_*\mathrm{E}(\boldsymbol{\mu\mu}' \mid \boldsymbol{X})\boldsymbol{x}_*(\boldsymbol{x}'_*\boldsymbol{x}_*)^{-1} = (\boldsymbol{x}'_*\boldsymbol{x}_*)^{-1}\boldsymbol{x}'_*\sigma^2\boldsymbol{I}\boldsymbol{x}_*(\boldsymbol{x}'_*\boldsymbol{x}_*)^{-1}\\
&= \sigma^2(\boldsymbol{x}'_*\boldsymbol{x}_*)^{-1}
\end{aligned}$$

即

$$\mathrm{Var}(\hat{\boldsymbol{\beta}}_* \mid \boldsymbol{X}) = \sigma^2\begin{pmatrix}\sum x_{i1}^2 & \sum x_{i1}x_{i2}\\ \sum x_{i1}x_{i2} & \sum x_{i2}^2\end{pmatrix}^{-1}$$

由于 $\begin{pmatrix}\sum x_{i1}^2 & \sum x_{i1}x_{i2}\\ \sum x_{i1}x_{i2} & \sum x_{i2}^2\end{pmatrix}^{-1} = \dfrac{1}{\begin{vmatrix}\sum x_{i1}^2 & \sum x_{i1}x_{i2}\\ \sum x_{i1}x_{i2} & \sum x_{i2}^2\end{vmatrix}}\begin{pmatrix}\sum x_{i2}^2 & -\sum x_{i1}x_{i2}\\ -\sum x_{i1}x_{i2} & \sum x_{i1}^2\end{pmatrix}$

于是有

$$\begin{aligned}
\mathrm{Var}(\hat{\beta}_1) &= \frac{\sigma^2\sum x_{i2}^2}{\sum x_{i1}^2\sum x_{i2}^2 - (\sum x_{i1}x_{i2})^2} = \frac{\sigma^2/\sum x_{i1}^2}{1-[(\sum x_{i1}x_{i2})^2/\sum x_{i1}^2\sum x_{i2}^2]}\\
&= \frac{\sigma^2}{\sum x_{i1}^2}\cdot\frac{1}{1-r^2}
\end{aligned}$$

其中，$\dfrac{(\sum x_{i1}x_{i2})^2}{\sum x_{i1}^2\sum x_{i2}^2}$恰为 X_1 与 X_2 的线性相关系数的平方 r^2。

例 2

下列哪种情况是异方差性造成的结果？

（1）OLS 估计量是有偏的；

（2）通常的 t 检验不再服从 t 分布；

（3）OLS 估计量不再具有最佳线性无偏性。

解答 第(2)、(3)种情况可能由于异方差性造成。异方差性并不会引起 OLS 估计量出现偏误。

例 3

已知模型

$$Y_i=\beta_0+\beta_1X_{i1}+\beta_2X_{i2}+u_i$$
$$\mathrm{Var}(u_i)=\sigma_i^2=\sigma^2Z_i^2$$

其中，Y、X_1、X_2和 Z 的数据已知。假设给定权数 w_i，加权最小二乘法就是求下式中的各 β，以使下式最小

$$\mathrm{RSS}=\sum(w_iu_i)^2=\sum(w_iY_i-\beta_0w_i-\beta_1w_iX_{i1}-\beta_2w_iX_{i2})^2$$

（1）求 RSS 对 β_0、β_1和 β_2的偏微分并写出正规方程组。

（2）用 Z 去除原模型，写出所得新模型的正规方程组。

（3）把 $w_i=\dfrac{1}{Z_i}$代入(1)中的正规方程组，并证明它们和在(2)中推导的结果一样。

解答 （1）由

$$\mathrm{RSS}=\sum(w_iu_i)^2=\sum(w_iY_i-\beta_0w_i-\beta_1w_iX_{i1}-\beta_2w_iX_{i2})^2$$

对各 β 求偏导并令值为零可得如下正规方程组：

$$\sum(w_iY_i-\beta_0w_i-\beta_1w_iX_{i1}-\beta_2w_iX_{i2})w_i=0$$
$$\sum(w_iY_i-\beta_0w_i-\beta_1w_iX_{i1}-\beta_2w_iX_{i2})w_iX_{i1}=0$$
$$\sum(w_iY_i-\beta_0w_i-\beta_1w_iX_{i1}-\beta_2w_iX_{i2})w_iX_{i2}=0$$

（2）用 Z 去除原模型，得如下新模型：

$$\frac{Y_i}{Z_i}=\frac{\beta_0}{Z_i}+\beta_1\frac{X_{i1}}{Z_i}+\beta_2\frac{X_{i2}}{Z_i}+\frac{u_i}{Z_i}$$

对应的正规方程组为

$$\sum\left(\frac{Y_i}{Z_i}-\frac{\beta_0}{Z_i}-\beta_1\frac{X_{i1}}{Z_i}-\beta_2\frac{X_{i2}}{Z_i}\right)\frac{1}{Z_i}=0$$

$$\sum\left(\frac{Y_i}{Z_i}-\frac{\beta_0}{Z_i}-\beta_1\frac{X_{i1}}{Z_i}-\beta_2\frac{X_{i2}}{Z_i}\right)\frac{X_{i1}}{Z_i}=0$$

$$\sum\left(\frac{Y_i}{Z_i}-\frac{\beta_0}{Z_i}-\beta_1\frac{X_{i1}}{Z_i}-\beta_2\frac{X_{i2}}{Z_i}\right)\frac{X_{i2}}{Z_i}=0$$

(3) 如果用$\frac{1}{Z_i}$代替(1)正规方程组中的 w_i,则容易看到与(2)中的正规方程组是一样的。

例 4

已知模型

$$Y_i=\beta_0+\beta_1 X_{i1}+\beta_2 X_{i2}+\mu_i$$

其中,Y_i为某公司在第 i 个地区的销售额;X_{i1}为该地区的总收入;X_{i2}为该公司在该地区投入的广告费用($i=0,1,2,\cdots,50$)。

(1) 由于不同地区人口规模 P_i可能影响着该公司在该地区的销售,因此有理由怀疑随机干扰项 μ_i是异方差的。假设 σ_i依赖于总体 P_i的规模,请逐步描述你如何对此进行检验。需说明:(a) 零假设和备择假设;(b) 要进行的回归;(c) 要计算的检验统计量及它的分布(包括自由度);(d) 接受或拒绝零假设的标准。

(2) 假设 $\sigma_i=\sigma P_i$。逐步描述如何求得 BLUE 估计值并给出理论依据。

解答 (1) 如果 σ_i依赖于总体 P_i的规模,则随机扰动项的方差 σ_i^2依赖于 P_i^2。因此,要进行的回归的一种形式为 $\sigma_i^2=\alpha_0+\alpha_1 P_i^2+\varepsilon_i$。于是,要检验的零假设 $H_0:\alpha_1=0$,备择假设 $H_1:\alpha_1\neq 0$。检验步骤如下:

第一步:使用 OLS 方法估计模型,并保存残差平方项 e_i^2;

第二步:做 e_i^2对常数项和 P_i^2的回归;

第三步:考察估计的参数 α_1的 t 统计量,它在零假设下服从自由度为 $n-2$ 的 t 分布;

第四步:给定显著性水平 0.05(或其他),查相应的自由度为 $n-2$ 的 t 分布的临界值,如果估计的参数 $\hat{\alpha}_1$的 t 统计量的绝对值大于该临界值,则拒绝同方差这一零假设。

(2) 假设 $\sigma_i=\sigma P_i$时,模型除以 P_i有:

$$\frac{Y_i}{P_i}=\beta_0\frac{1}{P_i}+\beta_1\frac{X_{i1}}{P_i}+\beta_2\frac{X_{i2}}{P_i}+\frac{\mu_i}{P_i}$$

由于 $\mathrm{Var}\left(\frac{\mu_i}{P_i}\right)=\frac{\sigma_i^2}{P_i^2}=\sigma^2$,所以在该变换模型中可以使用 OLS 方法,得出 BLUE 估计值。方法是对$\frac{Y_i}{P_i}$关于$\frac{1}{P_i}$,$\frac{X_{i1}}{P_i}$,$\frac{X_{i2}}{P_i}$做回归,不包括常数项。

例 5

某地区供水部门利用其所辖的 15 个县城的用水年度数据得出如下估计模型:

$$\text{water}=-326.9+0.305\cdot\text{house}+0.363\cdot\text{pop}-0.005\cdot\text{pcy}-17.87\cdot\text{price}-1.123\cdot\text{rain}$$

t 值:(-1.7)　(0.9)　(1.4)　(-0.6)　(-1.2)　(-0.8)

$$\bar{R}^2=0.93\quad F=38.9$$

式中,water 为各县城用水总量(单位:百万立方米),house 为各县城住户总数(单位:千户),pop 为总人口(单位:千人),pcy 为人均收入(单位:元),price 为各县城用水价格(单位:元/100 立方米),rain 为各县城年降雨量(单位:毫米)。括号中的数字为参数估计的 t 值。

(1) 根据经济理论和直觉,请估计回归系数的符号是什么(不包括常量)? 为什么? 观察符号与你的直觉相符吗?

(2) 在 10%的显著性水平下,请进行变量的 t 检验与方程的 F 检验。t 检验与 F 检验结果有相互矛盾的现象吗?

(3) 你认为估计量是有偏的、无效的或不一致的吗? 详细阐述理由。

解答 (1) 在其他变量不变的情况下,一个县城的人口越多或住户数量越多,则对用水的需求越高。所以可期望 house 和 pop 的符号为正。收入较高的个人可能用水较多,因此 pcy 的预期符号为正,但它可能是不显著的。如果水价上涨,则用户会节约用水,所以可预期 price 的系数为负。显然,如果降雨量较大,则草地和其他花园等的用水需求就会下降,所以可以期望 rain 的系数符号为负。从估计的模型看,除了 pcy 之外,所有符号都与预期相符。

(2) t 统计量检验单个变量的显著性,F 统计量检验变量是否是联合显著的,即方程的显著性。

这里 t 检验的自由度为 15-5-1=9,在 10%的显著性水平下的临界值为 1.833。可见,所有参数估计值的 t 值的绝对值都小于该值,所以即使在 10%的水平下这些变量也不是显著的。

这里,F 统计值的分子自由度为 5,分母自由度为 9。10%显著性水平下 F 分布的临界值为 2.61。可见计算的 F 值大于该临界值,表明回归系数是联合显著的。

t 检验与 F 检验结果的矛盾可能是由于多重共线性造成的。house、pop、pcy 都是高度相关的,这将使它们的 t 值降低且表现为不显著。price 和 rain 不显著另有原因。根据经验,如果一个变量的值在各样本点间没有很大的变化,则它对被解释变量的影响就不能够很好地被度量。可以预期 price 与 rain 在同一地区的各县城间一般没有太大的变化,所以它们的影响很难度量。

(3) 多重共线性往往表现的是解释变量间的样本观察现象,在不存在完全共线性的情况下,近似共线并不意味着基本假定的任何改变,所以 OLS 估计量的无偏性、一致性和有效性仍然成立,即仍是 BLUE 估计量。但共线性往往导致参数估计量的方差大于不存在多重共线性的情况。

例 6

为了考察一个高中毕业生拥有计算机对其高中阶段平均成绩的影响,设定如下简单模型:

$$\text{score}_i=\beta_0+\beta_1\text{PC}_i+\mu_i$$

式中,score 为高中毕业生高中阶段的平均成绩,PC 为是否拥有计算机的虚拟变量。

(1) 变量 PC 与 μ 同期相关吗? 为什么?

(2) PC 可能与父母的年收入相关吗? 这是否意味着可用父母的年收入作为 PC 的工具变量?

(3) 假设四年前学校为大约一半的学生提供了购买计算机的资助，且是否获得资助是随机的。你将如何利用这一信息为 PC 构造一个工具变量？

解答 (1) 学生是否拥有计算机往往与其父母是否为其购买有关，而父母是否为其孩子购买计算机与孩子的成绩有较大程度的关联，父母往往更不愿意为成绩不好的学生购买计算机(担心玩计算机会影响成绩)，因此 PC 与 score 具有同期相关性，这也导致 PC 与 μ 的同期相关性(注意，这里将高中三年作为一个整体看成是一个“同期”来理解)。

(2) 如果父母的年收入很低，可能就无法为孩子购买计算机，因此，父母的年收入也会与学生拥有计算机相关；另一方面，父母的年收入与学生的成绩好坏无直接的关系。据此，可以用父母的年收入作为 PC 的工具变量。

(3) 由于学校是否资助某学生完全是随机的，意味着既与学生的成绩无关，也与其家庭经济情况无关，因此与 μ 是无关的，而学生是否获得资助又与学生是否拥有计算机有较大程度的相关性，因此记 grant 为学生是否获得资助的虚拟变量，它可作为 PC 的一个工具变量。

例 7

如果正确设定的模型为 Y 关于两变量 X_1 与 X_2 的线性回归模型，而你却设定了 Y 关于单变量 X_1 的线性回归模型。如果正确设定模型下的 OLS 估计结果为

$$\hat{Y}=\hat{\beta}_0+\hat{\beta}_1X_1+\hat{\beta}_2X_2$$

而错误设定模型下的 OLS 估计结果为

$$\widetilde{Y}=\hat{\alpha}_0+\hat{\alpha}_1X_1$$

试证明：$\hat{\alpha}_1=\hat{\beta}_1+\hat{\beta}_2\hat{\delta}_1$，其中，$\hat{\delta}_1$ 为 X_2 关于 X_1 进行 OLS 回归的斜率项的估计值。

证明 记 e_i 为正确设定模型下 OLS 估计的残差序列，则必有

$$\sum e_i=0,\ \sum e_iX_{i1}=0,\ \sum e_iX_{i2}=0,$$
$$\sum e_ix_{i1}=0,\ \sum e_ix_{i2}=0$$

同时，样本回归模型的随机式可写为如下的离差形式

$$y_i=\hat{\beta}_1x_{i1}+\hat{\beta}_2x_{i2}+e_i$$

于是，错误设定模型下的 OLS 估计的斜率项为

$$\begin{aligned}\hat{\alpha}_1&=\frac{\sum x_{i1}y_i}{\sum x_{i1}^2}=\frac{\sum x_{i1}(\hat{\beta}_1x_{i1}+\hat{\beta}_2x_{i2}+e_i)}{\sum x_{i1}^2}\\&=\hat{\beta}_1+\hat{\beta}_2\frac{\sum x_{i1}x_{i2}}{\sum x_{i1}^2}+\frac{\sum x_{i1}e_i}{\sum x_{i1}^2}\\&=\hat{\beta}_1+\hat{\beta}_2\frac{\sum x_{i1}x_{i2}}{\sum x_{i1}^2}\end{aligned}$$

又做 X_2 关于 X_1 的如下 OLS 回归：

$$X_2=\delta_0+\delta_1X_1+\mu$$

其斜率项的估计为

$$\hat{\delta}_1=\frac{\sum x_{i1}x_{i2}}{\sum x_{i1}^2}$$

因此,

$$\hat{\alpha}_1=\hat{\beta}_1+\hat{\beta}_2\hat{\delta}_1$$

例 8

继续例 7,试证明:错误设定的模型 X_1 前的参数估计的理论方差为

$$\mathrm{Var}(\hat{\alpha}_1)=\frac{\sigma_\mu^2}{\sum x_{i1}^2}$$

其中,σ_μ^2为正确设定模型的随机干扰项的理论方差。

证明　错误模型 X_1 前的参数估计为

$$\hat{\alpha}_1=\frac{\sum x_{i1}y_i}{\sum x_{i1}^2}$$

将真实模型的离差式

$$y_i=\beta_1x_{i1}+\beta_2x_{i2}+\mu_i-\bar{\mu}$$

代入上述 $\hat{\alpha}_1$的计算式,得到

$$\begin{aligned}\hat{\alpha}_1&=\frac{\sum x_{i1}y_i}{\sum x_{i1}^2}=\frac{\sum x_{i1}(\beta_1x_{i1}+\beta_2x_{i2}+\mu_i-\bar{\mu})}{\sum x_{i1}^2}\\&=\beta_1+\beta_2\frac{\sum x_{i1}x_{i2}}{\sum x_{i1}^2}+\frac{\sum x_{i1}(\mu_i-\bar{\mu})}{\sum x_{i1}^2}\\&=\beta_1+\beta_2\frac{\sum x_{i1}x_{i2}}{\sum x_{i1}^2}+\sum\frac{x_{i1}\mu_i}{\sum x_{i1}^2}\end{aligned}$$

由于真实模型满足所有基本经典假设,因此,X_1 与 μ 是同期不相关的。因此,以 X_1、X_2 为条件,$\hat{\alpha}_1$的条件期望为

$$\mathrm{E}(\hat{\alpha}_1)=\beta_1+\beta_2\frac{\sum x_{i1}x_{i2}}{\sum x_{i1}^2}$$

于是

$$\hat{\alpha}_1-\mathrm{E}(\hat{\alpha}_1)=\sum\frac{x_{i1}\mu_i}{\sum x_{i1}^2}$$

因此

$$\begin{aligned}\mathrm{Var}(\hat{\alpha}_1)&=\mathrm{E}[\hat{\alpha}_1-\mathrm{E}(\hat{\alpha}_1)]^2=\mathrm{E}\left(\sum\frac{x_{i1}\mu_i}{\sum x_{i1}^2}\right)^2\\&=\frac{1}{(\sum x_{i1}^2)^2}\mathrm{E}[\sum(x_{i1}\mu_i)^2+\sum_{i\neq j}x_{i1}\mu_ix_{j1}\mu_j]\\&=\frac{1}{(\sum x_{i1}^2)^2}[\sum x_{i1}^2\mathrm{E}(\mu_i)^2+\sum_{i\neq j}x_{i1}x_{j1}\mathrm{E}(\mu_i\mu_j)]\end{aligned}$$

$$=\frac{\sum x_{i1}^2\sigma_{\mu}^2}{(\sum x_{i1}^2)^2}=\frac{\sigma_{\mu}^2}{\sum x_{i1}^2}$$

这里用到了真实模型随机干扰项 μ 的(条件)同方差性与(条件)无自相关性假设。

例 9

一个估计某行业 CEO 薪水的回归模型如下

$$\ln Y=\beta_0+\beta_1\ln X_1+\beta_2\ln X_2+\beta_3X_3+\beta_4X_4+\beta_5X_5+\mu$$

其中,Y 为年薪,X_1为公司的销售收入,X_2为公司的市值,X_3为利润占销售额的百分比,X_4为其就任当前公司 CEO 的年数,X_5为其在该公司的年数。一个有 177 个样本数据集的估计得到 $R^2=0.353$。若添加 X_4^2 和 X_5^2 后,$R^2=0.375$。问:此模型中是否有函数设定的偏误? 试以 10%与 5%的显著性水平进行检验。

解答 若添加 X_4^2和 X_5^2后,估计的模型为

$$\ln Y=\beta_0+\beta_1\ln X_1+\beta_2\ln X_2+\beta_3X_3+\beta_4X_4+\beta_5X_5+\beta_6X_4^2+\beta_7X_5^2+\mu$$

如果 β_6、β_7是统计上显著不为零的,则有理由认为模型设定是有偏误的。而这一点可以通过第三章介绍的受约束 F 检验来完成:

$$F=\frac{(0.375-0.353)/2}{(1-0.375)/(177-8)}=2.97$$

在 10%的显著性水平下,自由度为(2,∞)的 F 分布的临界值为 2.30;在 5%的显著性水平下,临界值为 3.0。由此可知在 10%的显著性水平下拒绝 $\beta_6=\beta_7=0$ 的假设,表明原模型有设定偏误问题;而在 5%的显著性水平下则不拒绝 $\beta_6=\beta_7=0$ 的假设,表明原模型没有设定偏误问题。

例 10

在发达的市场经济国家,劳动力的工资水平(wage)主要受劳动者受教育水平(educ)、工作经验(exper)、个人的能力(abil)等因素的影响。因此可建立如下形式的工资方程

$$\text{lnwage}=\beta_0+\beta_1\text{educ}+\beta_2\text{exper}+\beta_3\text{abil}+\mu$$

然而,个人能力 abil 是一个较难测定的变量,它主要与个人的智商以及个人受到的教育水平有关。由于个人能力难以测定,因此在实际建立工资水平的方程时往往不将其独立列出,而是将这一因素归入随机干扰项。即所建立的工资决定方程形式如下:

$$\text{lnwage}=\beta_0+\beta_1\text{educ}+\beta_2\text{exper}+\mu$$

表 4-1 给出了美国某年劳动妇女的工资及其受教育等的相关调查资料,表中 wage 是以美元/小时计的工资水平,educ 表示受教育的年限,exper 表示参加工作的年限,meduc 与 feduc 分别表示该劳动者的母亲与父亲的受教育年限。试解答以下问题:

(1) 如果建立只有 educ 与 exper 为解释变量的工资决定模型,从理论上解释 educ 是否具有同期内生性。

(2) 如果 educ 具有同期内生性,则采用工具变量法估计工资决定方程。选择劳动者父

母的受教育程度作为工具变量估计工资决定模型，并将估计结果与 OLS 的估计结果进行比较。

（3）劳动者父母的受教育程度能作为工具变量使用吗？

（4）试用劳动者父母的受教育程度作为工具变量，检验 educ 是否具有同期内生性。

表 4-1　美国某年劳动妇女工资及其受教育等相关调查资料

编号	wage	educ	exper	meduc	feduc	编号	wage	educ	exper	meduc	feduc
1	5.787	16	3	12	14	27	5.340	17	6	12	12
2	4.541	12	9	12	12	28	4.000	12	7	7	7
3	9.506	16	7	12	17	29	6.045	17	2	12	12
4	10.638	17	7	16	17	30	6.250	12	24	7	7
5	1.111	12	14	7	7	31	2.976	12	4	10	7
6	4.054	12	29	16	7	32	4.234	12	11	10	7
7	2.687	9	19	7	10	33	3.492	8	25	7	7
8	2.976	12	14	7	7	34	4.965	12	11	12	12
9	3.173	12	16	10	7	35	2.769	13	2	17	7
10	3.550	13	10	12	7	36	3.659	12	19	7	7
11	17.907	12	12	10	3	37	5.394	12	7	7	7
12	3.417	12	24	0	0	38	0.656	8	2	7	7
13	3.333	12	6	7	7	39	4.769	12	20	7	7
14	3.886	12	9	12	12	40	8.555	17	10	12	14
15	2.311	10	14	12	7	41	10.459	17	19	14	17
16	1.711	12	26	10	7	42	2.638	12	17	7	7
17	2.114	16	7	12	12	43	6.849	13	12	12	10
18	9.933	12	4	3	7	44	5.087	12	11	7	7
19	3.028	11	15	7	7	45	0.962	12	6	7	7
20	1.861	12	23	12	12	46	4.307	12	10	16	12
21	0.128	10	1	10	7	47	7.067	12	4	7	7
22	6.633	12	29	7	7	48	2.525	9	2	10	7
23	5.639	12	9	7	3	49	7.895	10	13	12	9
24	1.599	12	6	7	7	50	4.149	12	21	7	7
25	2.667	12	11	7	7	51	8.175	16	9	16	14
26	7.921	16	17	12	10	52	9.597	13	4	10	7

续表

编号	wage	educ	exper	meduc	feduc	编号	wage	educ	exper	meduc	feduc
53	2.016	8	2	3	3	84	3.061	12	15	12	7
54	7.622	16	19	16	16	85	4.897	12	11	7	7
55	3.198	13	4	7	3	86	4.016	13	25	10	10
56	1.600	12	9	12	16	87	5.556	13	19	7	7
57	4.098	11	14	7	7	88	1.223	10	4	0	10
58	1.482	13	6	7	16	89	2.684	12	14	7	7
59	3.636	12	24	7	12	90	2.674	12	19	10	9
60	1.000	12	1	12	7	91	9.329	12	18	9	9
61	2.604	10	13	12	7	92	3.138	12	14	12	12
62	1.750	12	3	7	12	93	0.543	14	11	12	12
63	4.800	17	10	10	12	94	8.611	17	4	12	12
64	5.530	15	16	14	12	95	3.669	10	29	3	7
65	4.098	16	9	16	16	96	2.319	9	21	9	9
66	1.250	10	19	7	7	97	2.882	12	24	12	12
67	1.667	11	4	10	9	98	3.167	12	19	12	7
68	3.790	12	10	7	7	99	3.646	16	31	14	12
69	2.364	12	5	14	12	100	6.250	12	28	7	7
70	10.204	14	7	14	12	101	10.249	17	15	12	12
71	6.818	16	3	12	10	102	3.210	12	27	12	12
72	7.215	14	38	7	7	103	7.652	17	13	12	14
73	2.448	8	16	7	12	104	1.972	11	4	7	7
74	1.199	7	13	3	7	105	4.698	16	10	12	14
75	1.641	12	1	7	7	106	2.123	11	8	10	10
76	1.782	12	7	7	3	107	2.333	13	4	12	12
77	2.941	14	15	7	10	108	2.390	11	18	7	7
78	4.969	12	10	12	17	109	1.256	8	3	7	7
79	1.861	12	2	10	7	110	1.094	11	11	3	12
80	8.036	12	19	7	3	111	3.750	12	8	12	7
81	3.972	14	25	3	3	112	3.307	10	10	7	7
82	3.042	16	25	12	12	113	5.135	17	33	16	12
83	2.907	12	7	7	7	114	6.633	12	19	12	12

续表

编号	wage	educ	exper	meduc	feduc	编号	wage	educ	exper	meduc	feduc
115	4.565	12	35	12	12	146	4.063	16	14	14	7
116	11.848	17	21	7	12	147	0.648	17	6	14	16
117	3.750	14	7	14	14	148	5.383	12	24	0	0
118	4.365	12	18	7	10	149	0.171	14	10	16	12
119	3.933	12	4	7	7	150	23.467	12	2	7	7
120	3.333	12	12	12	7	151	9.579	17	9	12	17
121	3.316	12	16	10	7	152	3.695	12	23	7	7
122	3.562	12	14	7	7	153	2.222	14	12	10	12
123	1.600	12	3	3	7	154	1.749	12	8	7	3
124	2.226	9	1	7	7	155	1.159	12	16	10	7
125	4.787	10	27	7	7	156	6.990	17	10	10	14
126	5.807	12	12	10	7	157	3.968	16	7	14	7
127	2.359	12	6	7	7	158	21.429	16	19	7	12
128	2.000	12	9	7	12	159	0.476	12	2	12	12
129	1.900	12	2	12	12	160	2.151	9	9	7	7
130	5.123	12	6	12	7	161	1.858	12	14	7	7
131	5.495	17	9	12	14	162	4.330	12	9	12	14
132	6.322	12	16	10	10	163	8.929	16	16	14	7
133	7.143	17	22	14	12	164	2.778	14	7	12	12
134	2.375	12	26	7	7	165	2.657	12	6	7	12
135	2.543	10	11	7	7	166	2.500	12	22	7	7
136	2.180	12	11	14	12	167	18.267	11	9	7	7
137	2.600	12	15	10	7	168	0.819	12	9	12	7
138	3.729	12	13	10	10	169	2.000	16	14	16	7
139	4.375	12	6	7	12	170	15.385	17	17	3	3
140	4.443	12	20	7	10	171	6.478	17	12	16	12
141	4.288	12	17	7	7	172	8.333	14	13	7	7
142	1.667	16	8	14	14	173	4.550	12	8	16	7
143	3.256	13	13	7	7	174	2.496	14	10	7	14
144	5.411	13	15	12	12	175	4.480	12	16	10	10
145	2.205	12	14	14	12	176	2.232	10	1	10	10

续表

编号	wage	educ	exper	meduc	feduc	编号	wage	educ	exper	meduc	feduc
177	2.071	12	6	10	10	189	1.923	12	12	10	7
178	1.676	13	4	10	10	190	6.875	14	12	12	12
179	3.409	16	8	12	12	191	3.900	12	25	7	7
180	2.500	12	4	10	3	192	2.000	6	14	7	7
181	3.961	7	15	7	7	193	4.976	15	14	7	7
182	6.228	16	7	16	16	194	1.202	12	11	7	7
183	3.929	14	14	7	7	195	22.500	17	7	14	16
184	2.900	12	16	7	7	196	6.868	14	18	14	12
185	4.082	10	15	7	0	197	3.561	13	4	7	10
186	2.850	12	23	7	7	198	1.979	6	37	7	7
187	7.015	16	19	7	7	199	5.371	16	13	7	7
188	2.939	10	4	10	10	200	1.744	14	14	16	16

解答 （1）建立只有 educ 与 exper 为解释变量的工资决定模型

$$\text{lnwage}=\beta_0+\beta_1\text{educ}+\beta_2\text{exper}+\mu$$

时，由于影响工资水平的重要因素劳动者的个人能力 abil 被归到了模型的随机干扰项 μ 之中，而劳动者个人的能力又与其受教育水平密切相关，因此模型的随机干扰项 μ 与劳动者的受教育水平 educ 具有同期相关性，即变量 educ 是一个同期内生变量。

（2）首先，运用 OLS 法估计只有劳动者的受教育年限 educ 与其工作年限 exper 作为解释变量的回归模型。Eviews 的估计结果如图 4-1 所示。

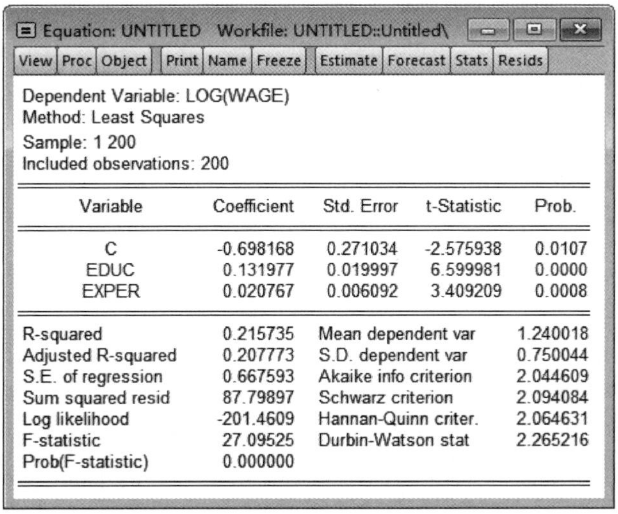
Equation: UNTITLED Workfile: UNTITLED::Untitled\
View | Proc | Object | Print | Name | Freeze | Estimate | Forecast | Stats | Resids

Dependent Variable: LOG(WAGE)
Method: Least Squares
Sample: 1 200
Included observations: 200

Variable	Coefficient	Std. Error	t-Statistic	Prob.
C	-0.698168	0.271034	-2.575938	0.0107
EDUC	0.131977	0.019997	6.599981	0.0000
EXPER	0.020767	0.006092	3.409209	0.0008

R-squared	0.215735	Mean dependent var	1.240018
Adjusted R-squared	0.207773	S.D. dependent var	0.750044
S.E. of regression	0.667593	Akaike info criterion	2.044609
Sum squared resid	87.79897	Schwarz criterion	2.094084
Log likelihood	-201.4609	Hannan-Quinn criter.	2.064631
F-statistic	27.09525	Durbin-Watson stat	2.265216
Prob(F-statistic)	0.000000		

图 4-1 OLS 估计结果

其次,选择劳动者父母的受教育年限 meduc 与 feduc 作为工具变量估计工资决定模型。Eviews 的估计程序如下:

选择 Quick \ Estimate Equation. . . ,在出现的 Equation Estimation 对话窗口中仍输入“log(wage) c educ exper”,然后在 Equation settings 部分的 Method 栏选择 TSLS-Two-Stage Least Squares(图 4-2)。这时 Equation Estimation 对话窗口变化为如图 4-3 所示的对话窗口。

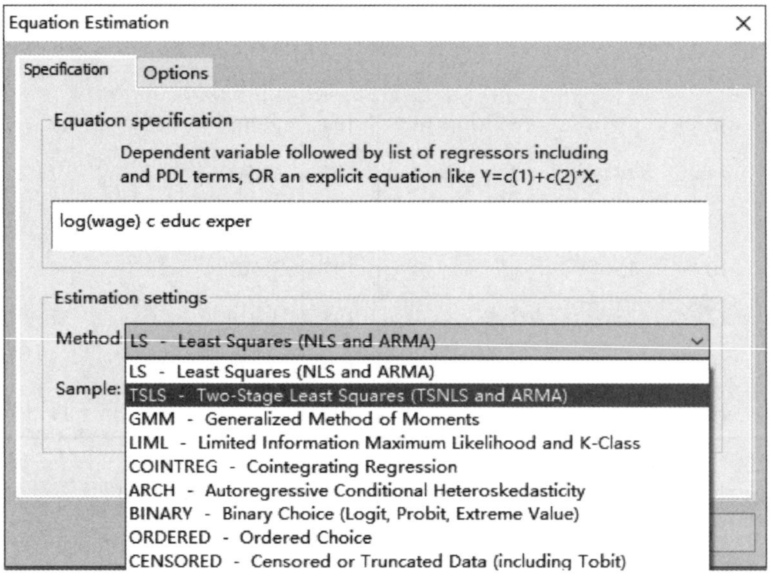

图 4-2　选择两阶段最小二乘法(2SLS)

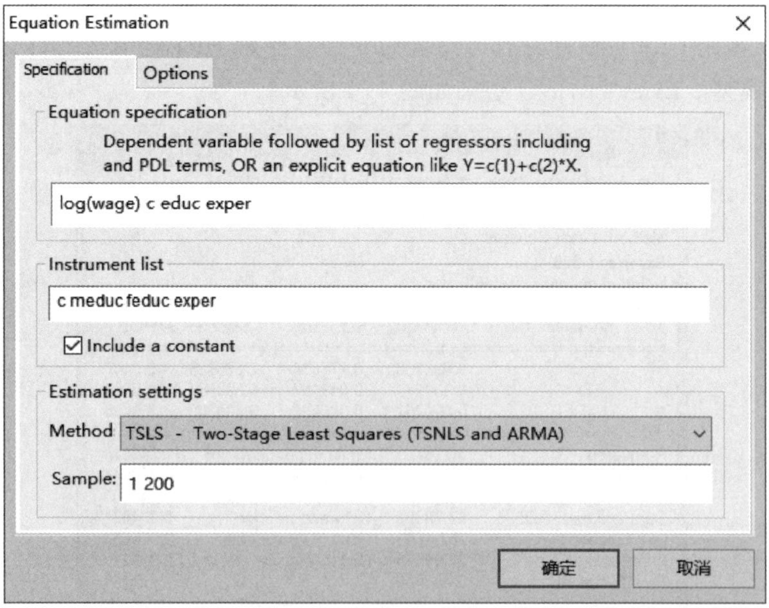

图 4-3　工具变量输入

在图 4-3 中的 Instrument list 栏内输入“c meduc feduc exper”，点击 OK 按钮，得到如图 4-4 所示的工具变量法估计结果。

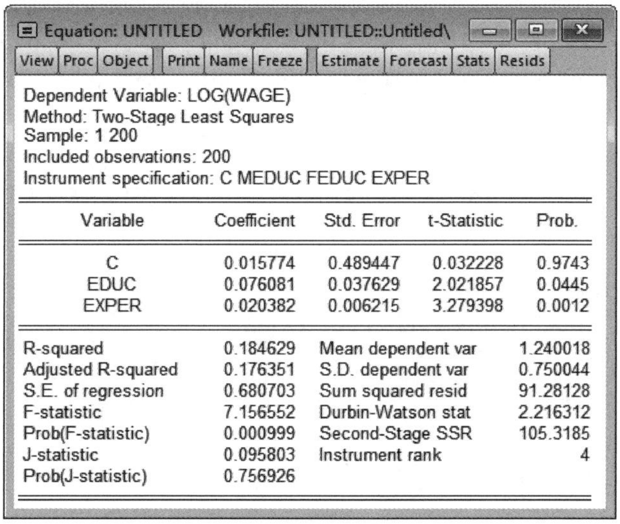

Equation: UNTITLED Workfile: UNTITLED::Untitled\

View | Proc | Object | Print | Name | Freeze | Estimate | Forecast | Stats | Resids

Dependent Variable: LOG(WAGE)
Method: Two-Stage Least Squares
Sample: 1 200
Included observations: 200
Instrument specification: C MEDUC FEDUC EXPER

Variable	Coefficient	Std. Error	t-Statistic	Prob.
C	0.015774	0.489447	0.032228	0.9743
EDUC	0.076081	0.037629	2.021857	0.0445
EXPER	0.020382	0.006215	3.279398	0.0012

R-squared	0.184629	Mean dependent var	1.240018
Adjusted R-squared	0.176351	S.D. dependent var	0.750044
S.E. of regression	0.680703	Sum squared resid	91.28128
F-statistic	7.156552	Durbin-Watson stat	2.216312
Prob(F-statistic)	0.000999	Second-Stage SSR	105.3185
J-statistic	0.095803	Instrument rank	4
Prob(J-statistic)	0.756926		

图 4-4　2SLS 估计结果

建立只有 educ 与 exper 为解释变量的工资决定模型时，OLS 估计的结果为

$$\widehat{\ln wage}=-0.698\,2+0.132\,0educ+0.020\,8exper$$
$$(0.271)\quad(0.020)\qquad(0.006)$$
$$n=200\quad R^2=0.215\,7\quad \bar{R}^2=0.207\,8\quad F=27.10$$

该模型的工具变量法估计结果为

$$\widehat{\ln wage}=0.015\,8+0.076\,1educ+0.020\,4exper$$
$$(0.489)\,(0.038)\qquad(0.006)$$
$$n=200\quad R^2=0.184\,6\quad \bar{R}^2=0.176\,4\quad F=7.16$$

由于抽样数据相对较小，且影响工资水平的因素众多，OLS 估计与工具变量法估计均显示较小的拟合优度，但从 F 检验的结果看，总体线性关系均在 5%的显著性水平下成立。而且从 educ 与 exper 的参数的 t 检验看，也都在 5%的显著性水平下显著不为零。OLS 估计结果显示受教育年限的参数估计值为 0.132 0，表明受教育年限每增加一年，可使其工资提高 13.20%，工具变量法估计该参数估计值为 0.076 1，即受教育年限每增加一年，可使其工资提高 7.61%，工具变量法估计的结果比 OLS 估计的结果低近一半。考虑到父母亲的受教育程度往往与其子女受教育程度正相关，因此 OLS 估计确实高估了“斜率项”而低估了“截距项”。

(3) 父母亲的受教育年限基本可以作为子女受教育年限的工具变量，因为父母亲的受教育年限与子女的能力往往具有较弱的相关性，但与子女的受教育年限有着较强的相关性。本例中做劳动妇女受教育年限关于其父母亲受教育年限的回归，可得到

$$\widehat{educ}=8.793+0.203meduc+0.213feduc$$
$$(0.455)\,(0.051)\qquad(0.051)$$
$$R^2=0.292\,1\quad F=40.63\quad D.W.=1.86$$

可见父母亲受教育年限确实是子女受教育年限的重要影响因素。

下面再通过过度识别约束检验来检验父母亲作为工具变量的外生性特征。

当用 meduc、feduc 作为原模型 educ 的工具变量，并对原模型进行 2SLS 估计后，点击 Quick\Generate Series...（图 4-5），在出现的 Generate Series by Equation 对话窗口中输入"e=resid"，点击 OK 按钮记录 2SLS 估计的残差项 e（图 4-6）。

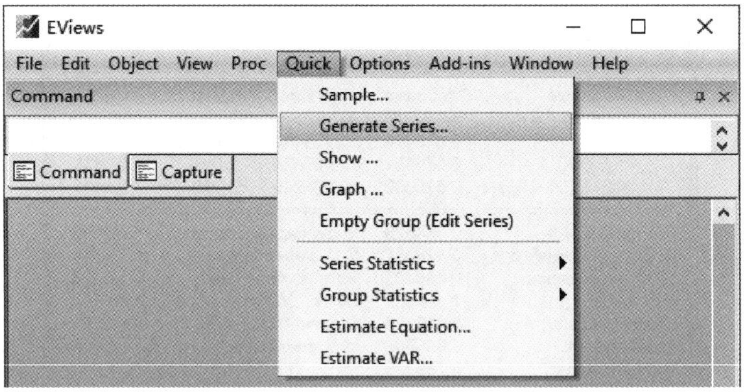

图 4-5　Quick\Generate Series 下拉菜单

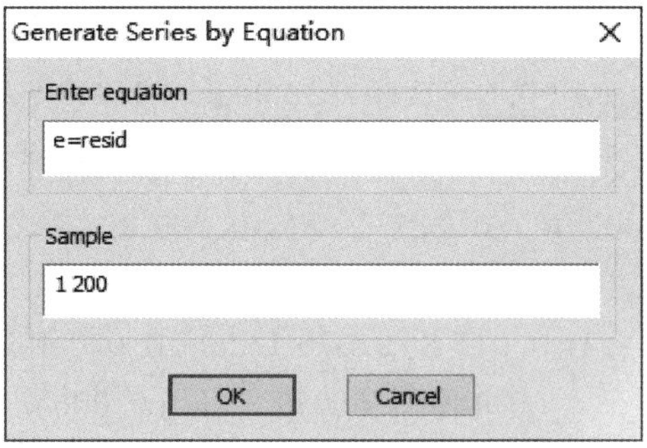

图 4-6　变量生成对话框

将 e 关于常数项 c、meduc、feduc、exper 作 OLS 回归，结果见图 4-7。

于是 J 统计量为

$$J=nR^2=200\times 0.000\,486=0.097$$

而在显著性水平 5%下，自由度为 1 的 χ^2 分布的临界值为 $\chi^2_{0.05}(1)=3.84$，因此不拒绝 meduc、feduc 的外生性，即它们可以作为 educ 的工具变量。

事实上，Eviews9.0 中，在进行了工具变量估计后，可直接显示 J 统计量的值。图 4-4 显示的 J 统计量的值为 0.096（由于四舍五入，手工计算结果与软件计算结果略有差异），对应的 P 值为 0.757，因此在 5%的显著性水平下不拒绝所选工具变量是外生变量的假设。

（4）首先，在 Eviews 软件下做 educ 关于 exper、meduc、feduc 的 OLS 回归，得到如图 4-8 所示的结果。

选择 Quick\Generate Series...（图 4-5），在出现的 Generate Series by Equation 对话窗口中输入"v=resid"（图 4-9），点击 OK 按钮记录变量名为 v 的序列。

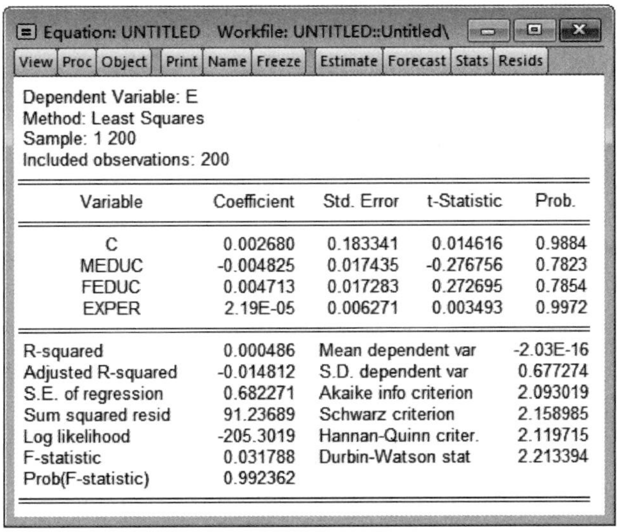

Equation: UNTITLED Workfile: UNTITLED::Untitled\

View | Proc | Object | Print | Name | Freeze | Estimate | Forecast | Stats | Resids

Dependent Variable: E
Method: Least Squares
Sample: 1 200
Included observations: 200

Variable	Coefficient	Std. Error	t-Statistic	Prob.
C	0.002680	0.183341	0.014616	0.9884
MEDUC	-0.004825	0.017435	-0.276756	0.7823
FEDUC	0.004713	0.017283	0.272695	0.7854
EXPER	2.19E-05	0.006271	0.003493	0.9972

R-squared	0.000486	Mean dependent var	-2.03E-16
Adjusted R-squared	-0.014812	S.D. dependent var	0.677274
S.E. of regression	0.682271	Akaike info criterion	2.093019
Sum squared resid	91.23689	Schwarz criterion	2.158985
Log likelihood	-205.3019	Hannan-Quinn criter.	2.119715
F-statistic	0.031788	Durbin-Watson stat	2.213394
Prob(F-statistic)	0.992362		

图 4-7　残差项关于各外生变量的 OLS 回归

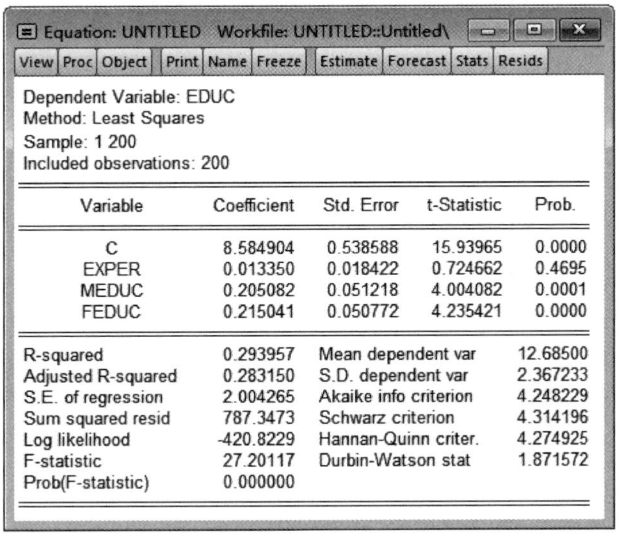

Equation: UNTITLED Workfile: UNTITLED::Untitled\

View | Proc | Object | Print | Name | Freeze | Estimate | Forecast | Stats | Resids

Dependent Variable: EDUC
Method: Least Squares
Sample: 1 200
Included observations: 200

Variable	Coefficient	Std. Error	t-Statistic	Prob.
C	8.584904	0.538588	15.93965	0.0000
EXPER	0.013350	0.018422	0.724662	0.4695
MEDUC	0.205082	0.051218	4.004082	0.0001
FEDUC	0.215041	0.050772	4.235421	0.0000

R-squared	0.293957	Mean dependent var	12.68500
Adjusted R-squared	0.283150	S.D. dependent var	2.367233
S.E. of regression	2.004265	Akaike info criterion	4.248229
Sum squared resid	787.3473	Schwarz criterion	4.314196
Log likelihood	-420.8229	Hannan-Quinn criter.	4.274925
F-statistic	27.20117	Durbin-Watson stat	1.871572
Prob(F-statistic)	0.000000		

图 4-8　Educ 关于外生变量的 OLS 估计

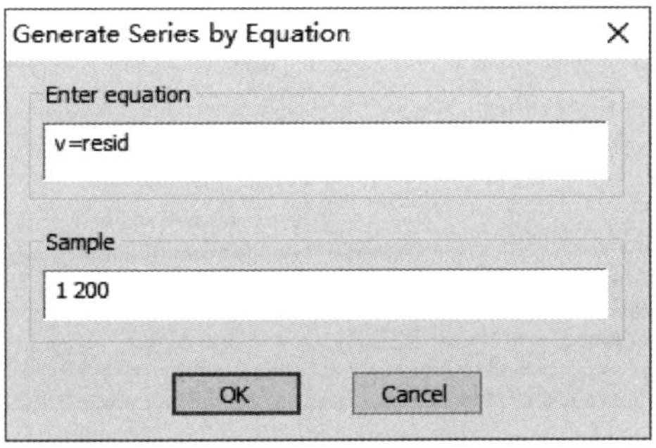

图 4-9　变量生成对话框

其次,做 log(wage)关于 educ、exper、v 的 OLS 回归,得到如图 4-10 所示的结果。该结果显示,变量 v 前的参数估计值为 0.079,t 检验值为 1.812,则在 10% 的显著性水平(临界值 $t_{0.05}(196)=1.65$)下拒绝 v 前参数值为零的假设,表明原模型变量 educ 具有同期内生性。但在 5% 的显著性水平(临界值 $t_{0.025}(196)=1.97$)下不拒绝 v 前参数值为零的假设。如果判断模型的解释变量不存在内生性,则应用 OLS 法估计原模型。

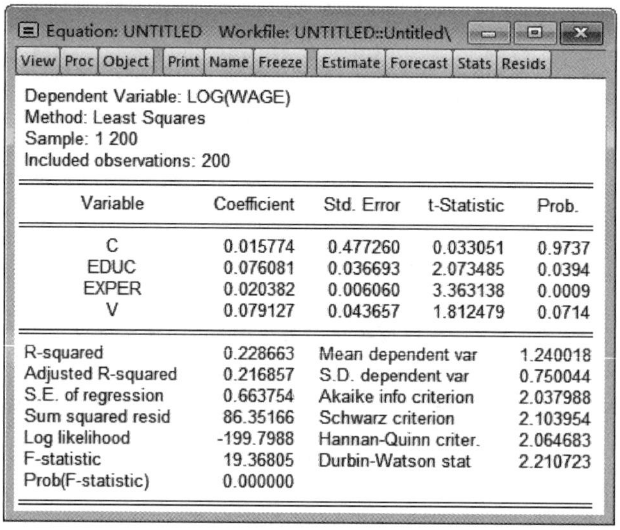

Dependent Variable: LOG(WAGE)
Method: Least Squares
Sample: 1 200
Included observations: 200

Variable	Coefficient	Std. Error	t-Statistic	Prob.
C	0.015774	0.477260	0.033051	0.9737
EDUC	0.076081	0.036693	2.073485	0.0394
EXPER	0.020382	0.006060	3.363138	0.0009
V	0.079127	0.043657	1.812479	0.0714

R-squared	0.228663	Mean dependent var	1.240018
Adjusted R-squared	0.216857	S.D. dependent var	0.750044
S.E. of regression	0.663754	Akaike info criterion	2.037988
Sum squared resid	86.35166	Schwarz criterion	2.103954
Log likelihood	-199.7988	Hannan-Quinn criter.	2.064683
F-statistic	19.36805	Durbin-Watson stat	2.210723
Prob(F-statistic)	0.000000		

图 4-10　wage 关于 educ、exper、v 的 OLS 估计

在 Eviews9.0 软件下,当进行了工具变量估计后(图 4-4),选择 View/IV Diagnostics & Tests/Regressor Endogeneity Test...(图 4-11)。在出现的 Endogeneity Test 对话框中,输入 educ(图 4-12),点击 OK 按钮,得如图 4-13 所示的结果。

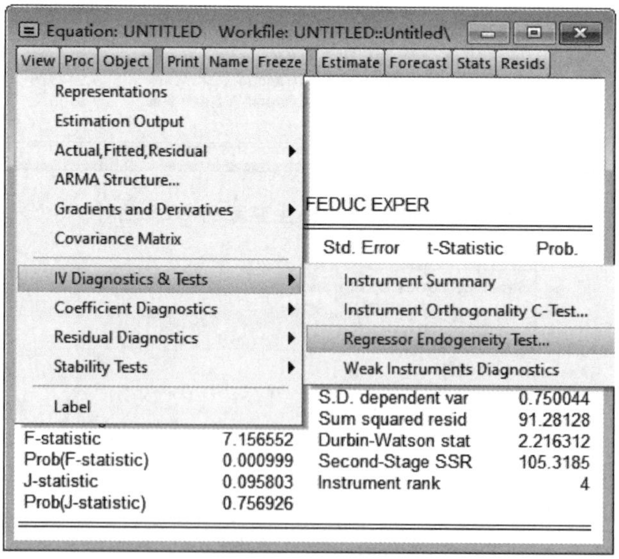

图 4-11　Endogeneity Test 下拉菜单

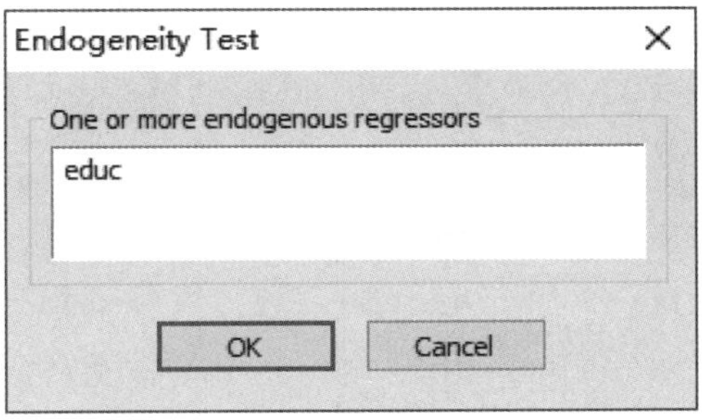

图 4-12　Endogeneity Test 对话框

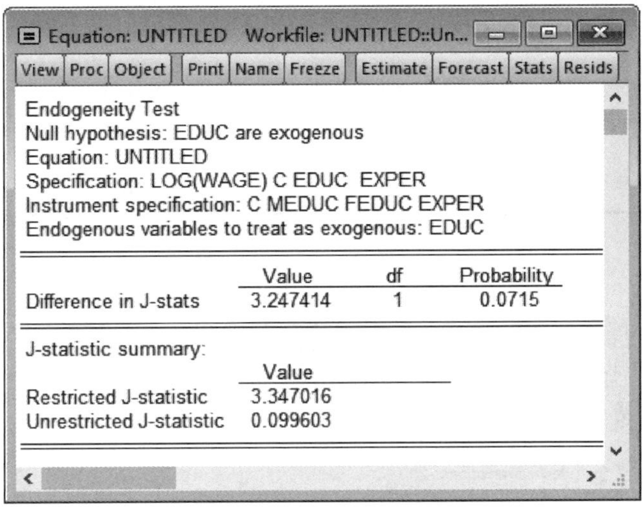

图 4-13　内生性检验结果

图 4-13 的结果显示，将 educ 视为外生变量与视为内生变量时，分别进行工具变量估计，并测算对应的 J 统计量的差异。在 educ 是外生的假设下，两个 J 统计量的差异服从自由度为 1 的 χ^2 分布。可通过两个 J 统计量之差与给定的显著性水平下的临界值的比较，或通过 P 值与给定的显著性水平的比较，来判断是否拒绝 educ 是外生变量的原假设。图 4-13 显示，两个 J 统计量之差的值为 3.247，P 值为 0.072。显然，在 5%的显著性水平下，不拒绝 educ 外生的假设，但在 10%的显著性水平下拒绝该假设。

例 11

表 4-2 给出了某地区某行业 20 家企业某年各自的单位成本 Y、产出量 X_1 和产量投入成本 X_2 的相关数据。试估计如下平均生产成本模型，并进一步检验该模型有无设定偏误：

$$Y=\beta_0+\beta_1X_1+\beta_2X_2+\mu$$

表 4-2　某地区某行业 20 家企业某年的相关数据

企业序号	单位成本 Y（元）	产出量 X_1（万元）	产量投入成本 X_2（万元）	企业序号	单位成本 Y（元）	产出量 X_1（万元）	产量投入成本 X_2（万元）
1	365	238	80	11	428	291	115
2	422	218	93	12	442	230	117
3	429	230	107	13	511	210	128
4	543	179	115	14	488	235	134
5	662	140	130	15	499	241	135
6	571	174	128	16	457	252	135
7	509	196	116	17	484	263	139
8	399	252	92	18	516	224	142
9	408	263	94	19	567	202	147
10	438	280	110	20	626	168	150

解答　在 Eviews 软件中，容易得到如图 4-14 所示的 OLS 回归结果。

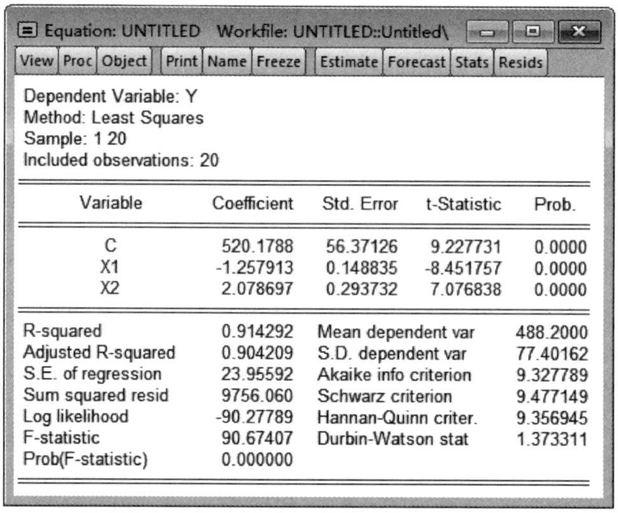

图 4-14　OLS 估计结果

即可得如下平均生产成本函数：

$$\hat{Y}_i = 520.18 - 1.258X_{i1} + 2.079X_{i2}$$
$$(56.37)\ (0.149)\ (0.294)$$
$$n = 20 \quad R^2 = 0.9143 \quad \bar{R}^2 = 0.902 \quad F = 90.67$$

由此结果看，各参数都显著不为零（在 5%的显著性水平下）。但产量前的参数为负，表明产出量越大，单位产品的成本越高，不符合经济学的一般理论。下面进行设定偏误的

RESET 检验。

在 Eviews 软件中，估计了上述 OLS 回归结果后，进一步选择 View\Stability Diagnostics\Ramsey RESET Test...（图 4-15），在出现的 RESET Specification 窗口的 Number of fitted terms 栏内输入“1”（图 4-16），点击 OK 按钮，得如图 4-17 所示的检验结果。

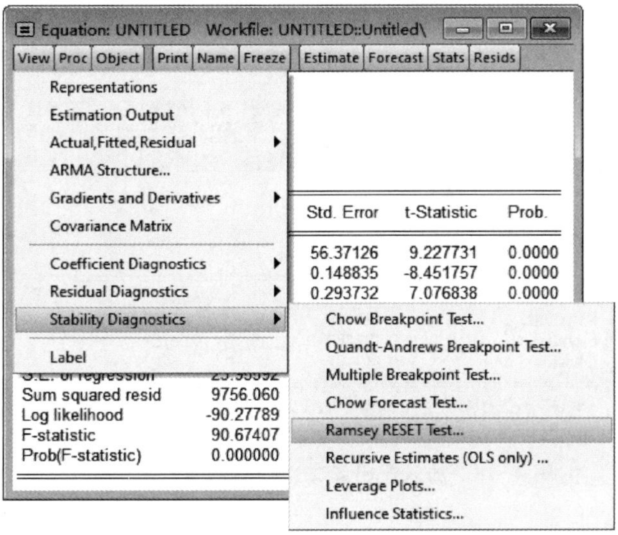

图 4-15 RESET Test 下拉菜单

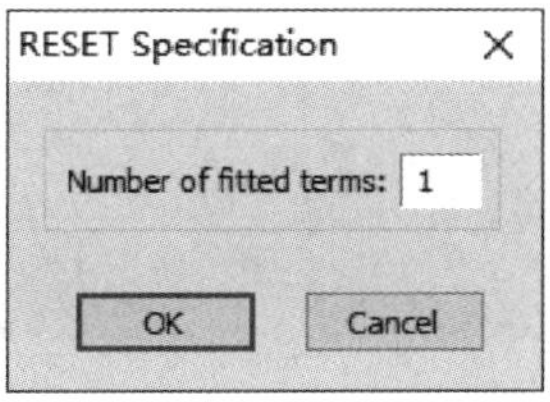

图 4-16 RESET Specification 窗口

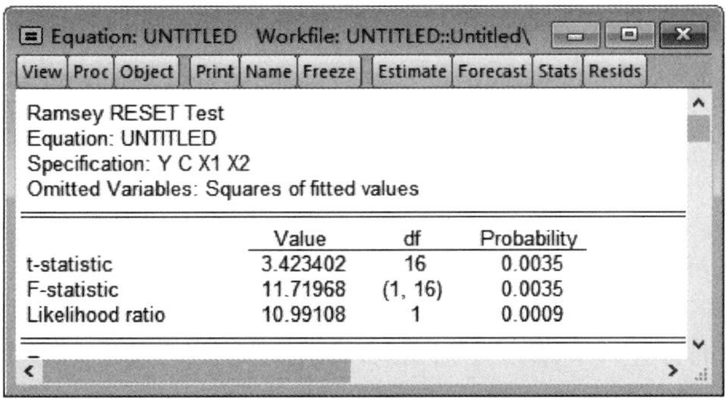

图 4-17 RESET 检验结果

在 5%的显著性水平下，从 F 统计值的伴随概率看，拒绝原模型没有设定偏误的假设。表明原模型确有设定偏误。从经济学基本原理知，平均成本往往呈 U 形曲线，即产出量的二次函数。因此加入产出量的二次项再估计成本函数，可得如下 OLS 回归结果：

$$Y_i=1\ 051.42-6.227X_{i1}+0.011X_{i1}^2+2.021X_{i2}$$
$$(73.50)\quad(0.645)\quad(0.001)\quad(0.139)$$
$$n=20\quad R^2=0.982\ 0\quad \overline{R}^2=0.978\ 6\quad F=290.81$$

可以看出，各项检验指标都进一步趋好，而且也符合经济学基本原理。对该模型进一步实施 RESET 检验，得如图 4-18 所示的结果。

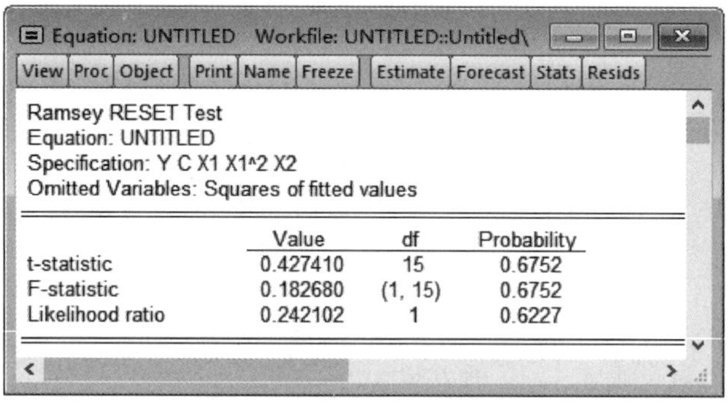

图 4-18　加入产出量二次项后的 RESET 检验

由此可知，模型已不存在设定偏误。

三、教材练习题及参考解答

1. 对一元回归模型

$$Y_i=\beta_0+\beta_1X_i+\mu_i$$

（1）假如其他基本假设全部满足，但只有 $\mathrm{Var}(\mu_i)=\sigma_i^2\neq\sigma^2$，试证明估计的斜率项仍是无偏的，但方差变为 $\mathrm{Var}(\widetilde{\beta}_1)=\dfrac{\sum x_i^2\sigma_i^2}{(\sum x_i^2)^2}$；

（2）如果 $\mathrm{Var}(\mu_i)=\sigma^2K_i$，试证明上述方差的表达式为 $\mathrm{Var}(\widetilde{\beta}_1)=\dfrac{\sigma^2}{\sum x_i^2}\cdot\dfrac{\sum x_i^2K_i}{\sum x_i^2}$。该表达式与在同方差假定下的方差 $\mathrm{Var}(\hat{\beta}_1)$ 之间有何关系？试分 K_i 大于 1 与小于 1 两种情况讨论。

解答　（1）在一元线回归中，已知有

$$\widetilde{\beta}_1=\frac{\sum x_iy_i}{\sum x_i^2}=\beta_1+\frac{\sum x_i\mu_i}{\sum x_i^2}$$

因此，

$$E(\tilde{\beta}_1)=E(\beta_1)+\sum \frac{x_i}{\sum x_i^2}E(\mu_i)=\beta_1$$

$$\begin{aligned}\mathrm{Var}(\tilde{\beta}_1)&=\mathrm{Var}(\beta_1)+\mathrm{Var}\left(\frac{\sum x_i\mu_i}{\sum x_i^2}\right)\\&=\sum\left(\frac{x_i}{\sum x_i^2}\right)^2\mathrm{Var}(\mu_i)+\sum_{i\neq j}\frac{x_i}{\sum x_i^2}\frac{x_j}{\sum x_j^2}\mathrm{Cov}(\mu_i,\mu_j)\\&=\frac{\sum x_i^2\sigma_i^2}{(\sum x_i^2)^2}\end{aligned}$$

（2）由（1）中结果进一步得：

$$\mathrm{Var}(\tilde{\beta}_1)=\frac{\sum x_i^2\sigma^2K_i}{(\sum x_i^2)^2}=\frac{\sigma^2}{\sum x_i^2}\cdot\frac{\sum x_i^2K_i}{\sum x_i^2}$$

而在同方差下，$\mathrm{Var}(\hat{\beta}_1)=\frac{\sigma^2}{\sum x_i^2}$，它与 $\mathrm{Var}(\tilde{\beta}_1)$ 相差一个乘子$\frac{\sum x_i^2K_i}{\sum x_i^2}$。如果 $K_i>1$，则该乘子大于 1，出现 $\mathrm{Var}(\tilde{\beta}_1)>\mathrm{Var}(\hat{\beta}_1)$；如果 $0<K_i<1$，则出现 $\mathrm{Var}(\tilde{\beta}_1)<\mathrm{Var}(\hat{\beta}_1)$。

2. 对题 1 中的一元回归模型，如果已知 $\mathrm{Var}(\mu_i)=\sigma_i^2$，则可对原模型以权$\frac{1}{\sigma_i}$相乘后变换成如下的二元模型：

$$\frac{Y_i}{\sigma_i}=\beta_0\frac{1}{\sigma_i}+\beta_1\frac{X_i}{\sigma_i}+\frac{\mu_i}{\sigma_i}$$

对该模型进行普通最小二乘估计就是加权最小二乘法。试证明该模型的随机干扰项是同方差的，并求出 β_1的上述加权最小二乘估计量。

解答　由于

$$\mathrm{Var}\left(\frac{\mu_i}{\sigma_i}\right)=\frac{1}{\sigma_i^2}\mathrm{Var}(\mu_i)=\frac{1}{\sigma_i^2}\sigma_i^2=1$$

因此，变换后的模型是同方差的。

记变换后的模型的样本回归函数的离差式为

$$\frac{Y_i}{\sigma_i}=\beta_0^*\frac{1}{\sigma_i}+\beta_1^*\frac{X_i}{\sigma_i}+e_i^*$$

对该式作 OLS 回归，就是求适当的 β_0^*，β_1^*，以使

$$\sum e_i^{*2}=\sum\left[\frac{1}{\sigma_i}(Y_i-\beta_0^*-\beta_1^*X_i)\right]^2$$

最小。令 $w_i=\frac{1}{\sigma_i^2}$，对该式关于 β_0^*，β_1^* 求偏导，并令偏导数为零，则有如下正规方程组：

$$\beta_0^*\sum w_i+\beta_1^*\sum w_iX_i=\sum w_iY_i$$
$$\beta_0^*\sum w_iX_i+\beta_1^*\sum w_iX_i^2=\sum w_iX_iY_i$$

解线性方程组，则容易得到参数的 OLS 估计量为

$$\beta_1^*=\frac{(\sum w_i)(\sum w_iX_iY_i)-(\sum w_iX_i)(\sum w_iY_i)}{(\sum w_i)(\sum w_iX_i^2)-(\sum w_iX_i)^2}$$

进一步令

$$\overline{X}^{*}=\sum w_iX_i/\sum w_i,\overline{Y}^{*}=\sum w_iY_i/\sum w_i$$

且

$$y_i^{*}=Y_i-\overline{Y}^{*},x_i^{*}=X_i-\overline{X}^{*}$$

则上述估计式可简化为

$$\beta_i^{*}=\frac{\sum w_ix_i^{*}y_i^{*}}{\sum w_i(x_i^{*})^2}$$

3. 试证明，二元线性回归模型 $Y_i=\beta_0+\beta_1X_{i1}+\beta_2X_{i2}+\mu_i$ 中变量 X_1 与 X_2 的参数的普通最小二乘估计可以写成

$$\hat{\beta}_1=\frac{(\sum y_ix_{i1})(\sum x_{i2}^2)-(\sum y_ix_{i2})(\sum x_{i1}x_{i2})}{\sum x_{i1}^2\sum x_{i2}^2(1-r^2)}$$

$$\hat{\beta}_2=\frac{(\sum y_ix_{i2})(\sum x_{i1}^2)-(\sum y_ix_{i1})(\sum x_{i1}x_{i2})}{\sum x_{i1}^2\sum x_{i2}^2(1-r^2)}$$

其中，r 为 X_1 与 X_2 的相关系数。并讨论 r 等于或接近于 1 时，该模型的估计问题。

证明　由第三章"典型例题分析"中的例 6 知，X_1 的参数估计为

$$\hat{\beta}_1=\frac{(\sum y_ix_{i1})(\sum x_{i2}^2)-(\sum y_ix_{i2})(\sum x_{i1}x_{i2})}{\sum x_{i1}^2\sum x_{i2}^2-(\sum x_{i1}x_{i2})^2}$$

$$=\frac{(\sum y_ix_{i1})(\sum x_{i2}^2)-(\sum y_ix_{i2})(\sum x_{i1}x_{i2})}{\sum x_{i1}^2\sum x_{i2}^2\left(1-\frac{(\sum x_{i1}x_{i2})^2}{\sum x_{i1}^2\sum x_{i2}^2}\right)}$$

因此，

$$\hat{\beta}_1=\frac{(\sum y_ix_{i1})(\sum x_{i2}^2)-(\sum y_ix_{i2})(\sum x_{i1}x_{i2})}{\sum x_{i1}^2\sum x_{i2}^2(1-r^2)}$$

同理可证

$$\hat{\beta}_2=\frac{(\sum y_ix_{i2})(\sum x_{i1}^2)-(\sum y_ix_{i1})(\sum x_{i1}x_{i2})}{\sum x_{i1}^2\sum x_{i2}^2(1-r^2)}$$

由参数估计的表达式可以看出，当 X_1 与 X_2 的相关系数 r 等于 1 时，分母为零，参数无法估计；而当 r 非常接近于 1 时，$\hat{\beta}_1$ 与 $\hat{\beta}_2$ 逐渐成为一不定式，估计结果变得越来越不稳定。

4. 在教材中已指出，对截面数据，引起解释变量内生性的原因主要有三种情形，其中第三种情形是解释变量存在着测量误差。对于一元回归模型 $Y_i=\beta_0+\beta_1X_i^{*}+\mu_i$，假设解释变量 X_i^{*} 的实测值 X_i 与之有偏误：$X_i=X_i^{*}+e_i$，其中 e_i 是具有零均值且与 X_i^{*} 及 μ_i 不相关的随机变量。

试问能否将 $X_i^{*}=X_i-e_i$ 代入原模型，使之变换成 $Y_i=\beta_0+\beta_1X_i+v_i$ 后进行估计？其中，v_i 为变换后模型的随机干扰项。

解答　不能。因为变换后的模型为

$$Y_i=\beta_0+\beta_1X_i+(\mu_i-\beta_1e_i)$$

显然，由于 e_i 与 X_i 同期相关，则说明变换后的模型中的随机误差项 v_i 与 X_i 同期相关。

5. 试证明§4.3中工具变量法部分给出的式(4.3.15) $\frac{1}{n}\sum \boldsymbol{Z}'_i(Y_i-\boldsymbol{X}_i\widetilde{\boldsymbol{\beta}})=\boldsymbol{0}$ 与式(4.3.16) $\frac{1}{n}\boldsymbol{Z}'(\boldsymbol{Y}-\boldsymbol{X}\widetilde{\boldsymbol{\beta}})=\boldsymbol{0}$ 是等价的。

证明 只需证明 $\sum \boldsymbol{Z}'_i(Y_i-\boldsymbol{X}_i\widetilde{\boldsymbol{\beta}})=\boldsymbol{0}$ 与 $\boldsymbol{Z}'(\boldsymbol{Y}-\boldsymbol{X}\widetilde{\boldsymbol{\beta}})$ 相等。因为

$$Y_i-\boldsymbol{X}_i\widetilde{\boldsymbol{\beta}}=Y_i-(\widetilde{\beta}_0+\widetilde{\beta}_1X_{i1}+\cdots+\widetilde{\beta}_kX_{ik})=e_i,\boldsymbol{X}'_i=\begin{pmatrix}1\\X_{i1}\\X_{i2}\\\vdots\\X_{ik}\end{pmatrix},\boldsymbol{Z}'_i=\begin{pmatrix}1\\\boldsymbol{X}_{i1}\\Z_{i1}\\\vdots\\\boldsymbol{X}_{ik}\end{pmatrix}$$

于是

$$\sum \boldsymbol{Z}'_i(Y_i-\boldsymbol{X}_i\widetilde{\boldsymbol{\beta}})=\sum\begin{pmatrix}1\\\boldsymbol{X}_{i1}\\Z_i\\\vdots\\\boldsymbol{X}_{ik}\end{pmatrix}e_i=\sum\begin{pmatrix}e_i\\X_{i1}e_i\\\boldsymbol{Z}_ie_i\\\vdots\\X_{ik}e_i\end{pmatrix}=\begin{pmatrix}\sum e_i\\\sum X_{i1}e_i\\\sum \boldsymbol{Z}_ie_i\\\vdots\\\sum X_{ik}e_i\end{pmatrix}$$

而

$$\boldsymbol{X}\widetilde{\boldsymbol{\beta}}=\begin{pmatrix}1&X_{11}&\cdots&X_{1k}\\1&X_{21}&\cdots&X_{2k}\\\vdots&\vdots&&\vdots\\1&X_{n1}&\cdots&X_{nk}\end{pmatrix}\begin{pmatrix}\widetilde{\beta}_0\\\widetilde{\beta}_1\\\vdots\\\widetilde{\beta}_k\end{pmatrix}=\begin{pmatrix}\widetilde{\beta}_0+\widetilde{\beta}_1X_{11}+\cdots+\widetilde{\beta}_kX_{1k}\\\widetilde{\beta}_0+\widetilde{\beta}_1X_{21}+\cdots+\widetilde{\beta}_kX_{2k}\\\vdots\\\widetilde{\beta}_0+\widetilde{\beta}_1X_{n1}+\cdots+\widetilde{\beta}_kX_{nk}\end{pmatrix}$$

$$\begin{aligned}\boldsymbol{Z}'(\boldsymbol{Y}-\boldsymbol{X}\widetilde{\boldsymbol{\beta}})&=\begin{pmatrix}1&1&\cdots&1\\\boldsymbol{X}_{11}&\boldsymbol{X}_{21}&&\boldsymbol{X}_{n1}\\Z_1&Z_2&\cdots&Z_n\\\vdots&\vdots&&\vdots\\\boldsymbol{X}_{1k}&\boldsymbol{X}_{2k}&\cdots&\boldsymbol{X}_{nk}\end{pmatrix}\begin{pmatrix}Y_1-(\widetilde{\beta}_0+\widetilde{\beta}_1X_{11}+\cdots+\widetilde{\beta}_kX_{1k})\\Y_2-(\widetilde{\beta}_0+\widetilde{\beta}_1X_{21}+\cdots+\widetilde{\beta}_kX_{2k})\\\vdots\\Y_n-(\widetilde{\beta}_0+\widetilde{\beta}_1X_{n1}+\cdots+\widetilde{\beta}_kX_{nk})\end{pmatrix}\\&=\begin{pmatrix}1&1&\cdots&1\\X_{11}&X_{21}&\cdots&X_{n1}\\\boldsymbol{Z}_1&\boldsymbol{Z}_2&&\boldsymbol{Z}_n\\\vdots&\vdots&&\vdots\\X_{1k}&X_{2k}&\cdots&X_{nk}\end{pmatrix}\begin{pmatrix}e_1\\e_2\\\vdots\\e_n\end{pmatrix}=\begin{pmatrix}\sum e_i\\\sum X_{i1}e_i\\\sum \boldsymbol{Z}_ie_i\\\vdots\\\sum X_{ik}e_i\end{pmatrix}\end{aligned}$$

因此，$\sum \boldsymbol{Z}'_i(Y_i-\boldsymbol{X}_i\widetilde{\boldsymbol{\beta}})=\boldsymbol{Z}'(\boldsymbol{Y}-\boldsymbol{X}\widetilde{\boldsymbol{\beta}})$，从而 $\frac{1}{n}\sum \boldsymbol{Z}'_i(Y_i-\boldsymbol{X}_i\widetilde{\boldsymbol{\beta}})=\boldsymbol{0}$ 与 $\frac{1}{n}\boldsymbol{Z}'(\boldsymbol{Y}-\boldsymbol{X}\widetilde{\boldsymbol{\beta}})=\boldsymbol{0}$ 是等价的。

6. 验证教材式(4.3.18)中的参数估计量与式(4.3.14)相同。

解答　这里要验证的是，在1个内生变量寻找到1个工具变量的情况下，两阶段最小二乘法(2SLS)的估计结果与工具变量法(IV)的结果相同。在两阶段最小二乘法中，第一阶段是用随机解释变量 X 关于外生的工具变量 Z 进行 OLS 回归，得到

$$\hat{X}_i=\hat{\alpha}_0+\hat{\alpha}_1 Z_i$$

其中

$$\hat{\alpha}_1=\frac{\sum z_i x_i}{\sum z_i^2},\quad \sum \hat{\alpha}_1 z_i^2=\sum z_i x_i,\quad \hat{\alpha}_0=\overline{X}-\hat{\alpha}_1\overline{Z}$$

在两阶段最小二乘法中，第二阶段是用随机变量 Y 关于估计的变量 $\hat{X}$ 进行 OLS 回归，得到式(4.3.18)：

$$\hat{Y}_i=\tilde{\beta}_0+\tilde{\beta}_1\hat{X}_i$$

其中

$$\tilde{\beta}_1=\frac{\sum \hat{x}_i y_i}{\sum \hat{x}_i^2},\quad \tilde{\beta}_0=\overline{Y}-\tilde{\beta}_1\overline{\hat{X}}$$

第一阶段的估计式 $\hat{X}_i=\hat{\alpha}_0+\hat{\alpha}_1 Z_i$ 又可写成如下离差形式

$$\hat{x}_i=\hat{\alpha}_1 z_i$$

于是

$$\tilde{\beta}_1=\frac{\sum \hat{x}_i y_i}{\sum \hat{x}_i^2}=\frac{\sum \hat{\alpha}_1 z_i y_i}{\sum \hat{\alpha}_1^2 z_i^2}=\frac{\sum z_i y_i}{\sum \hat{\alpha}_1 z_i^2}=\frac{\sum z_i y_i}{\sum z_i x_i}$$

对斜率项的证明完毕。

对截距项，要证明

$$\tilde{\beta}_0=\overline{Y}-\tilde{\beta}_1\overline{\hat{X}}=\overline{Y}-\tilde{\beta}_1\overline{X}$$

只需证明 $\overline{\hat{X}}=\overline{X}$。

第一阶段中的估计式 $\hat{X}_i=\hat{\alpha}_0+\hat{\alpha}_1 Z_i$ 是样本回归线，样本观测值 X_i 可写成该样本回归线上对应的点 $\hat{X}_i$ 与 OLS 回归的残差项 e_i 的和：

$$X_i=\hat{\alpha}_0+\hat{\alpha}_1 Z_i+e_i=\hat{X}_i+e_i$$

于是，对该式求均值即得

$$\overline{X}=\overline{\hat{X}}+\overline{e}=\overline{\hat{X}}$$

这里，用到了 OLS 估计残差的数值性质：$\overline{e}=\left(\sum e_i\right)/n=0$。

7. 产生模型设定偏误的主要原因是什么？模型设定偏误的后果以及检验方法有哪些？

解答　产生模型设定偏误的原因主要有：模型制定者不熟悉相应的理论知识；对经济问题本身认识不够或不熟悉前人的相关工作；模型制定者手头没有相关变量的数据；解释变量无法测量或数据本身存在测量误差。

模型设定偏误的后果有：(1) 如果遗漏了重要的解释变量，而且当它与模型中已出现的

变量相关时,会造成 OLS 估计量在小样本下有偏,在大样本下非一致;对随机干扰项的方差估计也是有偏的;(2) 如果包含了无关的解释变量,尽管 OLS 估计量具有无偏性与一致性,但不具有最小方差性;(3) 如果选择了错误的函数形式,则后果是全方位的,不但会造成估计的参数具有完全不同的经济含义,而且估计结果也不同。

对模型设定偏误的检验方法有:检验是否含有无关变量,可以使用 t 检验与 F 检验完成;检验是否有相关变量的遗漏或函数形式设定偏误,可以使用残差图示法进行辅助检验,而更精确的检验仍需通过统计检验来完成。当我们怀疑某些具体的变量没有引入模型中时,可将它们先引入模型,再通过 t 检验或 F 检验来对它们的显著性进行检验;当怀疑模型的设定形式是非线性的,而我们却设定成线性的形式时,可通过 Ramsey 提出的 RESET 检验来进行模型设定形式偏误检验。

8. 如果 X_2 与 X_1 在给定的样本下不相关(正交),则通过教材式(4.4.7)证明:α_1 的估计满足无偏性与一致性,但 α_0 的估计却是有偏且非一致的。

解答 当正确设定的模型是二元模型而我们却估计成一元模型时,教材式(4.4.7)为

$$\hat{\alpha}_1=\beta_1+\beta_2\frac{\sum x_{i1}x_{i2}}{\sum x_{i1}^2}+\sum\frac{x_{i1}}{\sum x_{i1}^2}\mu_i$$

在给定样本观测值的条件下:

$$\begin{aligned}\mathrm{E}(\hat{\alpha}_1\mid X_1,X_2)&=\beta_1+\beta_2\frac{\sum x_{i1}x_{i2}}{\sum x_{i1}^2}+\sum\frac{x_{i1}}{\sum x_{i1}^2}\mathrm{E}(\mu_i\mid X_1,X_2)\\&=\beta_1+\beta_2\frac{\sum x_{i1}x_{i2}}{\sum x_{i1}^2}\end{aligned}$$

上式中等号右边第三项为零是用到了模型随机干扰项条件均值为零的假设。如果进一步有 X_2 与 X_1 在给定的样本下的不相关性(正交),则有

$$\mathrm{E}(\hat{\alpha}_1\mid X_1,X_2)=\beta_1$$

而在大样本下,对(4.4.7)式取概率极限有:

$$\begin{aligned}P\lim\hat{\alpha}_1&=\beta_1+\beta_2P\lim\frac{\sum x_{i1}x_{i2}}{\sum x_{i1}^2}+P\lim\sum\frac{x_{i1}}{\sum x_{i1}^2}\mu_i\\&=\beta_1+\beta_2\frac{P\lim\frac{1}{n}\sum x_{i1}x_{i2}}{P\lim\frac{1}{n}\sum x_{i1}^2}+\frac{P\lim\frac{1}{n}\sum x_{i1}\mu_i}{P\lim\frac{1}{n}\sum x_{i1}^2}\\&=\beta_1+\beta_2\frac{\mathrm{Cov}(X_1,X_2)}{\mathrm{Var}(X_1)}+\frac{\mathrm{Cov}(X_1,\mu)}{\mathrm{Var}(X_1)}\\&=\beta_1\end{aligned}$$

对一元模型截距项的估计来说:

$$\hat{\alpha}_0=\overline{Y}-\hat{\alpha}_1\overline{X}_1$$

即使 X_2 与 X_1 在给定的样本下是不相关的(正交),有

$$\mathrm{E}(\hat{\alpha}_0\mid X_1,X_2)=\overline{Y}-\mathrm{E}(\hat{\alpha}_1\mid X_1,X_2)\overline{X}_1=\overline{Y}-\beta_1\overline{X}_1$$

而对正确的二元线性模型来说:

$$\hat{\beta}_0=\overline{Y}-\hat{\beta}_1\overline{X}_1-\hat{\beta}_2\overline{X}_2$$

$$\begin{aligned}E(\hat{\beta}_0\mid X_1,X_2)&=\overline{Y}-E(\hat{\beta}_1\mid X_1,X_2)\overline{X}_1-E(\hat{\beta}_2\mid X_1,X_2)\overline{X}_2\\&=\overline{Y}-\beta_1\overline{X}_1-\beta_2\overline{X}_2\end{aligned}$$

显然,

$$E(\hat{\alpha}_0\mid X_1,X_2)\neq E(\hat{\beta}_0\mid X_1,X_2)$$

因此,如果说正确设定的二元线性模型的截距项的估计具有无偏性,则错误设定的一元线性模型的截距项的估计一定是有偏的。

类似地,

$$P\lim\hat{\alpha}_0=P\lim\ \overline{Y}-P\lim\hat{\alpha}_1P\lim\overline{X}_1=E(Y)-\beta_1E(X_1)$$

$$\begin{aligned}P\lim\hat{\beta}_0&=P\lim\ \overline{Y}-P\lim\beta_1P\lim\overline{X}_1-P\lim\beta_2P\lim\overline{X}_2\\&=E(Y)-\beta_1E(X_1)-\beta_2E(X_2)\end{aligned}$$

可见

$$P\lim\hat{\alpha}_0\neq P\lim\hat{\beta}_0$$

因此,如果说正确设定的二元线性模型的截距项的估计具有一致性,则错误设定的一元线性模型的截距项的估计一定不具有一致性。

9. 记教材中正确设定的模型式(4.4.1)的随机干扰项的方差为 σ_μ^2,非正确设定的模型式(4.4.2)的随机干扰项的方差为 σ_v^2。试证明:$\sigma_\mu^2\leqslant\sigma_v^2$。

证明　对正确设定的模型

$$Y=\beta_0+\beta_1X_1+\beta_2X_2+\mu \tag{4.4.1}$$

在严格外生条件下,随机干扰项 μ 与 X_1、X_2 均不相关。

记 μ 的方差为 $\mathrm{Var}(\mu)=\sigma_\mu^2$。而记错误设定的模型

$$Y=\alpha_0+\alpha_1X_1+v \tag{4.4.2}$$

的随机干扰项 v 的方差为 $\mathrm{Var}(v)=\sigma_v^2$。显然有

$$v=\beta_2X_2+\mu$$

于是

$$\begin{aligned}\sigma_v^2&=\mathrm{Var}(v)=\mathrm{Var}(\beta_2X_2+\mu)\\&=\beta_2^2\mathrm{Var}(X_2)+\mathrm{Var}(\mu)+2\beta_2\mathrm{Cov}(X_2,\mu)\\&=\beta_2^2\mathrm{Var}(X_2)+\sigma_\mu^2\end{aligned}$$

这里用到了 μ 与 X_2 不相关的特征。据此可知:

$$\sigma_\mu^2\leqslant\sigma_v^2$$

如果 $\beta_2=0$,则等号成立。这也意味着正确设定的模型就是式(4.4.2)。

10. 如果真实的模型是 $Y_i=\beta_1X_i+\mu_i$,但你却拟合了一个带截距项的模型 $Y_i=\alpha_0+\alpha_1X_i+v_i$,试评述这一设定误差的后果。

解答　这里的误设主要是增加了一个常数项,即出现的是增加无关变量的错误(增加了

一个取值恒为 1 的变量)。其后果将是估计量是无偏且一致的,但方差并不具有最小性。

对误设的模型,易知斜率项的 OLS 估计为

$$\hat{\alpha}_1=\frac{\sum x_i y_i}{\sum x_i^2}$$

将真实模型的离差形式 $y_i=\beta_1 x_i+\mu_i-\bar{\mu}$ 代入上式,得

$$\hat{\alpha}_1=\frac{\sum x_i(\beta_1 x_i+\mu_i-\bar{\mu})}{\sum x_i^2}=\beta_1+\frac{\sum x_i\mu_i}{\sum x_i^2}$$

于是,给定样本的条件下

$$\mathrm{E}(\hat{\alpha}_1)=\beta_1+\frac{1}{\sum x_i^2}\sum \mathrm{E}(x_i\mu_i)=\beta_1$$

对于误设模型的截距项的 OLS 估计为

$$\hat{\alpha}_0=\overline{Y}-\hat{\alpha}_1\overline{X}$$

而由真实的回归模型知 $\overline{Y}=\beta_1\overline{X}+\bar{\mu}$,代入上式得

$$\hat{\alpha}_0=\beta_1\overline{X}+\bar{\mu}-\hat{\alpha}_1\overline{X}=\beta_1\overline{X}-\hat{\alpha}_1\overline{X}+\frac{1}{n}\sum\mu_i$$

于是,给定样本的条件下

$$\mathrm{E}(\hat{\alpha}_0)=\beta_1\overline{X}-\beta_1\overline{X}+\frac{1}{n}\sum \mathrm{E}(\mu_i)=0$$

容易证明参数估计量具有一致性。

对于误设的模型,估计的斜率项的方差为

$$\mathrm{Var}(\hat{\alpha}_1)=\frac{\sigma_v^2}{\sum x_i^2}$$

而对于真实的过原点的模型,容易得到估计的斜率项的方差为

$$\mathrm{Var}(\hat{\beta}_1)=\frac{\sigma_\mu^2}{\sum X_i^2}$$

从两模型的设定看,由于 $\hat{\alpha}_1$ 是 β_1 的无偏且一致的估计,$\hat{\alpha}_0$ 是 $\alpha_0=0$ 的无偏且一致的估计,因此,本质上有 $\alpha_1 X_i=\beta_1 X_i$,$\mu=\alpha_0+v=v$。一方面,$\sigma_\mu^2=\mathrm{Var}(\mu)=\mathrm{Var}(v)=\sigma_v^2$,另一方面,$\sum x_i^2=\sum(X_i-\overline{X})^2=\sum X_i^2-n\overline{X}^2$,即有 $\sum x_i^2\leqslant\sum X_i^2$。因此

$$\mathrm{Var}(\hat{\beta}_1)\leqslant\mathrm{Var}(\hat{\alpha}_1)$$

在所有经典假设都成立的条件下,真实的不带截距项模型斜率的估计具有最小方差性,而误设的方程一定不具有最小方差性。

11. 在习题 10 中,假设真实的模型是带截距项的模型,而你却对过原点的模型进行了普通最小二乘回归。请评述这一模型误设的后果。

解答 对于过原点回归 $Y_i=\beta_1 X_i+\mu_i$,易知斜率项的 OLS 估计为

$$\hat{\beta}_1=\frac{\sum X_i Y_i}{\sum X_i^2}$$

将真实模型 $Y_i=\alpha_0+\alpha_1X_i+v_i$ 代入上式,得

$$\begin{aligned}\hat{\beta}_1&=\frac{\sum X_i(\alpha_0+\alpha_1X_i+v_i)}{\sum X_i^2}\\&=\alpha_0\frac{\sum X_i}{\sum X_i^2}+\alpha_1+\frac{\sum X_iv_i}{\sum X_i^2}\\&=\alpha_1+\alpha_0\frac{\sum X_i}{\sum X_i^2}+\frac{\sum x_iv_i+\overline{X}\sum v_i}{\sum X_i^2}\end{aligned}$$

于是,给定样本的条件下

$$\begin{aligned}\mathrm{E}(\hat{\beta}_1)&=\alpha_1+\alpha_0\frac{\sum X_i}{\sum X_i^2}+\frac{\sum\mathrm{E}(x_iv_i)+\overline{X}\sum\mathrm{E}(v_i)}{\sum X_i^2}\\&=\alpha_1+\alpha_0\frac{\sum X_i}{\sum X_i^2}\end{aligned}$$

可见,除非 $\sum X_i=0$,否则,遗漏截距项时斜率项的 OLS 估计是有偏的。

大样本下,

$$\begin{aligned}P\lim\hat{\beta}_1&=\alpha_1+\alpha_0\frac{P\lim\frac{1}{n}\sum X_i}{P\lim\frac{1}{n}\sum X_i^2}+\frac{P\lim\frac{1}{n}\sum x_iv_i+P\lim\overline{X}\cdot P\lim\frac{1}{n}\sum v_i}{P\lim\frac{1}{n}\sum X_i^2}\\&=\alpha_1+\alpha_0\frac{\mathrm{E}(X)}{\mathrm{E}(X^2)}+\frac{\mathrm{E}(Xv)+\mathrm{E}(X)\mathrm{E}(v)}{\mathrm{E}(X^2)}\\&=\alpha_1+\alpha_0\frac{\mu_X}{\sigma_X^2-\mu_X}\end{aligned}$$

除非 $\mathrm{E}(X)=\mu_X=0$,否则,遗漏截距项时斜率项的 OLS 估计是不一致的。

带截距项与不带截距项的模型,估计的斜率的方差已在题 10 中给出,可以看出两者明显不同。由于 $\hat{\beta}_1$ 不是 α_1 的无偏且一致的估计量,因此本质上 $\beta_1X_i\neq\alpha_1X_i$,$\mu_i\neq\alpha_0+v_i$,从而 $\sigma_\mu^2\neq\sigma_v^2$。在模型的基本经典假设成立的情况下,真实的带截距模型的斜率项的估计量在所有线性无偏估计量中具有最小方差性。但由于不带截距项模型的 OLS 估计量不具有无偏性与一致性,这时对两者方差的比较就没有多大意义了。

12. 表 4-3 列出了某年中国部分省、自治区、直辖市城镇居民家庭人均全年可支配收入 X 与消费性支出 Y 的统计数据。

表 4-3 某年中国部分地区城镇居民家庭统计数据 单位:元

地区	可支配收入 X	消费性支出 Y	地区	可支配收入 X	消费性支出 Y
北京	10 349.69	8 493.49	浙江	9 279.16	7 020.22
天津	8 140.5	6 121.04	山东	6 489.97	5 022
河北	5 661.16	4 348.47	河南	4 766.26	3 830.71
山西	4 724.11	3 941.87	湖北	5 524.54	4 644.5
内蒙古	5 129.05	3 927.75	湖南	6 218.73	5 218.79

续表

地区	可支配收入 X	消费性支出 Y	地区	可支配收入 X	消费性支出 Y
辽宁	5 357.79	4 356.06	广东	9 761.57	8 016.91
吉林	4 810	4 020.87	陕西	5 124.24	4 276.67
黑龙江	4 912.88	3 824.44	甘肃	4 916.25	4 126.47
上海	11 718.01	8 868.19	青海	5 169.96	4 185.73
江苏	6 800.23	5 323.18	新疆	5 644.86	4 422.93

（1）试用普通最小二乘法建立居民人均消费支出与可支配收入的线性模型；

（2）检验模型是否存在异方差性；

（3）如果存在异方差性，试采用适当的方法重新估计模型。

解答 （1）Eviews 软件下，OLS 法的估计结果如图 4-19 所示。

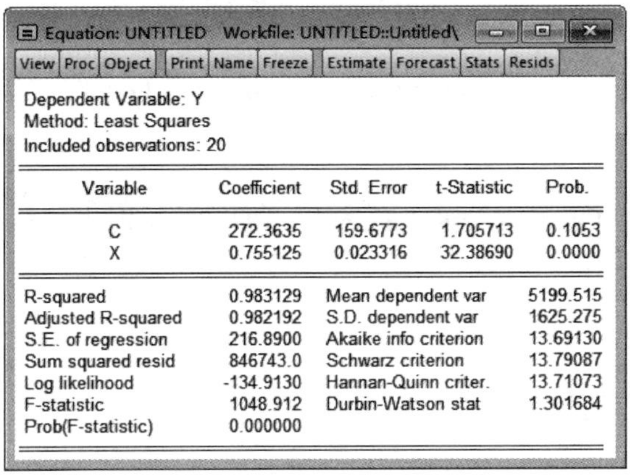
Equation: UNTITLED Workfile: UNTITLED::Untitled\

View | Proc | Object | Print | Name | Freeze | Estimate | Forecast | Stats | Resids

Dependent Variable: Y
Method: Least Squares
Included observations: 20

Variable	Coefficient	Std. Error	t-Statistic	Prob.
C	272.3635	159.6773	1.705713	0.1053
X	0.755125	0.023316	32.38690	0.0000

R-squared	0.983129	Mean dependent var	5199.515
Adjusted R-squared	0.982192	S.D. dependent var	1625.275
S.E. of regression	216.8900	Akaike info criterion	13.69130
Sum squared resid	846743.0	Schwarz criterion	13.79087
Log likelihood	-134.9130	Hannan-Quinn criter.	13.71073
F-statistic	1048.912	Durbin-Watson stat	1.301684
Prob(F-statistic)	0.000000		

图 4-19　OLS 估计结果

（2）异方差性检验。

首先，采用 Breusch-Pagan 检验。在 Eviews 软件中，原模型进行 OLS 估计后，选择 View\Residual Diagnostics\Heteroskedasticity Tests...（图 4-20），在出现的 Heteroskedasticity Tests 窗口中选择 Breusch-Pagan-Goldfrey（图 4-21），点击 OK 按钮得到图 4-22 所示的结果。

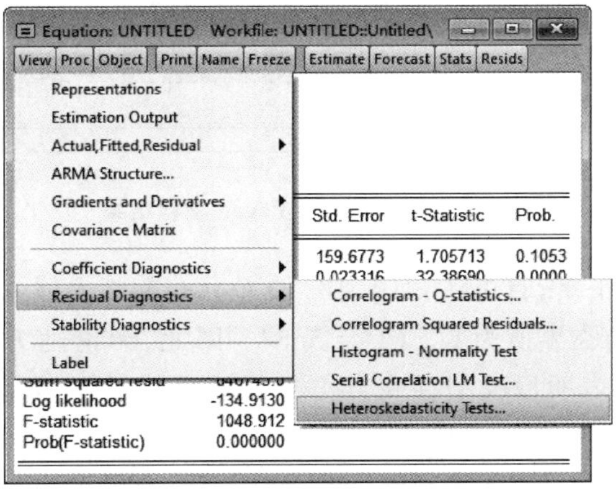

图 4-20　Heteroskedasticity Tests 下拉菜单

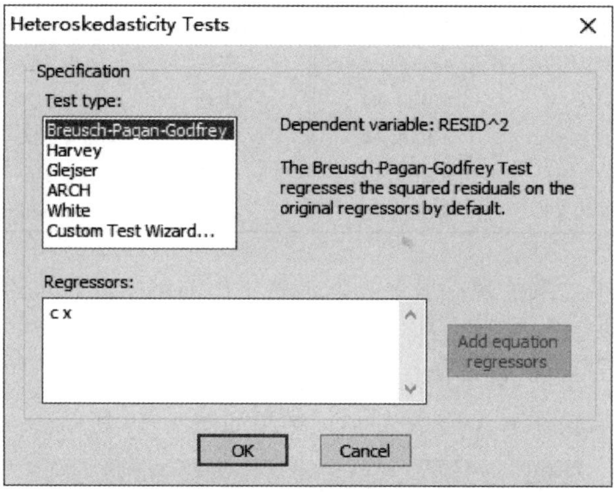

图 4-21 选择 Breusch-Pagan 检验

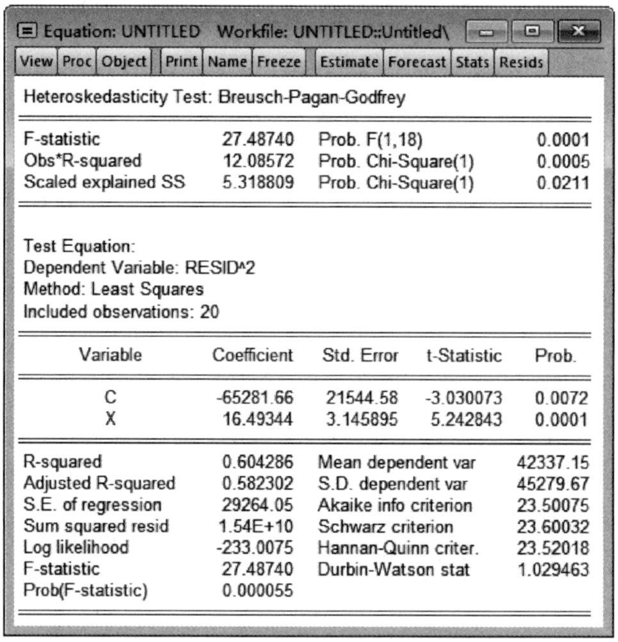

Equation: UNTITLED Workfile: UNTITLED::Untitled\

View | Proc | Object | Print | Name | Freeze | Estimate | Forecast | Stats | Resids

Heteroskedasticity Test: Breusch-Pagan-Godfrey

F-statistic	27.48740	Prob. F(1,18)	0.0001
Obs*R-squared	12.08572	Prob. Chi-Square(1)	0.0005
Scaled explained SS	5.318809	Prob. Chi-Square(1)	0.0211

Test Equation:
Dependent Variable: RESID^2
Method: Least Squares
Included observations: 20

Variable	Coefficient	Std. Error	t-Statistic	Prob.
C	-65281.66	21544.58	-3.030073	0.0072
X	16.49344	3.145895	5.242843	0.0001

R-squared	0.604286	Mean dependent var	42337.15
Adjusted R-squared	0.582302	S.D. dependent var	45279.67
S.E. of regression	29264.05	Akaike info criterion	23.50075
Sum squared resid	1.54E+10	Schwarz criterion	23.60032
Log likelihood	-233.0075	Hannan-Quinn criter.	23.52018
F-statistic	27.48740	Durbin-Watson stat	1.029463
Prob(F-statistic)	0.000055		

图 4-22 Breusch-Pagan 检验结果

在 5%的显著性水平下,自由度为(1,18)的 F 分布的临界值为 $F_{0.05}(1,18)=4.41$,而自由度为 1 的 χ^2 分布的临界值为 $\chi^2_{0.05}(1)=3.84$。因此,无论是 F 检验还是 LM 检验,都拒绝无异方差性假设,表明原模型存在异方差性。利用 P 值检验也可得到同样的检验结论。

其次,采用 White 检验。在原模型进行 OLS 估计后,选择 View\Residual Diagnostics\Heteroskedasticity Tests...(图 4-20),在出现的 Heteroskedasticity Tests 窗口中选择“White”

（图 4-23），点击 OK 按钮得到图 4-24 所示的结果。

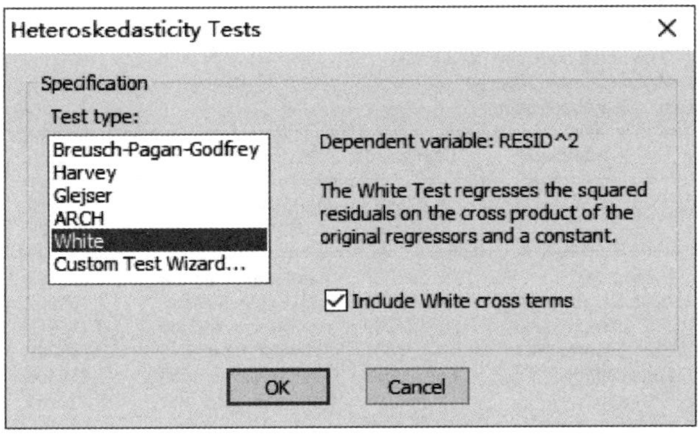

图 4-23　选择 White 检验

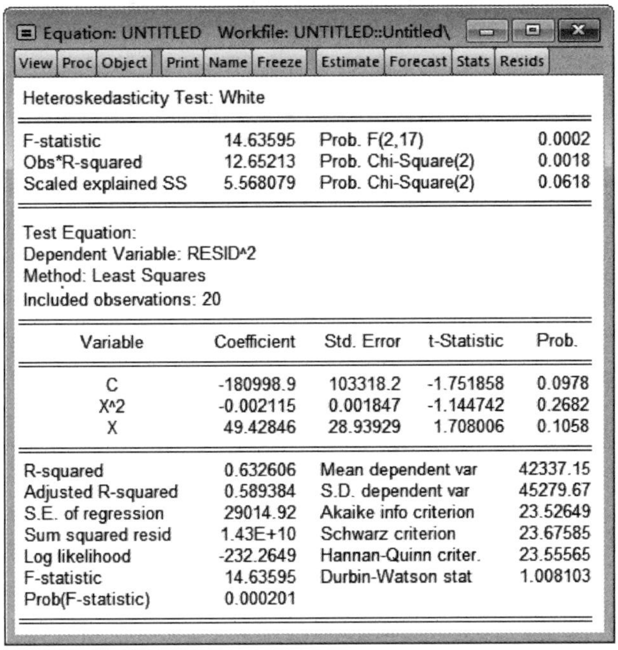

Heteroskedasticity Test: White

F-statistic	14.63595	Prob. F(2,17)	0.0002
Obs*R-squared	12.65213	Prob. Chi-Square(2)	0.0018
Scaled explained SS	5.568079	Prob. Chi-Square(2)	0.0618

Test Equation:
Dependent Variable: RESID^2
Method: Least Squares
Included observations: 20

Variable	Coefficient	Std. Error	t-Statistic	Prob.
C	-180998.9	103318.2	-1.751858	0.0978
X^2	-0.002115	0.001847	-1.144742	0.2682
X	49.42846	28.93929	1.708006	0.1058

R-squared	0.632606	Mean dependent var	42337.15
Adjusted R-squared	0.589384	S.D. dependent var	45279.67
S.E. of regression	29014.92	Akaike info criterion	23.52649
Sum squared resid	1.43E+10	Schwarz criterion	23.67585
Log likelihood	-232.2649	Hannan-Quinn criter.	23.55565
F-statistic	14.63595	Durbin-Watson stat	1.008103
Prob(F-statistic)	0.000201		

图 4-24　White 检验结果

从 nR^2 统计量对应值的 P 值容易看出，在 5% 的显著性水平下，原模型存在异方差性。

（3）首先，采用加权最小二乘法进行估计。

在对原模型进行 OLS 估计后（图 4-19），在主菜单中选择 Quick\Generate Series，在出现的对话框中输入“e = resid”，点击 OK 按钮生成新数据列 e；为了寻找适当的权，做 $\ln e^2$ 关于 X 的 OLS 回归，结果如图 4-25 所示。

图 4-25 的结果显示，X 前的参数在 5% 的显著性水平下不为零，同时，F 检验也表明方程的线性关系在 5% 的显著性水平下成立。于是，可生成权序列 w

$$w = 1/\sqrt{\exp(6.8251 + 0.00046X)}$$

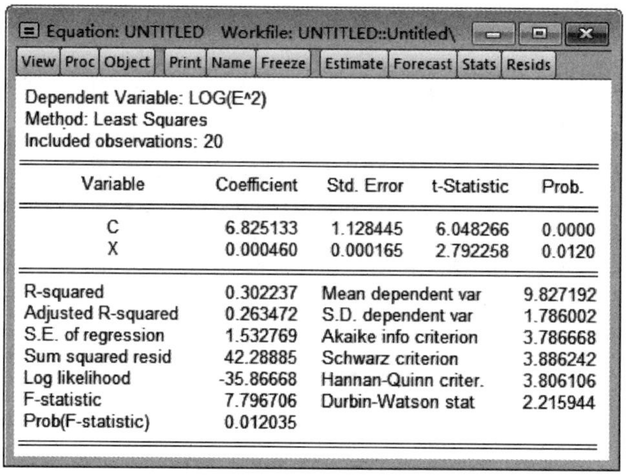

Equation: UNTITLED　Workfile: UNTITLED::Untitled\

View | Proc | Object | Print | Name | Freeze | Estimate | Forecast | Stats | Resids

Dependent Variable: LOG(E^2)
Method: Least Squares
Included observations: 20

Variable	Coefficient	Std. Error	t-Statistic	Prob.
C	6.825133	1.128445	6.048266	0.0000
X	0.000460	0.000165	2.792258	0.0120

R-squared	0.302237	Mean dependent var	9.827192
Adjusted R-squared	0.263472	S.D. dependent var	1.786002
S.E. of regression	1.532769	Akaike info criterion	3.786668
Sum squared resid	42.28885	Schwarz criterion	3.886242
Log likelihood	-35.86668	Hannan-Quinn criter.	3.806106
F-statistic	7.796706	Durbin-Watson stat	2.215944
Prob(F-statistic)	0.012035		

图 4-25　lne^2 关于 X 的 OLS 回归

在 Eviews 软件中,该权序列仍是通过选择 Quick\Generate Series,在出现的对话框中输入"w=1/@ sqrt(exp(6.825 1+0.000 46 * X))",点击 OK 按钮后生成。

当权序列生成后,即可按下面步骤完成加权的最小二乘估计。

回到 Equation Estimation 窗口(图 4-26),点击 Options 按钮,在出现的 Options 子窗口中,在 Weights 栏的 Type 项中选择 Inverse std. dev.,并在 Weight series 栏内输入"w"(图 4-27)。点击确定按钮得如图 4-28 所示的估计结果。

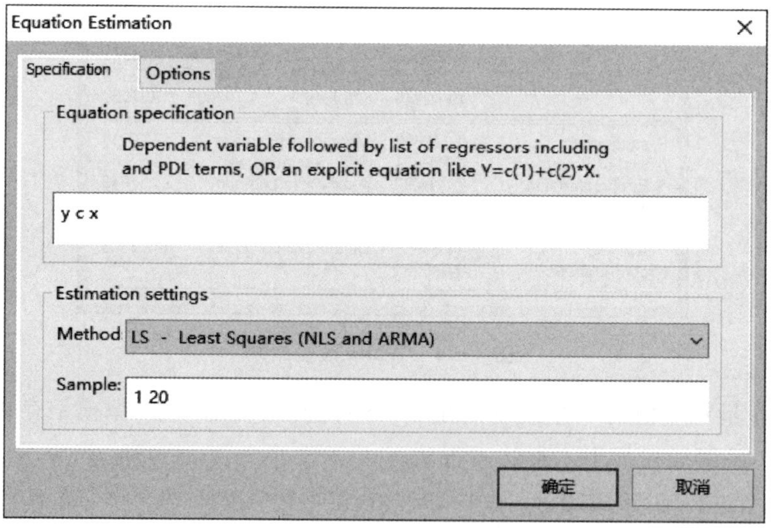

图 4-26　Equation Estimation 窗口

可以看出,与不加权的 OLS 估计结果相比,加权最小二乘估计使得 X 前的参数估计值略有下降,但标准差却增大了。表明 OLS 估计低估了 X 对应参数的标准差。可以验证,经加权最小二乘估计的模型已不存在异方差性,如 Breusch-Pagan 检验结果所示(图 4-29)。

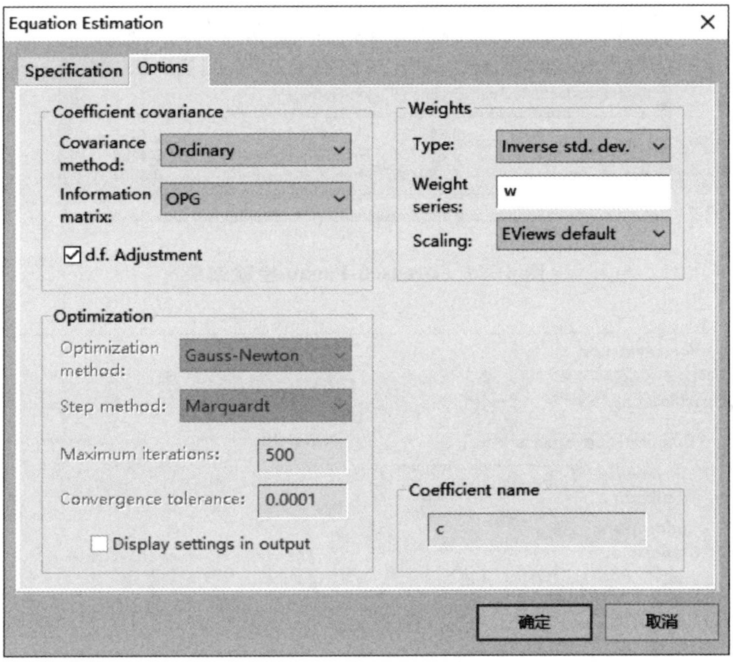

图 4-27　Options 子窗口:加权最小二乘法

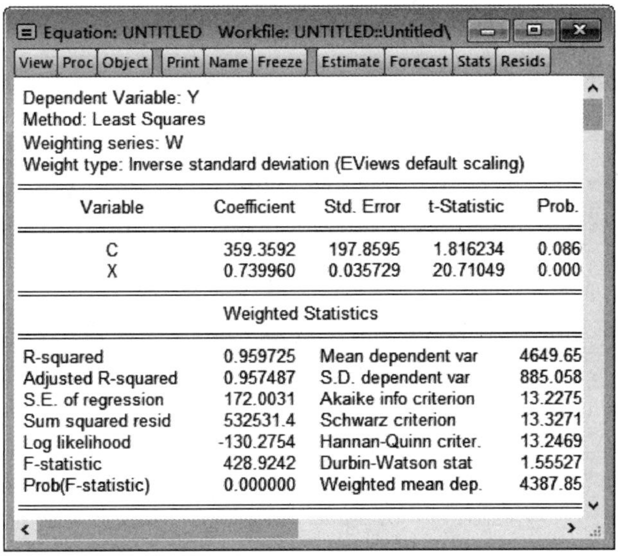
Equation: UNTITLED　Workfile: UNTITLED::Untitled\

View | Proc | Object | Print | Name | Freeze | Estimate | Forecast | Stats | Resids

Dependent Variable: Y
Method: Least Squares
Weighting series: W
Weight type: Inverse standard deviation (EViews default scaling)

Variable	Coefficient	Std. Error	t-Statistic	Prob.
C	359.3592	197.8595	1.816234	0.086
X	0.739960	0.035729	20.71049	0.000

Weighted Statistics

R-squared	0.959725	Mean dependent var	4649.65
Adjusted R-squared	0.957487	S.D. dependent var	885.058
S.E. of regression	172.0031	Akaike info criterion	13.2275
Sum squared resid	532531.4	Schwarz criterion	13.3271
Log likelihood	-130.2754	Hannan-Quinn criter.	13.2469
F-statistic	428.9242	Durbin-Watson stat	1.55527
Prob(F-statistic)	0.000000	Weighted mean dep.	4387.85

图 4-28　加权最小二乘法(WLS)估计结果

其次,采用异方差稳健标准误法修正原 OLS 估计的标准差。

回到 Equation Estimation 窗口(图 4-26),点击 Options 按钮,在 Coefficient covariance 栏的 Covariance method 项中选择 Huber-White(图 4-30)。点击确定按钮得如图 4-31 所示的估计结果。可以看出,参数的估计与 OLS 估计结果相同,但变量 X 对应参数修正后的标准差比 OLS 估计的结果有所增大,表明原模型 OLS 估计结果低估了 X 的标准差。

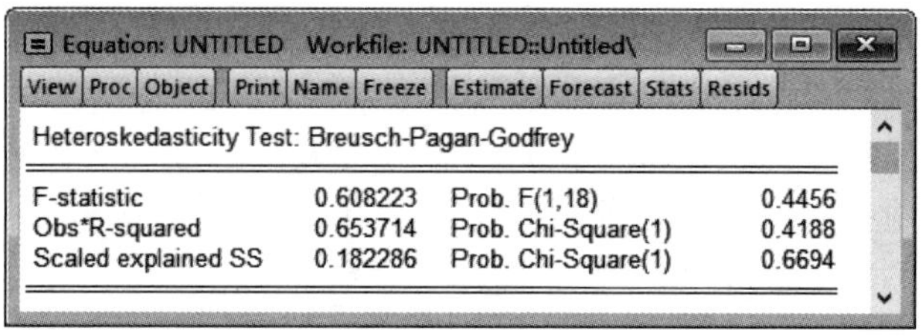

Heteroskedasticity Test: Breusch-Pagan-Godfrey

F-statistic	0.608223	Prob. F(1,18)	0.4456
Obs*R-squared	0.653714	Prob. Chi-Square(1)	0.4188
Scaled explained SS	0.182286	Prob. Chi-Square(1)	0.6694

图 4-29　**Breusch-Pagan 检验结果**

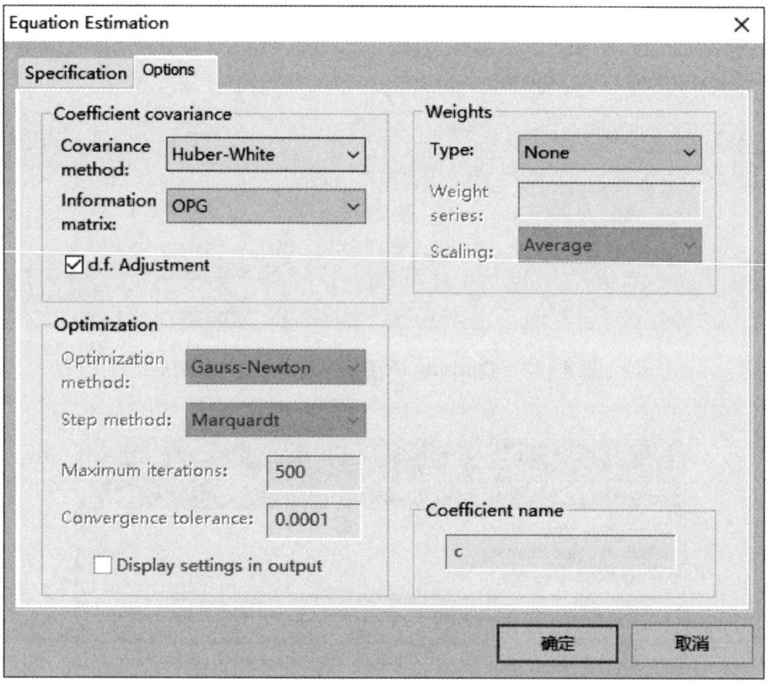

图 4-30　**Options 子窗口:修正标准差**

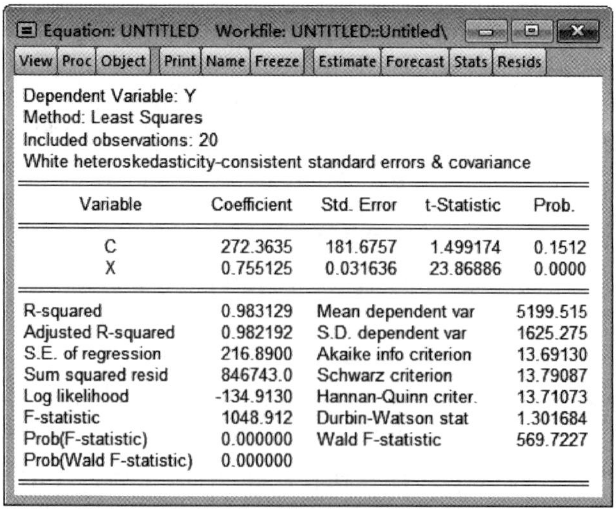

Dependent Variable: Y
Method: Least Squares
Included observations: 20
White heteroskedasticity-consistent standard errors & covariance

Variable	Coefficient	Std. Error	t-Statistic	Prob.
C	272.3635	181.6757	1.499174	0.1512
X	0.755125	0.031636	23.86886	0.0000

R-squared	0.983129	Mean dependent var	5199.515
Adjusted R-squared	0.982192	S.D. dependent var	1625.275
S.E. of regression	216.8900	Akaike info criterion	13.69130
Sum squared resid	846743.0	Schwarz criterion	13.79087
Log likelihood	-134.9130	Hannan-Quinn criter.	13.71073
F-statistic	1048.912	Durbin-Watson stat	1.301684
Prob(F-statistic)	0.000000	Wald F-statistic	569.7227
Prob(Wald F-statistic)	0.000000		

图 4-31　**异方差稳健标准差法估计结果**

13. 经济理论指出，家庭消费支出 Y 不仅取决于可支配收入 X_1，还取决于个人财富 X_2，即可设定如下回归模型：

$$Y_i=\beta_0+\beta_1 X_{i1}+\beta_2 X_{i2}+\mu_i$$

试根据表 4-4 的资料进行回归分析，并说明估计的模型是否可靠，给出你的分析。

表 4-4　家庭消费支出 Y 与可支配收入 X_1、个人财富 X_2 的数据资料　　单位：元

编号	Y	X_1	X_2	编号	Y	X_1	X_2
1	700	800	8 100	6	1 150	1 800	18 760
2	650	1 000	10 090	7	1 200	2 000	20 520
3	900	1 200	12 730	8	1 400	2 200	22 010
4	950	1 400	14 250	9	1 550	2 400	24 350
5	1 100	1 600	16 930	10	1 500	2 600	26 860

解答　在 Eviews 软件中，可得到如图 4-32 所示的估计结果。

Equation: UNTITLED　Workfile: UNTITLED::Untitled\

View | Proc | Object | Print | Name | Freeze | Estimate | Forecast | Stats | Resids

Dependent Variable: Y
Method: Least Squares
Included observations: 10

Variable	Coefficient	Std. Error	t-Statistic	Prob.
C	245.5158	69.52348	3.531408	0.0096
X1	0.568425	0.716098	0.793781	0.4534
X2	-0.005833	0.070294	-0.082975	0.9362

R-squared	0.962099	Mean dependent var	1110.000
Adjusted R-squared	0.951270	S.D. dependent var	314.2893
S.E. of regression	69.37901	Akaike info criterion	11.56037
Sum squared resid	33694.13	Schwarz criterion	11.65115
Log likelihood	-54.80185	Hannan-Quinn criter.	11.46079
F-statistic	88.84545	Durbin-Watson stat	2.708154
Prob(F-statistic)	0.000011		

图 4-32　OLS 估计结果

由拟合优度知，收入和财富一起解释了消费支出的 96%。然而二者的 t 检验都在 5% 的显著性水平下是不显著的。不仅如此，财富变量的符号也与经济理论不相符合。但从 F 的检验值看，对收入与财富的参数同时为零的假设显然是拒绝的。因此，显著的 F 检验值与不显著的变量的 t 检验值，说明了收入与财富间存在较高的相关性。事实上，收入与财富的相关系数高达 0.998 6。这说明了收入与财富间的高度相关性，使得无法分辨二者各自对消费的影响。

本二元回归的估计结果是不可靠的。可以只作消费支出关于收入或财富的一元回归模型来对二元模型进行修正。

14. 表 4-5 列出了 2006 年中国各地区总量消费（CONS）、地区生产总值（GDP）、货物出口额（EX）以及地区年末人口数（POP）的数据。

表 4-5 2006 年中国各地区统计数据

地区	总量消费（亿元）	GDP（亿元）	货物出口额（亿美元）	人口（万人）	地区	总量消费（亿元）	GDP（亿元）	货物出口额（亿美元）	人口（万人）
北京	4 205	7 870	249	1 581	湖北	4 298	7 581	59	5 693
天津	1 763	4 359	327	1 075	湖南	4 613	7 569	52	6 342
河北	4 987	11 660	152	6 898	广东	12 893	26 204	3 055	9 304
山西	2 252	4 786	66	3 375	广西	2 803	4 829	38	4 719
内蒙古	2 096	4 791	27	2 397	海南	547	1 053	11	836
辽宁	4 127	9 251	284	4 271	重庆	2 047	3 567	31	2 808
吉林	2 138	4 965	31	2 723	四川	4 825	8 638	57	8 169
黑龙江	2 961	6 189	70	3 823	贵州	1 825	2 282	14	3 757
上海	5 080	10 366	1 085	1 815	云南	2 616	4 007	31	4 483
江苏	9 006	21 645	1 630	7 550	西藏	150	291	2	281
浙江	7 436	15 743	1 076	4 980	陕西	1 872	4 524	44	3 735
安徽	3 385	6 149	66	6 110	甘肃	1 388	2 277	16	2 606
福建	3 766	7 750	417	3 558	青海	423	642	5	548
江西	2 373	4 675	40	4 339	宁夏	455	711	11	604
山东	9 516	22 077	603	9 309	新疆	1 585	3 045	70	2 050
河南	6 210	12 496	72	9 392					

如果设定 2006 年中国总量消费函数的计量模型如下：

$$\text{CONS} = \beta_0 + \beta_1 \text{GDP} + \mu$$

试回答以下问题：

（1）对上述模型进行最小二乘估计。试问该模型存在内生解释变量问题吗？

（2）如果认定 GDP 是内生变量，选择 2006 年货物出口额 EX 作为工具变量，对上述模型进行工具变量法估计。

（3）如果另有一个工具变量为 2006 年人口数 POP，用 EX 以及 POP 作为 GDP 的工具变量进行两阶段最小二乘估计。

（4）请问能用 EX 以及 POP 作为 GDP 的工具变量吗？你如何检验它们的外生性？

（5）检验 GDP 的内生性。

解答 （1）原模型的 OLS 估计结果见图 4-33。

宏观经济理论指出，从一个国家的宏观经济角度看，总量消费（CONS）与 GDP 有着双向影响关系，因此，在考虑到总量消费由 GDP 决定的同时，总量消费又反过来影响着同期的 GDP，据此有理由怀疑 GDP 与随机干扰项 μ 同期相关。因此，原模型存在内生解释变量问题。

（2）用 2006 年的货物出口额（EX）作为 GDP 的工具变量，则工具变量矩阵为 $\boldsymbol{Z}=[\boldsymbol{1}\quad \mathbf{EX}]$，这里 $\boldsymbol{1}$ 为元素为 1 的列向量，$\mathbf{EX}$ 是以各地区的 EX 的值为元素的列向量。记 $\boldsymbol{X}=[\boldsymbol{1}\quad \mathbf{GDP}]$，其中 $\mathbf{GDP}$ 为以各地区 GDP 的值为元素的列向量，$\boldsymbol{Y}$ 为以各地区 CONS 的值为元素的列向量，则工具变量法估计为

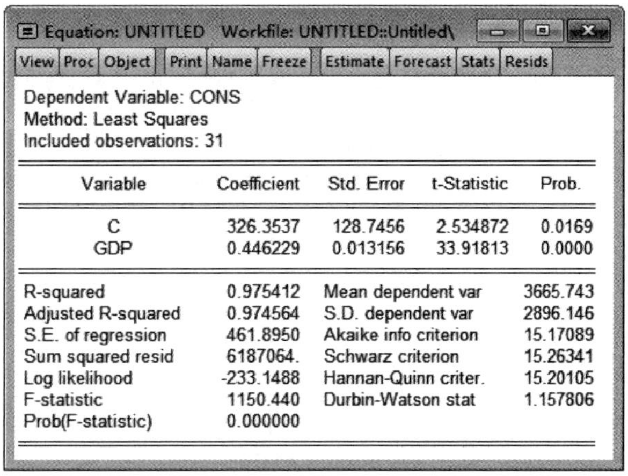
Equation: UNTITLED   Workfile: UNTITLED::Untitled\
View | Proc | Object | Print | Name | Freeze | Estimate | Forecast | Stats | Resids

Dependent Variable: CONS
Method: Least Squares
Included observations: 31

Variable	Coefficient	Std. Error	t-Statistic	Prob.
C	326.3537	128.7456	2.534872	0.0169
GDP	0.446229	0.013156	33.91813	0.0000

R-squared	0.975412	Mean dependent var	3665.743
Adjusted R-squared	0.974564	S.D. dependent var	2896.146
S.E. of regression	461.8950	Akaike info criterion	15.17089
Sum squared resid	6187064.	Schwarz criterion	15.26341
Log likelihood	-233.1488	Hannan-Quinn criter.	15.20105
F-statistic	1150.440	Durbin-Watson stat	1.157806
Prob(F-statistic)	0.000000		

图 4-33　CONS 关于 GDP 的 OLS 估计

$$\widetilde{\boldsymbol{\beta}}=(\boldsymbol{Z}'\boldsymbol{X})^{-1}\boldsymbol{Z}'\boldsymbol{Y}$$

$$=\begin{pmatrix}31 & 231\,991.1\\ 9\,689.4 & 172\,618\,458\end{pmatrix}^{-1}\begin{pmatrix}113\,638\\ 80\,952\,139\end{pmatrix}=\begin{pmatrix}269.3\\ 0.453\,8\end{pmatrix}$$

在 Eviews 软件中的操作如下：

点击主菜单的 Quick\Estimate Equation...，在出现的 Equation Estimation 窗口中输入"CONS C GDP"，而在 Method 栏内选择 TSLS-Two-Stage Least Squares（图 4-34）。这时 Equation Estimation 对话窗口变化为如图 4-35 所示的对话窗口。在 Instrument list 栏内输入"C EX"，点击 OK 按钮，得到如图 4-36 所示的工具变量法估计结果。可见，Eviews 软件下，工具变量法是通过两阶段最小二乘法进行的。

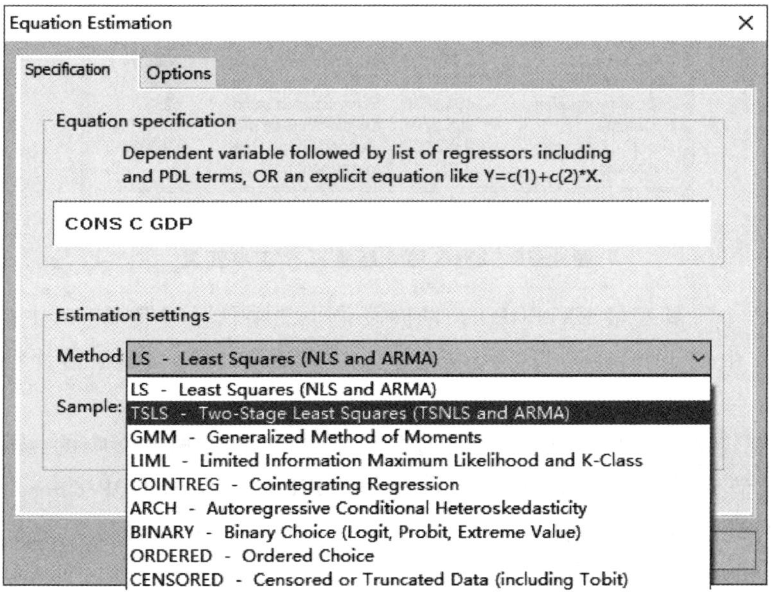

图 4-34　选择两阶段最小二乘法（2SLS）

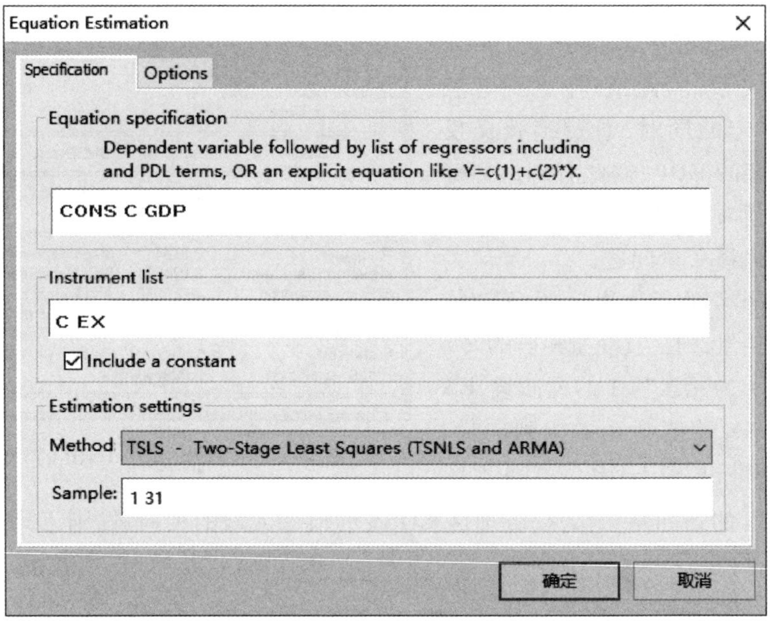

图 4-35　工具变量输入

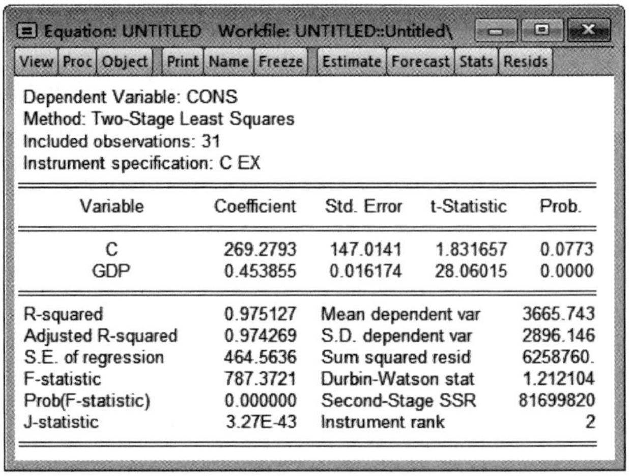

Dependent Variable: CONS
Method: Two-Stage Least Squares
Included observations: 31
Instrument specification: C EX

Variable	Coefficient	Std. Error	t-Statistic	Prob.
C	269.2793	147.0141	1.831657	0.0773
GDP	0.453855	0.016174	28.06015	0.0000

R-squared	0.975127	Mean dependent var	3665.743
Adjusted R-squared	0.974269	S.D. dependent var	2896.146
S.E. of regression	464.5636	Sum squared resid	6258760.
F-statistic	787.3721	Durbin-Watson stat	1.212104
Prob(F-statistic)	0.000000	Second-Stage SSR	81699820
J-statistic	3.27E-43	Instrument rank	2

图 4-36　2SLS 估计结果:1 个工具变量

(3) 当有 2 个工具变量 EX、POP 时,两阶段最小二乘估计过程与(2)中的过程相同,只不过在图 4-35 中的 Instrument list 栏内需输入"C EX POP"。2SLS 估计结果如图 4-37 所示。

(4) 由宏观经济学的知识可知,总量消费与 GDP 之间是相互影响的,即具有双向因果关系,因此总量消费函数中的 GDP 具有内生性。EX 可以作为 GDP 的一个工具变量,对 2006 年的中国来说,地区出口很大程度上影响着本地区的 GDP,而其本身主要受海外需求的影响,本地区的消费对出口的影响很小。另外,地区人口往往与地区的 GDP 总量有较强的正相关性,即 GDP 规模较大的地区,人口总量也较大;而消费总量本身不会影响当年人口

Equation: UNTITLED Workfile: UNTITLED::Untitled\

View | Proc | Object | Print | Name | Freeze | Estimate | Forecast | Stats | Resids

Dependent Variable: CONS
Method: Two-Stage Least Squares
Included observations: 31
Instrument specification: C EX POP

Variable	Coefficient	Std. Error	t-Statistic	Prob.
C	215.0001	136.0434	1.580379	0.1249
GDP	0.461108	0.014218	32.43021	0.0000

R-squared	0.974327	Mean dependent var	3665.743
Adjusted R-squared	0.973442	S.D. dependent var	2896.146
S.E. of regression	471.9723	Sum squared resid	6459977.
F-statistic	1051.718	Durbin-Watson stat	1.266568
Prob(F-statistic)	0.000000	Second-Stage SSR	17351455
J-statistic	0.775285	Instrument rank	3
Prob(J-statistic)	0.378587		

图 4-37　2SLS 估计结果:2 个工具变量

总量(人口总量会影响消费总量),因此,地区的人口总量可以作为地区 GDP 的工具变量。事实上,用 GDP 关于 EX、POP 分别进行 OLS 回归,可得如下回归结果:

$$\widehat{GDP}=4\ 907.4+8.241EX$$
$$(752.7)\quad(1.076)$$
$$n=31\quad R^2=0.669$$
$$\widehat{GDP}=-225.7+1.851POP$$
$$(1\ 381.7)\quad(0.280)$$
$$n=31\quad R^2=0.601$$

一方面,上述两个回归中的 EX 与 POP 前的参数都显著地不为零,另一方面拟合的可决系数分别达到 0.669 与 0.601,表明 EX、POP 都与 GDP 有较强的相关性。下面,再考察 EX、POP 的外生性。

图 4-37 显示以 EX、POP 为工具变量的 IV 估计中的 J 统计量为 0.775,对应的 P 值为 0.379,不仅大于 5%的显著性水平,而且大于 10%的显著性水平,因此不拒绝 EX 和 POP 为外生变量的假设,这就是工具变量外生性的过度识别约束检验。

(5) 可通过 Hausman 检验来检验原模型 GDP 的内生性。

做 GDP 关于 EX、POP 的 OLS 回归,然后选择 Quick\Generate Series,在出现的 Generate Series by Equation 对话窗口中输入"V=resid"(图 4-38),点击 OK 按钮记录变量名为 V 的序列。

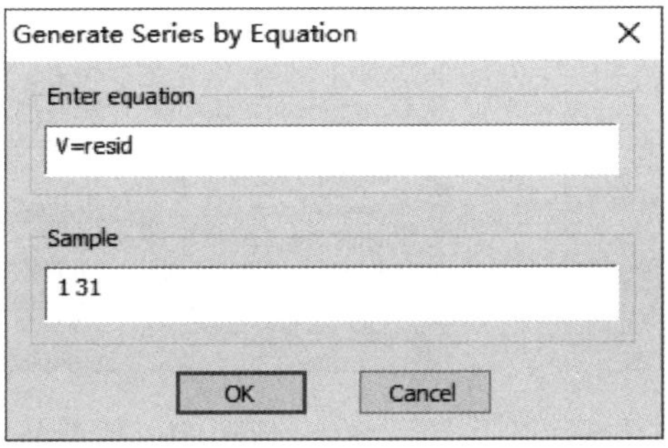

图 4-38　生成数据列 V

做 CONS 关于 GDP、V 的 OLS 回归,得到如图 4-39 所示的结果。该结果显示,变量 V 前的参数估计值为-0.140 2,t 统计量的值为-4.07,对应的 P 值为 0.000 3,远小于 5%的显著性水平,因此,拒绝 V 前参数值为零的假设。表明原模型变量 GDP 具有同期内生性。

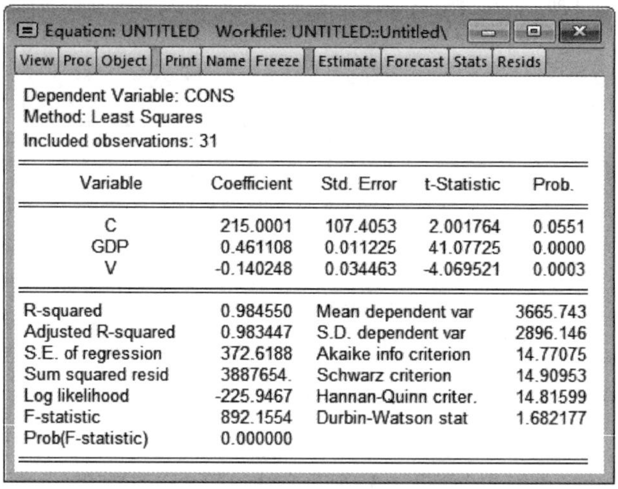

Dependent Variable: CONS
Method: Least Squares
Included observations: 31

Variable	Coefficient	Std. Error	t-Statistic	Prob.
C	215.0001	107.4053	2.001764	0.0551
GDP	0.461108	0.011225	41.07725	0.0000
V	-0.140248	0.034463	-4.069521	0.0003

R-squared	0.984550	Mean dependent var	3665.743
Adjusted R-squared	0.983447	S.D. dependent var	2896.146
S.E. of regression	372.6188	Akaike info criterion	14.77075
Sum squared resid	3887654.	Schwarz criterion	14.90953
Log likelihood	-225.9467	Hannan-Quinn criter.	14.81599
F-statistic	892.1554	Durbin-Watson stat	1.682177
Prob(F-statistic)	0.000000		

图 4-39 CONS 关于 GDP、V 的 OLS 回归

在 Eviews9.0 版本中,可通过下面方式检验 GDP 的内生性。

当用 EX、POP 作为 GDP 的工具变量对原模型进行两阶段最小二乘估计后(图 4-37),选择 View\IV Diagnostics & Test\Regressor Endogeneity Test。在出现的 Endogeneity Test 对话框中,输入 GDP(图 4-40),点击 OK 按钮,得到如图 4-41 所示的结果。该结果显示了将 GDP 视为外生变量与不视为外生变量,分别进行受约束与无约束模型的工具变量估计所得到的两个 J 统计量的差,它在 GDP 外生的假设下服从自由度为两模型工具变量个数之差(这里为 1)的χ^2分布。从对应的 P 值(为 0.001)看,拒绝 GDP 为外生变量的原假设,表明 GDP 具有内生性。

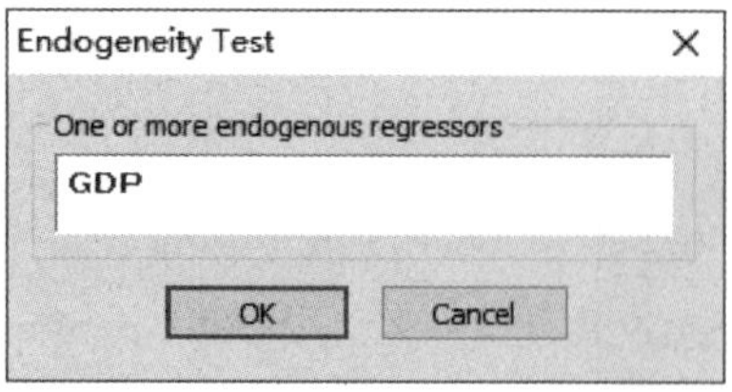

图 4-40 Endogeneity Test 对话框

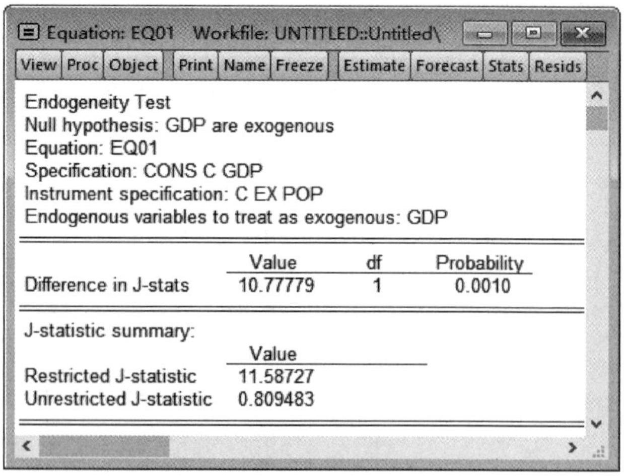

Endogeneity Test
Null hypothesis: GDP are exogenous
Equation: EQ01
Specification: CONS C GDP
Instrument specification: C EX POP
Endogenous variables to treat as exogenous: GDP

	Value	df	Probability
Difference in J-stats	10.77779	1	0.0010

J-statistic summary:

	Value
Restricted J-statistic	11.58727
Unrestricted J-statistic	0.809483

图 4-41 Endogeneity Test 检验结果

15. 教材例 4.4.1 中,通过引入 $\ln\hat{Q}$ 的平方项后检验了双对数模型

$$\ln Q=\beta_0+\beta_1\ln Y+\beta_2\ln P$$

不存在设定偏误,请进一步引入 $\ln\hat{Q}$ 的立方项检验该模型是否仍不存在设定偏误问题。

解答 原模型的 OLS 估计如图 4-42 所示。

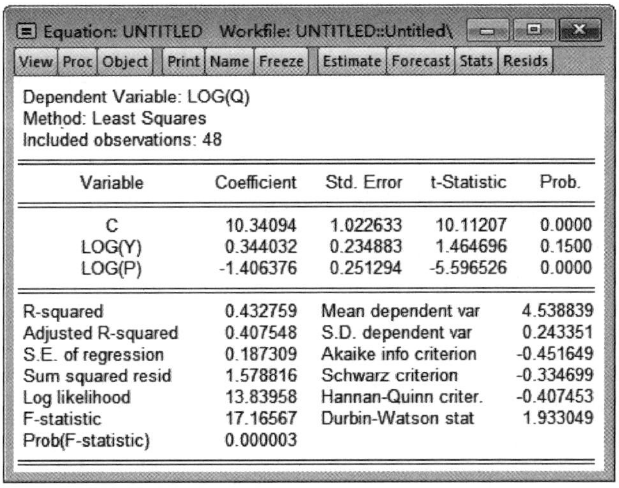

Equation: UNTITLED Workfile: UNTITLED::Untitled\

View Proc Object Print Name Freeze Estimate Forecast Stats Resids

Dependent Variable: LOG(Q)
Method: Least Squares
Included observations: 48

Variable	Coefficient	Std. Error	t-Statistic	Prob.
C	10.34094	1.022633	10.11207	0.0000
LOG(Y)	0.344032	0.234883	1.464696	0.1500
LOG(P)	-1.406376	0.251294	-5.596526	0.0000

R-squared	0.432759	Mean dependent var	4.538839
Adjusted R-squared	0.407548	S.D. dependent var	0.243351
S.E. of regression	0.187309	Akaike info criterion	-0.451649
Sum squared resid	1.578816	Schwarz criterion	-0.334699
Log likelihood	13.83958	Hannan-Quinn criter.	-0.407453
F-statistic	17.16567	Durbin-Watson stat	1.933049
Prob(F-statistic)	0.000003		

图 4-42 原模型 OLS 估计

点击 View,在出现的菜单中选择 Stability Diagnostics\Ramsey RESET Test...(图 4-43),在新出现的 RESET Specification 窗口的 Number of fitted terms 栏内输入"2",点击 OK 按钮(图 4-44)。输出结果的 F 检验部分见图 4-45,检验回归方程部分见图 4-46。

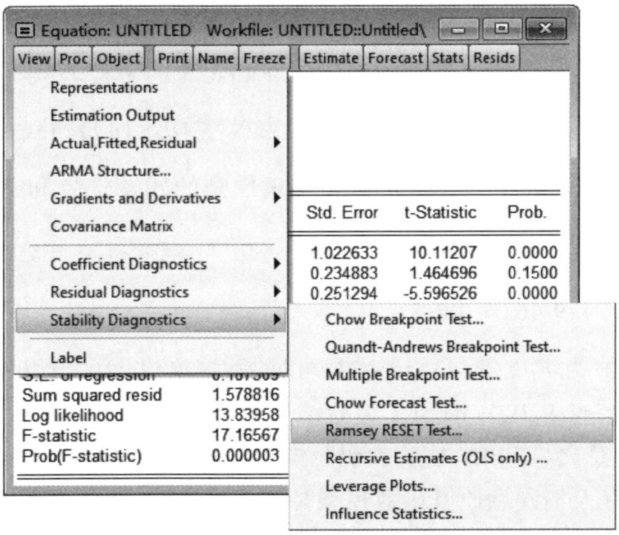

图 4-43 RESET Test 下拉菜单

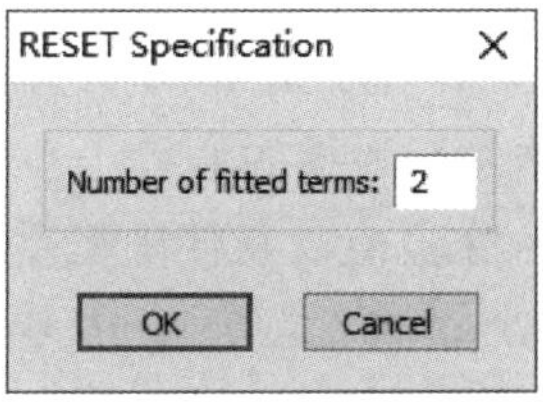

图 4-44 RESET Specification 对话框

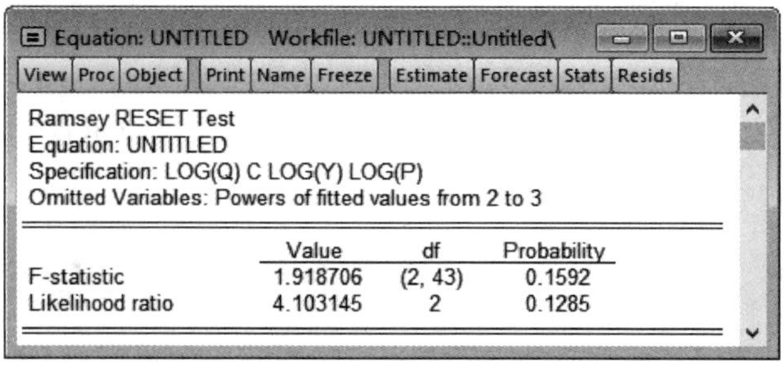
Equation: UNTITLED　Workfile: UNTITLED::Untitled\

View | Proc | Object | Print | Name | Freeze | Estimate | Forecast | Stats | Resids

Ramsey RESET Test
Equation: UNTITLED
Specification: LOG(Q) C LOG(Y) LOG(P)
Omitted Variables: Powers of fitted values from 2 to 3

	Value	df	Probability
F-statistic	1.918706	(2, 43)	0.1592
Likelihood ratio	4.103145	2	0.1285

图 4-45　RESET Test 检验结果：统计量

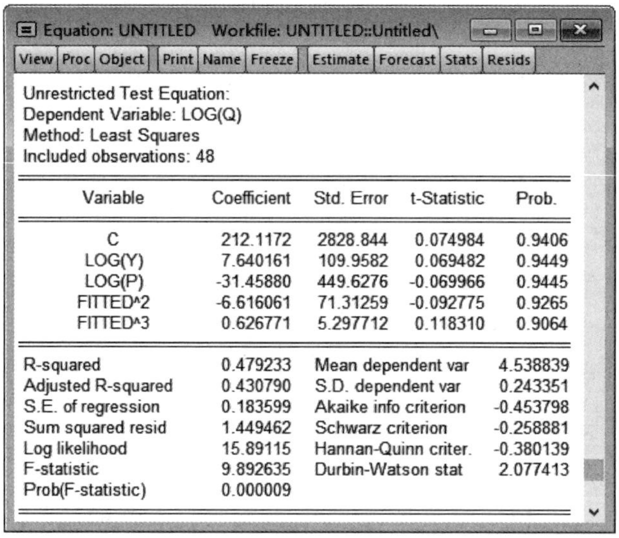
Equation: UNTITLED　Workfile: UNTITLED::Untitled\

View | Proc | Object | Print | Name | Freeze | Estimate | Forecast | Stats | Resids

Unrestricted Test Equation:
Dependent Variable: LOG(Q)
Method: Least Squares
Included observations: 48

Variable	Coefficient	Std. Error	t-Statistic	Prob.
C	212.1172	2828.844	0.074984	0.9406
LOG(Y)	7.640161	109.9582	0.069482	0.9449
LOG(P)	-31.45880	449.6276	-0.069966	0.9445
FITTED^2	-6.616061	71.31259	-0.092775	0.9265
FITTED^3	0.626771	5.297712	0.118310	0.9064

R-squared	0.479233	Mean dependent var	4.538839
Adjusted R-squared	0.430790	S.D. dependent var	0.243351
S.E. of regression	0.183599	Akaike info criterion	-0.453798
Sum squared resid	1.449462	Schwarz criterion	-0.258881
Log likelihood	15.89115	Hannan-Quinn criter.	-0.380139
F-statistic	9.892635	Durbin-Watson stat	2.077413
Prob(F-statistic)	0.000009		

图 4-46　RESET Test 检验结果：回归方程

图 4-46 的输出结果显示，5%的显著性水平下 Fitted^2、Fitted^3 的 t 检验均不拒绝 $(\ln \hat{Q})^2$、$(\ln \hat{Q})^3$ 可不引入模型的假设。而图 4-42 显示原受约束模型 OLS 回归的残差平方和 $RSS_R=1.578\ 816$，图 4-46 显示包含 $(\ln\hat{Q})^2$、$(\ln\hat{Q})^3$ 的无约束模型的残差平方和 $RSS_U=1.449\ 462$，于是相应的 F 统计量的值为

$$F=\frac{(1.578\ 816-1.449\ 462)/2}{1.449\ 462/(48-5)}=1.92$$

在 5%显著性水平下，F 分布的临界值为 $F_{0.05}(2,43)=3.21$，可见，不拒绝 $(\ln\hat{Q})^2$ 与 $(\ln\hat{Q})^3$ 前参数联合不为零的假设。事实上，Eviews9.0 中 RESET 检验结果的上半部分（图 4-45）已给出了 F 检验值以及伴随概率 P 值。总之，RESET 检验表明原模型没有设定偏误。

16. 在第三章习题 19 中，假设有人不同意原幂函数模型是正确设定的模型，而下面的线性形式 $Y_i=\beta_0+\beta_1 K_i+\beta_2 L_i+\mu_i$ 是正确设定的模型。你将如何检验哪一个模型设定更正确？

解答　可以采用 RESET 检验来检验模型是否有设定的偏误。对于原幂函数形式的模型，变换成双对数模型后采用 OLS 法进行估计，Eviews 软件的估计结果如图 4-47 所示。

Equation: UNTITLED Workfile: UNTITLED::Untitled\

View | Proc | Object | Print | Name | Freeze | Estimate | Forecast | Stats | Resids

Dependent Variable: LOG(Y)
Method: Least Squares
Included observations: 31

Variable	Coefficient	Std. Error	t-Statistic	Prob.
C	1.153994	0.727611	1.586004	0.1240
LOG(K)	0.609236	0.176378	3.454149	0.0018
LOG(L)	0.360796	0.201591	1.789741	0.0843

R-squared	0.809925	Mean dependent var	7.493997
Adjusted R-squared	0.796348	S.D. dependent var	0.942960
S.E. of regression	0.425538	Akaike info criterion	1.220839
Sum squared resid	5.070303	Schwarz criterion	1.359612
Log likelihood	-15.92300	Hannan-Quinn criter.	1.266075
F-statistic	59.65501	Durbin-Watson stat	0.793209
Prob(F-statistic)	0.000000		

图 4-47 原双对数线性模型 OLS 估计

当估计出上述结果后，选择 View\Stability Diagnostics\Ramsey RESET Test...，在出现的 RESET Specification 窗口的 Number of fitted terms 栏内输入"1"，点击 OK 按钮，得到如图 4-48 所示的检验结果（只列出检验统计量部分，回归检验模型部分未列出）。

Equation: UNTITLED Workfile: UNTITLED::Untitled\

View | Proc | Object | Print | Name | Freeze | Estimate | Forecast | Stats | Resids

Ramsey RESET Test
Equation: UNTITLED
Specification: LOG(Y) C LOG(K) LOG(L)
Omitted Variables: Squares of fitted values

	Value	df	Probability
t-statistic	1.472669	27	0.1524
F-statistic	2.168754	(1, 27)	0.1524
Likelihood ratio	2.395098	1	0.1217

图 4-48 RESET Test 检验结果：统计量

由 F 统计量的伴随概率知，在 5% 的显著性水平下，不拒绝原模型不存在设定偏误的假设。

对于线性模型，Eviews 软件的 OLS 估计结果如图 4-49 所示。

首先，尽管 K 与 L 的参数估计值的 t 统计量在 5% 的显著性水平下都是显著的，但拟合优度比原幂函数的模型低。下面进行 RESET 检验。

同样地，选择 View\Stability Diagnostics\Ramsey RESET Test...，在新出现的对话窗口中输入"1"，得如图 4-50 所示的检验结果（只列出检验统计量部分，回归检验模型部分未列出）。

由 F 统计量的伴随概率知，在 5% 的显著性水平下，拒绝原模型不存在设定偏误的假设。

可见，相比较而言，线性模型确有设定偏误，而原幂函数模型没有设定偏误问题。

Dependent Variable: Y
Method: Least Squares
Included observations: 31

Variable	Coefficient	Std. Error	t-Statistic	Prob.
C	588.6173	339.3894	1.734342	0.0939
K	0.199258	0.081936	2.431876	0.0217
L	11.12021	3.622671	3.069616	0.0047

R-squared	0.671478	Mean dependent var	2549.389
Adjusted R-squared	0.648012	S.D. dependent var	1926.689
S.E. of regression	1143.077	Akaike info criterion	17.01260
Sum squared resid	36585495	Schwarz criterion	17.15137
Log likelihood	-260.6953	Hannan-Quinn criter.	17.05784
F-statistic	28.61511	Durbin-Watson stat	1.409740
Prob(F-statistic)	0.000000		

图 4-49　原线性模型的 OLS 估计

Ramsey RESET Test
Equation: UNTITLED
Specification: Y C K L
Omitted Variables: Squares of fitted values

	Value	df	Probability
t-statistic	4.414818	27	0.0001
F-statistic	19.49062	(1, 27)	0.0001
Likelihood ratio	16.84582	1	0.0000

图 4-50　RESET Test 检验结果:统计量

第五章

时间序列计量经济学模型

一、内容提要与学习指南

1. 知识结构

- 时间序列计量经济学模型
  - 序列相关
    - 基本概念：一阶、多阶序列相关
    - 序列相关的类型与来源
    - 序列相关的检验：图示法、回归检验、D.W.检验、LM 检验
    - 序列相关的修正
      - 广义最小二乘法（GLS）、广义差分法
      - 序列相关稳健标准误法
  - 时间序列的平稳性及其检验
    - 平稳性概念：协方差平稳
    - 平稳性检验
      - 图示法（配合 Q 统计量）
      - 单位根检验（DF、ADF 统计量）
    - 平稳序列类型
      - 趋势平稳
      - 差分平稳（单整）
  - 协整与误差修正模型
    - 长期均衡关系与协整的概念
    - 协整的检验：E-G 检验
    - 误差修正模型
      - 基本概念
      - 模型的建立与估计
        - 格兰杰表述
        - E-G 两步法
  - 格兰杰因果关系检验
    - 时间序列自回归模型
      - 模型形式
      - 平稳性条件
    - 时间序列向量自回归模型
      - 模型形式
      - 应用特征
    - 格兰杰因果关系检验

2. 学习指南

本章主要讨论了以时间序列为数据基础时建立计量经济学模型所涉及的主要内容。

与横截面数据不同,时间序列数据是同一个变量在不同观测期的观测值,而前、后期观测值往往有着一定程度的关联性,这并不像随机抽样取得的横截面数据那样可以保证截面数据的样本点之间相互独立。因此,依时间序列数据建立回归模型,一个需要关注的问题是模型的随机干扰项是否满足无序列相关性。如果模型的随机干扰项不存在任何阶数的序列相关性,就可以进行普通最小二乘回归(当然,也是在其他假设也满足的条件下)。如果模型的随机干扰项存在序列相关,则随机干扰项的方差-协方差矩阵不再是一个正常量乘以单位矩阵的形式($\sigma^2 \boldsymbol{I}$),这时,虽然 OLS 估计量仍具有无偏性与一致性,但方差的估计却是有偏的,导致通常的假设检验不再可靠,预测也变得无效。序列相关性的检测方法也有若干种,如图示法、Durbin-Watson 检验法以及 Lagrange 乘数检验法(B-G 检验)等。存在序列相关性时,修正的估计方法有广义最小二乘法(GLS)、广义差分法以及序列相关稳健标准误法。广义最小二乘法与广义差分法在本质上是相同的,它们都需对原模型进行变换,使变换后的模型的随机干扰项不再呈现序列相关性,并对变换后的新模型进行 OLS 估计;而序列相关稳健标准误法则仍是直接对原模型进行 OLS 估计,但对估计的标准差进行修正。

对时间序列的平稳性的考察,是为了尽可能地“靠近”横截面数据的随机抽样特征。横截面数据的随机抽样特征,保证了各样本点所代表总体的同分布性和独立性。简言之,依横截面数据建立模型,一个重要的假设是同方差性,而对平稳的时间序列来说,也是具有同方差特性的。时间序列的平稳性是从三个与时间无关的特征来刻画的,即时间序列的均值与时间无关、方差与时间无关、协方差只与间隔期有关而与时间无关。关于时间序列平稳性的检验方法主要学习图示检验法以及单位根检验法。前者主要通过对样本自相关函数的图形走势来直观地进行判断,当函数值迅速趋于零并在零附近波动时,可判断序列是平稳的;后者则是通过一个回归方程参数的显著性来判断的:作序列的一阶差分项关于序列的一期滞后项的 OLS 回归,当一期滞后项前的参数统计上显著小于零时,则可判断原序列是平稳的。但需要注意的是,这里参数估计量的分布已不满足通常的 t 分布,而是满足 DF 分布,因此是通过 t 统计量的值与 DF 分布的临界值的比较进行统计检验的。另外,由于生成时间序列的随机过程可能非常复杂,现实经济时间序列的平稳性往往是通过扩展的 DF 检验,即通过 ADF 检验进行的。ADF 检验的模型是在 DF 检验的模型中增加了可能存在的若干期被解释变量的滞后项(即一阶差分项的滞后项),以及可能存在的常数项与时间趋势项的模型。由于非平稳的时间序列往往可通过差分方式变换为平稳的,因此,可通过差分的次数来定义序列的单整性与单整的阶数。

协整是对不同变量间长期均衡关系的一种测度,非平稳的时间序列间可能存在协整关系,因此可建立长期均衡模型。需要注意的是,并不是具有协整关系的变量间建立的回归模型一定就是长期均衡模型,因为前者仅仅描述的是统计关系,而后者一定是经济上的内在联系。两变量的协整性可通过 Engle-Granger 两步法进行检验,即首先进行两变量的 OLS 回归,再检验残差序列的单整性。多变量协整关系检验过程与双变量情形相同,只不过更为复杂一些。

虽然对非平稳的时间序列,可以通过差分方法变换为平稳后再进行 OLS 回归,但差分变量回归模型的随机干扰项往往存在序列相关性,而且只包含了变量间的短期关系,无法将变量间可能存在的长期稳定关系刻画出来。为了克服上述缺陷,误差修正模型应运而生。该模型将被解释变量的变化归结为解释变量的变化以及它们之间前一期的非平衡的程度。因而这种模型更具有经济学的意义。Granger 表述定理揭示,对于具有协整的变量间的关系,总可以表示为一个误差修正模型。对于两变量误差修正模型的建立,可以通过 Engle-Granger 两步法或直接估计法得到。

格兰杰因果关系检验(Granger test of causality)在时间序列计量经济学模型中被广泛采用,以检验两变量谁是“因”谁是“果”,或是否互为“因果”。但需要注意的是,这一检验仅仅是一种统计关系的检验,它不能代替经济“行为”上的逻辑分析。换言之,两变量间是否存在“因果”关系,更需要从经济理论、经济行为的逻辑上去分析,格兰杰因果关系检验只是必要性条件检验,而不是充分性条件检验。在具体进行格兰杰因果关系检验时,是将检验的一个变量写成它自己以及另一变量的若干滞后期的函数,再通过 F 检验来进行的。需要注意的是,格兰杰因果关系检验的原假设是“某变量不是另一变量的格兰杰原因”,即 F 检验中的约束条件是某变量的各滞后项前的参数联合为零。

3. 典型例题与教材练习题知识点

在下面的典型例题分析与教材练习题的解答分析中,还有如下内容需要关注,它们在教材中没有特别强调,但在计量经济学的学习内容中非常重要。

第一,在模型存在序列相关的情况下,理论上看,广义最小二乘法(GLS)是最适当的估计方法之一,但实际估计时的方法是可行的广义最小二乘法(FGLS),这时,对模型随机干扰项的方差矩阵的估计就成了最为重要的内容。而只有在该方差矩阵形式较为特殊的情形下,它的估计式才能明确地写出。如只存在一阶序列相关时,该矩阵主对角线所示的方差以及非主对角线所示的协方差能够明确地写出表达式。那么,它们是如何推导出的呢?

第二,在一元线性模型的情形下,当存在随机扰动项的 1 阶序列相关性时,如何明确地推导出斜率项的方差表达式,它与假设不存在序列相关时的模型的斜率项的方差表达式有何异同?

第三,采用 D. W. 检验法时,如果存在被解释变量的滞后期作为解释变量,则 D. W. 检验往往会失效,而对于局部调整(partial adjustment)模型,这种现象极易出现。这时如何进行适当的序列相关性的检验呢?

第四,带位移的随机游走过程是简单随机游走过程的一个扩展,该过程具有平稳性吗?该过程的随机时间序列的方差与协方差的表达式如何?

第五,教材指出对非平稳时间序列进行 OLS 回归时往往会出现伪回归的现象,但更重要的是在做这种 OLS 回归时,Gauss-Markov 定理所要求的随机干扰项的同方差性与非序列相关性不再满足。如何通过非平稳的随机时间序列进行简单的理论证明呢？

第六，误差修正模型中的误差修正项是滞后一期被解释变量与解释变量偏离均衡位置的程度，或者说是不均衡程度，那么我们能否添加滞后两期甚至更多期的误差修正项进入误差修正模型中呢？

第七，对两个随机时间序列来说，如果它们是协整的，则存在该两序列变量的某种组合，使该组合为一零阶单整序列。但如果我们将这种组合的参数标准化，即将其中一个变量前的参数转换为1，这时另一变量前的参数也需做同等比例的扩大或缩小。那么标准化后的组合参数会是唯一的吗？

二、典型例题分析

例 1

以某地区22年的年度数据估计了如下工业就业回归方程

$$\hat{Y}=-3.89+0.51\ln X_1-0.25\ln X_2+0.62\ln X_3$$
$$(-0.56)\ (2.3)\quad(-1.7)\quad(5.8)$$
$$\bar{R}^2=0.996\quad \text{D. W.}=1.147$$

式中，Y为总就业量、X_1为工业总产值、X_2为平均月工资率、X_3为地方政府的总支出。

(1) 试证明：一阶自相关的D. W. 检验是无定论的。

(2) 逐步描述如何使用LM检验来进行一阶自相关的检验。

解答　(1) 由于样本容量$n=22$，解释变量个数为$k=3$，在5%的显著性水平下，相应的上下临界值为$d_U=1.664$、$d_L=1.503$。由于D. W. =1.147位于这两个值之间，所以D. W. 检验是无定论的。

(2) 进行LM检验：

第一步，作Y关于常数项，$\ln X_1$，$\ln X_2$和$\ln X_3$的回归并保存残差e_t；

第二步，作e_t关于常数项，$\ln X_1$，$\ln X_2$，$\ln X_3$和e_{t-1}的回归并计算R^2（假设$R^2=0.996$）；

第三步，计算检验统计值$(n-1)R^2=21\times0.996=20.916$；

第四步，在不存在一阶序列相关的零假设下，$(n-1)R^2$呈自由度为1的χ^2分布。在5%的显著性水平下，该分布的相应临界值为3.841。由于20.916>3.841，因此拒绝零假设，意味着原模型随机干扰项存在一阶序列相关。

例 2

试证明：对于具有形如 $\mu_t=\rho\mu_{t-1}+\varepsilon_t$ 的一阶自相关随机干扰项 μ_t，其方差与协方差分别为

$$\mathrm{Var}(\mu_t)=\frac{\sigma_\varepsilon^2}{1-\rho^2},\ \mathrm{Cov}(\mu_t,\mu_{t-s})=\rho^s\frac{\sigma_\varepsilon^2}{1-\rho^2}$$

证明

$$\begin{aligned}\mu_t&=\rho\mu_{t-1}+\varepsilon_t\\&=\rho(\rho\mu_{t-2}+\varepsilon_{t-1})+\varepsilon_t\\&=\rho^2\mu_{t-2}+\rho\varepsilon_{t-1}+\varepsilon_t\\&=\rho^2(\rho\mu_{t-3}+\varepsilon_{t-2})+\rho\varepsilon_{t-1}+\varepsilon_t\\&=\rho^3\mu_{t-3}+\rho^2\varepsilon_{t-2}+\rho\varepsilon_{t-1}+\varepsilon_t\\&=\cdots\cdots\\&=\sum_{k=0}^{\infty}\rho^k\varepsilon_{t-k}\end{aligned}$$

于是

$$\mathrm{E}(\mu_t)=\sum_{k=0}^{\infty}\rho^k\mathrm{E}(\varepsilon_{t-k})=0$$

$$\begin{aligned}\mathrm{Var}(\mu_t)&=\mathrm{E}\{[\mu_t-\mathrm{E}(\mu_t)]^2\}=\mathrm{E}(\mu_t^2)=\mathrm{E}\Big(\sum_{k=0}^{\infty}\rho^k\varepsilon_{t-k}\Big)^2\\&=\sum\rho^{2k}\mathrm{E}(\varepsilon_{t-k}^2)=\sum\rho^{2k}\mathrm{Var}(\varepsilon_{t-k})\\&=\sum\rho^{2k}\sigma_\varepsilon^2=\sigma_\varepsilon^2(1+\rho^2+\rho^4+\cdots)\\&=\frac{\sigma_\varepsilon^2}{1-\rho^2}\end{aligned}$$

因此，

$$\mathrm{Var}(\mu_t)=\sigma_\mu^2=\sigma_\varepsilon^2/(1-\rho^2)。$$

$$\begin{aligned}\mathrm{Cov}(\mu_t,\mu_{t-1})&=\mathrm{E}(\mu_t\mu_{t-1})\\&=\mathrm{E}[(\varepsilon_t+\rho\varepsilon_{t-1}+\rho^2\varepsilon_{t-2}+\cdots)(\varepsilon_{t-1}+\rho\varepsilon_{t-2}+\rho^2\varepsilon_{t-3}+\cdots)]\\&=\mathrm{E}\{[\varepsilon_t+\rho(\varepsilon_{t-1}+\rho\varepsilon_{t-2}+\cdots)](\varepsilon_{t-1}+\rho\varepsilon_{t-2}+\cdots)\}\\&=\mathrm{E}[\varepsilon_t(\varepsilon_{t-1}+\rho\varepsilon_{t-2}+\cdots)]+\mathrm{E}[\rho(\varepsilon_{t-1}+\rho\varepsilon_{t-2}+\cdots)^2]\\&=0+\rho\mathrm{E}\Big(\varepsilon_{t-1}^2+\rho^2\varepsilon_{t-2}^2+\cdots+\sum_{l\neq m}\rho^{l-1}\rho^{m-1}\varepsilon_{t-l}\varepsilon_{t-m}\Big)\\&=\rho(\sigma_\varepsilon^2+\rho^2\sigma_\varepsilon^2+\rho^4\sigma_\varepsilon^2+\cdots)\\&=\rho\frac{\sigma_\varepsilon^2}{1-\rho^2}\end{aligned}$$

同理，

$$\mathrm{Cov}(\mu_t,\mu_{t-2})=\rho^2\frac{\sigma_\varepsilon^2}{1-\rho^2}$$

$$\mathrm{Cov}(\mu_t,\mu_{t-s})=\rho^s\frac{\sigma_\varepsilon^2}{1-\rho^2}$$

例 3

表 5-1 给出了印度 1949—1965 年实际货币存量、实际国民总收入和长期利率数据。假设有如下的长期货币需求关系式：

$$M_t^*=\beta_0R_t^{\beta_1}Y_t^{\beta_2}\mathrm{e}^{\mu_t}$$

其中，M_t^* 为长期货币需求（现金余额），R_t 为长期利率；Y_t 为实际国民总收入。请在如下存量调整假设下估计该货币需求模型，其中 M_t 为实际现金存量：

$$\frac{M_t}{M_{t-1}}=\left(\frac{M_t^*}{M_{t-1}}\right)^\delta\quad 0<\delta\leqslant 1$$

表 5-1 印度 1949—1965 年相关统计数据

年份	实际货币 M（千万卢比）	实际净收入 Y（10 亿卢比）	长期利率 R（%）	年份	实际货币 M（千万卢比）	实际净收入 Y（10 亿卢比）	长期利率 R（%）
1949	1 898.69	86.50	3.03	1958	2 307.26	108.90	4.18
1950	1 840.71	88.20	3.07	1959	2 335.66	117.34	4.13
1951	1 838.31	88.50	3.15	1960	2 491.27	118.60	4.05
1952	1 646.39	91.00	3.41	1961	2 579.92	127.17	4.06
1953	1 699.94	94.60	3.66	1962	2 687.80	130.60	4.16
1954	1 716.88	100.30	3.64	1963	2 860.83	133.10	4.49
1955	2 054.59	102.80	3.70	1964	3 045.80	139.70	4.66
1956	2 328.00	104.80	3.74	1965	3 068.64	150.50	4.80
1957	2 277.66	110.00	3.99				

解答 局部调整模型也被称为存量调整模型，源于研究物资储备问题。企业为了保证生产和销售，必须保持一定的原材料储备。对应于一定的产量或销售量 X_t，存在着预期的最佳库存 Y_t^e。局部（或存量）调整模型的最初形式为

$$Y_t^e=\beta_0+\beta_1X_t+\mu_t$$

显然，Y_t^e 不可观测。由于生产条件的波动及生产管理方面的原因，库存储备 Y_t 的实际变化量只是预期变化的一部分。储备按预定水平逐步进行调整，故有如下局部（或存量）调整假设：

$$Y_t-Y_{t-1}=\delta(Y_t^e-Y_{t-1})$$

其中，δ 为调整系数，$0\leqslant\delta\leqslant 1$。根据该假设，可以得到如下用于实际估计的模型

$$Y_t=\delta\beta_0+\delta\beta_1 X_t+(1-\delta)Y_{t-1}+\delta\mu_t$$

这是一个含有被解释变量滞后期的模型，如果原模型的随机干扰项 μ_t不存在序列相关（这样 μ_t与 Y_{t-1}就不存在同期相关性），则可用 OLS 法估计变换后的模型，从而在大样本下得到参数的一致估计量。

本例中，为了估计货币需求模型，将原模型表达为双对数形式：

$$\ln M_t^*=\ln\beta_0+\beta_1\ln R_t+\beta_2\ln Y_t+\mu_t$$

同时，将存量调整假说也表达为双对数形式：

$$\ln M_t-\ln M_{t-1}=\delta(\ln M_t^*-\ln M_{t-1})$$

将 $\ln M_t^*$ 的表达式代入上述货币需求模型，整理得

$$\ln M_t=\delta\ln\beta_0+\beta_1\delta\ln R_t+\beta_2\delta\ln Y_t+(1-\delta)\ln M_{t-1}+\delta\mu_t$$

由于 M_t为实际现金存量，该式即为短期货币需求函数。如果 μ_t满足 OLS 的基本假设，则可对该式直接进行 OLS 估计，估计结果如图 5-1 所示。

Equation: UNTITLED Workfile: UNTITLED::Untitled\

View | Proc | Object | Print | Name | Freeze | Estimate | Forecast | Stats | Resids

Dependent Variable: LOG(M)
Method: Least Squares
Sample (adjusted): 1950 1965
Included observations: 16 after adjustments

Variable	Coefficient	Std. Error	t-Statistic	Prob.
C	0.555197	0.938076	0.591846	0.5649
LOG(R)	-0.104001	0.371131	-0.280226	0.7841
LOG(Y)	0.685548	0.385963	1.776201	0.1010
LOG(M(-1))	0.529951	0.201339	2.632133	0.0219

R-squared	0.937929	Mean dependent var	7.720046
Adjusted R-squared	0.922411	S.D. dependent var	0.207907
S.E. of regression	0.057912	Akaike info criterion	-2.647459
Sum squared resid	0.040246	Schwarz criterion	-2.454312
Log likelihood	25.17967	Hannan-Quinn criter.	-2.637568
F-statistic	60.44199	Durbin-Watson stat	1.880213
Prob(F-statistic)	0.000000		

图 5-1　短期货币需求函数 OLS 估计

即有如下短期货币需求函数：

$$\ln\hat{M}_t=0.555\ 2-0.104\ 0\ln R_t+0.685\ 5\ln Y_t+0.529\ 9\ln M_{t-1}$$

$$(0.938)\quad(0.371)\qquad(0.385)\qquad(0.201)$$

$$R^2=0.937\ 9\quad \bar{R}^2=0.922\ 4\quad F=60.44\quad \text{D. W.}=1.88$$

回归结果显示，在 5%的显著性水平上，利率弹性、短期收入弹性均不显著，但短期收入弹性在 10%的显著性水平下近乎显著。这里调节系数是 $\delta=1-0.529\ 7=0.470\ 3$，即长期货币需求与实际货币需求的差异中，约有 47%可在一年内消除。

下面检验模型随机干扰项是否存在序列相关性。由于短期货币需求模型中有被解释变量的滞后变量作为解释变量，因而 D. W. 检验失效。这里进行 LM 检验：估计完模型后（图 5-1），

选择 View\Residual Diagnostics\Serial Correlation LM Test...（图 5-2），在出现的 Lag Specification 对话框中输入滞后阶数“1”（图 5-3），得到图 5-4 所示的结果。可见，模型不存在一阶序列相关性。

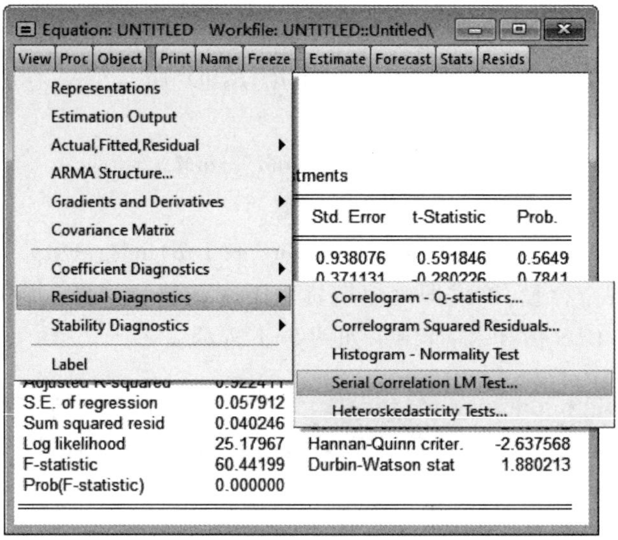

图 5-2　Serial Correlation LM Test 下拉菜单

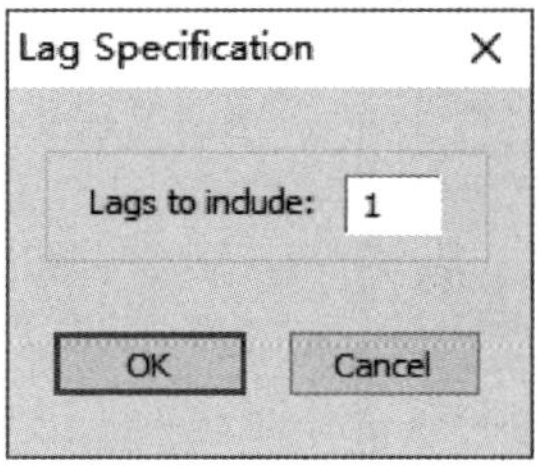

图 5-3　Lag Specification 对话框

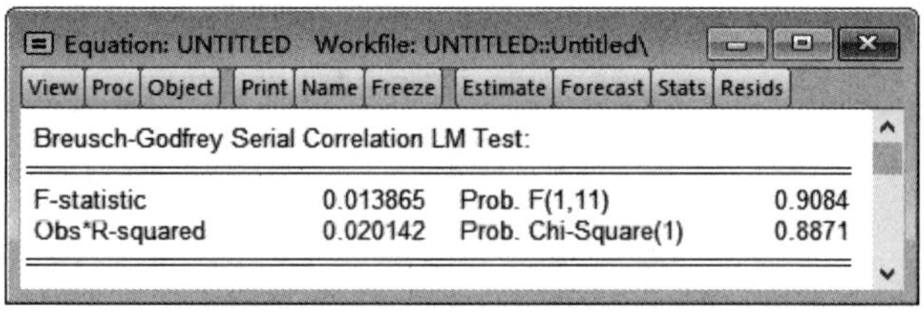

图 5-4　序列相关 LM 检验结果

对短期货币需求函数各参数除以 δ，可得长期货币需求函数：

$$\ln \hat{M}_t^* = 1.181\ 0 - 0.221\ 2 \ln R_t + 1.458\ 2 \ln Y_t$$

可见，货币需求的长期收入弹性为 1.458 2，远大于相应的短期弹性 0.685 5。

例 4

设 $\{\varepsilon_t\}$ 是一均值为 0，方差为 1 的独立同分布随机时间序列，定义如下随机过程：

$$X_t = \varepsilon_t - \frac{1}{2}\varepsilon_{t-1} + \frac{1}{2}\varepsilon_{t-2}$$

（1）求 $\mathrm{E}(X_t)$ 和 $\mathrm{Var}(X_t)$，它们中的哪个与时间 t 有关？

（2）证明自相关函数 $\rho_1=-\frac{1}{2},\rho_2=\frac{1}{3}$

（3）当 $k>2$ 时，自相关函数 ρ_k 应为多少？

解答 （1）
$$E(X_t)=E(\varepsilon_t)-\frac{1}{2}E(\varepsilon_{t-1})+\frac{1}{2}E(\varepsilon_{t-2})=0$$

$$\mathrm{Var}(X_t)=\mathrm{Var}(\varepsilon_t)+\frac{1}{4}\mathrm{Var}(\varepsilon_{t-1})+\frac{1}{4}\mathrm{Var}(\varepsilon_{t-2})=\frac{3}{2}$$

运算结果表明，它们均与 t 无关。

（2）由于

$$\begin{aligned}\mathrm{Cov}(X_t,X_{t+1})&=E(X_tX_{t+1})=E\left[\left(\varepsilon_t-\frac{1}{2}\varepsilon_{t-1}+\frac{1}{2}\varepsilon_{t-2}\right)\left(\varepsilon_{t+1}-\frac{1}{2}\varepsilon_t+\frac{1}{2}\varepsilon_{t-1}\right)\right]\\&=E\left(\varepsilon_t\varepsilon_{t+1}-\frac{1}{2}\varepsilon_t^2+\frac{1}{2}\varepsilon_t\varepsilon_{t-1}-\frac{1}{2}\varepsilon_{t-1}\varepsilon_{t+1}+\frac{1}{4}\varepsilon_{t-1}\varepsilon_t-\frac{1}{4}\varepsilon_{t-1}^2+\right.\\&\qquad\left.\frac{1}{2}\varepsilon_{t-2}\varepsilon_{t+1}-\frac{1}{4}\varepsilon_{t-2}\varepsilon_t+\frac{1}{4}\varepsilon_{t-2}\varepsilon_{t-1}\right)\\&=E\left(-\frac{1}{2}\varepsilon_t^2\right)+E\left(-\frac{1}{4}\varepsilon_{t-1}^2\right)\\&=-\frac{1}{2}-\frac{1}{4}=-\frac{3}{4}\end{aligned}$$

故

$$\rho_1=\frac{\gamma_1}{\gamma_0}=\frac{\mathrm{Cov}(X_t,X_{t+1})}{\mathrm{Var}(X_t)}=\frac{-\frac{3}{4}}{\frac{3}{2}}=-\frac{1}{2}$$

同样地，由于

$$\begin{aligned}\mathrm{Cov}(X_t,X_{t+2})&=E(X_tX_{t+2})\\&=E\left[\left(\varepsilon_t-\frac{1}{2}\varepsilon_{t-1}+\frac{1}{2}\varepsilon_{t-2}\right)\left(\varepsilon_{t+2}-\frac{1}{2}\varepsilon_{t+1}+\frac{1}{2}\varepsilon_t\right)\right]\end{aligned}$$

X_t 与 X_{t+2} 乘积只有一个平方项 $\frac{1}{2}\varepsilon_t^2$，其余都是 ε_t 的交叉项，因此

$$\mathrm{Cov}(X_t,X_{t+2})=E(X_tX_{t+2})=\frac{1}{2}$$

故

$$\rho_2=\frac{\gamma_2}{\gamma_0}=\frac{\mathrm{Cov}(X_t,X_{t+2})}{\mathrm{Var}(X_t)}=\frac{\frac{1}{2}}{\frac{3}{2}}=\frac{1}{3}$$

（3）当 $k>2$ 时，$\mathrm{Cov}(X_t,X_{t+k})=E(X_tX_{t+k})$，$X_t$ 与 X_{t+k} 乘积全都是 ε_t 的交叉项，因此

$$\mathrm{Cov}(X_t,X_{t+k})=E(X_tX_{t+k})=0$$

故

$$\rho_k = \mathrm{Cov}(X_t, X_{t+k}) / \mathrm{Var}(X_t) = 0$$

例 5

设 X_t 为一随机游走序列：$X_t = X_{t-1} + \varepsilon_t$，其中 ε_t 为一均值为 0，方差为 σ_ε^2 的独立同分布序列，且 $X_0 = 0$。证明：

（1）X_t 与 X_{t+k} 的相关系数为 $\rho_k = \mathrm{Corr}(X_t, X_{t+k}) = \sqrt{\frac{t}{t+k}}$

（2）当 $k \to \infty$ 时，与 $1/k$ 相比，ρ_k 是比 $1/k$ 低阶的无穷小，即 ρ_k 趋于 0 的速度较慢。

证明

（1）容易得到

$$X_t = X_0 + \varepsilon_1 + \varepsilon_2 + \cdots + \varepsilon_t = \varepsilon_1 + \varepsilon_2 + \cdots + \varepsilon_t$$

$$X_{t+k} = \varepsilon_1 + \varepsilon_2 + \cdots + \varepsilon_t + \varepsilon_{t+1} + \cdots + \varepsilon_{t+k}$$

于是

$$\mathrm{E}(X_t) = 0$$

$$\mathrm{Cov}(X_t, X_{t+k}) = \mathrm{E}(X_t X_{t+k})$$

X_t 与 X_{t+k} 乘积中 ε_t 的平方项有 $\varepsilon_1^2 + \varepsilon_2^2 + \cdots + \varepsilon_t^2$，其余全都是关于 ε_t 的交叉项。因此

$$\mathrm{Cov}(X_t, X_{t+k}) = \mathrm{E}(X_t X_{t+k}) = t\sigma_\varepsilon^2$$

于是

$$\rho_k = \mathrm{Corr}(X_t, X_{t+k}) = \frac{\mathrm{Cov}(X_t, X_{t+k})}{\sqrt{\mathrm{Var}(X_t) \cdot \mathrm{Var}(X_{t+k})}}$$

$$= \frac{t\sigma_\varepsilon^2}{\sqrt{t\sigma_\varepsilon^2 \cdot (t+k)\sigma_\varepsilon^2}} = \sqrt{\frac{t}{t+k}}$$

（2）易知

$$\frac{\rho_k}{1/k} = \frac{\sqrt{t/(t+k)}}{1/k} = \sqrt{k} \cdot \sqrt{\frac{tk}{t+k}} = \sqrt{k}\sqrt{\frac{1}{1/k + 1/t}}$$

于是

$$\lim_{k\to\infty} \frac{\rho_k}{1/k} = \lim_{k\to\infty} \sqrt{k}\sqrt{\frac{1}{1/k+1/t}} = \infty \cdot \sqrt{t} = \infty$$

表明 ρ_k 是比 $1/k$ 低阶的无穷小，即 ρ_k 趋于 0 的速度较 $1/k$ 更“慢”。

例 6

时间序列 $\{X_t\}$ 是由一阶自回归模型（AR(1)）所生成：$X_t = \varphi X_{t-1} + \varepsilon_t$，其中 ε_t 为一均值为 0，方差为 σ_ε^2 的独立同分布序列，且 $\mathrm{E}(\varepsilon_t X_{t-j}) = 0 (j \geqslant 1)$。证明：

（1）在 $|\varphi|<1$，即 AR(1) 序列平稳时，$\rho_k=\mathrm{Corr}(X_t,X_{t+k})=\varphi^k$

（2）当 $k\to\infty$ 时，与 $1/k$ 相比，$|\rho_k|$ 是比 $1/k$ 高阶的无穷小，即 $|\rho_k|$ 趋于 0 的速度较快。

证明：（1）AR(1) 序列 $\{X_t\}$ 平稳时：

$$\mathrm{E}(X_t)=0$$

$$\mathrm{Var}(X_t)=\sigma_X^2=\frac{\sigma_\varepsilon^2}{1-\varphi^2}$$

$$\begin{aligned}\mathrm{Cov}(X_t,X_{t+k})&=\mathrm{E}(X_tX_{t+k})=\mathrm{E}[X_t(\varphi X_{t+k-1}+\varepsilon_{t+k})]\\&=\mathrm{E}[X_t(\varphi^2X_{t+k-2}+\varphi\varepsilon_{t+k-1}+\varepsilon_{t+k})]\\&=\mathrm{E}[X_t(\varphi^kX_t+\varphi^{k-1}\varepsilon_{t+1}+\cdots+\varphi\varepsilon_{t+k-1}+\varepsilon_{t+k})]\\&=\varphi^k\mathrm{E}(X_t^2)=\varphi^k\sigma_X^2\end{aligned}$$

这里，用到了 $\mathrm{E}(\varepsilon_tX_{t-j})=0$，即 ε_t 与之前的 X 不相关这一假设。于是

$$\rho_k=\mathrm{Corr}(X_t,X_{t+k})=\frac{\mathrm{Cov}(X_t,X_{t+k})}{\sqrt{\mathrm{Var}(X_t)\mathrm{Var}(X_{t+k})}}=\frac{\varphi^k\sigma_X^2}{\sqrt{\sigma_X^2\sigma_X^2}}=\varphi^k$$

（2）由于 $|\rho_k|=|\varphi|^k$，且 $|\varphi|<1$，只需证明对 $0<a<1$，当 $X\to\infty$ 时，$\dfrac{a^X}{X^{-1}}\to0$。

换言之，只需证明，对任意小的正数 C，存在 X_0，使得当 $X\geqslant X_0$ 时，$\dfrac{a^X}{X^{-1}}\leqslant C$，或

$$X\ln a+\ln X\leqslant\ln C$$

记 $f(X)=X\ln a+\ln X-\ln C$，则 $f'(X)=\ln a+1/X$，因此，只要 $X>\dfrac{1}{-\ln a}$，有 $f'(X)<0$，表明 $f(X)=X\ln a+\ln X-\ln C$ 在 $X>\dfrac{1}{-\ln a}$ 时为单调递减函数，且 $f(X)$ 是一个无界函数，于是存在 X_0，使得当 $X\geqslant X_0$ 时，$f(X)=X\ln a+\ln X-\ln C\leqslant0$，即

$$X\ln a+\ln X\leqslant\ln C$$

由于 C 可取任意小的正数，意味着当 X 足够大时，$\dfrac{a^X}{X^{-1}}\to0$。即对任意 $0<a<1$，当 $X\to\infty$ 时，a^X 趋于 0 的速度比 $\dfrac{1}{X}$ 趋于 0 的速度更快。于是，当 $k\to\infty$ 时，与 $1/k$ 相比，$|\rho_k|=|\varphi|^k$ 是比 $1/k$ 高阶的无穷小。

表 5-2 给出了当 k 增大时，$1/k$，$\sqrt{1/(1+k)}$，0.5^k，0.9^k 趋于 0 的变化情况。

表 5-2　$1/k$，$\sqrt{1/(1+k)}$，0.5^k，0.9^k 随 k 增大的变化

k	1	5	10	20	40	80	100
$1/k$	1.000 00	0.200 00	0.100 00	0.050 00	0.025 00	0.012 50	0.010 00
$\sqrt{1/(1+k)}$	0.707 11	0.408 25	0.301 51	0.218 22	0.156 17	0.111 11	0.099 50
0.5^k	0.500 00	0.031 25	0.000 98	0.000 00	0.000 00	0.000 00	0.000 00
0.9^k	0.900 00	0.590 49	0.348 68	0.121 58	0.014 78	0.000 22	0.000 03

例 7

如果一个时间序列由下面随机过程生成

$$X_t = d + X_{t-1} + \varepsilon_t, \qquad \varepsilon_t \sim N(0, \sigma_\varepsilon^2), \mathrm{E}(\varepsilon_t \varepsilon_{t+s}) = 0 \text{ 且 } X_0 = 0$$

则称该过程为一带位移的随机游走过程(random walk with drift)。问该过程平稳吗？写出 X_t与 X_{t+k}协方差的表达式。

解答 一方面

$$\begin{aligned}\mathrm{E}(X_t) &= \mathrm{E}(d) + \mathrm{E}(X_{t-1}) + \mathrm{E}(\varepsilon_t) = d + \mathrm{E}(X_{t-1}) = 2d + \mathrm{E}(X_{t-2}) \\ &= td + \mathrm{E}(X_0) = td\end{aligned}$$

另一方面

$$\begin{aligned}X_t &= d + X_{t-1} + \varepsilon_t \\ &= d + d + X_{t-2} + \varepsilon_{t-1} + \varepsilon_t = \cdots = td + X_0 + \varepsilon_1 + \cdots + \varepsilon_t \\ &= td + \varepsilon_1 + \cdots + \varepsilon_t\end{aligned}$$

于是

$$\mathrm{Var}(X_t) = t\sigma_\varepsilon^2$$

可见时间序列 X_t的期望和方差均与时间有关而非常数,因此该随机过程是非平稳的。

容易知道

$$X_{t+k} = (t+k)d + X_0 + \varepsilon_1 + \cdots + \varepsilon_t + \cdots + \varepsilon_{t+k}$$

于是

$$\mathrm{Cov}(X_t, X_{t+k}) = \sum_{i=1}^{t} \mathrm{Var}(\varepsilon_i) + \sum_{i \neq j} \mathrm{Cov}(\varepsilon_i, \varepsilon_j) = t\sigma_\varepsilon^2$$

例 8

假设两时间序列 X_t与 Y_t分别由下面的随机过程生成:

$$X_t = X_{t-1} + \varepsilon_t \quad Y_t = Y_{t-1} + \mu_t$$

其中,ε_t与 μ_t分别是以 0 为均值,以 σ_ε^2与 σ_μ^2为方差的白噪声序列,且它们也是相互独立的;同时假设两序列的初值为 0,即 $X_0 = Y_0 = 0$。问:

(1) 从理论上分析,该两序列的相关性有多大?

(2) 如果作 Y_t关于 X_t的 OLS 回归 $Y_t = \beta_0 + \beta_1 X_t + v_t$,你期望斜率 β_1的真值应为 0 吗？这时通过实际回归结果的信息,能判定 $\beta_1 = 0$ 这一假设在 5%的显著性水平上一定不会被拒绝吗?

(3) 在(2)中做 Y_t关于 X_t的 OLS 回归 $Y_t = \beta_0 + \beta_1 X_t + v_t$时,你能给出随机干扰项 v_t具有零均值、同方差、不序列相关的假设吗?

(4) 如果对该两序列的差分序列进行上述 OLS 回归:$\Delta Y_t = \beta_0 + \beta_1 \Delta X_t + v_t$,你期望斜率 β_1

的真值应为 0 吗？这时依据实际回归结果的信息，能判定 $\beta_1=0$ 这一假设在 5%的显著性水平上一定不会被拒绝吗？

解答 （1）首先，时间序列 X_t 与 Y_t 分别是两随机游走序列，ε_t 与 μ_t 的相互独立性保证了 X_t 与 Y_t 两随机变量也是相互独立的。因此，从理论上分析，这两个序列应该是不相关的，即相关系数的理论值应该为 0。

（2）由于 X_t 与 Y_t 是两独立的随机时间序列，则它们的 OLS 回归结果，期望斜率 β_1 的真值应为 0。但在实际回归中，由于两随机游走序列是非平稳的，往往产生的回归结果有较高的 R^2，同时估计的 $\hat{\beta}_1$ 也往往与 0 相差较大，因此往往会在 5%的显著性水平拒绝 $\beta_1=0$ 这一假设。

（3）在做 Y_t 关于 X_t 的 OLS 回归：$Y_t=\beta_0+\beta_1X_t+v_t$ 时，尽管可以给出 v_t 零均值性假设，但无法给出同方差性与不序列相关的假设。因为，Y_t 与 X_t 的相互独立性使得上述 OLS 回归有如下理论上的期望结果：$\beta_1=0$。

这时，上述 OLS 回归实质为

$$Y_t=\beta_0+v_t$$

即有

$$v_t=-\beta_0+Y_t=-\beta_0+Y_{t-1}+\mu_t=v_{t-1}+\mu_t$$

因此，v_t 一定是一个随机游走序列，它的方差与协方差均与时间 t 有关而非常数。

（4）如果对该两序列的差分序列进行上述 OLS 回归，则可以期望斜率 β_1 的真值应为 0，因为，X_t 与 Y_t 的差分序列实际就是两白噪声 ε_t 与 μ_t，它们是平稳序列。同时，在实际回归中，ε_t 与 μ_t 的相互独立性也就保证了估计的 $\hat{\beta}_1$ 与 0 十分接近，因此，$\beta_1=0$ 这一假设往往会在 5%的显著性水平上不被拒绝。

例 9

考虑如下形式的误差纠正模型

$$\Delta Y_t=\beta_1\Delta X_t+\beta_2\Delta Y_{t-1}+\beta_3\Delta X_{t-1}+\lambda(Y_{t-1}-\alpha_0-\alpha_1X_{t-1})+\mu_t$$

试证明：如果再加进滞后两期的误差修正项 $Y_{t-2}-\alpha_0-\alpha_1X_{t-2}$，该模型就会存在完全多重共线性。

证明 由于

$$\begin{aligned}Y_{t-2}-\alpha_0-\alpha_1X_{t-2}&=-(Y_{t-1}-Y_{t-2})-\alpha_0+\alpha_1(X_{t-1}-X_{t-2})+Y_{t-1}-\alpha_1X_{t-1}\\&=Y_{t-1}-\alpha_0-\alpha_1X_{t-1}-\Delta Y_{t-1}+\alpha_1\Delta X_{t-1}\end{aligned}$$

即滞后两期的误差修正项 $Y_{t-2}-\alpha_0-\alpha_1X_{t-2}$ 完全可以表示成滞后一期的误差修正项 $Y_{t-1}-\alpha_0-\alpha_1X_{t-1}$ 与一期滞后的差分项 ΔX_{t-1}，ΔY_{t-1} 的线性组合，说明该模型存在完全多重共线性。

例 10

表 5-3 给出了 1950—2008 年中国货物进出口总额 X_t 与关税 Y_t 的相关数据。请用样本相关图及单位根方法，判断 Y_t，X_t，以及 $\ln Y_t$，$\ln X_t$ 的平稳性。

表 5-3 1950—2008 年中国货物进出口及关税统计数据

年份	X（亿美元）	Y（亿美元）	年份	X（亿美元）	Y（亿美元）	年份	X（亿美元）	Y（亿美元）
1950	11.3	3.6	1970	45.9	7.0	1990	1 154.4	159.0
1951	19.6	6.9	1971	48.4	5.0	1991	1 357.0	187.3
1952	19.4	4.8	1972	63.0	5.0	1992	1 655.3	212.8
1953	23.7	5.1	1973	109.8	9.0	1993	1 957.0	256.5
1954	24.4	4.1	1974	145.7	14.0	1994	2 366.2	272.7
1955	31.4	4.7	1975	147.5	15.0	1995	2 808.6	291.8
1956	32.1	5.4	1976	134.3	15.0	1996	2 898.8	301.8
1957	31.0	5.8	1977	148.0	26.2	1997	3 251.6	319.5
1958	38.7	6.4	1978	206.4	28.8	1998	3 239.5	313.0
1959	43.8	7.0	1979	293.3	26.0	1999	3 606.3	562.2
1960	38.1	6.0	1980	381.4	33.5	2000	4 742.9	750.5
1961	29.4	6.2	1981	440.3	54.0	2001	5 096.5	840.5
1962	26.6	4.8	1982	416.1	47.5	2002	6 207.7	704.3
1963	29.2	4.2	1983	436.2	53.9	2003	8 509.9	923.1
1964	34.7	4.4	1984	535.5	103.1	2004	11 545.5	1 043.8
1965	42.5	5.7	1985	696.0	205.2	2005	14 219.0	1 066.2
1966	46.2	6.5	1986	738.5	151.6	2006	17 604.0	1 141.8
1967	41.6	3.9	1987	826.5	142.4	2007	21 737.3	1 432.6
1968	40.5	6.3	1988	1 027.9	155.0	2008	25 632.6	1 770.0
1969	40.3	6.4	1989	1 116.8	181.5			

解答 对海关货物进出口 X 序列，在 Eviews 中选择 Quick \Series Statistics \Correlogram（图 5-5），在出现的 Series Name 窗口中输入序列名"X"（图 5-6），点击 OK 按钮，在新出现的 Correlogram Specification 窗口中的 Correlogram of 栏内，选择 Level，在 Lags to include 栏内输入"24"（图 5-7）。点击 OK 按钮，得样本相关图 5-8。

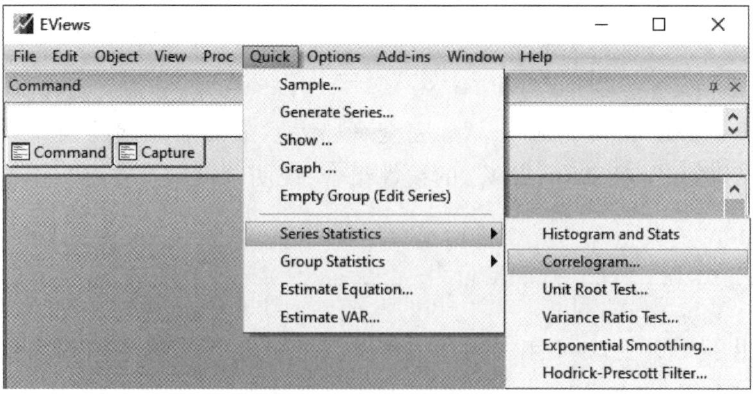

图 5-5 Quick\Series Statistics\Correlogram 下拉菜单

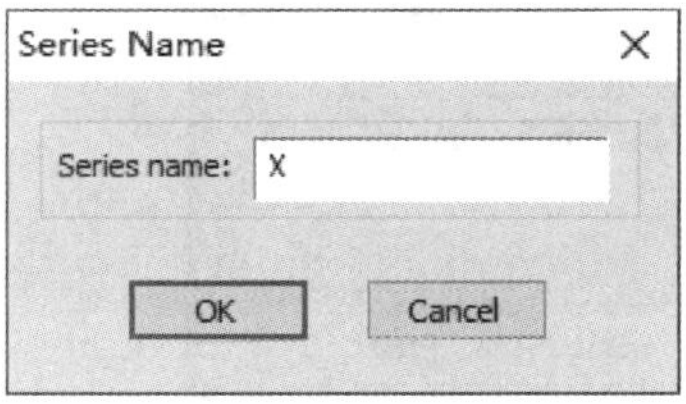

图 5-6　Series Name 窗口

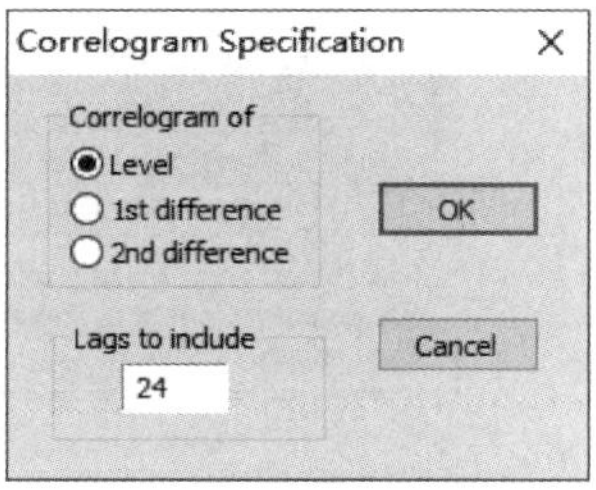

图 5-7　Correlogram Specification 窗口

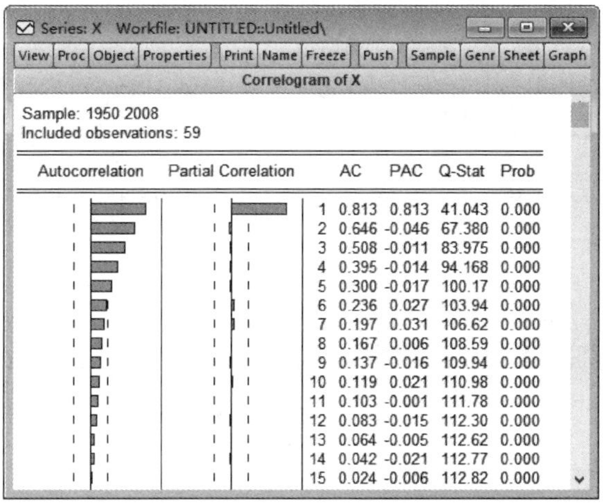

	AC	PAC	Q-Stat	Prob
1	0.813	0.813	41.043	0.000
2	0.646	-0.046	67.380	0.000
3	0.508	-0.011	83.975	0.000
4	0.395	-0.014	94.168	0.000
5	0.300	-0.017	100.17	0.000
6	0.236	0.027	103.94	0.000
7	0.197	0.031	106.62	0.000
8	0.167	0.006	108.59	0.000
9	0.137	-0.016	109.94	0.000
10	0.119	0.021	110.98	0.000
11	0.103	-0.001	111.78	0.000
12	0.083	-0.015	112.30	0.000
13	0.064	-0.005	112.62	0.000
14	0.042	-0.021	112.77	0.000
15	0.024	-0.006	112.82	0.000

图 5-8　*X* 的自相关函数图

图 5-8 显示样本自相关函数缓慢下降且呈正弦波形，由 Q 统计量的伴随概率知，在每一滞后期都是拒绝平稳性假定的。因此，海关货物进出口序列是非平稳的。下面进行单位根检验。

对海关货物进出口 X 序列，在 Eviews 中选择 Quick\Series Statistics\Unit Root Test...（图 5-5），在新出现的 Unit Root Test 窗口中的 Test type 栏内，选择 Augmented Dickey-Fuller，在 Test for unit root in 栏内选择 Level，在 Include in test equation 栏内选择 Trend and intercept，在 Lag length 栏选择 User specified，并在对话框内输入适当的滞后阶数，如输入“1”（图 5-9）。点击 OK 按钮，得到如图 5-10 所示的估计结果。

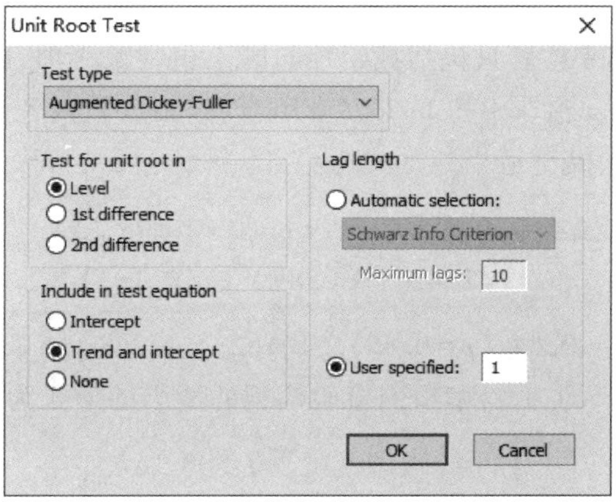

图 5-9　单位根检验窗口

Series: X Workfile: UNTITLED::Untitled\

View | Proc | Object | Properties | Print | Name | Freeze | Push | Sample | Genr | Sheet | Graph

Augmented Dickey-Fuller Unit Root Test on X

Null Hypothesis: X has a unit root
Exogenous: Constant, Linear Trend
Lag Length: 1 (Fixed)

		t-Statistic	Prob.*
Augmented Dickey-Fuller test statistic		2.656767	1.0000
Test critical values:	1% level	-4.127338	
	5% level	-3.490662	
	10% level	-3.173943	

*MacKinnon (1996) one-sided p-values.

Augmented Dickey-Fuller Test Equation
Dependent Variable: D(X)
Method: Least Squares
Sample (adjusted): 1952 2008
Included observations: 57 after adjustments

Variable	Coefficient	Std. Error	t-Statistic	Prob.
X(-1)	0.110791	0.041701	2.656767	0.0104
D(X(-1))	0.528195	0.190648	2.770522	0.0077
C	-38.83112	86.70921	-0.447832	0.6561
@TREND("1950")	1.621976	3.163222	0.512761	0.6102

图 5-10 X 的单位根检验

从而有如下包括截距项与斜率项的检验模型

$$\Delta\hat{X}_t=-38.83+1.6220t+0.1108X_{t-1}+0.5282\Delta X_{t-1}$$
$$(86.7)\quad(3.163)\quad(0.042)\qquad(0.191)$$
$$\bar{R}^2=0.9219$$

容易检验，在 5% 显著性水平下，该模型的随机干扰项已不具有序列相关性，Lagrange 乘数检验结果为

$$\mathrm{LM}(1)=0.471(p=0.49),\mathrm{LM}(2)=5.178(p=0.075)$$

在 5% 显著性水平下，ADF 检验临界值 $\mathrm{ADF}_{0.05}=-3.49$，$X_{t-1}$ 前参数估计的 t 统计量为 $\dfrac{0.1108}{0.042}=2.64>-3.49$，表明存在单位根。

类似的检验程序可用来检验只包括截距项与既不包括截距项、也不包括斜率项的检验模型，只不过在 Unit Root Test 窗口中的 Include in test equation 栏内各自选择 Intercept 与 None。

只包括截距项的检验模型适当的形式为：

$$\Delta\hat{X}_t=-0.138+0.1198X_{t-1}+0.5032\Delta X_{t-1}$$
$$(42.42)\quad(0.038)\qquad(0.183)$$

$\bar{R}^2=0.9230$　LM(1)$=0.647(p=0.42)$　LM(2)$=4.268(p=0.12)$　$\mathrm{ADF}_{0.05}=-2.91$

既不包括截距项、也不包括斜率项的检验模型的适当的形式为

$$\Delta\hat{X}_t=0.1198X_{t-1}+0.5033\Delta X_{t-1}$$
$$(0.035)\qquad(0.177)$$

$\overline{R}^2=0.924\ 4$　LM(1) = 0.627($p=0.43$)　LM(2) = 4.204($p=0.12$)　$ADF_{0.05}=-1.95$

可见，三个模型均不拒绝存在单位根的假设（后两个模型的 X_{t-1} 前参数估计的 t 统计量均为正值，没有比相应的临界值更“小”），表明海关货物进出口序列是非平稳的。

下面判断关税 Y_t 的平稳性。Eviews 下的样本自相关函数图形如图 5-11 所示。

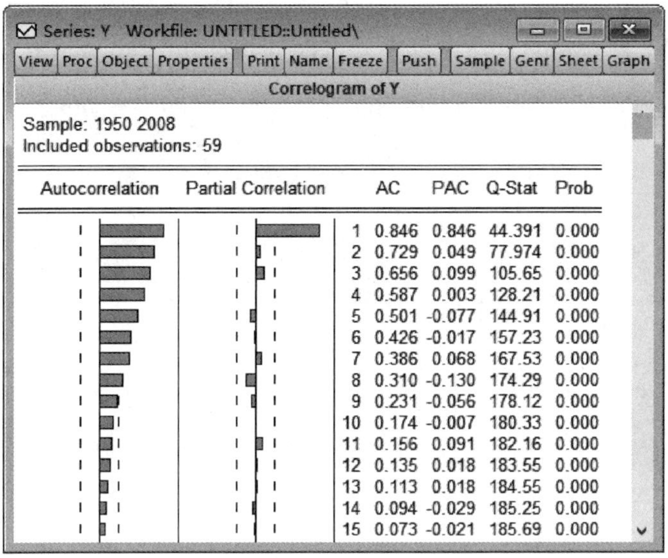
Series: Y　Workfile: UNTITLED::Untitled\

View | Proc | Object | Properties | Print | Name | Freeze | Push | Sample | Genr | Sheet | Graph

Correlogram of Y

Sample: 1950 2008
Included observations: 59

Autocorrelation	Partial Correlation		AC	PAC	Q-Stat	Prob
		1	0.846	0.846	44.391	0.000
		2	0.729	0.049	77.974	0.000
		3	0.656	0.099	105.65	0.000
		4	0.587	0.003	128.21	0.000
		5	0.501	-0.077	144.91	0.000
		6	0.426	-0.017	157.23	0.000
		7	0.386	0.068	167.53	0.000
		8	0.310	-0.130	174.29	0.000
		9	0.231	-0.056	178.12	0.000
		10	0.174	-0.007	180.33	0.000
		11	0.156	0.091	182.16	0.000
		12	0.135	0.018	183.55	0.000
		13	0.113	0.018	184.55	0.000
		14	0.094	-0.029	185.25	0.000
		15	0.073	-0.021	185.69	0.000

图 5-11　Y 的自相关函数图

图形显示 Y 的样本自相关函数缓慢下降且呈正弦波形，由 Q 统计量的伴随概率知，在每一滞后期都是拒绝平稳性假定的。因此，关税序列是非平稳的。下面进行单位根检验。三个检验模型适当的形式为：

$$\Delta\hat{Y}_t=-6.72+0.32t+0.42Y_{t-1}-0.51\Delta Y_{t-1}-0.72\Delta Y_{t-2}-0.81\Delta Y_{t-3}$$
$$(19.85)\ (0.743)\ (0.075)\ (0.202)\qquad(0.166)\qquad(0.193)$$
$$-0.13\Delta Y_{t-4}-0.64\Delta Y_{t-5}-0.58\Delta Y_{t-6}$$
$$(0.182)\quad(0.161)\quad(0.189)$$

$\overline{R}^2=0.669\ 9$　LM(1) = 0.203($p=0.65$)　LM(2) = 1.72($p=0.42$)　$ADF_{0.05}=-3.49$

$$\Delta\hat{Y}_t=1.17+0.43Y_{t-1}-0.51\Delta Y_{t-1}-0.72\Delta Y_{t-2}-0.81\Delta Y_{t-3}$$
$$(7.90)\ (0.070)\ (0.200)\qquad(0.165)\qquad(0.191)$$
$$-0.12\Delta Y_{t-4}-0.64\Delta Y_{t-5}-0.57\Delta Y_{t-6}$$
$$(0.180)\quad(0.159)\qquad(0.186)$$

$\overline{R}^2=0.676\ 0$　LM(1) = 0.111($p=0.74$)　LM(2) = 1.899($p=0.39$)　$ADF_{0.05}=-2.92$

$$\Delta\hat{Y}_t=0.43Y_{t-1}-0.51\Delta Y_{t-1}-0.72\Delta Y_{t-2}-0.81\Delta Y_{t-3}-0.12\Delta Y_{t-4}$$
$$(0.069)\ (0.198)\quad(0.163)\quad(0.188)\quad(0.178)$$

$$-0.64\Delta Y_{t-5}-0.57\Delta Y_{t-6}$$
$$(0.158)\quad(0.184)$$

$\overline{R}^2=0.6830$　LM(1)=0.07(p=0.78)　LM(2)=1.90(p=0.39)　$ADF_{0.05}=-1.94$

可见，三个模型均不拒绝存在单位根的假设(Y_{t-1}前参数估计的 t 统计量均为正值，均不比5%显著性水平下的 ADF 的临界值小)，表明税收序列是非平稳的。

对 $\ln X_t$序列的平稳性检验。样本自相关函数图形如图 5-12 所示。

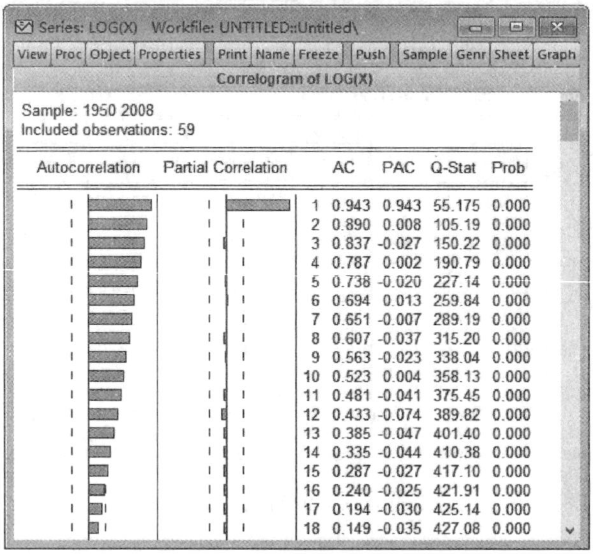

	AC	PAC	Q-Stat	Prob
1	0.943	0.943	55.175	0.000
2	0.890	0.008	105.19	0.000
3	0.837	-0.027	150.22	0.000
4	0.787	0.002	190.79	0.000
5	0.738	-0.020	227.14	0.000
6	0.694	0.013	259.84	0.000
7	0.651	-0.007	289.19	0.000
8	0.607	-0.037	315.20	0.000
9	0.563	-0.023	338.04	0.000
10	0.523	0.004	358.13	0.000
11	0.481	-0.041	375.45	0.000
12	0.433	-0.074	389.82	0.000
13	0.385	-0.047	401.40	0.000
14	0.335	-0.044	410.38	0.000
15	0.287	-0.027	417.10	0.000
16	0.240	-0.025	421.91	0.000
17	0.194	-0.030	425.14	0.000
18	0.149	-0.035	427.08	0.000

图 5-12　lnX 的自相关函数图

从图 5-12 容易看出 $\ln X_t$是非平稳的。下面进行单位根检验。三个检验模型适当的形式为：

$$\Delta\ln\hat{X}_t=0.159+0.009t-0.0361\ln X_{t-1}+0.483\Delta\ln X_{t-1}-0.176\Delta\ln X_{t-2}$$
$$(0.088)(0.006)(0.044)\qquad(0.129)\qquad(0.123)$$

$\overline{R}^2=0.256$　LM(1)=2.74(p=0.10)　LM(2)=2.85(p=0.24)　$ADF_{0.05}=-3.49$

$$\Delta\ln\hat{X}_t=0.036+0.011\ln X_{t-1}+0.486\Delta\ln X_{t-1}-0.238\Delta\ln X_{t-2}$$
$$(0.049)(0.009)\quad(0.131)\qquad(0.119)$$

$\overline{R}^2=0.230$　LM(1)=0.90(p=0.34)　LM(2)=1.22(p=0.54)　$ADF_{0.05}=-2.91$

$$\Delta\ln\hat{X}_t=0.016\ln X_{t-1}+0.482\Delta\ln X_{t-1}-0.233\Delta\ln X_{t-2}$$
$$(0.004)\quad(0.130)\qquad(0.118)$$

$\overline{R}^2=0.237$　LM(1)=0.95(p=0.32)　LM(2)=1.32(p=0.52)　$ADF_{0.05}=-1.95$

可见，三个模型均不拒绝存在单位根的假设($\ln X_{t-1}$前的参数估计的 t 统计量的值均不比 5%显著性水平下各自的 ADF 临界值小)，表明 $\ln X_t$序列是非平稳的。

对 $\ln Y_t$序列的平稳性检验。样本自相关函数图形如图 5-13 所示。

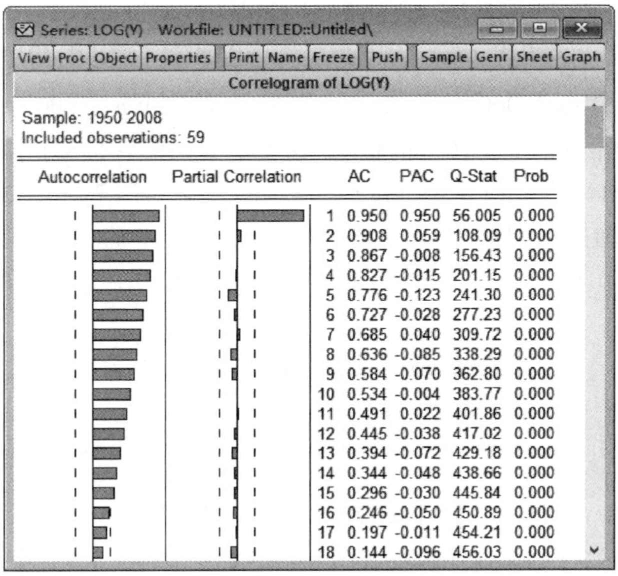

	AC	PAC	Q-Stat	Prob
1	0.950	0.950	56.005	0.000
2	0.908	0.059	108.09	0.000
3	0.867	-0.008	156.43	0.000
4	0.827	-0.015	201.15	0.000
5	0.776	-0.123	241.30	0.000
6	0.727	-0.028	277.23	0.000
7	0.685	0.040	309.72	0.000
8	0.636	-0.085	338.29	0.000
9	0.584	-0.070	362.80	0.000
10	0.534	-0.004	383.77	0.000
11	0.491	0.022	401.86	0.000
12	0.445	-0.038	417.02	0.000
13	0.394	-0.072	429.18	0.000
14	0.344	-0.048	438.66	0.000
15	0.296	-0.030	445.84	0.000
16	0.246	-0.050	450.89	0.000
17	0.197	-0.011	454.21	0.000
18	0.144	-0.096	456.03	0.000

图 5-13　$\ln Y$ 的自相关函数图

从图中容易看出 $\ln Y_t$ 是非平稳的。下面进行单位根检验。三个检验模型适当的形式为：

$$\Delta\ln\hat{Y}_t=0.084+0.016t-0.123\ln Y_{t-1}$$
$$(0.069)\quad(0.007)\quad(0.059)$$

$\bar{R}^2=-0.014$　LM(1) = 0.17 ($p=0.68$)　LM(2) = 3.69 ($p=0.16$)　$\mathrm{ADF}_{0.05}=-3.49$

$$\Delta\ln\hat{Y}_t=0.077+0.008\ln Y_{t-1}$$
$$(0.072)\quad(0.017)$$

$\bar{R}^2=-0.045$　LM(1) = 0.23 ($p=0.63$)　LM(2) = 3.70 ($p=0.16$)　$\mathrm{ADF}_{0.05}=-2.91$

$$\Delta\ln\hat{Y}_t=0.024\ln Y_{t-1}$$
$$(0.008)$$

$\bar{R}^2=-0.016$　LM(1) = 0.009 ($p=0.92$)　LM(2) = 3.35 ($p=0.19$)　$\mathrm{ADF}_{0.05}=-1.95$

可见，三个模型均不拒绝存在单位根的假设（$\ln Y_{t-1}$ 前的参数估计的 t 统计量的值均不比 5% 显著性水平下各自的 ADF 临界值小），表明 $\ln Y_t$ 序列是非平稳的。

例 11

继续例 10。(1) 试检验 Y_t 与 X_t 以及 $\ln Y_t$ 与 $\ln X_t$ 的单整性。指出哪一组变量是 1 阶单整的；(2) 对 1 阶单整组的变量进行协整检验，如果是协整的，则建立相应的误差修正模型；(3) 对 1 阶单整组的变量进行格兰杰因果关系检验。

解答　(1) 容易验证 Y_t 是 2 阶单整的，适当的检验模型如下：

$$\Delta^3\hat{Y}_t=-5.633\Delta^2 Y_{t-1}+3.817\Delta^3 Y_{t-1}+3.045\Delta^3 Y_{t-2}+1.907\Delta^3 Y_{t-3}+1.484\Delta^3 Y_{t-4}+0.939\Delta^3 Y_{t-5}$$
$$(1.018)\quad(0.919)\quad(0.805)\quad(0.592)\quad(0.391)\quad(0.234)$$

$\bar{R}^2=0.832$ LM(1) = 0.000($p=1.00$) LM(2) = 0.000($p=1.00$) $ADF_{0.05}=-1.95$

由于 $\Delta^2 Y_{t-1}$前的参数估计的 t 统计量的值为-5.633/1.018 = -5.53，小于 5%显著水平下的 ADF 的临界值-1.95，因此拒绝存在单位根的假设，表明 Y_t是 2 阶单整的。需注意的是，这里，由于 LM 检验中辅助回归的 R^2为负值，导致 LM 统计量的值为负，因此伴随概率为 1。Eviews9.0 同时也列出了辅助回归中的 F 检验。F 检验表明上述用于单位根检验的模型也是不存在自相关的。

对于 X_t，经验证是 2 阶单整的，适当的检验模型如下：

$$\Delta^3\hat{X}_t=-0.933\Delta^2 X_{t-1}$$
$$(0.135)$$

$\bar{R}^2=0.464$ LM(1) = 0.00($p=1.00$) LM(2) = 5.29($p=0.07$) $ADF_{0.05}=-1.95$

由于 $\Delta^2 X_{t-1}$前的参数估计的 t 统计量的值为-0.933/0.135 = -6.91，小于 5%显著水平下的 ADF 的临界值-1.95，因此拒绝存在单位根的假设，表明 Y_t是 2 阶单整的。

对于 $\ln Y_t$与 $\ln X_t$，经验证都是 1 阶单整的，它们适当的检验模型分列如下：

$$\Delta^2\ln\hat{Y}_t=0.128-1.215\Delta\ln Y_{t-1}+0.223\Delta^2\ln Y_{t-1}$$
$$(0.037)(0.185)\quad(0.125)$$

$\bar{R}^2=0.515$ LM(1) = 0.087($p=0.768$) LM(2) = 0.090($p=0.956$) $ADF_{0.05}=-2.91$

$$\Delta^2\ln\hat{X}_t=0.090-0.684\Delta\ln X_{t-1}+0.216\Delta^2\ln X_{t-1}$$
$$(0.024)(0.138)\quad(0.118)$$

$\bar{R}^2=0.298$ LM(1) = 1.447($p=0.229$) LM(2) = 1.465($p=0.481$) $ADF_{0.05}=-2.91$

（2）由于 $\ln Y_t$与 $\ln X_t$都是 1 阶单整变量 $I(1)$，可检验它们的协整性。它们有如下的 OLS 回归结果：

$$\ln\hat{Y}_t=-1.498+0.912\ 2\ln X_t$$
$$(0.116)(0.019)$$
$$R^2=0.976\ 6\quad D.W.=0.488$$

记该模型的残差项为 e_t（在 Eviews 软件下，当上述 OLS 估计完成后，主菜单中选择 Quick\Generate Series，在出现的窗口中输入"e = resid"，点击 OK 按钮，即可记录残差序列 e），对它进行单位根检验。经试验，有如下适当的检验模型：

$$\Delta\hat{e}_t=-0.351\ 0e_{t-1}+0.206\ 3\Delta e_{t-1}$$
$$(0.092)\quad(0.127)$$

$\bar{R}^2=0.192\ 5$ LM(1) = 0.186($p=0.667$) LM(2) = 0.235($p=0.889$)

$$ADF_{0.05}=-3.337\ 7-5.967/59-8.98/59=-3.59$$

由于 e_{t-1}前的参数估计的 t 统计量的值为-0.351/0.092 = -3.82，小于 5%显著性水平下的 ADF 的临界值-3.59，因此拒绝存在单位根的假设。表明 e_t不存在单位根，是平稳序列。可

判断 $\ln Y_t$ 与 $\ln X_t$ 是(1,1)阶协整的,可建立误差修正模型。

在 Eviews 软件的主菜单中选择 Quick\Estimate Equation,在出现的 Equation specification 栏中直接输入“d(log(Y))d(log(X) e(-1)”(图 5-14),点击确定按钮得如图 5-15 所示的结果。

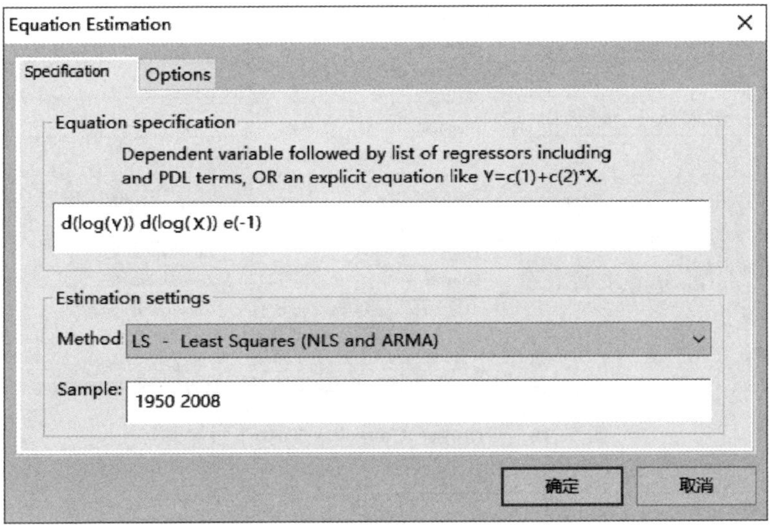

图 5-14 Equation Estimation 窗口

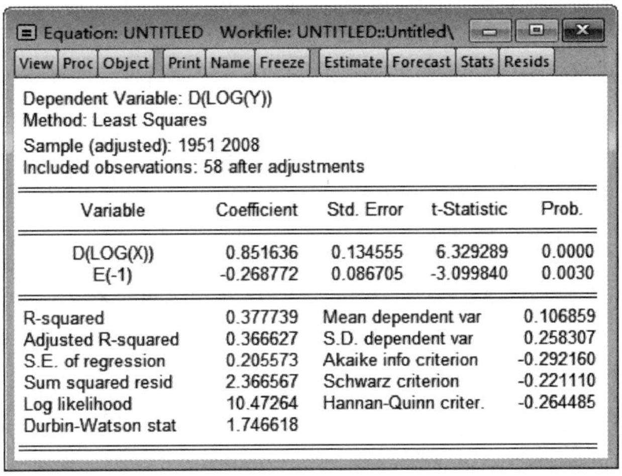

Dependent Variable: D(LOG(Y))
Method: Least Squares
Sample (adjusted): 1951 2008
Included observations: 58 after adjustments

Variable	Coefficient	Std. Error	t-Statistic	Prob.
D(LOG(X))	0.851636	0.134555	6.329289	0.0000
E(-1)	-0.268772	0.086705	-3.099840	0.0030

R-squared	0.377739	Mean dependent var	0.106859
Adjusted R-squared	0.366627	S.D. dependent var	0.258307
S.E. of regression	0.205573	Akaike info criterion	-0.292160
Sum squared resid	2.366567	Schwarz criterion	-0.221110
Log likelihood	10.47264	Hannan-Quinn criter.	-0.264485
Durbin-Watson stat	1.746618		

图 5-15 误差修正模型估计

容易检验该模型残差项不具有序列相关性。因此最终的误差修正模型为

$$\Delta\ln\hat{Y}_t = 0.851\ 6\Delta\ln X_t - 0.268\ 77e_{t-1}$$
$$(0.135) \qquad (0.087)$$

$$\overline{R}^2 = 0.366\ 6 \quad LM(1) = 1.07(p=0.30) \quad LM(2) = 1.67(p=0.43)$$

(3) 进出口的对数变量 $\ln X$ 与关税额的对数变量 $\ln Y$ 同为 1 阶单整,因此对这两变量进行 Granger 因果关系检验。

在 Eviews 软件下，选择 Quick\Group Statistics\Granger Causality Test（图 5-16），在出现的 Series List 窗口中输入“log（Y） log（X）”（图 5-17），点击 OK 按钮，并在新出现的 Lag Specification 窗口中输入滞后期数 1（图 5-18），点击 OK 按钮即出现检验结果（图 5-19）。

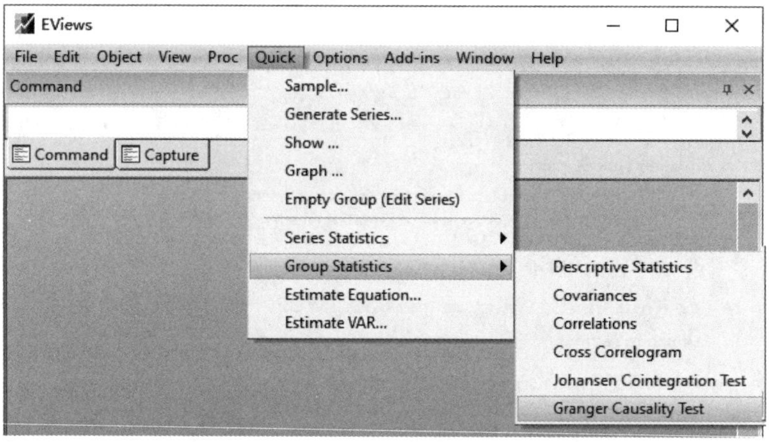

图 5-16　Granger Causality Test 下拉菜单

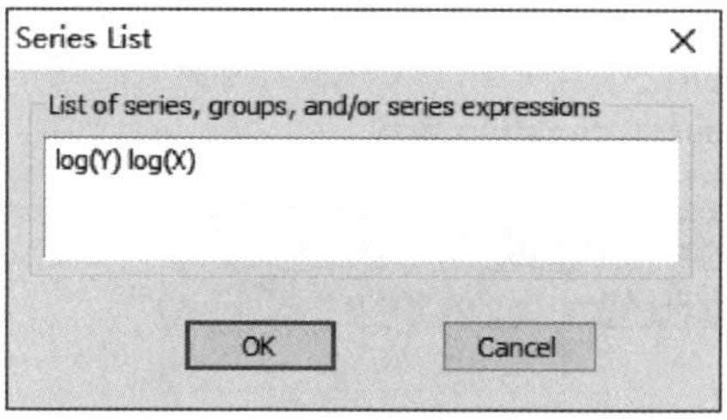

图 5-17　Series list 窗口

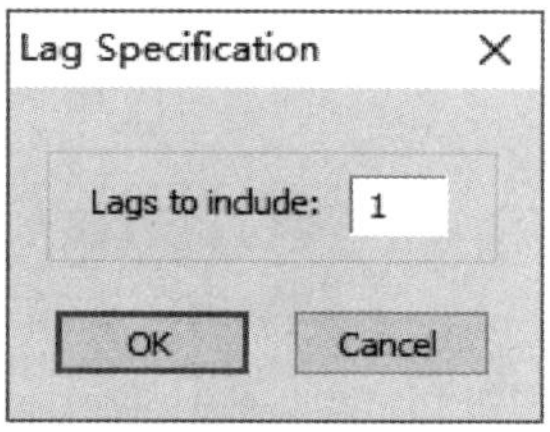

图 5-18　Lag Specification 窗口

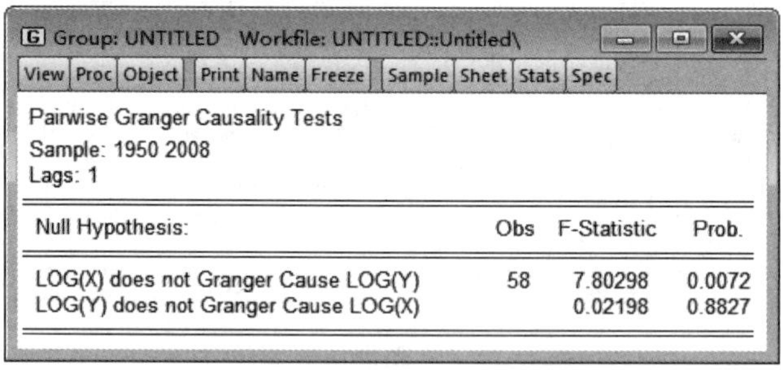

图 5-19　格兰杰因果关系检验结果

由图 5-19 中 F 统计量的伴随概率可知，在 5%的显著性水平下，拒绝“ln$X$ 不是 ln$Y$ 的格兰杰原因”的假设，但不拒绝“ln$Y$ 不是 ln$X$ 的格兰杰原因”的假设。从检验模型随机干扰项 1 阶序列相关的 LM 检验看，以 ln$Y$ 为被解释变量的模型的 LM＝0.072，对应的伴随概率 P＝0.788，表明在 5%的显著性水平下，该检验模型不存在序列相关性；但是，以 lnX 为被解释变量的模型的 LM＝5.130，对应的伴随概率 P＝0.024，表明在 5%的显著性水平下，该检验模型存在严重的序列相关性。

表 5-4 给出了取 1~4 阶滞后的检验结果。可以看出,从 1 阶滞后期开始,检验模型都拒绝了“ln$X$ 不是 ln$Y$ 的格兰杰原因”的假设,而不拒绝“ln$Y$ 不是 ln$X$ 的格兰杰原因”的假设。当然,滞后阶数为 3 或 4 时,两类检验模型都不存在序列相关性,再由赤池信息准则(AIC),发现滞后 3 或 4 阶的检验模型都拥有较小的 AIC 值。据此,可判断进出口总额是关税的格兰杰原因,而不是相反,与现实相吻合。

表 5-4　中国货物进出口总额 *X* 与关税 *Y* 的格兰杰因果关系检验

滞后长度	格兰杰因果性	*F* 检验的 *P* 值	LM(1)检验的 *P* 值	AIC 值	结论
1	$\ln X \xrightarrow{\times} \ln Y$	0.007	0.788	0.080	拒绝
	$\ln Y \xrightarrow{\times} \ln X$	0.883	0.024	-0.888	不拒绝
2	$\ln X \xrightarrow{\times} \ln Y$	0.001	0.563	-0.053	拒绝
	$\ln X \xrightarrow{\times} \ln Y$	0.199	0.011	-1.161	不拒绝
3	$\ln X \xrightarrow{\times} \ln Y$	0.030	0.983	-0.006	拒绝
	$\ln X \xrightarrow{\times} \ln Y$	0.256	0.699	-1.234	不拒绝
4	$\ln X \xrightarrow{\times} \ln Y$	0.030	0.148	0.016	拒绝
	$\ln X \xrightarrow{\times} \ln Y$	0.292	0.648	-1.324	不拒绝

注:表中“$\xrightarrow{\times}$”表示“箭头前的变量不是箭头后的变量的格兰杰原因”。

三、教材练习题及参考解答

1. 对一元线性回归模型

$$Y_t = \beta_0 + \beta_1 X_t + \mu_t$$

(1) 假如其他基本假设全部满足,但只有 $\mathrm{Cov}(\mu_i, \mu_j) \neq 0$,试证明,估计的斜率项仍是无偏的;

(2) 如果自变量存在正相关,随机干扰项存在如下 1 阶序列相关 $\mu_t = \rho\mu_{t-1} + \varepsilon_t$,试证明估计的斜率项的方差为

$$\mathrm{Var}(\tilde{\beta}_1) = \frac{\sigma^2}{\sum x_t^2} + \frac{2\sigma^2}{\sum x_t^2}\left[\rho \frac{\sum_{t=1}^{n-1} x_t x_{t+1}}{\sum x_t^2} + \rho^2 \frac{\sum_{t=1}^{n-2} x_t x_{t+2}}{\sum x_t^2} + \cdots \rho^{n-1} \frac{x_1 x_n}{\sum x_t^2}\right]$$

并就 $\rho>0$ 与 $\rho<0$,X_t 存在正或负序列相关时与模型满足所有基本假定下的 OLS 估计 $\mathrm{Var}(\hat{\beta}_1)$ 的大小进行比较。

解答　（1）由于

$$\widetilde{\beta}_1=\frac{\sum x_t y_t}{\sum x_t^2}=\beta_1+\frac{\sum x_t\mu_t}{\sum x_t^2}$$

因此，在给定义的观测值下

$$\mathrm{E}(\widetilde{\beta}_1)=\mathrm{E}(\beta_1)+\sum\frac{x_t}{\sum x_t^2}\mathrm{E}(\mu_t)=\beta_1$$

这里未涉及随机干扰项的序列相关性。

（2）由（1）知，给定义的观测

$$\mathrm{Var}(\widetilde{\beta}_1)=\mathrm{Var}(\beta_1)+\mathrm{Var}\left(\frac{\sum x_t\mu_t}{\sum x_t^2}\right)=\frac{1}{(\sum x_t^2)^2}\mathrm{Var}(\sum x_t\mu_t)$$

$$=\frac{1}{(\sum x_t^2)^2}[\sum x_t^2\mathrm{Var}(\mu_t)+2\sum_{t<s}x_t x_s\mathrm{Cov}(\mu_t,\mu_s)]$$

假设 $t<s$，由于

$$\mathrm{Var}(\mu_t)=\sigma^2,\mathrm{Cov}(\mu_t,\mu_s)=\rho^{s-t}\sigma^2$$

故

$$\mathrm{Var}(\widetilde{\beta}_1)=\frac{\sigma^2}{\sum x_t^2}+\frac{2\sigma^2}{(\sum x_t^2)^2}\sum_{t<s}\rho^{s-t}x_t x_s$$

$$=\frac{\sigma^2}{\sum x_t^2}+\frac{2\sigma^2}{(\sum x_t^2)^2}\left[\sum_{t=1}^{n-1}\rho x_t x_{t+1}+\sum_{t=1}^{n-2}\rho^2 x_t x_{t+2}+\cdots+\sum_{t=1}^{1}\rho^{n-1}x_t x_{t+n-1}\right]$$

$$=\frac{\sigma^2}{\sum x_t^2}+\frac{2\sigma^2}{\sum x_t^2}\left[\rho\sum_{t=1}^{n-1}\frac{x_t x_{t+1}}{\sum x_t^2}+\rho^2\sum_{t=1}^{n-2}\frac{x_t x_{t+2}}{\sum x_t^2}+\cdots+\rho^{n-1}\frac{x_1 x_n}{\sum x_t^2}\right]$$

$$=\frac{\sigma^2}{\sum x_t^2}+\frac{2\sigma^2}{\sum x_t^2}\left[\rho\frac{\sum_{t=1}^{n-1}x_t x_{t+1}}{\sum x_t^2}+\rho^2\frac{\sum_{t=1}^{n-2}x_t x_{t+2}}{\sum x_t^2}+\cdots+\rho^{n-1}\frac{x_1 x_n}{\sum x_t^2}\right]$$

上式中，右边第一项是无自相关时 β_1 的 OLS 估计 $\hat{\beta}_1$ 的方差，第二项包含两个因素：随机干扰项 μ_t 的自相关系数 ρ 和刻画 X_t 的序列相关性的 $\sum_{t<s}x_t x_s/\sum x_t^2$，如果

（a）$\rho>0$，$\sum_{t<s}x_t x_s/\sum x_t^2>0$，即 μ_t 与 X_t 均存在正序列相关；或 $\rho<0$，$\sum_{t<s}x_t x_s/\sum x_t^2<0$，即 μ_t 与 X_t 均存在负序列相关，则有

$$\mathrm{Var}(\widetilde{\beta}_1)>\mathrm{Var}(\hat{\beta}_1)$$

（b）$\rho>0$，$\sum_{t<s}x_t x_s/\sum x_t^2<0$，或 $\rho<0$，$\sum_{t<s}x_t x_s/\sum x_t^2>0$，即 μ_t 与 X_t 序列，一个正相关，一个负相关，则有

$$\mathrm{Var}(\widetilde{\beta}_1)<\mathrm{Var}(\hat{\beta}_1)$$

2. 中国 1980—2013 年全社会固定资产投资总额 X 与工业总产值 Y 的统计资料如表 5-5 所示。

表 5-5　中国 1980—2013 年全社会固定资产投资与工业总产值统计资料　　　单位:亿元

年份	全社会固定资产投资(X)	工业增加值(Y)	年份	全社会固定资产投资(X)	工业增加值(Y)
1980	910.9	1 996.5	1997	24 941.1	32 921.4
1981	961	2 048.4	1998	28 406.2	34 018.4
1982	1 230.4	2 162.3	1999	29 854.7	35 861.5
1983	1 430.1	2 375.6	2000	32 917.7	40 033.6
1984	1 832.9	2 789.0	2001	37 213.5	43 580.6
1985	2 543.2	3 448.7	2002	43 499.9	47 431.3
1986	3 120.6	3 967.0	2003	55 566.6	54 945.5
1987	3 791.7	4 585.8	2004	70 477.4	65 210.0
1988	4 753.8	5 777.2	2005	88 773.6	77 230.8
1989	4 410.4	6 484.0	2006	109 998.2	91 310.9
1990	4 517	6 858.0	2007	137 323.9	107 367.2
1991	5 594.5	8 087.1	2008	172 828.4	130 260.2
1992	8 080.1	10 284.5	2009	224 598.8	135 239.9
1993	13 072.3	14 188.0	2010	251 683.8	160 722.2
1994	17 042.1	19 480.7	2011	311 485.1	188 470.2
1995	20 019.3	24 950.6	2012	374 694.7	199 670.7
1996	22 913.5	29 447.6	2013	446 294.1	210 689.4

试问:

(1) 当设定模型为 $\ln Y_t=\beta_0+\beta_1\ln X_t+\mu_t$ 时,是否存在序列相关?

(2) 采用普通最小二乘法和稳健标准误方法分别估计模型,比较参数估计量的差异和它们的标准差的差异,稳健标准误方法消除模型随机干扰项的序列相关性了吗?

(3) 若原模型存在序列相关,试用广义最小二乘法估计原模型。

解答　(1) 在 Eviews 软件下,得出如图 5-20 所示的回归结果:

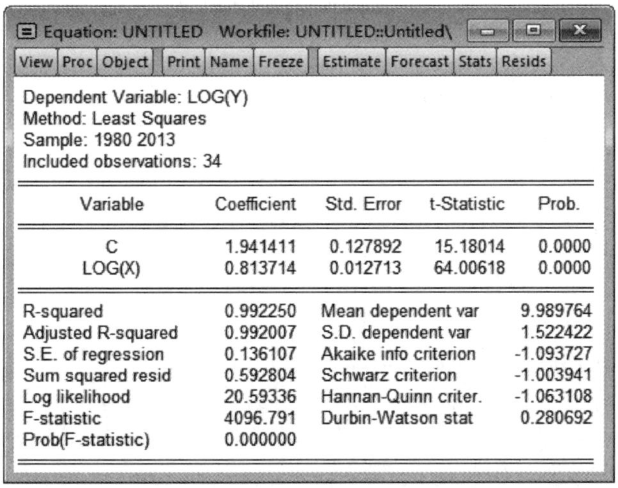

图 5-20　OLS 估计结果

由于 D. W. 值为 0.281，小于 5%显著性水平下，样本容量为 28 的 D. W. 分布的下限临界值 $d_L = 1.33$。因此，可判定模型存在 1 阶序列相关。

也可通过拉格朗日乘数检验法(LM)进行检验，步骤如下：

在原估计结果窗口中(图 5-20)，选择 View\Residual Diagnostics\Serial Correlation LM Test...(图 5-21)，在出现的 Lag Specification 窗口中，输入滞后阶数“1”(图 5-22)；点击 OK 按钮，得到如图 5-23 所示的检验结果。从 nR^2统计量对应值的伴随概率值容易看出，在 5%的显著性水平下，原模型存在 1 阶序列相关性。同时，从图 5-23 下半部分的 Test Equation 中可以看出，RESID(-1)显著不为 0，进一步表明原模型 1 阶序列相关性的存在。

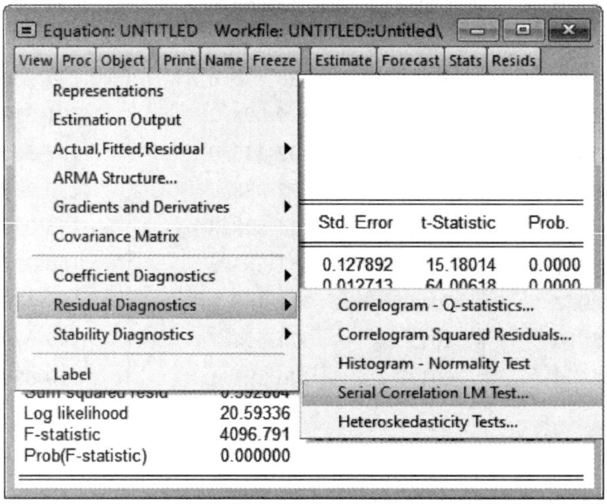

图 5-21　Serial Correlation LM Test 下拉菜单

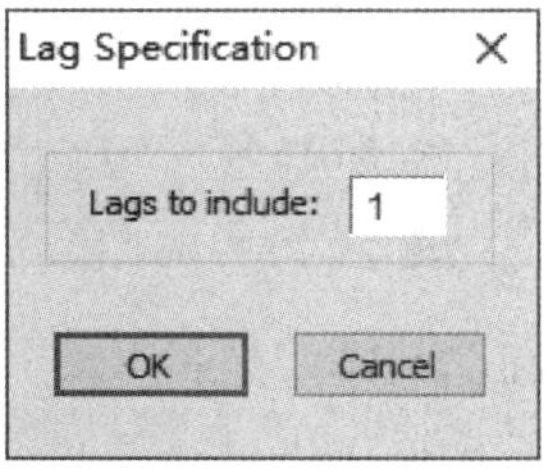

图 5-22　Lag Specification 窗口

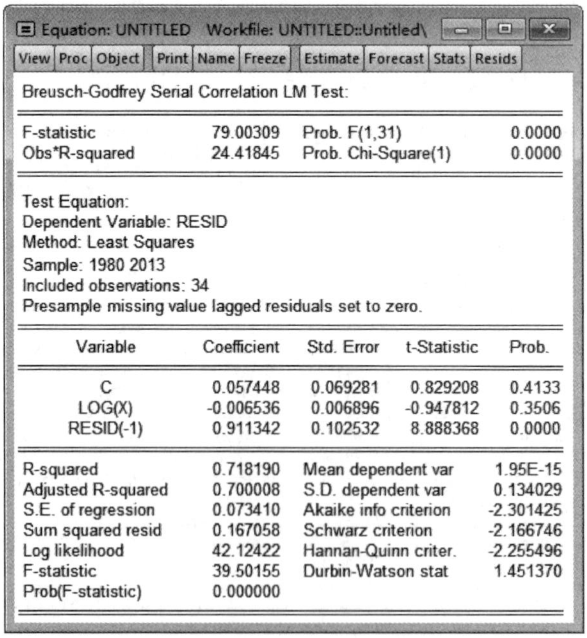

Breusch-Godfrey Serial Correlation LM Test:

F-statistic	79.00309	Prob. F(1,31)	0.0000
Obs*R-squared	24.41845	Prob. Chi-Square(1)	0.0000

Test Equation:
Dependent Variable: RESID
Method: Least Squares
Sample: 1980 2013
Included observations: 34
Presample missing value lagged residuals set to zero.

Variable	Coefficient	Std. Error	t-Statistic	Prob.
C	0.057448	0.069281	0.829208	0.4133
LOG(X)	-0.006536	0.006896	-0.947812	0.3506
RESID(-1)	0.911342	0.102532	8.888368	0.0000

R-squared	0.718190	Mean dependent var	1.95E-15
Adjusted R-squared	0.700008	S.D. dependent var	0.134029
S.E. of regression	0.073410	Akaike info criterion	-2.301425
Sum squared resid	0.167058	Schwarz criterion	-2.166746
Log likelihood	42.12422	Hannan-Quinn criter.	-2.255496
F-statistic	39.50155	Durbin-Watson stat	1.451370
Prob(F-statistic)	0.000000		

图 5-23　序列相关 LM 检验结果：1 阶自相关

那么原模型是否还存在更高阶的序列相关性呢？可同样地通过 LM 法进行检验，这时需在 Lag Specification 窗口中输入滞后阶数“2”“3”等数值。可以检验出，本模型不存在 2 阶序列相关性，也不存在 3 阶序列相关性。图 5-24 给出了 3 阶序列相关性的检验结果，结果显示，nR^2统计量对应值的伴随概率为 0.00，在小于 5%的显著性水平下拒绝原模型不存在 1 阶序列相关性的假设。但从图 5-24 下半部分的辅助回归看，却不拒绝 RESID(-2)、RESID(-3)的参数为 0 的假设，表明只存在 1 阶自相关性。

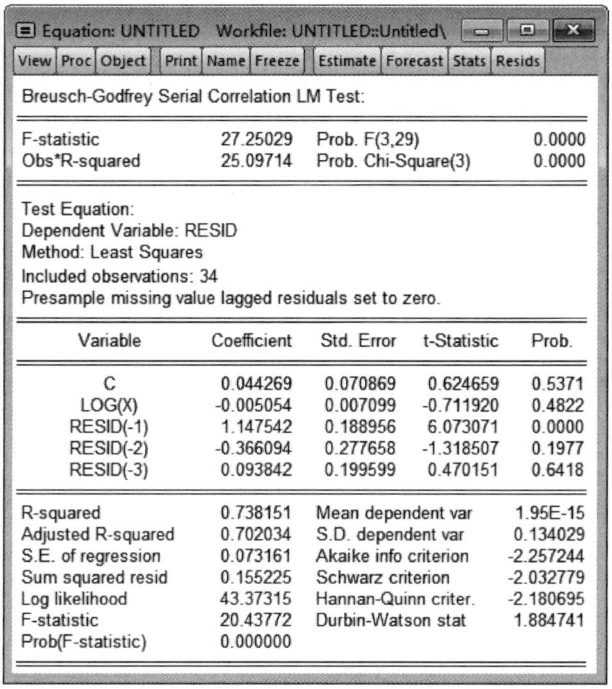

Equation: UNTITLED Workfile: UNTITLED::Untitled\

View | Proc | Object | Print | Name | Freeze | Estimate | Forecast | Stats | Resids

Breusch-Godfrey Serial Correlation LM Test:

F-statistic	27.25029	Prob. F(3,29)	0.0000
Obs*R-squared	25.09714	Prob. Chi-Square(3)	0.0000

Test Equation:
Dependent Variable: RESID
Method: Least Squares
Included observations: 34
Presample missing value lagged residuals set to zero.

Variable	Coefficient	Std. Error	t-Statistic	Prob.
C	0.044269	0.070869	0.624659	0.5371
LOG(X)	-0.005054	0.007099	-0.711920	0.4822
RESID(-1)	1.147542	0.188956	6.073071	0.0000
RESID(-2)	-0.366094	0.277658	-1.318507	0.1977
RESID(-3)	0.093842	0.199599	0.470151	0.6418

R-squared	0.738151	Mean dependent var	1.95E-15
Adjusted R-squared	0.702034	S.D. dependent var	0.134029
S.E. of regression	0.073161	Akaike info criterion	-2.257244
Sum squared resid	0.155225	Schwarz criterion	-2.032779
Log likelihood	43.37315	Hannan-Quinn criter.	-2.180695
F-statistic	20.43772	Durbin-Watson stat	1.884741
Prob(F-statistic)	0.000000		

图 5-24　序列相关 LM 检验结果:3 阶自相关

(2) 原模型普通最小二乘法的估计结果如图 5-20 所示，因此可以写出如下估计式

$$\ln\hat{Y}=1.941+0.814\ln X$$
$$sd \quad (0.128)(0.013)$$
$$t \quad (15.18)(64.01)$$
$$R^2=0.9923 \quad F=4096.8 \quad D.W.=0.281$$

这里，sd 所在行的括号中的数为对应参数估计量的标准差，t 所在行的括号中的数为对应参数估计的 t 统计量的值。

Eviews 中，可按如下过程对原模型进行序列相关稳健标准误法的估计：在 OLS 估计时的 Equation Estimation 窗口中，选择 Option 按钮(图 5-25)；在新出现的 Options 子窗口中，在左侧 Coefficient covariance 栏中的 Covariance method 中选择 HAC(Newey-West)，并点击 HAC options(图 5-26)；在出现的 HAC Options 子窗口中，在 Kernel options 栏的 Kernel 选项下选择 Bartlett，在 Bandwidth method 选项下选择 User-specified，再在下面出现的 Bandwidth value 栏内输入“2”(eviews 采用“1+自相关阶数”的方式)(图 5-27)。点击 OK 按钮，再点击 Options

窗口中的"确定"按钮,得到序列相关稳健标准误法下的估计结果(图 5-28)。据此,可以写出如下估计式

$$\ln\hat{Y}=1.941+0.814\ln X$$
$$sd \quad (0.165)(0.017)$$
$$t \quad (11.73)(48.78)$$
$$R^2=0.9923 \quad F=4\,096.8 \quad D.W.=0.281$$

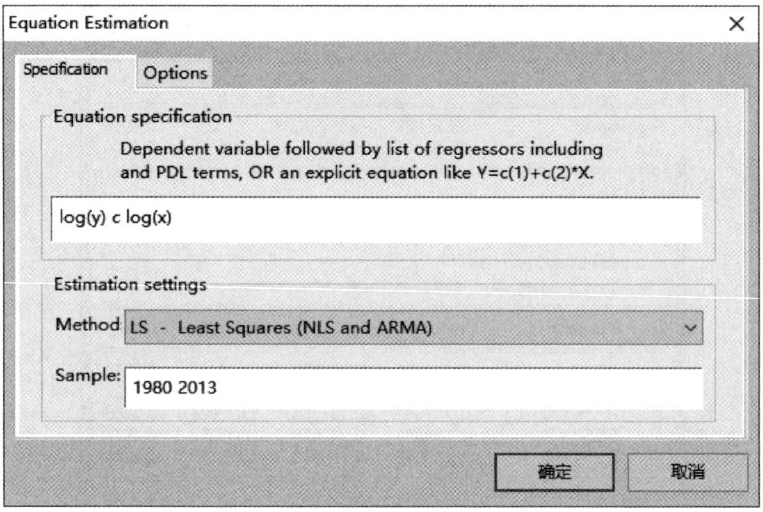

图 5-25　Equation Estimation 窗口

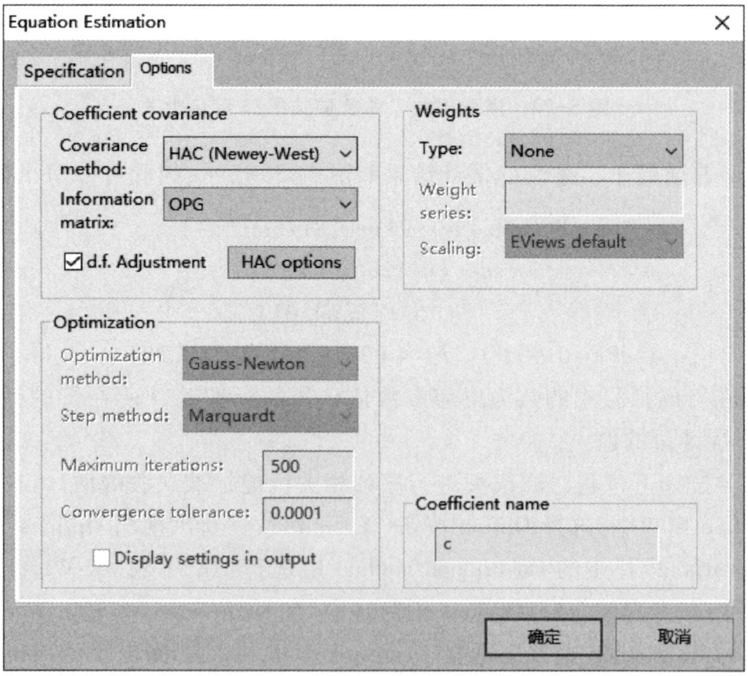

图 5-26　Options 子窗口

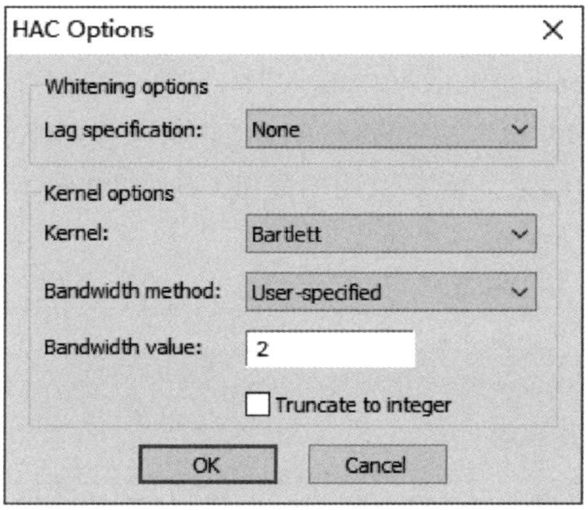

图 5-27　HAC Options 子窗口

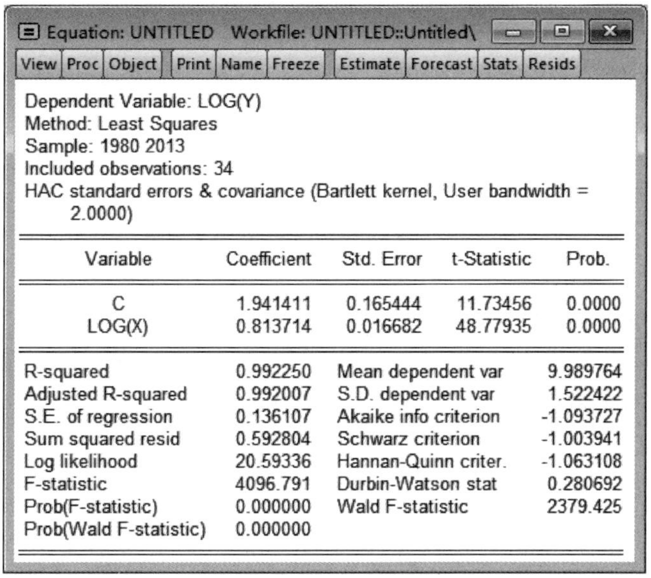

Equation: UNTITLED　Workfile: UNTITLED::Untitled\

View | Proc | Object | Print | Name | Freeze | Estimate | Forecast | Stats | Resids

Dependent Variable: LOG(Y)
Method: Least Squares
Sample: 1980 2013
Included observations: 34
HAC standard errors & covariance (Bartlett kernel, User bandwidth = 2.0000)

Variable	Coefficient	Std. Error	t-Statistic	Prob.
C	1.941411	0.165444	11.73456	0.0000
LOG(X)	0.813714	0.016682	48.77935	0.0000

R-squared	0.992250	Mean dependent var	9.989764
Adjusted R-squared	0.992007	S.D. dependent var	1.522422
S.E. of regression	0.136107	Akaike info criterion	-1.093727
Sum squared resid	0.592804	Schwarz criterion	-1.003941
Log likelihood	20.59336	Hannan-Quinn criter.	-1.063108
F-statistic	4096.791	Durbin-Watson stat	0.280692
Prob(F-statistic)	0.000000	Wald F-statistic	2379.425
Prob(Wald F-statistic)	0.000000		

图 5-28　序列相关稳健标准误(HAC)修正估计

比较 OLS 估计与序列相关稳健标准误的估计式,截距项与斜率项完全相同,但参数标准差的估计不同,序列相关稳健标准误估计下的标准差略大一些。当然,t 统计量也存在差异。而 R^2、F 统计量及 D. W. 统计量都没有差异。

序列相关稳健标准误法旨在修正 OLS 法的参数估计的标准差,即用序列相关情形下正确的方差与标准差的公式进行计算,这样,建立在正确方差与标准差下的 t 检验、F 检验等统计检验都是有效的,置信区间以及区间预测也都是有意义的。需要说明的是,序列相关稳健标准误法并没有消除随机干扰项的序列相关性,但对原模型进行 OLS 估计后,由于估算了正确的方差和标准差,从而使得各种统计检验重新变得有效了。

(3) 在(1)中,已通过 LM 检验发现原模型存在着 1 阶自相关,因此,在 Eviews 软件中,可按如下步骤进行广义最小二乘法的估计:选择 Quick\Estimate Equation,在出现的Equation Estimation 窗口中的 Specification 对话框中输入"log(Y) C log(X) ar(1)"(图 5-29);选择 Options,在窗口右侧的 ARMA 栏里的 Method 对话框中,选择 GLS(图 5-30);点击确定按钮,可得如图 5-31 所示的回归结果。需要说明的是,Eviews 给出的 GLS 估计不是严格意义上的 Prais-Winsten 方法,只是该方法的一个近似。

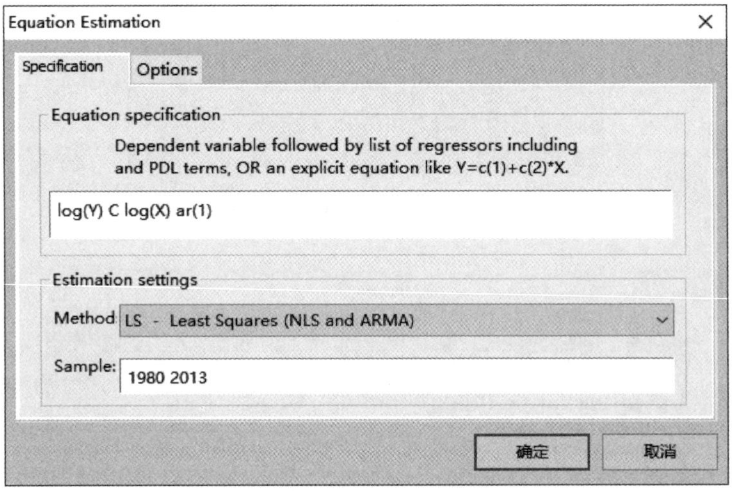

图 5-29 Equation Estimation 窗口

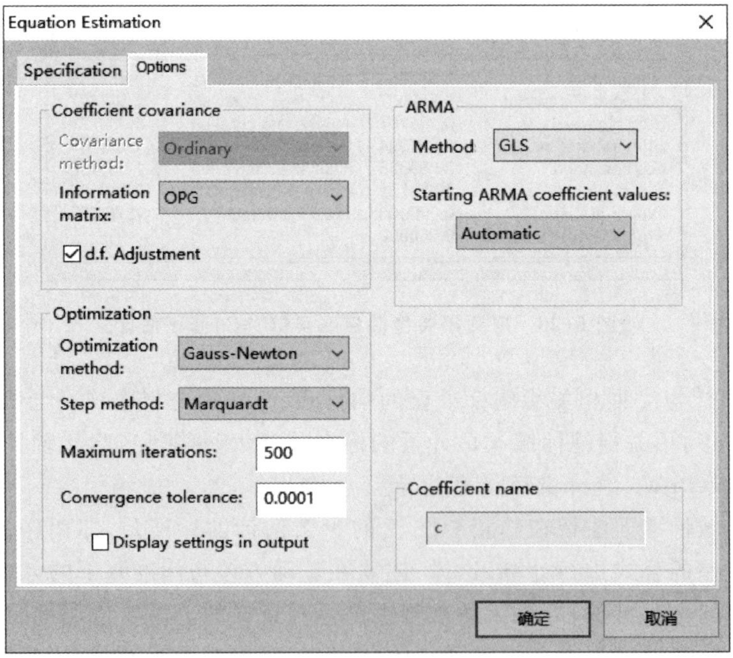

图 5-30 Options 子窗口

Equation: UNTITLED Workfile: UNTITLED::Untitled\

View | Proc | Object | Print | Name | Freeze | Estimate | Forecast | Stats | Resids

Dependent Variable: LOG(Y)
Method: ARMA Generalized Least Squares (Gauss-Newton)
Sample: 1980 2013
Included observations: 34
Convergence achieved after 33 iterations
Coefficient covariance computed using outer product of gradients
d.f. adjustment for standard errors & covariance

Variable	Coefficient	Std. Error	t-Statistic	Prob.
C	2.959556	0.546104	5.419395	0.0000
LOG(X)	0.705443	0.049480	14.25707	0.0000
AR(1)	0.975025	0.049657	19.63507	0.0000

R-squared	0.998157	Mean dependent var	9.989764
Adjusted R-squared	0.998038	S.D. dependent var	1.522422
S.E. of regression	0.067432	Akaike info criterion	-2.382784
Sum squared resid	0.140960	Schwarz criterion	-2.248105
Log likelihood	43.50732	Hannan-Quinn criter.	-2.336854
F-statistic	8394.970	Durbin-Watson stat	1.439477
Prob(F-statistic)	0.000000		

Inverted AR Roots .98

图 5-31 GLS 估计结果

可以检验,经广义最小二乘法估计的模型是否还存在着序列相关性。图 5-32 给出了滞后 2 阶的 LM 乘数检验的结果。可以看出,应该不存在 1 阶及 2 阶的自相关性。因此,原回归模型的 GLS 估计可写为

Equation: UNTITLED Workfile: UNTITLED::Untitled\

View | Proc | Object | Print | Name | Freeze | Estimate | Forecast | Stats | Resids

Breusch-Godfrey Serial Correlation LM Test:

F-statistic	1.385437	Prob. F(2,29)	0.2663
Obs*R-squared	2.396115	Prob. Chi-Square(2)	0.3018

Test Equation:
Dependent Variable: RESID
Method: Least Squares
Included observations: 34
Coefficient covariance computed using outer product of gradients
Presample missing value lagged residuals set to zero.

Variable	Coefficient	Std. Error	t-Statistic	Prob.
C	0.004745	0.034782	0.136410	0.8924
LOG(X)	-0.000326	0.003147	-0.103723	0.9181
AR(1)	0.002417	0.003368	0.717615	0.4787
RESID(-1)	0.290268	0.188898	1.536637	0.1352
RESID(-2)	0.057298	0.197215	0.290533	0.7735

R-squared	0.070474	Mean dependent var	0.008641
Adjusted R-squared	-0.057737	S.D. dependent var	0.064766
S.E. of regression	0.066609	Akaike info criterion	-2.444899
Sum squared resid	0.128666	Schwarz criterion	-2.220435
Log likelihood	46.56329	Hannan-Quinn criter.	-2.368350
F-statistic	0.549674	Durbin-Watson stat	1.991723
Prob(F-statistic)	0.700723		

图 5-32 序列相关 LM 检验

$$\ln\hat{Y}_t = 2.9596 + 0.7054\ln X_t$$
$$(0.546)\quad(0.049)$$
$$n=34, R^2=0.9981, F=8394.9, \hat{\rho}=0.9750$$

3. 设时间序列$\{X_t\}$是由 $X_t=\delta_0+\delta_1 t+\varepsilon_t$生成的，如果 ε_t是一个零均值、同方差、无序列相关的白噪声，试问：

（1）X_t是平稳时间序列吗？

（2）$X_t-\mathrm{E}(X_t)$是平稳时间序列吗？

解答　（1）由于 $\mathrm{E}(X_t)=\delta_0+\delta_1 t$，与时间有关，因此 X_t不是平稳的时间序列。

（2）由于 $X_t-\mathrm{E}(X_t)=\varepsilon_t$，因此，$X_t-\mathrm{E}(X_t)$是平稳的时间序列。

4. 设时间序列 X_t是由下面随机过程生成的：$X_t=Z_t+\varepsilon_t$，其中 ε_t为一均值为 0，方差为 σ_ε^2的白噪声序列，Z_t是一均值为 0，方差为 σ_z^2，自协方差恒为常数 a 的平稳时间序列。ε_t与 Z_t不相关。

（1）求 X_t的期望与方差，它们与时间 t 有关吗？

（2）求自协方差 $\mathrm{Cov}(X_t,X_{t+k})$，并指出 X_t是否是平稳的。

（3）证明：X_t的自相关函数为 $\rho_k=\dfrac{a}{\sigma_z^2+\sigma_\varepsilon^2}$。

解答　（1）$\mathrm{E}(X_t)=\mathrm{E}(Z_t)+\mathrm{E}(\varepsilon_t)=0$

$$\mathrm{Var}(X_t)=\mathrm{Var}(Z_t)+\mathrm{Var}(\varepsilon_t)+2\mathrm{Cov}(Z_t,\varepsilon_t)=\sigma_z^2+\sigma_\varepsilon^2$$

可见 X_t的期望与方差与时间 t 无关。

（2）
$$\begin{aligned}\mathrm{Cov}(X_t,X_{t+k})&=\mathrm{E}(X_tX_{t+k})=\mathrm{E}[(Z_t+\varepsilon_t)(Z_{t+k}+\varepsilon_{t+k})]\\&=\mathrm{E}(Z_tZ_{t+k})+\mathrm{E}(Z_t\varepsilon_{t+k})+\mathrm{E}(\varepsilon_tZ_{t+k})+\mathrm{E}(\varepsilon_t\varepsilon_{t+k})\\&=a\end{aligned}$$

可见 X_t的协方差也与时间 t 无关，结合（1）可知 X_t是平稳的。

（3）X_t的自相关函数为

$$\rho_k=\frac{\mathrm{Cov}(X_t,X_{t+k})}{\mathrm{Var}(X_t)}=\frac{a}{\sigma_z^2+\sigma_\varepsilon^2}$$

5. 如果时间序列 Z_t经过 ADF 检验为一个 $I(1)$序列，试写出最终检验模型可能的形式。

解答　Z_t为 $I(1)$序列，意味着其 1 阶差分 ΔZ_t为 $I(0)$序列。最终检验模型的可能的形式有如下三种：

模型 1：
$$\Delta^2 X_t=\delta\Delta X_{t-1}+\sum_{i=1}^{m}\beta_i\Delta^2 X_{t-i}+\varepsilon_t$$

模型 2：
$$\Delta^2 X_t=\alpha+\delta\Delta X_{t-1}+\sum_{i=1}^{m}\beta_i\Delta^2 X_{t-i}+\varepsilon_t$$

模型 3：
$$\Delta^2 X_t=\alpha+\beta t+\delta\Delta X_{t-1}+\sum_{i=1}^{m}\beta_i\Delta^2 X_{t-i}+\varepsilon_t$$

6. 采用教材表 5.1.1 中列出的 1978—2018 年中国居民实际可支配收入（X_t）时间序列数据，（1）分别对 X_t，$\ln X_t$，$\mathrm{GX}_t=(X_t/X_{t-1}-1)\times100$ 这 3 个序列进行单位根检验；（2）检验

X_t,$\ln X_t$,GX_t的单整阶数。

解答 （1）首先,对中国居民实际可支配收入 X_t进行单位根检验。

在 Eviews 软件的主菜单中,选择 Quick\Series Statistics\Unit root test,在出现的 Series Name 窗口中输入序列名“X”,点击 OK 按钮,在新出现的 Unit Root Test 窗口中的 Test Type 栏内,选择 Augmented Dickey Fuller,在 Test for unit root in 栏内选择 Level,在 include in test equation 栏内分别选择 Trend and intercept、Intercept、None 进行三种类型模型的尝试。经过尝试,三个检验模型都在引入 1 期滞后项时不存在序列相关性,适当的形式分别为:

$$\Delta\hat{X}_t=-835.0+138.0t+0.004X_{t-1}+0.655\Delta X_{t-1}$$
$$(703.8)\quad(61.11)\quad(0.011)\qquad(0.137)$$

$\bar{R}^2=0.911$　LM(1)= 1.96($p=0.161$)　LM(2)= 2.00($p=0.367$)　$\text{ADF}_{0.05}=-3.53$

$$\Delta\hat{X}_t=530.8+0.015X_{t-1}+0.793\Delta X_{t-1}$$
$$(400.2)\quad(0.010)\quad(0.129)$$

$\bar{R}^2=0.901$　LM(1)= 2.37($p=0.124$)　LM(2)= 2.37($p=0.305$)　$\text{ADF}_{0.05}=-2.94$

$$\Delta\hat{X}_t=0.015X_{t-1}+0.838\Delta X_{t-1}$$
$$(0.010)\qquad(0.125)$$

$\bar{R}^2=0.899$　LM(1)= 1.65($p=0.199$)　LM(2)= 1.66($p=0.436$)　$\text{ADF}_{0.05}=-1.95$

可见,在 5%的显著性水平下,这三个检验模型的 X_{t-1}前参数估计的 t 统计值均不比各自的 ADF 临界值小(事实上,它们都是正值),因此它们均不拒绝 X 序列具有单位根的假设,表明中国居民实际可支配收入 X 是非平稳时间序列。

其次,对中国居民实际可支配收入的对数序列 $\ln X$ 进行检验。

Eviews 软件中,检验过程与对 X 的检验过程相同。经过尝试,三个检验模型在引入 1 期滞后项时都不存在序列相关性,适当的形式分别为:

$$\Delta\ln\hat{X}_t=2.025+0.022t-0.2301\ln X_{t-1}+0.431\Delta\ln X_{t-1}$$
$$(0.689)\quad(0.008)\quad(0.080)\qquad(0.148)$$

$\bar{R}^2=0.220$　LM(1)= 0.09($p=0.759$)　LM(2)= 0.12($p=0.941$)　$\text{ADF}_{0.05}=-3.53$

$$\Delta\ln\hat{X}_t=0.056+0.0003\ln X_{t-1}+0.337\Delta\ln X_{t-1}$$
$$(0.061)\quad(0.006)\qquad(0.158)$$

$\bar{R}^2=-0.064$　LM(1)= 1.69($p=0.193$)　LM(2)= 2.31($p=0.315$)　$\text{ADF}_{0.05}=-2.94$

$$\Delta\ln\hat{X}_t=0.005\ln X_{t-1}+0.359\Delta\ln X_{t-1}$$
$$(0.01)\qquad(0.156)$$

$\bar{R}^2=0.068$　LM(1)= 3.44($p=0.229$)　LM(2)= 1.69($p=0.429$)　$\text{ADF}_{0.05}=-1.95$

可见,在 5%的显著性水平下,$\ln X_{t-1}$前参数估计的 t 统计值均不比各自的 ADF 临界值小,这三个检验模型均不拒绝 $\ln X$ 序列具有单位根的假设,表明中国居民实际可支配收入的对数序列 $\ln X$ 是非平稳时间序列。

最后,对中国居民实际可支配收入的增长率序列 GX_t进行检验。

在 Eviews 软件的主菜单中，选择 Quick \ Generate Series，在出现的 Generate Series by Equation 窗口中的 Enter equation 对话框中输入“GX = (X/X(-1) -1) * 100”(图 5-33)，点击 OK 按钮，生成新的序列 GX。

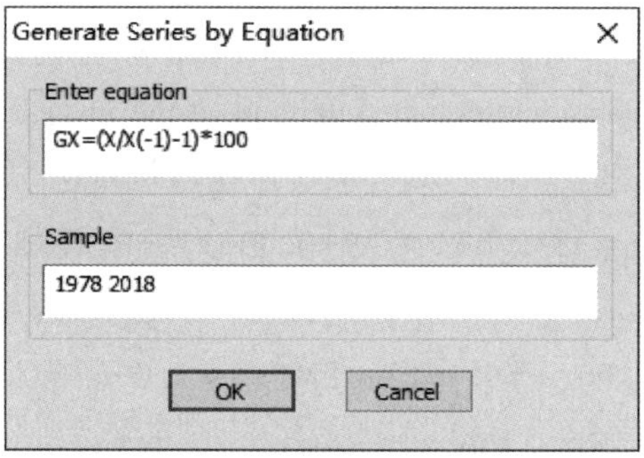

图 5-33　生成变量 GX

对 GX 的检验过程与对 X 的检验过程相同。经过尝试，三个检验模型在不引入滞后项时都不存在序列相关性，适当的形式分别为：

$$\Delta\widehat{GX}_t = 5.860 + 0.010t - 0.651GX_{t-1}$$
$$(1.983)\ (0.058)\ (0.157)$$

$\bar{R}^2 = 0.286$　LM(1) = 1.70($p = 0.192$)　LM(2) = 2.31($p = 0.316$)　$ADF_{0.05} = -3.53$

$$\Delta\widehat{GX}_t = 6.053 - 0.650GX_{t-1}$$
$$(1.608)\ (0.155)$$

$\bar{R}^2 = 0.304$　LM(1) = 1.65($p = 0.199$)　LM(2) = 2.22($p = 0.329$)　$ADF_{0.05} = -2.94$

$$\Delta\widehat{GX}_t = -0.116GX_{t-1}$$
$$(0.072)$$

$\bar{R}^2 = 0.063$　LM(1) = 0.00($p = 1.000$)　LM(2) = 1.71($p = 0.426$)　$ADF_{0.05} = -1.95$

这里，包含截距项的第二个模型是最适当的检验模型。在 5% 的显著性水平下，第二个模型的 GX_{t-1} 的参数估计的 t 统计值为 $-0.65/0.155 = -4.19$，小于 ADF 临界值 -2.94，拒绝 GX 序列具有单位根的假设，表明中国居民实际可支配收入的增长率序列 GX 是平稳时间序列。

(2) 下面依次检验 X_t、$\ln X_t$、GX_t 的单整阶数。

经尝试，X_t 是 2 阶单整的，适当的检验模型如下：

$$\Delta^3\hat{X}_t = -1.2659\Delta^2 X_{t-1}$$
$$(0.1595)$$

$\bar{R}^2 = 0.630$　LM(1) = 0.00($p = 1.000$)　LM(2) = 1.00($p = 1.000$)　$ADF_{0.05} = -1.95$

这里，$\Delta^2 X_{t-1}$ 前参数估计的 t 统计值为 $-1.2659/0.1595 = -7.93$，小于 5% 显著性水平下的 ADF 临界值 -1.95，拒绝 X_t 的 2 阶差分序列存在单位根的假设，表明它是平稳的，因此 $X_t \sim I(2)$。

经尝试，$\ln X_t$ 是 1 阶单整的，适当的检验模型如下：

$$\Delta^2 \ln \hat{X}_t = 0.0585 - 0.6622 \Delta \ln X_{t-1}$$
$$(0.0152)\quad(0.1554)$$

$\overline{R}^2 = 0.311$ $\quad LM(1) = 1.67(p = 0.196)$ $\quad LM(2) = 2.28(p = 0.320)$ $\quad ADF_{0.05} = -2.94$

这里，$\Delta \ln X_{t-1}$前参数估计的 t 统计值为$-0.6622/0.1554=-4.26$，小于 5%显著性水平下的 ADF 临界值-2.94，拒绝 $\ln X_t$的 1 阶差分序列存在单位根的假设，表明它是平稳的，因此 $\ln X_t \sim I(1)$。

在(1)中已检验得到 GX_t序列是平稳的，因此，GX_t是 0 阶单整的，即 $GX_t \sim I(0)$。事实上，由于一个变量对数的差分与其增长率是等价的，因此两者应该具有相同的单整特征。

7. 采用表 5.1.1 中列出的 1978—2018 年中国支出法 GDP 与居民消费价格指数 CPI 时间序列数据，对经 CPI 调整的 GDP，即序列 GDPR＝GDP/CPI×100 的单整阶数进行检验。

解答 经过尝试，GDPR 经过 2 阶差分后，即为平稳序列，适当的检验模型为

$$\Delta^3 \widehat{GDPR}_t = -1.2199 \Delta^2 GDPR_{t-1}$$
$$(0.1624)$$

$\overline{R}^2 = 0.604$ $\quad LM(1) = 0.00(p = 1.000)$ $\quad LM(2) = 1.00(p = 1.000)$ $\quad ADF_{0.05} = -1.95$

这里 $\Delta^2 GDPR_{t-1}$前参数估计的 t 统计值为$-1.2199/0.1624=-7.51$，比 0.05 显著性水平下 ADF 临界值-1.95 小，因此拒绝序列 $\Delta^2 GDPR_{t-1}$具有单位根的假设，表明 GDPR 是 $I(2)$序列。

8. 假设两时间序列 X_t与 Y_t都是随机游走序列。证明：如果 X_t与 Y_t是协整的，则 X_t与 Y_{t-1}也是协整的。

证明 记 $Y_t = Y_{t-1} + \varepsilon_t$，其中 ε_t为白噪声，即为 $I(0)$序列。

由于 X_t与 Y_t是协整的，即一定存在一个它们的线性组合是零阶单整的，即为 $I(0)$序列。不妨假设该线性组合为 $Z_t = X_t + \beta Y_t$。则将 $Y_t = Y_{t-1} + \varepsilon_t$代入得：

$$Z_t = X_t + \beta(Y_{t-1} + \varepsilon_t)$$

或

$$X_t + \beta Y_{t-1} = Z_t - \beta \varepsilon_t$$

由于 Z_t与 ε_t都为 $I(0)$序列，因此，$X_t + \beta Y_{t-1} = Z_t - \beta \varepsilon_t$也为 $I(0)$序列。从而证明了存在一线性组合 $X_t + \beta Y_{t-1} \sim I(0)$。

9. 假设两时间序列 X_t与 Y_t都是 $I(1)$序列，但对某个不为 0 的 β，使 $Y_t - \beta X_t$是 $I(0)$。证明：对于任何 $\delta \neq \beta$，组合 $Y_t - \delta X_t$一定是 $I(1)$的。

证明 对 $\delta \neq \beta$ 有

$$Y_t - \delta X_t = Y_t - \beta X_t + (\beta - \delta) X_t$$

即序列 $Y_t - \delta X_t$是一个 $I(0)$序列与一个 $I(1)$序列的和，因此其特征完全由 $I(1)$的特征给出，即该序列一定是 $I(1)$的。

10. 假设两个时间序列 X_t与 Y_t满足 $Y_t = \beta X_t + \varepsilon_{1t}$与 $\Delta X_t = \alpha \Delta X_{t-1} + \varepsilon_{2t}$，其中，$\beta \neq 0$，$|\alpha| < 1$，且 ε_{1t}与 ε_{2t}分别是两个 $I(0)$序列。证明：从这两个方程可以推出一个如下形式的误差修正模型：

$$\Delta Y_t = \alpha_1 \Delta X_{t-1} + \delta(Y_{t-1} - \beta X_{t-1}) + \varepsilon_t$$

其中，

$$\alpha_1 = \beta \alpha, \delta = -1, \varepsilon_t = \varepsilon_{1t} + \beta \varepsilon_{2t}。$$

证明　对方程 $Y_t=\beta X_t+\varepsilon_{1t}$ 两边同时减去 Y_{t-1}，得

$$\Delta Y_t=\beta X_t-Y_{t-1}+\varepsilon_{1t}$$

然后对该式等号右边加上再减去一个 βX_{t-1}，得

$$\begin{aligned}\Delta Y_t&=\beta X_t-Y_{t-1}+\beta X_{t-1}-\beta X_{t-1}+\varepsilon_{1t}\\&=\beta\Delta X_t-(Y_{t-1}-\beta X_{t-1})+\varepsilon_{1t}\end{aligned}$$

将第二个方程 $\Delta X_t=\alpha\Delta X_{t-1}+\varepsilon_{2t}$ 代入，得

$$\begin{aligned}\Delta Y_t&=\beta(\alpha\Delta X_{t-1}+\varepsilon_{2t})-(Y_{t-1}-\beta X_{t-1})+\varepsilon_{1t}\\&=\beta\alpha\Delta X_{t-1}-(Y_{t-1}-\beta X_{t-1})+\varepsilon_{1t}+\beta\varepsilon_{2t}\\&=\alpha_1\Delta X_{t-1}+\delta(Y_{t-1}-\beta X_{t-1})+\varepsilon_t\end{aligned}$$

其中

$$\alpha_1=\beta\alpha,\delta=-1,\varepsilon_t=\varepsilon_{1t}+\beta\varepsilon_{2t}$$

11. 观察中国货物进口和出口数据，发现在一个很长的时期内，两者之间有很强的同步性，由于中国的加工贸易占总贸易量的一半左右，一种观点认为中国的货物进口很大程度上受货物出口波动的影响；另一种观点则认为情况是相反的，即中国的货物出口很大程度上受货物进口波动的影响；第三种观点则认为两者相互影响。表 5-6 给出了 1978—2007 年中国货物出口额与进口额的自然对数序列 $\ln X$、$\ln M$（自 2008 年国际金融危机后，数据出现了奇异性）。

表 5-6　1978—2007 年中国货物进出口数据

年份	$\ln X$	$\ln M$	年份	$\ln X$	$\ln M$
1978	4.579 9	4.690 4	1993	6.821 5	6.946 6
1979	4.917 1	5.054 3	1994	7.098 5	7.052 8
1980	5.199 6	5.299 3	1995	7.305 1	7.186 0
1981	5.394 1	5.394 5	1996	7.320 2	7.235 8
1982	5.408 1	5.262 2	1997	7.510 9	7.261 0
1983	5.404 0	5.365 5	1998	7.515 9	7.245 9
1984	5.566 1	5.613 5	1999	7.575 2	7.412 8
1985	5.611 3	6.046 2	2000	7.820 8	7.719 1
1986	5.734 6	6.061 7	2001	7.886 5	7.797 9
1987	5.977 4	6.068 7	2002	8.088 3	7.990 1
1988	6.163 7	6.314 8	2003	8.385 3	8.325 5
1989	6.264 2	6.382 5	2004	8.688 3	8.632 7
1990	6.431 2	6.279 5	2005	8.938 5	8.794 7
1991	6.578 0	6.458 2	2006	9.178 8	8.976 5
1992	6.744 5	6.692 0	2007	9.407 4	9.165 3

（1）对 $\ln X$ 与 $\ln M$ 序列进行单位根检验，检验它们的平稳性；

（2）检验 $\ln X$ 与 $\ln M$ 的单整性；

（3）对 $\ln X$ 与 $\ln M$ 序列进行格兰杰因果关系检验；

（4）检验 $\ln X$ 与 $\ln M$ 的协整性；

（5）如果 $\ln X$ 与 $\ln M$ 是协整的,请估计 $\ln X$ 关于 $\ln M$ 的误差修正模型。

解答 （1）在 Eviews 软件下,在对 $\ln X$ 的单位根的检验中,经过尝试,三个检验模型的适当的形式分别为

$$\Delta\ln\hat{X}_t = 0.600 + 0.017t - 0.102\ln X_{t-1}$$
$$(0.607)\ (0.019)\ (0.133)$$

$\overline{R}^2 = -0.018$　LM(1) = 3.54(p = 0.060)　LM(2) = 4.27(p = 0.118)　$\text{ADF}_{0.05} = -3.57$

$$\Delta\ln\hat{X}_t = 0.080 + 0.013\ln X_{t-1}$$
$$(0.102)\ (0.015)$$

$\overline{R}^2 = -0.009$　LM(1) = 1.31(p = 0.252)　LM(2) = 1.42(p = 0.492)　$\text{ADF}_{0.05} = -2.97$

$$\Delta\ln\hat{X}_t = 0.024\ln X_{t-1}$$
$$(0.003)$$

$\overline{R}^2 = -0.005$　LM(1) = 1.14(p = 0.286)　LM(2) = 1.32(p = 0.516)　$\text{ADF}_{0.05} = -1.95$

可见,在 5%的显著性水平下,三个检验模型均不拒绝序列 $\ln X$ 具有单位根的假设,表明 $\ln X$ 是非平稳的。

同样地,可以检验出序列 $\ln M$ 也是非平稳的。三个检验模型适当的形式分别为:

$$\Delta\ln\hat{M}_t = 1.768 + 0.052t - 0.366\ln M_{t-1} + 0.413\Delta\ln M_{t-1}$$
$$(0.712)\ (0.021)\ (0.153)\quad (0.191)$$

$\overline{R}^2 = 0.169$　LM(1) = 0.39(p = 0.532)　LM(2) = 2.64(p = 0.267)　$\text{ADF}_{0.05} = -3.58$

$$\Delta\ln\hat{M}_t = -0.026 + 0.030\ln M_{t-1} + 0.221\Delta\ln M_{t-1} - 0.438\Delta\ln M_{t-2}$$
$$(0.151)\ (0.023)\qquad (0.187)\qquad (0.174)$$

$\overline{R}^2 = 0.173$　LM(1) = 0.35(p = 0.553)　LM(2) = 0.35(p = 0.837)　$\text{ADF}_{0.05} = -2.98$

$$\Delta\ln\hat{M}_t = 0.017\ln M_{t-1} + 0.192\Delta LM_{t-1}$$
$$(0.005)\qquad (0.138)$$

$\overline{R}^2 = 0.031$　LM(1) = 0.29(p = 0.589)　LM(2) = 5.95(p = 0.051)　$\text{ADF}_{0.05} = -1.95$

（2）在对 $\ln X$ 的单整性的检验中,经过尝试,发现它的 1 阶差分序列,在只带截距项时,在 5%的显著性水平下拒绝存在单位根的假设,即有如下检验结果:

$$\Delta^2\ln\hat{X}_t = 0.1177 - 0.7403\Delta\ln X_{t-1}$$
$$(0.034)\ (0.179)$$

$\overline{R}^2 = 0.373$　LM(1) = 0.47(p = 0.495)　LM(2) = 1.19(p = 0.551)　$\text{ADF}_{0.05} = -2.97$

这里,$\Delta\ln X_{t-1}$前的参数估计的 t 统计值为−0.740 3/0.179 = −4.13,比 5%显著性水平下 ADF 分布的临界值−2.97 小,拒绝存在单位根的假设,表明 $\ln X$ 是 1 阶单整的。

同样地，在 $\ln M$ 的单整性的检验中，经过尝试，发现它的 1 阶差分序列，在只带截距项时，在 5%的显著性水平下拒绝存在单位根的假设，即有如下检验结果：

$$\Delta^2 \ln \hat{M}_t = 0.114\,4 - 0.788\,4 \Delta \ln M_{t-1}$$
$$(0.037)\quad(0.183)$$

$\bar{R}^2 = 0.395$　$LM(1) = 1.03(p=0.309)$　$LM(2) = 4.66(p=0.097)$　$ADF_{0.05} = -2.97$

这里，$\Delta \ln M_{t-1}$ 前的参数估计的 t 统计值为 $-0.788\,4/0.183 = -4.31$，比 5%显著性水平下 ADF 分布的临界值 -2.97 小，拒绝存在单位根的假设，表明 $\ln M$ 也是 1 阶单整的。

（3）$\ln X$ 与 $\ln M$ 两序列都是 $I(1)$ 序列，即为同阶单整序列，下面对它们进行 Granger 因果关系检验。

在 Eviews 软件下，选择 Quick\Group Statistics\Granger Causality Test，在出现的 Series List 窗口中输入“log(X)　log(M)”，点击 OK 按钮，并在新出现的 Lag Specification 窗口中输入滞后期数 1，点击 OK 按钮即出现检验结果（图 5-34）。

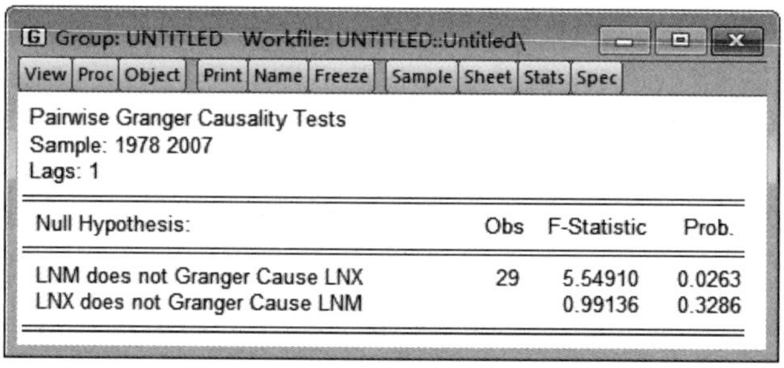

Null Hypothesis:	Obs	F-Statistic	Prob.
LNM does not Granger Cause LNX	29	5.54910	0.0263
LNX does not Granger Cause LNM		0.99136	0.3286

图 5-34　格兰杰因果关系检验

由图 5-34 中 F 统计量的伴随概率可知，在 5%的显著性水平下，拒绝“$\ln M$ 不是 $\ln X$ 的格兰杰原因”的假设，但不拒绝“$\ln X$ 不是 $\ln M$ 的格兰杰原因”的假设。从检验模型随机干扰项 1 阶序列相关的拉格朗日乘数（LM）检验看，以 $\ln M$ 为被解释变量的模型的 LM = 4.096，对应的伴随概率 $P=0.043$，表明在 5%的显著性水平下，该检验模型存在序列相关性；但是，以 $\ln X$ 为被解释变量的模型的 LM = 0.575，对应的伴随概率 $P=0.448$，表明在 5%的显著性水平下，该检验模型不存在序列相关性。

表 5-7 给出了取 1~3 阶滞后的检验结果。可以看出，滞后 1 阶时，在 5%的显著性水平下，检验模型拒绝了“$\ln M$ 不是 $\ln X$ 的格兰杰原因”的假设，而不拒绝“$\ln X$ 不是 $\ln M$ 的格兰杰原因”的假设。而在滞后 2 阶、后 3 阶时，检验模型既不拒绝“$\ln M$ 不是 $\ln X$ 的格兰杰原因”的假设，也不拒绝“$\ln X$ 不是 $\ln M$ 的格兰杰原因”的假设。但 LM 检验显示滞后 2 阶的检验模型不存在序列相关性，滞后 3 阶的检验模型却又存在着序列相关性。因此，可以用 2 阶滞后模型的检验结果进行判断。这时，可判断中国的进口与出口中不存在显著的格兰杰因果关系。但如果将显著性水平设定为 10%，则无论是 1 阶滞后、还是 2、3 阶滞后，都显示进口是出口的格兰杰原因而不是相反，即从统计学的视角看，进口的滞后项对出口有影响，而出口的滞后项对进口没有影响。考虑到中国改革开放以来，加工贸易占到中国总贸易的一半左右，进口的大部分零部件是为了组装成产品后再出口，因此这种统计上的先导与后续关系反

映了中国进出口的现实。

表 5-7　中国出口与进口的对数序列 lnX 与 lnM 的格兰杰因果关系检验

滞后长度	格兰杰因果性	F 检验的 P 值	LM(1)检验的 P 值	AIC	结论
1	$\ln X \xrightarrow{\times} \ln M$	0.329	0.043	-1.027	不拒绝
	$\ln M \xrightarrow{\times} \ln X$	0.026	0.448	-1.831	拒绝
2	$\ln X \xrightarrow{\times} \ln M$	0.166	0.283	-1.119	不拒绝
	$\ln M \xrightarrow{\times} \ln X$	0.056	0.055	-1.942	不拒绝
3	$\ln X \xrightarrow{\times} \ln M$	0.412	0.378	-1.171	不拒绝
	$\ln M \xrightarrow{\times} \ln X$	0.066	0.043	-1.959	不拒绝

注：表中“$\xrightarrow{\times}$”表示“箭头前的变量不是箭头后的变量的格兰杰原因”。

（4）由于 $\ln X$ 与 $\ln M$ 两序列都是 $I(1)$ 序列，因此它们有可能是(1,1)阶协整的。下面进行协整检验。

做 $\ln M$ 关于 $\ln X$ 的 OLS 回归得：

$$\ln\hat{M}=0.503\,8+0.922\,6\ln X$$
$$(0.126)\quad(0.018)$$
$$R^2=0.989\,4\quad F=2\,605.3$$

记该回归的残差项为 e_t，对它进行协整的 ADF 检验。经尝试，一个不包括截距项与时间趋势项，但含有 1 阶差分滞后项的检验模型的估计结果为：

$$\Delta\hat{e}_t=-0.653\,6e_{t-1}+0.355\,0\Delta e_{t-1}$$
$$(0.180)\qquad(0.183)$$

$$\bar{R}^2=0.312\quad \mathrm{LM}(1)=0.00(p=1.000)\quad \mathrm{LM}(2)=0.87(p=0.646)$$
$$\mathrm{ADF}_{0.05}=-3.337\,7-5.967/30-8.89/30^2=-3.55$$

这里，e_{t-1}前的 t 统计值为-0.653/0.180=-3.63，比 5%的显著性水平下 ADF 的临界值-3.55 小，因此，拒绝存在单位根的假设，表明残差序列 e_t是平稳的。由此知，$\ln M$ 与 $\ln X$ 存在(1,1)阶协整关系。

（5）在(4)的基础上，将协整回归中的残差序列 e_t作为误差修正项，可建立误差修正模型。经尝试，包含 $\ln X$ 与 $\ln M$ 的一阶滞后项的模型是一个适当的模型：

$$\Delta\ln\hat{M}_t=0.692\Delta\ln X_t-0.150\Delta\ln X_{t-1}+0.422\Delta\ln M_{t-1}-0.637e_{t-1}$$
$$(0.203)\qquad(0.222)\qquad(0.193)\qquad(0.187)$$

$$\bar{R}^2=0.322\quad \mathrm{LM}(1)=1.85(p=0.174)\quad \mathrm{LM}(2)=2.25(p=0.325)$$

可见模型已不存在序列相关性。因此，最终的误差修正模型为：

$$\Delta\ln\hat{M}_t=0.692\Delta\ln X_t-0.150\Delta\ln X_{t-1}+0.422\Delta\ln M_{t-1}$$
$$-0.637(\ln M_{t-1}-0.504-0.923\ln X_{t-1})$$

第六章

非经典截面数据计量经济学模型

一、内容提要与学习指南

1. 知识结构

- 非经典截面数据计量经济学模型
  - 选择性样本计量经济学模型
    - 模型经济问题分类
      - “截断”问题
      - “归并”问题
    - “截断”问题模型
      - “截断”分布
      - 模型的最大似然(ML)估计
      - OLS 估计的问题
    - “归并”问题模型
      - 研究问题的思路
      - “归并”变量的分布
      - 模型的最大似然估计
  - 二元离散选择模型
    - 经济背景模型建立
      - 原始模型
      - 效用模型
    - 模型估计
      - 模型的最大似然估计原理
      - Probit 模型及参数估计
        - 重复观测值不可得:最大似然法
        - 重复观测值可得:广义最小二乘法(GLS)
      - Logit 模型及参数估计
        - 重复观测值不可得:最大似然法
        - 重复观测值可得:广义最小二乘法(GLS)
  - 固定效应面板数据模型
    - 模型概述
    - 模型设定:6 种设定形式
    - 模型检验:通常在截距、斜率变与不变间检验 3 种模型设定
    - 模型估计
      - 变截距模型:最小二乘虚拟变量法(LSDV)、组内估计法(within estimate)
      - 变系数模型:广义最小二乘法(GLS)

2. 学习指南

本章主要学习几类常见的非经典截面数据计量经济学模型,它们主要涉及数据类型非

经典和估计方法非经典的计量经济学问题。

本章首先学习一类数据类型非经典的计量经济学模型，包括数据的“截断”类型以及数据的“归并”类型。经典的计量经济学模型认为被解释变量是可以取任何值的连续型随机变量。例如，在给出随机干扰项具有零均值、同方差的正态分布假设下的线性回归模型，被解释变量则一定是以解释变量的线性组合为均值的服从正态分布的随机变量，它可以在正负无穷大范围内取值。而数据的“截断”问题，则是指数据的实际抽取不能从全部的个体中获得，而只能从一部分个体中获得，如被解释变量（连同解释变量）只能从大于某个常数的正态分布总体中取得。由于对被解释变量给出了这种“截断”性限制，其取值的概率也自然发生了变化，在这种限制条件下的概率密度函数也发生了变化，OLS 估计所依赖的条件期望函数已不再是解释变量的线性函数，而对应的回归模型中的随机扰动项也不再具有同方差性。因此，经典的 OLS 估计法已不再适用，只能借助极大似然原理，在改变了的概率密度函数形成的新的似然函数的基础上，通过最大似然估计法来估计模型。

数据的“归并”问题是指理论上被解释变量的处于某一范围的值实际都是以一个相同的值出现。例如商场对某商品的打折促销活动是以购买者最多能够购买多少件为其上限的，这时观察到的数据往往就是该上限值，而不是购买者实际愿意购买到的件数。这时称被解释变量大于等于某界限值的“应当”被观察到的数据都被“归并”到了该界限值上。这种实际观测到数据范围的“限制”，使得被“归并”数据的概率“表现”与那些未被“归并”的数据的概率“表现”有所区别，从而改变了经典数据形式下数据抽取值的似然函数的表现形式，极大似然估计法也就成了最直观有效的估计方法。

本章学习的第二类扩展的截面数据计量经济学模型是另一类数据类型非经典的计量经济模型——二元离散选择模型，包括常见的 Probit 离散选择模型与 Logit 离散选择模型。二元离散选择模型将被解释变量由连续型拓展到了离散型。同样地，二元离散选择模型是将原模型转换为效用模型后，通过最大似然原理估计的。Probit 模型是将效用模型中的随机干扰项的概率分布设定为标准正态分布推导得到的，其估计分为未分组（无重复观测值）与有分组（有重复观测值）两类，前者用极大似然法估计一个非线性函数的参数，后者则通过得到一个线性函数采用广义最小二乘法估计。Logit 模型是将效用模型中的随机干扰项的概率分布设定为逻辑（logistic）分布推导得到的，其估计也分为未分组（无重复观测值）与有分组（有重复观测值）两类，前者仍用极大似然法估计一个非线性函数的参数，后者则仍是通过得到一个线性函数采用广义最小二乘法估计。

本章要学习的第三类扩展的计量经济学模型又是一类数据类型非经典的单方程计量经济模型——面板数据计量经济学模型，包括固定影响变截距模型与固定影响变系数模型两种情况。这类数据一改传统模型中的只使用截面数据或只使用时序数据，而是同时将截面与时序数据统一在一个模型之中。根据模型截距项与斜率项是否随截面个体或时间变化的不同组合，面板数据模型可形成各种不同的类型：截面个体变系数模型（变截距、变斜率模型），截面个体变截距模型，截面个体截距、斜率不变模型（混合模型），截面个体不变截距、变斜率模型，时点变系数模型，截面个体和时点变截距模型。在这些不同类型的面板数据模型中，最常见的有截面个体变系数模型、截面个体变截距模型以及截面个体截距、斜率都不变模型这三种类型。这三种常见模型的类型选择，应通过无约束、受约束模型的 F 检验来完成。在面板数据模型中,变化的截距本来是想刻画观测不到的个体的某些特征的差异,称为个体效应。根据估计模型的过程中对观测不到的个体效应的不同处理方式,面板数据模型又可分为固定效应模型与随机效应模型,前者是将观测不到的不同个体效应视为模型随个体变化的截距项来处理,而后者是将观测不到的不同个体效应视为模型的随机干扰项的组成成分来处理。固定效应变截距模型认为模型的斜率在截面的不同个体上是相同的,但截距不同,往往是通过所谓的"组内估计"法来对模型进行估计,也可通过引入虚拟变量的方法进行估计。固定效应变系数模型认为模型的截距与斜率在截面的不同个体上都不相同,因此,需要一个一个看待每个截面个体的模型。当每个个体模型的随机干扰项间不相关时,可对每个个体的单方程模型进行 OLS 估计;而当每个个体模型的随机干扰项相关时,则须通过广义最小二乘法(GLS)进行估计。

3. 典型例题与教材练习题知识点

在下面的典型例题分析与教材练习题的解答分析中,还有如下内容需要关注,它们在教材中没有特别强调,但在对扩展的计量经济学模型的深入认识上有所帮助。

第一,在"截断"数据情形下,当写出一个线性回归模型时,我们原本要寻找的仍是总体变量间的"真实"关系吗?在"截断"数据情形下,随机函数形式的模型表达式与不存在"截断"数据情形下的表达式是否相同?而非随机函数形式的模型表达式,即被解释变量条件期望函数的表达式,是否与不存在"截断"数据情形下的表达式相同?在"截断"数据情形下,我们所关注的某解释变量变动的"边际"效应与不存在"截断"数据情形下的"边际"效应是否相同?

第二,在"截断"数据下,被解释变量的条件期望函数是如何推导出来的?其条件方差又是如何推导出来的呢?

第三,在被解释变量小于等于零时都"归并"为零这一"归并"数据情形下,随机函数形式的模型表达式与不存在"归并"数据情形下的表达式是否相同?而非随机函数形式的模型表达式,即被解释变量条件期望函数的表达式,是否与不存在"归并"数据情形下的表达式相同?在"归并"数据情形下,我们所关注的某解释变量变动的"边际"效应与不存在"归并"数据情形下的"边际"效应是否相同?

第四,在二元离散选择模型中,被解释变量的条件期望函数本质上是其值取 1 时的概率,因此当该期望函数为线性模型时,二元离散选择模型也被称为线性概率模型(linear probability model,LPM),那么线性概率模型与二元离散选择模型的另外两种常用模型——Probit 模型和 Logit 模型——有何异同?该三个模型在考察某解释变量变动 1 个单位时的"边际"效用的表达式是否相同?哪种模型在考察这种"边际"效应时经济意义或实际含义更合理一些?

第五,在二元离散选择模型中,对分组数据(重复观测数据)如何进行 Probit 模型与 Logit 模型的估计?

第六,在二元离散选择模型中,对相同的样本数据,选择线性概率模型、Probit 模型以及 Logit 模型的参数估计结果表面上看往往不同,这种"表面上"的结果能直接比较吗?如何在相同的经济含义下——如通过"边际"效应——来比较该三类模型的估计的参数呢?

第七,在面板数据模型中,一个重要但却常常被忽略的问题是将模型设定为变系数模型

(变截距、变斜率模型),变截距模型,还是设定为截距、斜率都不变的混合模型,换言之,对模型的设定是非常重要的一个环节。仍然沿用无约束、受约束模型的 F 检验来帮助设定模型,那么常用的几类 F 检验在具体的样本数据下是如何操作的呢?

第八,在面板数据模型中,对于变系数固定效应模型,本质上需要估计每个截面个体对应的单方程模型,而在这些单方程模型的随机干扰项间存在相关性时,需要通过广义最小二乘法进行估计。那么广义最小二乘法是如何操作的呢?

二、典型例题分析

例 1

设随机变量 $Z\sim N(0,1)$,对任意常数 a,试证明

(1) $\mathrm{E}(Z|Z>a)=\dfrac{\varphi(a)}{1-\Phi(a)}=\lambda(a)$

(2) $\mathrm{E}(Z^2\mid Z>a)=1+a\dfrac{\varphi(a)}{1-\Phi(a)}=1+a\lambda(a)$

(3) $\mathrm{Var}(Z|Z>a)=1+a\dfrac{\varphi(a)}{1-\Phi(a)}-\left(\dfrac{\varphi(a)}{1-\Phi(a)}\right)^2=1+a\lambda(a)-\lambda^2(a)$

其中 $\lambda(a)=\dfrac{\varphi(a)}{1-\Phi(a)}$称为反米尔斯比率(inverse Mills ratio)。

解答 (1) $$\mathrm{E}(Z\mid Z>a)=\int_a^{\infty}Z\frac{\varphi(Z)}{1-\Phi(a)}\mathrm{d}Z=\frac{1}{1-\Phi(a)}\int_a^{\infty}Z\frac{1}{\sqrt{2\pi}}\mathrm{e}^{-\frac{Z^2}{2}}\mathrm{d}Z$$

$$=\frac{1}{1-\Phi(a)}\left[-\frac{1}{\sqrt{2\pi}}\int_a^{\infty}\mathrm{d}\mathrm{e}^{-\frac{Z^2}{2}}\right]=\frac{1}{1-\Phi(a)}\left[-\frac{1}{\sqrt{2\pi}}\mathrm{e}^{-\frac{Z^2}{2}}\right]_a^{\infty}$$

$$=\frac{1}{1-\Phi(a)}\left[0+\frac{1}{\sqrt{2\pi}}\mathrm{e}^{-\frac{a^2}{2}}\right]=\frac{\varphi(a)}{1-\Phi(a)}=\lambda(a)$$

(2) $$\mathrm{E}(Z^2\mid Z>a)=\int_a^{\infty}Z^2\frac{\varphi(Z)}{1-\Phi(a)}\mathrm{d}Z=\frac{1}{1-\Phi(a)}\int_a^{\infty}Z^2\frac{1}{\sqrt{2\pi}}\mathrm{e}^{-\frac{Z^2}{2}}\mathrm{d}Z$$

$$=\frac{1}{1-\Phi(a)}\left[-\frac{1}{\sqrt{2\pi}}\int_a^{\infty}Z\mathrm{d}\mathrm{e}^{-\frac{Z^2}{2}}\right]$$

$$=\frac{1}{1-\Phi(a)}\left[\left(-\frac{1}{\sqrt{2\pi}}Z\mathrm{e}^{-\frac{Z^2}{2}}\right)_a^{\infty}+\frac{1}{\sqrt{2\pi}}\int_a^{\infty}\mathrm{e}^{-\frac{Z^2}{2}}\mathrm{d}Z\right]$$

$$= \frac{1}{1-\Phi(a)}\left[0 + a\frac{1}{\sqrt{2\pi}}e^{-\frac{a^2}{2}} + \left(1 - \int_{-\infty}^{a}\frac{1}{\sqrt{2\pi}}e^{-\frac{Z^2}{2}}dZ\right)\right]$$

$$= a\frac{\varphi(a)}{1-\Phi(a)} + \frac{1-\Phi(a)}{1-\Phi(a)} = 1 + a\lambda(a)$$

(3) $\mathrm{Var}(Z|Z>a) = \mathrm{E}(Z^2 \mid Z>a) - [\mathrm{E}(Z|Z>a)]^2$

$$= 1 + a\lambda(a) - \lambda^2(a) = 1 + a\frac{\varphi(a)}{1-\Phi(a)} - \left[\frac{\varphi(a)}{1-\Phi(a)}\right]^2$$

例 2

对线性回归模型 $Y_i = \boldsymbol{X}_i\boldsymbol{\beta} + \mu_i, \mu_i \sim N(0,\sigma^2)$。记 $\alpha_i = (a - \boldsymbol{X}_i\boldsymbol{\beta})/\sigma$,$a$ 为某常数,试证明在 $Y>a$ 的截断情况下:

(1) $\mathrm{E}(Y_i \mid Y_i>a) = \boldsymbol{X}_i\boldsymbol{\beta} + \sigma\dfrac{\varphi[(a-\boldsymbol{X}_i\boldsymbol{\beta})/\sigma]}{1-\Phi[(a-\boldsymbol{X}_i\boldsymbol{\beta})/\sigma]} = \boldsymbol{X}_i\boldsymbol{\beta} + \sigma\lambda(\alpha_i)$

(2) $\mathrm{E}(Y_i^2 \mid Y_i>a) = (\boldsymbol{X}_i\boldsymbol{\beta})^2 + 2\sigma\boldsymbol{X}_i\boldsymbol{\beta}\lambda(\alpha_i) + \sigma^2[1+\alpha_i\lambda(\alpha_i)]$

(3) $\mathrm{Var}(Y_i \mid Y_i>a) = \sigma^2[1+\alpha_i\lambda(\alpha_i) - \lambda^2(\alpha_i)]$

(4) 根据(1),令 $Y_i \mid Y_i>a = \mathrm{E}(Y_i \mid Y_i>a) + u_i = \boldsymbol{X}_i\boldsymbol{\beta} + \sigma\lambda(\alpha_i) + u_i$,则 $\mathrm{E}(u_i \mid Y_i>a) = 0$,$\mathrm{Var}(u_i \mid Y_i>a) = \sigma^2[1+\alpha_i\lambda(\alpha_i) - \lambda^2(\alpha_i)]$

解答 (1) 易知:$Y_i \sim N(\boldsymbol{X}_i\boldsymbol{\beta}, \sigma^2)$,于是 $Z_i = (Y_i - \boldsymbol{X}_i\boldsymbol{\beta})/\sigma \sim N(0,1)$。则 $Y_i = \boldsymbol{X}_i\boldsymbol{\beta} + \sigma Z_i$,$Y_i>a$ 对应于 $Z_i > (a-\boldsymbol{X}_i\boldsymbol{\beta})/\sigma = \alpha_i$。根据例 1 中(1)的结果,有

$$\mathrm{E}(Y_i|Y_i > a) = \int_a^{\infty} Y_i f(Y_i|Y_i > a)\,dY_i = \int_a^{\infty} Y_i \frac{\frac{1}{\sigma}\varphi[(Y_i - \boldsymbol{X}_i\boldsymbol{\beta})/\sigma]}{1-\Phi[(a-\boldsymbol{X}_i\boldsymbol{\beta})/\sigma]}dY_i$$

$$= \int_{\alpha_i}^{\infty}(\boldsymbol{X}_i\boldsymbol{\beta} + \sigma Z_i)\frac{\varphi(Z_i)}{1-\Phi(\alpha_i)}dZ_i = \boldsymbol{X}_i\boldsymbol{\beta}\int_{\alpha_i}^{\infty}\frac{\varphi(Z_i)}{1-\Phi(\alpha_i)}dZ_i + \sigma\int_{\alpha_i}^{\infty}Z_i\frac{\varphi(Z_i)}{1-\Phi(\alpha_i)}dZ_i$$

$$= \boldsymbol{X}_i\boldsymbol{\beta} + \sigma\frac{\varphi(\alpha_i)}{1-\Phi(\alpha_i)}$$

这里用到了

$$\int_{\alpha_i}^{\infty}\frac{\varphi(Z_i)}{1-\Phi(\alpha_i)}dZ_i = \frac{1}{1-\Phi(\alpha_i)}\int_{\alpha_i}^{\infty}\varphi(Z_i)\,dZ_i = \frac{1}{1-\Phi(\alpha_i)}\left[1 - \int_{-\infty}^{\alpha_i}\varphi(Z_i)\,dZ_i\right]$$

$$= \frac{1-\Phi(\alpha_i)}{1-\Phi(\alpha_i)} = 1$$

$$(2)\ \mathrm{E}(Y_i^2|Y_i > a) = \int_a^{\infty}Y_i^2 f(Y_i|Y_i > a)\,dY_i = \int_a^{\infty}Y_i^2\frac{\frac{1}{\sigma}\varphi[(Y_i - \boldsymbol{X}_i\boldsymbol{\beta})/\sigma]}{1-\Phi[(a-\boldsymbol{X}_i\boldsymbol{\beta})/\sigma]}dY_i$$

$$= \int_{\alpha_i}^{\infty} (\boldsymbol{X}_i \boldsymbol{\beta} + \sigma Z_i)^2 \frac{\varphi(Z_i)}{1-\Phi(\alpha_i)} \mathrm{d}Z_i$$

$$= (\boldsymbol{X}_i \boldsymbol{\beta})^2 \int_{\alpha_i}^{\infty} \frac{\varphi(Z_i)}{1-\Phi(\alpha_i)} \mathrm{d}Z_i + 2\boldsymbol{X}_i \boldsymbol{\beta}\sigma \int_{\alpha_i}^{\infty} Z_i \frac{\varphi(Z_i)}{1-\Phi(\alpha_i)} \mathrm{d}Z_i + \sigma^2 \int_{\alpha_i}^{\infty} Z_i^2 \frac{\varphi(Z_i)}{1-\Phi(\alpha_i)} \mathrm{d}Z_i$$

$$= (\boldsymbol{X}_i \boldsymbol{\beta})^2 + 2\boldsymbol{X}_i \boldsymbol{\beta}\sigma\lambda(\alpha_i) + \sigma^2[1+\alpha_i\lambda(\alpha_i)]$$

(3) $\mathrm{Var}(Y_i \mid Y_i>a) = \mathrm{E}(Y_i^2 \mid Y_i>a) - [\mathrm{E}(Y_i \mid Y_i>a)]^2$

$$= (\boldsymbol{X}_i \boldsymbol{\beta})^2 + 2\boldsymbol{X}_i \boldsymbol{\beta}\sigma\lambda(\alpha_i) + \sigma^2[1+\alpha_i\lambda(\alpha_i)] - [\boldsymbol{X}_i \boldsymbol{\beta} + \sigma\lambda(\alpha_i)]^2$$

$$= (\boldsymbol{X}_i \boldsymbol{\beta})^2 + 2\boldsymbol{X}_i \boldsymbol{\beta}\sigma\lambda(\alpha_i) + \sigma^2[1+\alpha_i\lambda(\alpha_i)] - (\boldsymbol{X}_i \boldsymbol{\beta})^2 - 2\boldsymbol{X}_i \boldsymbol{\beta}\sigma\lambda(\alpha_i) - \sigma^2\lambda^2(\alpha_i)$$

$$= \sigma^2(1+\alpha_i\lambda(\alpha_i) - \lambda^2(\alpha_i))$$

(4) 由于 $\mathrm{E}(Y_i \mid Y_i>a) = \boldsymbol{X}_i \boldsymbol{\beta} + \sigma \dfrac{\varphi[(a-\boldsymbol{X}_i \boldsymbol{\beta})/\sigma]}{1-\Phi[(a-\boldsymbol{X}_i \boldsymbol{\beta})/\sigma]} = \boldsymbol{X}_i \boldsymbol{\beta} + \sigma\lambda(\alpha_i)$，则在 $Y_i>a$ 的条件下，Y_i 的随机形式可表示为

$$Y_i \mid Y_i>a = \mathrm{E}(Y_i \mid Y_i>a) + u_i = \boldsymbol{X}_i \boldsymbol{\beta} + \sigma\lambda(\alpha_i) + u_i$$

可见，$u_i = Y_i \mid Y_i>a - \mathrm{E}(Y_i \mid Y_i>a) = Y_i \mid Y_i>a - [\boldsymbol{X}_i \boldsymbol{\beta} + \sigma\lambda(\alpha_i)]$，从而有

$$\mathrm{E}(u_i \mid Y_i>a) = \mathrm{E}(Y_i \mid Y_i>a) - \mathrm{E}(Y_i \mid Y_i>a) = 0$$

$$\mathrm{Var}(u_i \mid Y_i>a) = \mathrm{Var}(Y_i \mid Y_i>a) = \sigma^2[1+\alpha_i\lambda(\alpha_i) - \lambda^2(\alpha_i)]$$

例 3

对于一组观测数据 $\{(Y_i;\boldsymbol{X}_i): i=1,2,\cdots,n\} = \{(Y_i;1,X_{i1},\cdots,X_{ik}): i=1,2,\cdots,n\}$，想建立 Y_i 关于 $\boldsymbol{X}_i$ 的线性回归方程，假设随机干扰项服从正态分布 $\mu_i \sim N(0,\sigma^2)$。

(1) 如果数据具有截断数据的特征，即只观测到 $Y_i>0$ 的数据 $\{(Y_i,\boldsymbol{X}_i), i=1,2,\cdots,n\}$，写出截断模型的表达式，并简单讨论 $\mathrm{E}(Y_i \mid \boldsymbol{X}_i)$ 与 $\mathrm{E}(Y_i \mid Y_i>0,\boldsymbol{X}_i)$ 是否相同，$\dfrac{\partial \mathrm{E}(Y_i \mid \boldsymbol{X}_i)}{\partial X_j}$ 与 $\dfrac{\partial \mathrm{E}(Y_i \mid Y_i>0,\boldsymbol{X}_i)}{\partial X_j}$ 是否相同。

(2) 如果数据具有归并数据的特征，即所观测到的数据中，有一部分是 $Y_i=0$，它们是对 $Y_i \leqslant 0$ 的数据的归并。写出归并模型的表达式，并简单讨论 $\mathrm{E}(Y_i \mid \boldsymbol{X}_i)$ 与 $\mathrm{E}(Y_i \mid Y_i>0,\boldsymbol{X}_i)$ 是否相同，$\dfrac{\partial \mathrm{E}(Y_i \mid \boldsymbol{X}_i)}{\partial X_j}$ 与 $\dfrac{\partial \mathrm{E}(Y_i \mid Y_i>0,\boldsymbol{X}_i)}{\partial X_j}$ 是否相同。

解答 (1) 对只观测到 $Y_i>0$ 的数据 $\{(Y_i,\boldsymbol{X}_i), i=1,2\cdots,n\}$，截断模型可写为

$$Y_i = \beta_0 + \beta_1 X_{i1} + \beta_2 X_{i2} + \cdots + \beta_k X_{ik} + \mu_i$$
$$= \boldsymbol{X}_i \boldsymbol{\beta} + \mu_i$$

其中，$\boldsymbol{X}_i = (1,X_{i1},\cdots,X_{ik})$，$\boldsymbol{\beta} = (\beta_0,\beta_1,\cdots,\beta_k)'$，$\mu_i \sim N(0,\sigma^2)$。

可见，截断模型的原始模型在写法上与传统的线性模型没有区别，因此必有

$$\mathrm{E}(Y_i \mid \boldsymbol{X}_i) = \boldsymbol{X}_i \boldsymbol{\beta}$$

但在 $Y_i>0$ 的条件下，

$$\mathrm{E}(Y_i \mid Y_i > 0, \boldsymbol{X}_i) = \int_0^{\infty} Y_i f(Y_i \mid Y_i > 0, \boldsymbol{X}_i)\mathrm{d}Y_i$$

$$= \boldsymbol{X}_i\boldsymbol{\beta} + \sigma\frac{\varphi(-\boldsymbol{X}_i\boldsymbol{\beta}/\sigma)}{1-\Phi(-\boldsymbol{X}_i\boldsymbol{\beta}/\sigma)}$$

$$= \boldsymbol{X}_i\boldsymbol{\beta} + \sigma\frac{\varphi(\boldsymbol{X}_i\boldsymbol{\beta}/\sigma)}{\Phi(\boldsymbol{X}_i\boldsymbol{\beta}/\sigma)}$$

从上述讨论中可以看出，$\mathrm{E}(Y_i \mid \boldsymbol{X}_i)$ 与 $\mathrm{E}(Y_i \mid Y_i>0, \boldsymbol{X}_i)$ 不同。事实上，前者源于模型本身的设定问题，与样本取值无关，后者只是在一个限定条件下的条件期望而已。

$$\frac{\partial \mathrm{E}(Y_i \mid \boldsymbol{X}_i)}{\partial X_j} = \frac{\partial(\boldsymbol{X}_i\boldsymbol{\beta})}{\partial X_j} = \frac{\partial(\beta_0+\beta_1X_{i1}+\cdots+\beta_kX_{ik})}{\partial X_j} = \beta_j$$

$$\frac{\partial \mathrm{E}(Y_i \mid Y_i>0, \boldsymbol{X}_i)}{\partial X_j} = \frac{\partial(\boldsymbol{X}_i\boldsymbol{\beta})}{\partial X_j} + \sigma\left[\partial\frac{\varphi(\boldsymbol{X}_i\boldsymbol{\beta}/\sigma)}{\Phi(\boldsymbol{X}_i\boldsymbol{\beta}/\sigma)}\Big/\partial X_j\right]$$

而

$$\frac{\partial(\boldsymbol{X}_i\boldsymbol{\beta})}{\partial X_j} = \beta_j$$

$$\left[\partial\frac{\varphi(\boldsymbol{X}_i\boldsymbol{\beta}/\sigma)}{\Phi(\boldsymbol{X}_i\boldsymbol{\beta}/\sigma)}\Big/\partial X_j\right] = \frac{-\Phi(\boldsymbol{X}_i\boldsymbol{\beta}/\sigma)\varphi(\boldsymbol{X}_i\boldsymbol{\beta}/\sigma)(\boldsymbol{X}_i\boldsymbol{\beta}/\sigma)(\beta_j/\sigma)}{[\Phi(\boldsymbol{X}_i\boldsymbol{\beta}/\sigma)]^2}$$

$$-\frac{\varphi(\boldsymbol{X}_i\boldsymbol{\beta}/\sigma)\varphi(\boldsymbol{X}_i\boldsymbol{\beta}/\sigma)(\beta_j/\sigma)}{[\Phi(\boldsymbol{X}_i\boldsymbol{\beta}/\sigma)]^2}$$

$$= -\frac{\beta_j}{\sigma}\left\{\frac{\boldsymbol{X}_i\boldsymbol{\beta}}{\sigma}\cdot\frac{\varphi(\boldsymbol{X}_i\boldsymbol{\beta}/\sigma)}{\Phi(\boldsymbol{X}_i\boldsymbol{\beta}/\sigma)} + \left[\frac{\varphi(\boldsymbol{X}_i\boldsymbol{\beta}/\sigma)}{\Phi(\boldsymbol{X}_i\boldsymbol{\beta}/\sigma)}\right]^2\right\}$$

其中用到了 $\mathrm{d}\varphi(Z) = -Z\varphi(Z)$ 以及 $\mathrm{d}\Phi(Z) = \varphi(Z)$ 的性质。因此

$$\frac{\partial \mathrm{E}(Y_i \mid Y_i>0, \boldsymbol{X}_i)}{\partial X_j} = \beta_j - \beta_j\left[\frac{\boldsymbol{X}_i\boldsymbol{\beta}\varphi(\boldsymbol{X}_i\boldsymbol{\beta}/\sigma)}{\sigma\Phi(\boldsymbol{X}_i\boldsymbol{\beta}/\sigma)} + \left(\frac{\varphi(\boldsymbol{X}_i\boldsymbol{\beta}/\sigma)}{\Phi(\boldsymbol{X}_i\boldsymbol{\beta}/\sigma)}\right)^2\right]$$

可见，$\dfrac{\partial \mathrm{E}(Y_i \mid \boldsymbol{X}_i)}{\partial X_j}$ 与 $\dfrac{\partial \mathrm{E}(Y_i \mid Y_i>0, \boldsymbol{X}_i)}{\partial X_j}$ 不相同。

（2）这里归并数据的特征是其中 $Y_i \leqslant 0$ 的数据都“归并”成了 $Y_i = 0$，这时相应的 $\boldsymbol{X}_i$ 仍存在，因此是典型的托宾（Tobin）数据类型，对应的线性模型即是如下 Tobit 模型：

$$Y_i = \begin{cases} Y_i^*, & Y_i^* > 0 \\ 0, & Y_i^* \leqslant 0 \end{cases}$$

其中

$$Y_i^* = \beta_0+\beta_1X_{i1}+\beta_2X_{i2}+\cdots+\beta_kX_{ik}+\mu_i = \boldsymbol{X}_i\boldsymbol{\beta}+\mu_i, \quad \mu_i \sim N(0,\sigma^2)$$

这里，Y_i^* 是一个潜变量（latent variable），线性模型

$$Y_i^* = \boldsymbol{X}_i\boldsymbol{\beta}+\mu_i$$

表征的是 Y_i^* 与 $\boldsymbol{X}_i$ 的内在联系规律，如商品的需求量与价格的关系；而可观测的 Y_i 则是 Y_i^* 的外在表现，如实际销售量与价格的关系。在样本的一部分子集中，$Y_i = Y_i^*$，而在另一部分子集中，Y_i 受到了“归并”，如在每位顾客最多购买数量受到限制条件下，Y_i 的上限就是所有想

购买“更多”商品的顾客的实际“购买量”。

在 $Y_i>0$ 的条件下，$Y_i=Y_i^*$，因此

$$\begin{aligned}\mathrm{E}(Y_i \mid Y_i > 0, \boldsymbol{X}_i) &= \int_0^{\infty} Y_i f(Y_i \mid Y_i > 0, \boldsymbol{X}_i)\,\mathrm{d}Y_i \\ &= \boldsymbol{X}_i\boldsymbol{\beta} + \sigma\frac{\varphi(-\boldsymbol{X}_i\boldsymbol{\beta}/\sigma)}{1-\Phi(-\boldsymbol{X}_i\boldsymbol{\beta}/\sigma)} \\ &= \boldsymbol{X}_i\boldsymbol{\beta} + \sigma\frac{\varphi(\boldsymbol{X}_i\boldsymbol{\beta}/\sigma)}{\Phi(\boldsymbol{X}_i\boldsymbol{\beta}/\sigma)}\end{aligned}$$

而在 $Y_i=0$ 的条件下，无论 Y_i 服从何种分布，都有 $\mathrm{E}(Y_i \mid Y_i=0, \boldsymbol{X}_i)=0$。于是

$$\begin{aligned}\mathrm{E}(Y_i \mid \boldsymbol{X}_i) &= P(Y_i>0 \mid \boldsymbol{X}_i)\cdot \mathrm{E}(Y_i \mid Y_i>0, \boldsymbol{X}_i) + P(Y_i=0 \mid \boldsymbol{X}_i)\cdot \mathrm{E}(Y_i \mid Y_i=0, \boldsymbol{X}_i) \\ &= P(Y_i>0 \mid \boldsymbol{X}_i)\cdot \mathrm{E}(Y_i \mid Y_i>0, \boldsymbol{X}_i)\end{aligned}$$

而

$$\begin{aligned}P(Y_i>0 \mid \boldsymbol{X}_i) &= P(Y_i^*>0 \mid \boldsymbol{X}_i) = P(\mu_i > -\boldsymbol{X}_i\boldsymbol{\beta}) = P\left(\frac{\mu_i}{\sigma} > -\frac{\boldsymbol{X}_i\boldsymbol{\beta}}{\sigma}\right) \\ &= 1-\Phi\left(-\frac{\boldsymbol{X}_i\boldsymbol{\beta}}{\sigma}\right) = \Phi\left(\frac{\boldsymbol{X}_i\boldsymbol{\beta}}{\sigma}\right)\end{aligned}$$

从而

$$\begin{aligned}\mathrm{E}(Y_i \mid \boldsymbol{X}_i) &= \Phi\left(\frac{\boldsymbol{X}_i\boldsymbol{\beta}}{\sigma}\right)\cdot\left[\boldsymbol{X}_i\boldsymbol{\beta} + \sigma\frac{\varphi(\boldsymbol{X}_i\boldsymbol{\beta}/\sigma)}{\Phi(\boldsymbol{X}_i\boldsymbol{\beta}/\sigma)}\right] \\ &= \Phi\left(\frac{\boldsymbol{X}_i\boldsymbol{\beta}}{\sigma}\right)\boldsymbol{X}_i\boldsymbol{\beta} + \sigma\varphi\left(\frac{\boldsymbol{X}_i\boldsymbol{\beta}}{\sigma}\right)\end{aligned}$$

显然，$\mathrm{E}(Y_i \mid \boldsymbol{X}_i)$ 与 $\mathrm{E}(Y_i \mid Y_i>0, \boldsymbol{X}_i)$ 不相同。

$$\begin{aligned}\frac{\partial \mathrm{E}(Y_i \mid \boldsymbol{X}_i)}{\partial X_j} &= \frac{\partial[\Phi(\boldsymbol{X}_i\boldsymbol{\beta}/\sigma)\boldsymbol{X}_i\boldsymbol{\beta}]}{\partial X_j} + \sigma\frac{\partial\varphi(\boldsymbol{X}_i\boldsymbol{\beta}/\sigma)}{\partial X_j} \\ &= \varphi\left(\frac{\boldsymbol{X}_i\boldsymbol{\beta}}{\sigma}\right)(\boldsymbol{X}_i\boldsymbol{\beta})\left(\frac{\beta_j}{\sigma}\right) + \Phi\left(\frac{\boldsymbol{X}_i\boldsymbol{\beta}}{\sigma}\right)\beta_j - \sigma\varphi\left(\frac{\boldsymbol{X}_i\boldsymbol{\beta}}{\sigma}\right)\left(\frac{\boldsymbol{X}_i\boldsymbol{\beta}}{\sigma}\right)\left(\frac{\beta_j}{\sigma}\right) \\ &= \beta_j\Phi\left(\frac{\boldsymbol{X}_i\boldsymbol{\beta}}{\sigma}\right)\end{aligned}$$

同(1)中的推导一样

$$\frac{\partial \mathrm{E}(Y_i \mid Y_i>0, \boldsymbol{X}_i)}{\partial X_j} = \beta_j - \beta_j\left[\frac{\boldsymbol{X}_i\boldsymbol{\beta}\varphi(\boldsymbol{X}_i\boldsymbol{\beta}/\sigma)}{\sigma\Phi(\boldsymbol{X}_i\boldsymbol{\beta}/\sigma)} + \left(\frac{\varphi(\boldsymbol{X}_i\boldsymbol{\beta}/\sigma)}{\Phi(\boldsymbol{X}_i\boldsymbol{\beta}/\sigma)}\right)^2\right]$$

可见，$\dfrac{\partial \mathrm{E}(Y_i \mid \boldsymbol{X}_i)}{\partial X_j}$ 与 $\dfrac{\partial \mathrm{E}(Y_i \mid Y_i>0, \boldsymbol{X}_i)}{\partial X_j}$ 不相同。

值得一提的是，由于 $Y_i^* = \boldsymbol{X}_i\boldsymbol{\beta} + \mu_i$，因此

$$\frac{\partial \mathrm{E}(Y_i^* \mid \boldsymbol{X}_i)}{\partial X_j} = \beta_j$$

例 4

一个来自美国人口调查局[U. S. Bureau of the Census (Current Population Survey, 1993)]的资料显示了美国已婚妇女工作时间及其相关特征信息。一个容量为 50 的样本数据见表 6-1，其中 Y 代表平均每周的工作小时数，X_1、X_2、X_3、X_4 分别代表已婚妇女的未成年子女个数、年龄、受教育年限和丈夫的收入。只要已婚妇女没有提供工作时间，就将工作时间视为零。

(1) 如果要研究已婚妇女的工作时间与上述四个因素之间的关系，分别采用截断模型与归并模型进行估计，你认为哪类模型更适合这一数据特征？

(2) 分别按 Y 的取值包括与不包括 0 两组数据作 Y 关于各 X 的 OLS 回归，并与(1) 中的结果进行对比。OLS 估计的主要问题在哪里？

表 6-1　美国已婚妇女工作时间及其相关特征信息

编号	Y	X_1	X_2	X_3	X_4	编号	Y	X_1	X_2	X_3	X_4
1	0	0	69	16	0	26	4	2	23	11	2300
2	40	0	27	12	37 400	27	10	2	32	14	11 000
3	0	0	58	12	30 000	28	40	1	34	20	8 809
4	40	2	29	12	18 000	29	0	1	37	11	32 800
5	20	0	58	12	60 000	30	3	0	53	11	0
6	0	1	36	12	55 000	31	45	0	26	12	15 705
7	38	0	52	13	33 000	32	0	5	42	13	41 000
8	37	0	29	16	28 000	33	32	2	47	12	48 200
9	37	0	46	14	33 000	34	38	1	43	14	0
10	0	0	67	7.5	0	35	0	0	62	12	0
11	0	0	65	12	0	36	8	1	29	12	0
12	38	0	51	12	29 650	37	0	0	62	13	0
13	5	2	36	13	0	38	0	0	57	10	20 000
14	6	0	22	2.5	12 000	39	0	3	34	16	60 000
15	32	1	30	14	45 000	40	50	3	32	16	33 000
16	40	2	34	12	39 000	41	45	0	60	12	0
17	0	3	38	16	39 750	42	20	0	53	12	45 000
18	14	5	34	11	1 200	43	29	1	37	12	25 400
19	0	0	48	11	0	44	0	0	70	12	0
20	0	3	27	12	14 500	45	45	3	28	12	24 000
21	48	1	43	13	16 887	46	15	0	52	11	0
22	40	2	33	12	28 320	47	0	1	38	13	14 000
23	0	0	58	12	500	48	40	0	57	16	0
24	10	0	46	13	1 000	49	40	1	52	16	22 000
25	50	0	52	21	99 999	50	9	1	54	12	0

解答 （1）记 Y 与各 X 间的关系仍为线性模型：

$$Y_i=\beta_0+\beta_1X_{i1}+\beta_2X_{i2}+\beta_3X_{i3}+\beta_4X_{i4}+\mu_i,\mu_i\sim N(0,\sigma^2)$$

首先估计截断模型。在 Eviews 软件的主菜单中，选择 Quick\Estimate Equation，在出现的 Equation Estimation 窗口中输入“Y C X1 X2 X3 X4”，并在 Method 栏内选择 CENSORED（见图 6-1）。这时，Equation Estimation 窗口变换为如图 6-2 所示的新窗口。

在新窗口中的 Left 栏的编辑框中输入“0”，表示左截断点为 0，只取 Y 大于 0 的数据作为估计的样本。在 Distribution 栏内选择软件默认的 Normal 并在 Left & right points entered as 栏选择默认的 Actual censoring value。选中 Truncated sample 复选按钮。点击“确定”按钮即得如图 6-3 所示的截断模型估计结果。

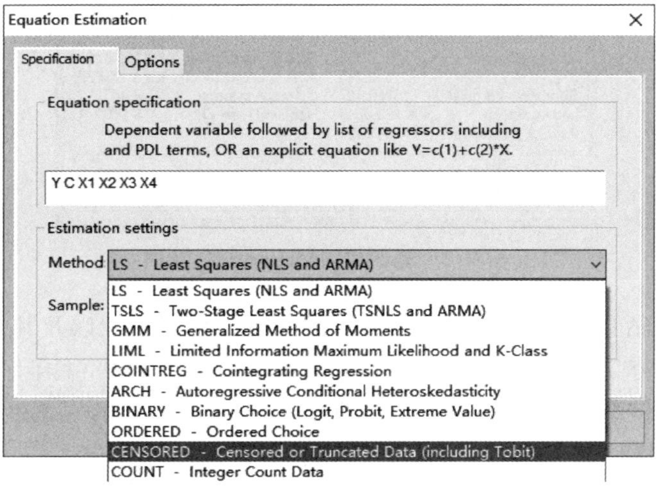

图 6-1 Equation Estimation 窗口：选择 CENSORED

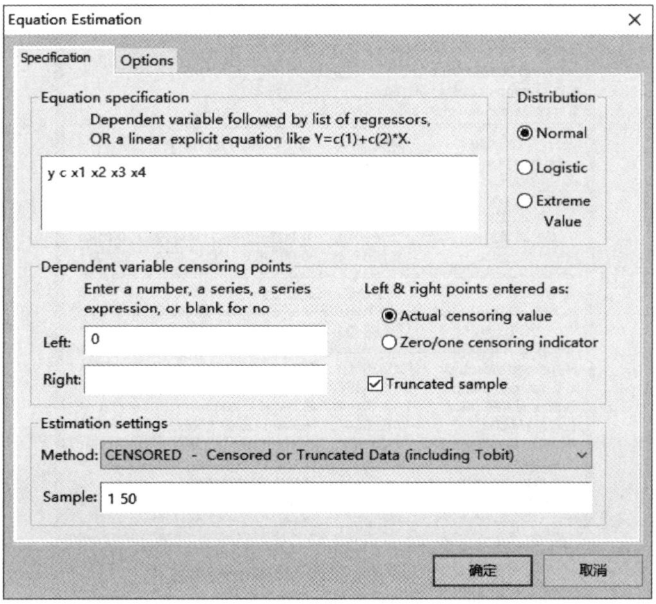

图 6-2 Equation Estimation 窗口：截断回归

Equation: UNTITLED　Workfile: UNTITLED::Untitled\

View | Proc | Object | Print | Name | Freeze | Estimate | Forecast | Stats | Resids

Dependent Variable: Y
Method: ML - Censored Normal (TOBIT)
Included observations: 33 after adjustments
Truncated sample
Left censoring (value) at zero
Convergence achieved after 7 iterations

Variable	Coefficient	Std. Error	z-Statistic	Prob.
C	-4.750702	16.28255	-0.291766	0.7705
X1	-0.068666	2.433485	-0.028217	0.9775
X2	-0.113152	0.253677	-0.446049	0.6556
X3	2.514620	0.975519	2.577726	0.0099
X4	0.000233	0.000119	1.958796	0.0501
Error Distribution				
SCALE:C(6)	13.26553	1.953986	6.788958	0.0000

Mean dependent var	29.33333	S.D. dependent var	15.60782
S.E. of regression	13.99271	Akaike info criterion	8.174627
Sum squared resid	5286.487	Schwarz criterion	8.446719
Log likelihood	-128.8813	Hannan-Quinn criter.	8.266178
Avg. log likelihood	-3.905495		
Left censored obs	0	Right censored obs	0
Uncensored obs	33	Total obs	33

图 6-3　截断回归(truncated)结果

从截断模型的估计结果看,只有已婚妇女的受教育年限 X_3 以及其丈夫的收入水平 X_4 对她们的工作时间有显著的影响,而已婚妇女的未成年子女个数 X_1、年龄 X_2 没有显著影响。

其次估计归并模型。Eviews 软件下的估计程序与上述介绍的对截断模型的估计程序一样,只是在图 6-2 中不选 Truncated sample 复选按钮。图 6-4 给出了归并模型的估计结果。

Equation: UNTITLED　Workfile: UNTITLED::Untitled\

View | Proc | Object | Print | Name | Freeze | Estimate | Forecast | Stats | Resids

Dependent Variable: Y
Method: ML - Censored Normal (TOBIT)
Included observations: 50
Left censoring (value) at zero
Convergence achieved after 5 iterations

Variable	Coefficient	Std. Error	z-Statistic	Prob.
C	18.73772	19.77833	0.947387	0.3434
X1	-5.957866	3.037844	-1.961215	0.0499
X2	-0.954664	0.313326	-3.046869	0.0023
X3	3.159078	1.290356	2.448222	0.0144
X4	0.000136	0.000163	0.834281	0.4041
Error Distribution				
SCALE:C(6)	21.85603	2.909923	7.510859	0.0000

Mean dependent var	19.36000	S.D. dependent var	18.87095
S.E. of regression	17.05167	Akaike info criterion	6.723388
Sum squared resid	12793.41	Schwarz criterion	6.952831
Log likelihood	-162.0847	Hannan-Quinn criter.	6.810761
Avg. log likelihood	-3.241694		
Left censored obs	17	Right censored obs	0
Uncensored obs	33	Total obs	50

图 6-4　归并回归(Censored)结果

归并模型的估计结果表明，已婚妇女的未成年子女个数 X_1、年龄 X_2 及受教育年限 X_3 都对她们的工作时间有显著的影响，而已婚妇女丈夫的收入水平 X_4 对她们的工作时间没有显著影响。

在本例中，由于只要已婚妇女没有提供工作时间，则都按 0 对待，因此属于典型的归并问题：解释变量有相应的观测值，而被解释变量将没有观测到的数据以及观测值为 0 的数据“归并”到了一起。所以，本例以归并问题建立模型较为合适。

（2）由于截断模型排除掉了 17 个被解释变量取值为 0 的观测数据，与之对应，OLS 法也需选取被解释变量非 0 的 33 个观测数据组成样本进行估计，才能在样本的选取上具有可比性。该样本下对模型的 OLS 估计结果如下（估计时在 sample 栏内输入“1 50 if y<>0”）：

$$\hat{Y}=2.243-0.324X_1-0.124X_2+2.130X_3+0.000\ 22X_4$$
$$(13.42)\quad(2.243)\quad(0.237)\quad(0.861)\quad(0.000\ 1)$$
$$R^2=0.345\ 6\qquad F=3.70$$

对照写出截断模型的最大似然估计结果：

$$\hat{Y}=-4.75-0.069X_1-0.113X_2+2.515X_3+0.000\ 23X_4$$
$$(16.28)\quad(2.433)\quad(0.254)\quad(0.976)\quad(0.000\ 1)$$

从上述两式的比较看，截断模型的估计结果与 OLS 估计结果较为相似：一方面各参数估计的符号相同（截距项除外），另一方面都呈现已婚妇女的受教育年限 X_3 以及其丈夫的收入水平 X_4 对她们的工作时间有显著的影响，而其未成年子女个数 X_1 与年龄 X_2 没有显著影响的基本特征。同样地，两估计结果都显示已婚妇女的受教育年限对其工作时间的影响最大，丈夫的收入水平影响较小。当然，截断模型显示受教育年限的影响比 OLS 估计略大一些（例 3 证明了截断模型的参数与 OLS 估计模型的参数可直接比较），前者表明每增加 1 年的受教育年限，平均一周增加 2.5 小时的工作时间，后者则增加 2.1 小时的工作时间。

从样本的角度看，归并模型用到了全部抽取的数据，因此归并模型的估计结果可与总体样本的 OLS 估计作比较。总体样本下 OLS 估计的结果如下：

$$\hat{Y}=13.24-4.110X_1-0.548X_2+2.484X_3+0.000\ 13X_4$$
$$(14.51)\quad(2.142)\quad(0.212)\quad(0.933)\quad(0.000\ 1)$$
$$R^2=0.287\ 6\qquad F=4.54$$

对照写出归并模型的最大似然估计结果：

$$\hat{Y}=18.74-5.958X_1-0.955X_2+3.159X_3+0.000\ 14X_4$$
$$(19.78)\quad(3.038)\quad(0.313)\quad(1.290)\quad(0.000\ 2)$$

尽管归并模型的估计结果与 OLS 估计结果也比较相似，比如同一变量有着相同的符号，而且变量的大小排序也相同，甚至有些估计值本身也比较接近，但本质上参数是不可直接比较的。OLS 估计的参数 β_j 刻画 X_j 的单位变化对 $\mathrm{E}(Y|X)$ 的边际效应，而归并模型中 X_j 的单位变化对 $\mathrm{E}(Y|X)$ 的边际效应为 $\beta_j\Phi(\boldsymbol{X}_i\boldsymbol{\beta}/\sigma)$，该值表明对不同的个体 i，边际效应不同。要与 OLS 估计结果进行合理的比较，可用所有个体的平均边际效应：

$$\hat{\beta}_j\frac{\sum_i\Phi(\boldsymbol{X}_i\hat{\boldsymbol{\beta}}/\hat{\sigma})}{n}$$

下面给出 Eviews 软件下，$\frac{1}{n}\sum_i \Phi(X_i\hat{\beta}/\hat{\sigma})$ 的计算过程：

第一步，在估计出归并模型后，在估计结果窗口中（图 6-4）点击 Forecast 按钮；在出现的 Forecast 窗口中（图 6-5），选择 Index-Expected latent variable，并在 Forecast name 栏内输入要记录的新序列变量名，本例中输入“XB”，点击 OK 按钮，生成新序列 XB。它即为归并模型潜变量 Y_i^* 的估计。

第二步，在主菜单中选择 Quick\Generate Series，在出现的 Generate Series by Equation 窗口中，输入“YCDF=@ cnorm(XB/21.856)”（图 6-6），其中 21.856 为图 6-4 中 Scale 栏下对应于正态随机项假设下的估计的标准差。点击 OK 按钮，生成新序列 YCDF。它即为估计的序列 $\Phi(X_i\hat{\beta}/\hat{\sigma})$。

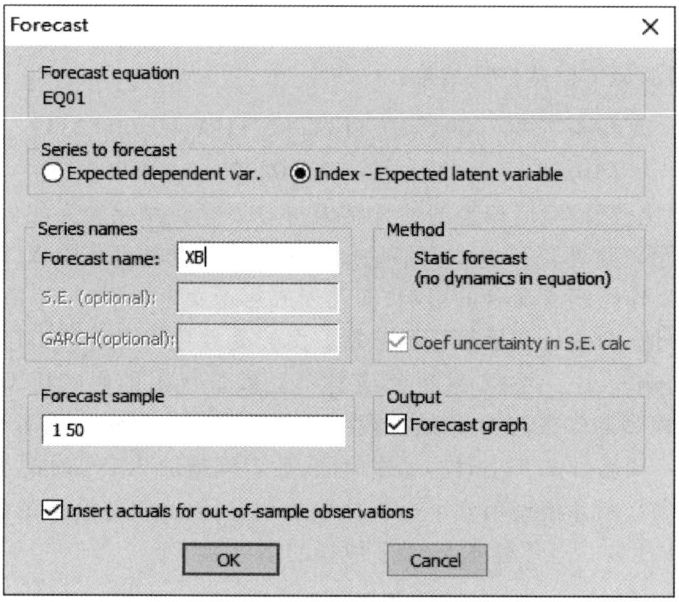

图 6-5　**Forecast 窗口：需测谱变量**

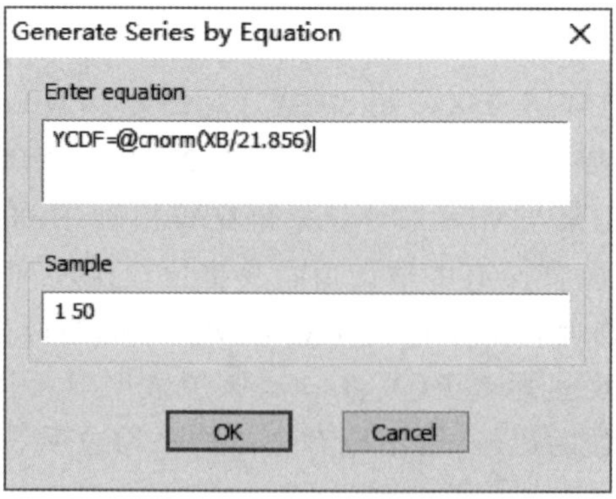

图 6-6　**生成累积分布函数值数据列 YCDF**

第三步，在 Eviews 主菜单下的命令编辑窗口中，输入命令"scalar W = @ mean(YCDF)"(图 6-7)，点击"回车键"，得到相当于权的转换参数 $w=0.7008$，它是一标量。

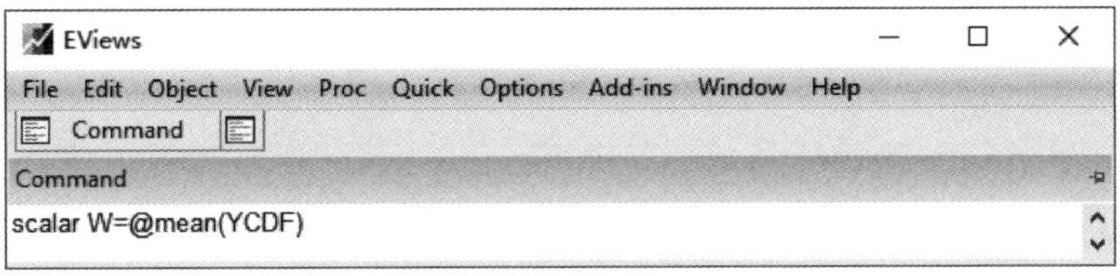

图 6-7　计量转换参数 w

当计算出转换参数 $w=\frac{1}{n}\sum_i \Phi(\boldsymbol{X}_i\hat{\boldsymbol{\beta}}/\hat{\sigma})=0.7008$ 后，就可将归并模型估计的参数与该转换参数相乘，并与 OLS 估计的参数进行比较。表 6-2 列出了相关的比较结果。

表 6-2　两种估计结果的比较

	x_1	x_2	x_3	x_4
OLS 估计的 β_j	−4.11	−0.548	2.484	0.000 13
归并模型估计的 β_j	−5.958	−0.955	3.159	0.000 14
归并模型转换的 $w\beta_j$	−4.175	−0.669	2.214	0.000 10

例 5

对第 i 个决策者重复观测 n_i 次，选择 $Y_i=1$ 的次数比例为 P_i，则可以将 P_i 作为真实概率 $\pi_i=P(Y_i=1)=F(\boldsymbol{X}_i\boldsymbol{\beta})$ 的一个估计量。于是有

$$P_i=\pi_i+e_i=F(\boldsymbol{X}_i\boldsymbol{\beta})+e_i$$

记

$$Z_i=F^{-1}(P_i)=F^{-1}(\pi_i+e_i)$$

其中 $F^{-1}(\cdot)$ 是某概率分布函数的反函数。试证明：

$$F^{-1}(\pi_i+e_i)\approx F^{-1}(\pi_i)+\frac{e_i}{f[F^{-1}(\pi_i)]}$$

证明　用泰勒级数在 π_i 处展开式

$$F^{-1}(\pi_i+e_i)$$

保留 1 阶项，则有

$$F^{-1}(\pi_i+e_i)\approx F^{-1}(\pi_i)+\frac{\mathrm{d}F^{-1}(\pi_i)}{\mathrm{d}\pi_i}e_i$$

由于 $\pi_i=F(\boldsymbol{X}_i\boldsymbol{\beta})$，因此 $F^{-1}(\pi_i)=\boldsymbol{X}_i\boldsymbol{\beta}$，于是

$$\frac{\mathrm{d}F^{-1}(\pi_i)}{\mathrm{d}\pi_i}=\frac{\mathrm{d}(\boldsymbol{X}_i\boldsymbol{\beta})}{\mathrm{d}F(\boldsymbol{X}_i\boldsymbol{\beta})}=\frac{1}{\mathrm{d}F(\boldsymbol{X}_i\boldsymbol{\beta})/\mathrm{d}(\boldsymbol{X}_i\boldsymbol{\beta})}=\frac{1}{f(\boldsymbol{X}_i\boldsymbol{\beta})}=\frac{1}{f[F^{-1}(\pi_i)]}$$

因此

$$F^{-1}(\pi_i+e_i)\approx F^{-1}(\pi_i)+\frac{\mathrm{d}F^{-1}(\pi_i)}{\mathrm{d}\pi_i}e_i=F^{-1}(\pi_i)+\frac{e_i}{f[F^{-1}(\pi_i)]}$$

例 6

在 Logit 模型中,直观地看,估计的是如下线性函数

$$\ln\left(\frac{\pi_i}{1-\pi_i}\right)=\beta_0+\beta_1X_{i1}+\cdots+\beta_kX_{ik}$$

试证明:当 X_j变化 1 个单位时,“成功”的概率 π_i的变化量为 $\pi_i(1-\pi_i)\beta_j$。如何解释这一结果?

证明 由微积分的知识,X_j变化 1 个单位时,“成功”的概率 π_i的变化量即为 π_i关于 X_j的导数 $\mathrm{d}\pi_i/\mathrm{d}X_j$。原模型关于 X_j求偏导得

$$\frac{\partial\ln\dfrac{\pi_i}{1-\pi_i}}{\partial X_j}=\beta_j$$

即

$$\frac{\mathrm{d}\dfrac{\pi_i}{1-\pi_i}/\mathrm{d}X_j}{\dfrac{\pi_i}{(1-\pi_i)}}=\beta_j$$

或

$$\frac{1}{(1-\pi_i)^2}\cdot\frac{1-\pi_i}{\pi_i}\cdot\frac{\mathrm{d}\pi_i}{\mathrm{d}X_j}=\beta_j$$

从而得到

$$\frac{\mathrm{d}\pi_i}{\mathrm{d}X_j}=\pi_i(1-\pi_i)\beta_j$$

从这里可以看出,随着解释变量的变化,“成功”的概率的变化不仅与该变量的参数有关,而且与其所处的概率状态有关。不同的解释变量,对应着不同的“成功”的概率状态,从该点所测度的概率的变化也与该点的概率状态相关。

例 7

以 Y 代表一个企业在给定年份是否申请了专利,假定它与企业的年销售额 X 及研发支出 Z 满足如下 Logit 模型的关系:

$$\pi_i=\mathrm{E}(Y_i=1)=\frac{1}{1+\exp[-(\beta_0+\beta_1\ln X_i+\beta_2Z_i+\beta_3Z_i^2)]}$$

(1) 试解释 β_1的含义;

(2) 求出 Z 对 π_i的偏效应。

解答 (1) 由于 Logit 模型可以等价地写成

$$\ln\frac{\pi_i}{1-\pi_i}=\beta_0+\beta_1\ln X_i+\beta_2 Z_i+\beta_3 Z_i^2$$

因此 β_1的含义即为申请专利的概率与不申请专利的概率的比率$\frac{\pi_i}{1-\pi_i}$关于销售额 X_i的弹性。即销售额变化 1 个百分点带来的该比率变化的百分点数。

(2) 对(1)中的公式等号两边求关于研发支出 Z 的偏导数得

$$\frac{\partial\ln\frac{\pi_i}{1-\pi_i}}{\partial(Z_i)}=\beta_2+2\beta_3 Z_i$$

或

$$\frac{1}{(1-\pi_i)^2}\cdot\frac{1-\pi_i}{\pi_i}\cdot\frac{\mathrm{d}\pi_i}{\mathrm{d}Z_i}=\beta_2+2\beta_3 Z_i$$

$$\frac{\mathrm{d}\pi_i}{\mathrm{d}Z_i}=\pi_i(1-\pi_i)(\beta_2+2\beta_3 Z_i)$$

例 8

表 6-3 给出了某地区家庭按月人均收入 X 分组与各组家庭数及拥有汽车的家庭数的相关资料,以此对 Logit 模型进行 OLS 估计与加权最小二乘法(WLS)估计。

表 6-3 某地区家庭按月人均收入分组的各组家庭数及拥有汽车的家庭数相关资料

收入 X(元)	家庭数 N_i(户)	拥有汽车的家庭数 n_i(户)	收入 X(元)	家庭数 N_i(户)	拥有汽车的家庭数 n_i(户)
1 800	40	8	6 000	70	36
2 400	50	12	7 500	65	39
3 000	60	18	9 000	50	33
3 900	80	28	10 500	40	30
4 500	100	45	12 000	25	20

解答 首先,计算每组家庭汽车拥有的概率 P_i与不拥有的概率 $1-P_i$及其比率,然后计算该比率的自然对数 $\ln\frac{P_i}{1-P_i}$,最后运用 OLS 估计

$$\ln\frac{P_i}{1-P_i}=\beta_0+\beta_1 X_i+\mu_i$$

OLS 估计过程的相关数据列于表 6-4 的前四列。

表 6-4　OLS 估计与 WLS 估计结果

X	P	$\frac{P}{1-P}$	$\ln\frac{P}{1-P}$	$NP(1-P)$	w	$w\ln\frac{P}{1-P}$	wX
1 800	0.200	0.250	−1.386 3	6.40	2.530	−3.507	4 553.68
2 400	0.240	0.316	−1.152 7	9.12	3.020	−3.481	7 247.84
3 000	0.300	0.429	−0.847 3	12.60	3.550	−3.008	10 648.94
3 900	0.350	0.538	−0.619 0	18.20	4.266	−2.641	16 637.97
4 500	0.450	0.818	−0.200 7	24.75	4.975	−0.998	22 387.22
6 000	0.514	1.059	0.057 2	17.49	4.182	0.239	25 089.55
7 500	0.600	1.500	0.405 5	15.60	3.950	1.601	29 622.63
9 000	0.660	1.941	0.663 3	11.22	3.350	2.222	30 146.64
10 500	0.750	3.000	1.098 6	7.50	2.739	3.009	28 755.43
12 000	0.800	4.000	1.386 3	4.00	2.000	2.773	24 000.00

OLS 估计结果为

$$\ln\frac{\hat{P}_i}{1-\hat{P}_i}=-1.658\ 8+0.000\ 264X_i$$

$$(0.095)\ (0.000\ 013)$$

$$R^2=0.978\ 6$$

由于 OLS 估计模型的异方差性的存在,该估计不是有效的。可用加权最小二乘法估计。这里权数的计算通过 $w_i=\frac{1}{\sqrt{1/N_iP_i(1-P_i)}}=\sqrt{N_iP_i(1-P_i)}$ 进行。加权最小二乘法估计的相关数据列于表 6-4 的后四列。

WLS 估计的模型为

$$w_i\ln\frac{P_i}{1-P_i}=\beta_0w_i+\beta_1w_iX_i+w_i\mu_i$$

加权最小二乘法估计结果如下:

$$w_i\ln\frac{\hat{P}_i}{1-\hat{P}_i}=-1.593\ 3w_i+0.000\ 262w_iX_i$$

$$(0.111\ 4)\ (0.000\ 018)$$

$$R^2=0.963\ 7$$

例 9

利用例 8 的数据资料,根据标准正态分布的上侧分位点估计概率单位模型 Probit 模型。并计算当家庭月收入分别为 2 000 元与 15 000 元时,采用 Probit 模型分别估计的拥有汽车的概率。

解答 对分组数据(重复抽样数据),首先是对每组“成功”的比例所代表的“成功”的概率求标准正态分布的反函数,以计算相应标准正态分布对应的上侧分位点。根据例 8 的数据估计的上侧分位点及概率单位点列表 6-5。

表 6-5 估计的上侧分位点列表

收入 X/元	分组概率 P	标准正态分布上侧分位点 Z
1 800	0.200	-0.841 6
2 400	0.240	-0.706 3
3 000	0.300	-0.524 4
3 900	0.350	-0.385 3
4 500	0.450	-0.125 7
6 000	0.514	0.035 8
7 500	0.600	0.253 3
9 000	0.660	0.412 5
10 500	0.750	0.674 5
12 000	0.800	0.841 6

于是根据标准正态分布上侧分位点 Z 估计的 OLS 回归函数为

$$\hat{Z}_i=-1.015\ 6+0.000\ 16X_i$$
$$(0.058)\quad(0.000\ 008)$$
$$R^2=0.978\ 9$$

当家庭月收入分别为 2 000 元与 15 000 元时,根据该回归函数可测算出标准正态分布的上侧分位点为

$$Z_{2\ 000}=-1.015\ 6+0.000\ 16\times 2\ 000=-0.695\ 6$$
$$Z_{15\ 000}=-1.015\ 6+0.000\ 16\times 15\ 000=1.384\ 4$$

由此可得相应分位点对应的标准正态分布的概率分别为:

$$P(Z\leqslant -0.695\ 6)=1-\Phi(0.695\ 6)=0.243$$
$$P(Z\leqslant 1.384\ 4)=\Phi(1.384\ 4)=0.917$$

表明,当家庭月收入分别为 2 000 元与 15 000 元时,拥有汽车的概率分别为 24.3%与 91.7%。

例 10

在以标准正态分布的上侧分位数 Z 为被解释变量估计概率单位模型时,采用的模型为

$$Z_i=\beta_0+\beta_1X_i+e_i$$

随机误差项 e_i 有如下的方差:

$$\mathrm{Var}(e_i)=\frac{P_i(1-P_i)}{N_i f_i^2}$$

其中 f_i 是对应于 $F^{-1}(P_i)=Z_i$ 的标准正态分布的概率密度函数。试根据例 8 与例 9 的相关数据资料,计算随机误差项 e_i 的方差,并求适当的权数以对上述模型进行加权最小二乘法估计。

解答　首先,根据各组概率及其对应的标准正态分布的上侧分位点,计算相应的概率密度函数值;其次,根据随机干扰项方差的测算公式计算方差;再次,按如下公式计算权数:

$$w_i=\frac{1}{\sqrt{P_i(1-P_i)/N_i f_i^2}}$$

相应的结果列于表 6-6。

表 6-6　相关计算结果

N_i	X_i	P_i	Z_i	f_i	$\frac{P_i(1-P_i)}{N_i f_i^2}$	w_i
40	1 800	0. 200	-0. 841 6	0. 280 0	0. 051 0	4. 426 7
50	2 400	0. 240	-0. 706 3	0. 310 9	0. 037 7	5. 147 0
60	3 000	0. 300	-0. 524 4	0. 347 7	0. 029 0	5. 877 1
80	3 900	0. 350	-0. 385 3	0. 370 4	0. 020 7	6. 945 9
100	4 500	0. 450	-0. 125 7	0. 395 8	0. 015 8	7. 955 9
70	6 000	0. 514	0. 035 8	0. 398 7	0. 022 5	6. 673 9
65	7 500	0. 600	0. 253 3	0. 386 3	0. 024 7	6. 358 1
50	9 000	0. 660	0. 412 5	0. 366 4	0. 033 4	5. 469 3
40	10 500	0. 750	0. 674 5	0. 317 8	0. 046 4	4. 641 4
25	12 000	0. 800	0. 841 6	0. 280 0	0. 081 7	3. 499 6

以 w_i 为权,估计如下回归方程:

$$w_iZ_i=\beta_0w_i+\beta_1X_iw_i+e_iw_i$$

OLS 估计结果如下:

$$w_i\hat{Z}_i=-0.985\ 96w_i+0.000\ 16X_iw_i$$
$$(0.066\ 4)\quad(0.000\ 01)$$
$$R^2=0.966\ 3$$

例 11

在二元离散选择模型中,假设被解释变量 Y 受 k 个 X 的影响。按传统的线性回归模型理解,上述回归关系可通过下面模型描述

$$Y_i=\beta_0+\beta_1X_{i1}+\cdots+\beta_kX_{ik}+\mu_i=\boldsymbol{X}_i\boldsymbol{\beta}+\mu_i$$

其中,$\boldsymbol{X}_i=(1,X_{i1},\cdots,X_{ik})$,$\boldsymbol{\beta}=(\beta_0,\beta_1,\cdots,\beta_k)'$。由于 Y 只取 0 或 1,在 $\mathrm{E}(\mu_i\mid\boldsymbol{X}_i)=0$ 的假设下

$$\mathrm{E}(Y_i\mid\boldsymbol{X}_i)=P(Y_i=1\mid\boldsymbol{X}_i)=\boldsymbol{X}_i\boldsymbol{\beta}$$

该模型称为**线性概率模型**。而 Probit 模型与 Logit 模型分别可写为

$$\mathrm{E}(Y_i\mid\boldsymbol{X}_i)=P(Y_i=1\mid\boldsymbol{X}_i)=\Phi(\boldsymbol{X}_i\boldsymbol{\beta})$$

$$\mathrm{E}(Y_i\mid\boldsymbol{X}_i)=P(Y_i=1\mid\boldsymbol{X}_i)=\Lambda(\boldsymbol{X}_i\boldsymbol{\beta})=\frac{\exp(\boldsymbol{X}_i\boldsymbol{\beta})}{1+\exp(\boldsymbol{X}_i\boldsymbol{\beta})}$$

（1）请写出线性概率模型与 Probit 模型、Logit 模型的主要异同点。

（2）写出上述三个模型关于 X_j 的边际效应。

解答　（1）线性概率模型与 Probit 模型、Logit 模型的主要相同点在于被解释变量 Y 的期望都是 $Y=1$ 的概率，因此 X 与 Y 的关系本质上都是考察 X 取不同值时对 Y 取值为 1 时的概率大小的影响。

它们的不同点则主要在模型设定的差异上。线性概率模型认为 Y 取值为 1 的概率随解释变量的变动而呈线性变化关系，而且 X 的线性组合 $\boldsymbol{X}_i\boldsymbol{\beta}$ 完全有可能比 0 小或（和）比 1 大。而 Probit 模型与 Logit 模型则将 Y 取值为 1 的概率描述成为 X 的非线性关系，而且最重要的在于该非线性函数就是不同随机变量的分布函数（cdf），因此既保证了函数值在[0,1]范围内，又与其所刻画的 Y 取值为 1 时的概率的含义相一致。

（2）线性概率模型关于 X_j 的边际效应为

$$\frac{\partial \mathrm{E}(Y_i \mid \boldsymbol{X}_i)}{\partial X_j}=\frac{\partial P(Y_i=1 \mid \boldsymbol{X}_i)}{\partial X_j}=\frac{\partial(\boldsymbol{X}_i\boldsymbol{\beta})}{\partial X_j}=\beta_j$$

Probit 模型关于 X_j 的边际效应为

$$\frac{\partial \mathrm{E}(Y_i \mid \boldsymbol{X}_i)}{\partial X_j}=\frac{\partial P(Y_i=1 \mid \boldsymbol{X}_i)}{\partial X_j}=\frac{\partial \Phi(\boldsymbol{X}_i\boldsymbol{\beta})}{\partial X_j}=\phi(\boldsymbol{X}_i\boldsymbol{\beta})\beta_j$$

Logit 模型关于 X_j 的边际效应为

$$\frac{\partial \mathrm{E}(Y_i \mid \boldsymbol{X}_i)}{\partial X_j}=\frac{\partial P(Y_i=1 \mid \boldsymbol{X}_i)}{\partial X_j}=\frac{\partial \Lambda(\boldsymbol{X}_i\boldsymbol{\beta})}{\partial X_j}=\lambda(\boldsymbol{X}_i\boldsymbol{\beta})\beta_j$$

$$=\frac{\exp(\boldsymbol{X}_i\boldsymbol{\beta})}{[1+\exp(\boldsymbol{X}_i\boldsymbol{\beta})]^2}\beta_j$$

考虑到 $\lambda(\boldsymbol{X}_i\boldsymbol{\beta})=\Lambda(\boldsymbol{X}_i\boldsymbol{\beta})(1-\Lambda(\boldsymbol{X}_i\boldsymbol{\beta}))=\pi_i(1-\pi_i)$，因此也有

$$\frac{\partial \mathrm{E}(Y_i \mid \boldsymbol{X}_i)}{\partial X_j}=\frac{\partial P(Y_i=1 \mid \boldsymbol{X}_i)}{\partial X_j}=\pi_i(1-\pi_i)\beta_j$$

其中 π_i 即为 Y_i 取值为 1 的概率，可见该式与例 6 的表达相同。

值得一提的是，线性概率模型可以采用 OLS 直接估计，为了与线性概率模型的 OLS 估计结果作比较，一般需对 Probit 模型与 Logit 模型的估计结果进行如下变换：

Probit 模型：$w\beta_j=\left[\frac{1}{n}\sum_{i=1}^{n}\phi(\boldsymbol{X}_i\boldsymbol{\beta})\right]\beta_j$

Logit 模型：$w\beta_j=\left[\frac{1}{n}\sum_{i=1}^{n}\lambda(\boldsymbol{X}_i\boldsymbol{\beta})\right]\beta_j=\left[\frac{1}{n}\sum_{i=1}^{n}\frac{\exp(\boldsymbol{X}_i\boldsymbol{\beta})}{[1+\exp(\boldsymbol{X}_i\boldsymbol{\beta})]^2}\right]\beta_j$

例 12

表 6-7 给出了某行业若干企业在过去一年的利润（X_1）与资产（X_2）的相关数据，也同时给出了是否曾获得贷款（X_3）与是否得到贷款（Y）的数据。试估计 Probit 模型与 Logit 模型，并与线性概率模型的 OLS 估计的参数进行比较。

表 6-7　某行业相关企业的利润、资产、是否曾获得贷款与是否得到贷款的数据

编号	利润 X_1/万元	资产 X_2/万元	曾获得贷款 X_3(1=是，0=否)	贷款 Y (1=是，0=否)	编号	利润 X_1/万元	资产 X_2/万元	曾获得贷款 X_3(1=是，0=否)	贷款 Y (1=是，0=否)
1	26.6	200	0	0	17	27.5	250	0	0
2	28.9	220	0	0	18	28.3	190	0	0
3	32.8	240	0	0	19	31.2	230	1	0
4	29.2	120	0	0	20	31.6	250	1	1
5	40	210	0	1	21	20.6	220	1	0
6	28.6	170	0	0	22	36.2	280	1	1
7	27.6	170	0	0	23	28.9	140	1	0
8	28.7	210	0	0	24	35.1	260	1	0
9	30.3	250	0	0	25	35.4	240	1	1
10	39.2	290	0	1	26	28.3	270	1	1
11	26.3	200	0	0	27	33.9	170	1	1
12	33.2	230	0	0	28	26.7	240	1	0
13	35.7	230	0	0	29	36.5	210	1	1
14	32.6	250	0	1	30	40	230	1	1
15	35.3	260	0	0	31	31	210	1	0
16	27.4	190	0	0	32	23.9	190	1	1

解答　在 Eviews 软件下，选择 Quick\Estimate Equation，在出现的 Equation Estimation 栏内输入“Y C X1 X2 X3”，在 Estimation settings 栏的 Method 选项下选择 BINARY-Binary Choice（图 6-8）。这时，Equation Estimation 窗口变换为图 6-9 所示的窗口。在选项栏 Binary estimation method 中选择 Probit（图 6-9），单击“确定”按钮后得如图 6-10 所示的估计结果。

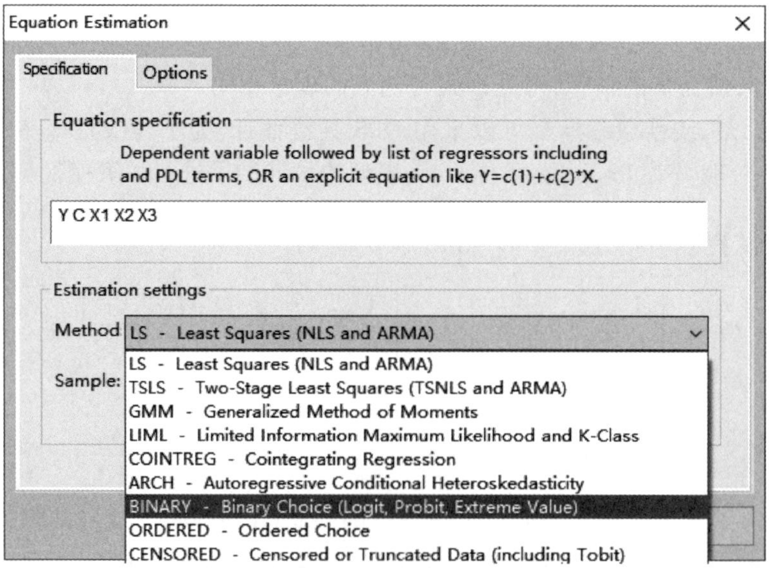

图 6-8　Equation Estimation 窗口：选择 BINARY

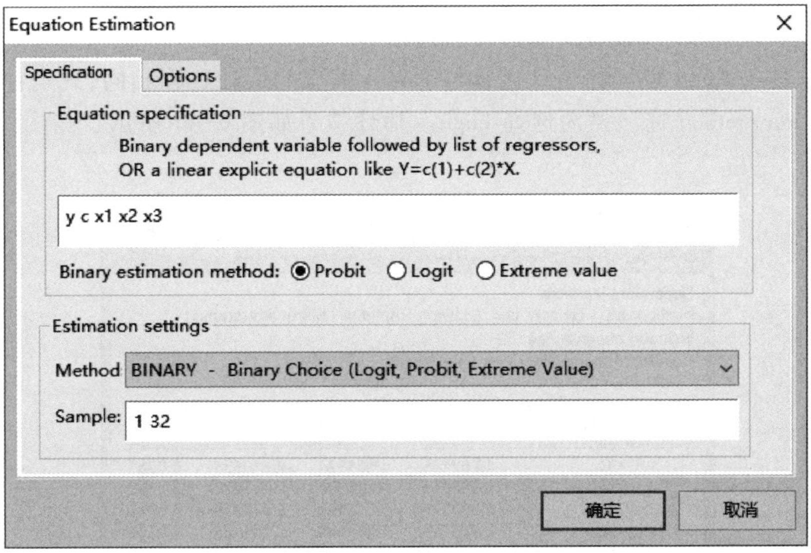

图 6-9 Equation Estimation 窗口

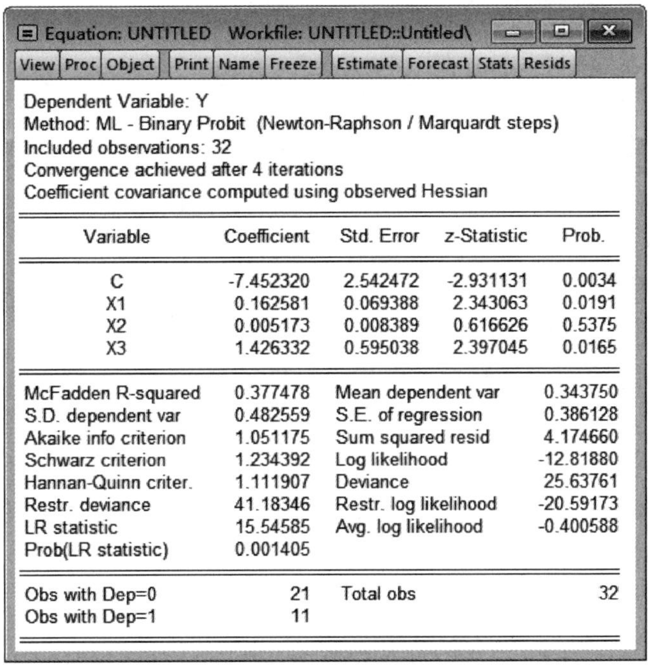
Equation: UNTITLED Workfile: UNTITLED::Untitled\

View | Proc | Object | Print | Name | Freeze | Estimate | Forecast | Stats | Resids

Dependent Variable: Y
Method: ML - Binary Probit (Newton-Raphson / Marquardt steps)
Included observations: 32
Convergence achieved after 4 iterations
Coefficient covariance computed using observed Hessian

Variable	Coefficient	Std. Error	z-Statistic	Prob.
C	-7.452320	2.542472	-2.931131	0.0034
X1	0.162581	0.069388	2.343063	0.0191
X2	0.005173	0.008389	0.616626	0.5375
X3	1.426332	0.595038	2.397045	0.0165

McFadden R-squared	0.377478	Mean dependent var	0.343750
S.D. dependent var	0.482559	S.E. of regression	0.386128
Akaike info criterion	1.051175	Sum squared resid	4.174660
Schwarz criterion	1.234392	Log likelihood	-12.81880
Hannan-Quinn criter.	1.111907	Deviance	25.63761
Restr. deviance	41.18346	Restr. log likelihood	-20.59173
LR statistic	15.54585	Avg. log likelihood	-0.400588
Prob(LR statistic)	0.001405		

Obs with Dep=0	21	Total obs	32
Obs with Dep=1	11		

图 6-10 Probit 模型估计结果

即有如下极大似然估计结果：

$$\hat{Y}_i = -7.452\ 3 + 0.162\ 6X_1 + 0.005\ 2X_2 + 1.426\ 3X_3$$

$$(2.542)\quad(0.069)\qquad(0.008)\qquad(0.595)$$

$$R^2_{\mathrm{McF}} = 0.377 \qquad \mathrm{LR}(3) = 15.54$$

从最大似然比检验看，在5%的显著性水平下，自由度为3的χ^2分布的临界值为7.81，因此，三个变量联合地看对被解释变量有显著影响。

Eviews软件中Logit模型的估计过程与Probit模型的估计过程相同，只是在图6-9中的Binary estimation method选项栏内选择Logit。估计结果如图6-11所示。

Equation: UNTITLED　Workfile: UNTITLED::Untitled\

View | Proc | Object | Print | Name | Freeze | Estimate | Forecast | Stats | Resids

Dependent Variable: Y
Method: ML - Binary Logit (Newton-Raphson / Marquardt steps)
Included observations: 32
Convergence achieved after 5 iterations
Coefficient covariance computed using observed Hessian

Variable	Coefficient	Std. Error	z-Statistic	Prob.
C	-13.02135	4.931324	-2.640538	0.0083
X1	0.282611	0.126294	2.237723	0.0252
X2	0.009516	0.014155	0.672235	0.5014
X3	2.378688	1.064564	2.234424	0.0255

McFadden R-squared	0.374038	Mean dependent var	0.343750
S.D. dependent var	0.482559	S.E. of regression	0.384716
Akaike info criterion	1.055602	Sum squared resid	4.144171
Schwarz criterion	1.238819	Log likelihood	-12.88963
Hannan-Quinn criter.	1.116333	Deviance	25.77927
Restr. deviance	41.18346	Restr. log likelihood	-20.59173
LR statistic	15.40419	Avg. log likelihood	-0.402801
Prob(LR statistic)	0.001502		

Obs with Dep=0	21	Total obs	32
Obs with Dep=1	11		

图6-11　Logit模型估计结果

即有如下极大似然估计结果：

$$\hat{Y}_i = -13.021\,4 + 0.282\,6X_1 + 0.009\,5X_2 + 2.378\,7X_3$$
$$(4.931)\quad(0.126)\quad(0.014)\quad(1.065)$$
$$R^2_{\text{McF}} = 0.374 \qquad \text{LR}(3) = 15.4$$

同样地，从极大似然比检验看，在5%的显著性水平下，自由度为3的χ^2分布的临界值为7.81，因此，三个变量联合地看对被解释变量有显著的影响。

由于线性概率模型的OLS估计结果为

$$\hat{Y}_i = -1.498\,0 + 0.046\,4X_1 + 0.001\,1X_2 + 0.378\,6X_3$$
$$(0.524)\ (0.016)\quad(0.002)\quad(0.139)$$
$$R^2 = 0.416 \qquad F = 6.65$$

表面上看，线性概率模型各参数的OLS估计结果比Probit模型与Logit模型的估计结果小得多，但它们不能直接比较。依据例11的讨论，对Probit模型与Logit模型的参数估计结果进行如下变换后，才能与线性概率模型各参数的OLS估计结果进行比较：

Probit模型：$w_1\hat{\beta}_j = \left[\frac{1}{n}\sum_{i=1}^{n}\phi(\boldsymbol{X}_i\hat{\boldsymbol{\beta}})\right]\hat{\beta}_j$

Logit 模型：$w_2\hat{\beta}_j = \left[\frac{1}{n}\sum_{i=1}^{n}\lambda(\boldsymbol{X}_i\hat{\boldsymbol{\beta}})\right]\hat{\beta}_j = \left[\frac{1}{n}\sum_{i=1}^{n}\frac{\exp(\boldsymbol{X}_i\hat{\boldsymbol{\beta}})}{[1+\exp(\boldsymbol{X}_i\hat{\boldsymbol{\beta}})]^2}\right]\hat{\beta}_j$

类似于例 4 中计算归并模型的方法，可计算出 Probit 模型与 Logit 模型的参数转换的权重。以下以 Probit 模型为例，给出 Eviews 软件下的具体步骤：

第一步，在估计完 Probit 模型后，在显示结果的窗口(图 6-10)中点击 Forecast 按钮，在出现的 Forecast 窗口中(图 6-12)，选择 Index-where Prob = 1-F(-Index)，并在 Forecast name 栏内输入要记录的新序列变量名，如输入“XB”，点击 OK 按钮，生成新序列 XB。它即为 Probit 模型潜变量的估计 $\hat{Y}_i^* = \boldsymbol{X}_i\hat{\boldsymbol{\beta}}$。

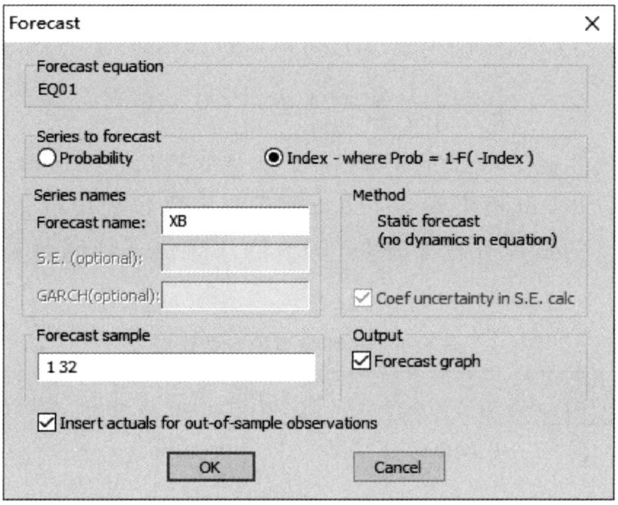

图 6-12　Forecast 窗口

第二步，在主菜单中选择 Quick\Generate Series，在出现的 Generate Series by Equation 窗口中，输入“YPDF = @ dnorm(XB)”(图 6-13)，点击 OK 按钮，生成新序列 YPDF。它即为估计的序列 $\phi(\boldsymbol{X}_i\hat{\boldsymbol{\beta}})$。

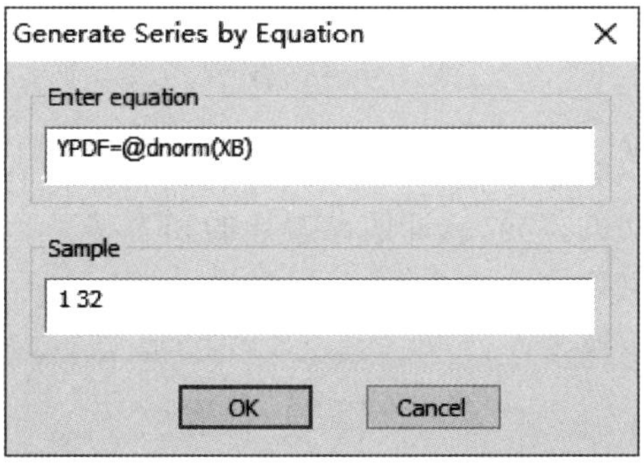

图 6-13　Generate Series by Equation 窗口

第三步，在 Eviews 主菜单下的命令编辑窗口中，输入命令“scalar W1 = @ mean(YPDF)”

(图 6-14),点击回车键,得到相当于权的转换参数 w_1:

$$w_1=\left[\frac{1}{n}\sum_{i=1}^{n}\phi(\boldsymbol{X}_i\hat{\boldsymbol{\beta}})\right]=0.2219$$

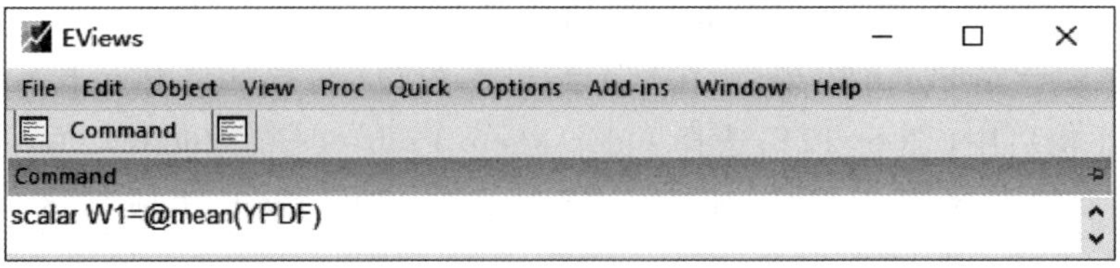

图 6-14　EViews 主菜单下的命令编辑窗口

利用同样的过程,可得到 Logit 模型估计参数的转换权:

$$w_2=\left[\frac{1}{n}\sum_{i=1}^{n}\lambda(\boldsymbol{X}_i\hat{\boldsymbol{\beta}})\right]=0.1283$$

表 6-8 列出了线性概率模型的 OLS 估计以及变换后的 Probit 模型与 Logit 模型的估计参数。转换后的 Probit 模型参数与 Logit 模型参数非常接近,但除 X_2外,其他两变量的参数估计与 OLS 的估计有较大差距,OLS 估计高估了利润与是否曾获得贷款的边际效应。

表 6-8　三种模型的参数比较

	X_1	X_2	X_3
OLS 估计的 β_j	0.046 4	0.001 1	0.378 6
Probit 模型估计的 $w_1\beta_j$	0.036 1	0.001 2	0.316 5
Logit 模型估计的 $w_2\beta_j$	0.036 3	0.001 2	0.305 2

例 13

对于变截距固定效应的面板数据模型

$$Y_{it}=\alpha_i+\boldsymbol{X}_{it}\boldsymbol{\beta}+\mu_{it}$$

当估计出表示个体效应的截距项 $\hat{\alpha}_i$后,可以计算它们的平均估计项 $\overline{\hat{\alpha}}$,并用每个个体效应 $\hat{\alpha}_i$与 $\overline{\hat{\alpha}}$ 的差来显示个体效应间的差异,试证明此差异的和为零。

证明　如果面板数据模型有一个共同的截距项 α,用 $\alpha+c_i$表示截面个体固定效应,即 $\alpha_i=\alpha+c_i$,则面板数据模型转换为

$$Y_{it}=\alpha+c_i+\boldsymbol{X}_{it}\boldsymbol{\beta}+\mu_{it}$$

因此,估计出 $\hat{\alpha}_i$后,可选取 $\hat{\alpha}=\frac{\sum\hat{\alpha}_i}{n}=\overline{\hat{\alpha}}$,则

$$\hat{c}_i=\hat{\alpha}_i-\overline{\hat{\alpha}}$$

显然,$\hat{c}_i$就是 $\hat{\alpha}_i$关于其均值的离差,它具有特征:$\sum \hat{c}_i=0$。

例 14

表 6-9 列出了四个大型公司每年的总投资 Y、股价总市值 X_1及固定资产净值 X_2的相关数据资料。显然,投资依赖于股价市值及固定资产净值:

$$Y_{it}=\beta_0+\beta_1X_{it1}+\beta_2X_{it2}+\mu_{it}$$

(1) 根据上述回归模型分别估计这四个公司的 Y 关于 X_1与 X_2的回归方程;

(2) 将四个公司的数据合并成一个大样本,按上述模型估计一个总的回归方程;

(3) 估计变截距固定效应模型;

(4) 根据上述三类回归方程的估计结果,判断哪类模型更好一些。

表 6-9　四个大型公司每年总投资、股价总市值及固定资产净值数据

单位:百万美元

年份	GE			GM		
	Y	X_1	X_2	Y	X_1	X_2
1935	33.1	1 170.6	97.8	317.6	3 078.5	2.8
1936	45	2 015.8	104.4	391.8	4 661.7	52.6
1937	77.2	2 803.3	118	410.6	5 387.1	156.9
1938	44.6	2 039.7	156.2	257.7	2 792.2	209.2
1939	48.1	2 256.2	172.6	330.8	4 313.2	203.4
1940	74.4	2 132.2	186.6	461.2	4 643.9	207.2
1941	113	1 834.1	220.9	512	4 551.2	255.2
1942	91.9	1 588	287.8	448	3 244.1	303.7
1943	61.3	1 749.4	319.9	499.6	4 053.7	264.1
1944	56.8	1 687.2	321.3	547.5	4 379.3	201.6
1945	93.6	2 007.7	319.6	561.2	4 840.9	265
1946	159.9	2 208.3	346	688.1	4 900	402.2
1947	147.2	1 656.7	456.4	568.9	3 526.5	761.5
1948	146.3	1 604.4	543.4	529.2	3 245.7	922.4
1949	98.3	1 431.8	618.3	555.1	3 700.2	1 020.1
1950	93.5	1 610.5	647.4	642.9	3 755.6	1 099
1951	135.2	1 819.4	671.3	755.9	4 833	1 207.7
1952	157.3	2 079.7	726.1	891.2	4 924.9	1 430.5
1953	179.5	2 371.6	800.3	1 304.4	6 241.7	1 777.3
1954	189.6	2 759.9	888.9	1 486.7	5 593.6	2 226.3

续表

年份	US			WEST		
	Y	X_1	X_2	Y	X_1	X_2
1935	209.9	1 362.4	53.8	12.93	191.5	1.8
1936	355.3	1 807.1	50.5	25.9	516	0.8
1937	469.9	2 673.3	118.1	35.05	729	7.4
1938	262.3	1 801.9	260.2	22.89	560.4	18.1
1939	230.4	1 957.3	312.7	18.84	519.9	23.5
1940	361.6	2 202.9	254.2	28.57	628.5	26.5
1941	472.8	2 380.5	261.4	48.51	537.1	36.2
1942	445.6	2 168.6	298.7	43.34	561.2	60.8
1943	361.6	1 985.1	301.8	37.02	617.2	84.4
1944	288.2	1 813.9	279.1	37.81	626.7	91.2
1945	258.7	1 850.2	213.8	39.27	737.2	92.4
1946	420.3	2 067.7	232.6	53.46	760.5	86
1947	420.5	1 796.7	264.8	55.56	581.4	111.1
1948	494.5	1 625.8	306.9	49.56	662.3	130.6
1949	405.1	1 667	351.1	32.04	583.8	141.8
1950	418.8	1 677.4	357.8	32.24	635.2	136.7
1951	588.2	2 289.5	341.1	54.38	732.8	129.7
1952	645.2	2 159.4	444.2	71.78	864.1	145.5
1953	641	2 031.3	623.6	90.08	1 193.5	174.8
1954	459.3	2 115.5	669.7	68.6	1 188.9	213.5

解答　(1) 首先,这是一个面板数据(panel data),因此需要将数据导入 Eviews 工作平台(Workfile)。如果已经启动了 Eviews,可以在主菜单中选择 File\New\Workfile...,在出现的 Workfile Create 窗口中的 Work structure type 栏内选择 Balanced Panel,在 Start date 栏输入数据的起始时间,在 End date 栏输入数据的结束时间,本例中分别输入"1935"与"1954";在 Number of cross sections 栏内输入个体数,本例中有 4 个公司,因此输入"4"(图 6-15)。点击 OK 按钮,建立工作平台。

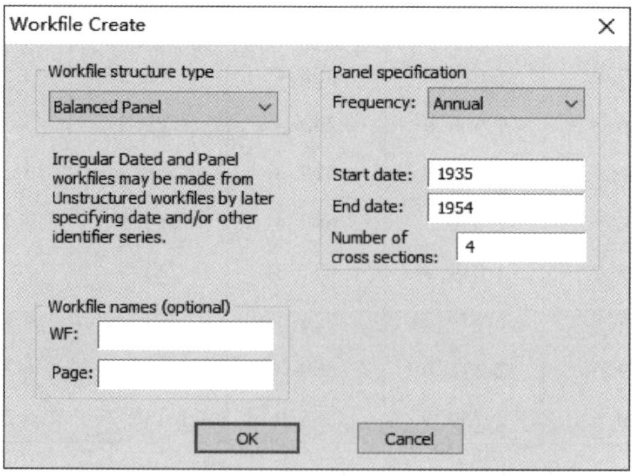

图 6-15　Workfile Greate 窗口:建立面板数据

在主菜单中(或 Workfile 的菜单中),选择 Object\New object,在出现的 New Object 窗口中的 Type of object 栏内,选择 Group,用来存放数据,并在 Name for Object 对话框中为 Group 命名,本例中输入“data”(图 6-16)。点击 OK 按钮,出现 Group 窗口,它是一个电子表格的形式,用于输入数据。注意,Group 窗口中最左侧显示的 1-35、1-36……表示数据需要按第 1 个个体从 1935 年开始输入;再往下就是 2-35、2-36……如此类推(图 6-17)。另外,为了方便,在变量中应该有代表个体的变量与代表时间的变量,本例中分别为 country 与 year,country 变量按 Group 表格的格式输入 1、2、3、4 代表 4 个公司,year 变量按 Group 表格的格式输入 1935、1936……。

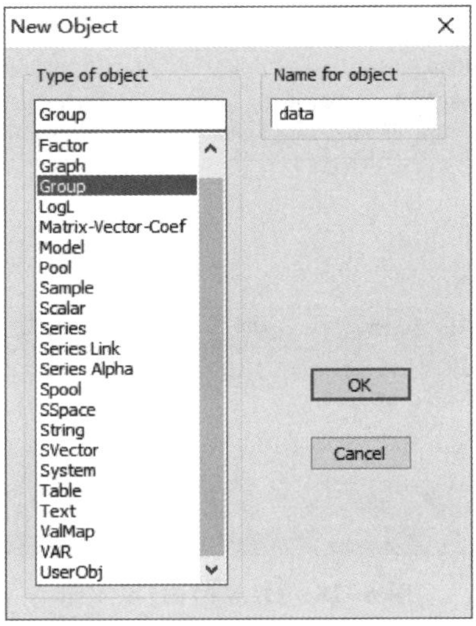

图 6-16　New Object 窗口:生成 Group 数据

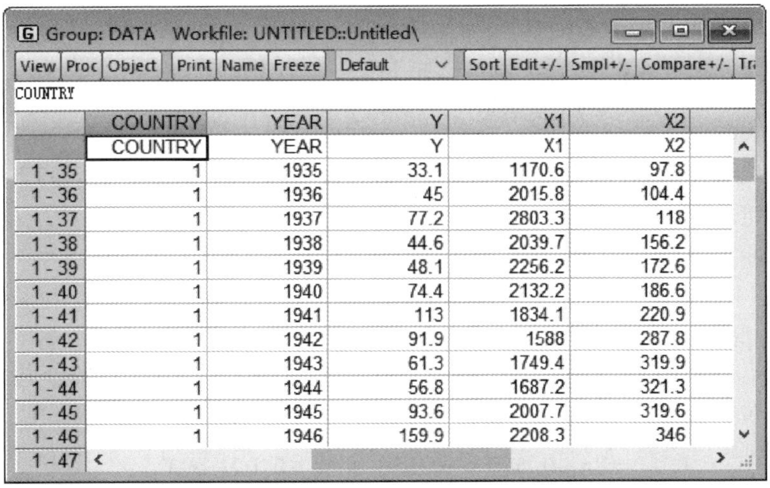

	COUNTRY	YEAR	Y	X1	X2
	COUNTRY	YEAR	Y	X1	X2
1 - 35	1	1935	33.1	1170.6	97.8
1 - 36	1	1936	45	2015.8	104.4
1 - 37	1	1937	77.2	2803.3	118
1 - 38	1	1938	44.6	2039.7	156.2
1 - 39	1	1939	48.1	2256.2	172.6
1 - 40	1	1940	74.4	2132.2	186.6
1 - 41	1	1941	113	1834.1	220.9
1 - 42	1	1942	91.9	1588	287.8
1 - 43	1	1943	61.3	1749.4	319.9
1 - 44	1	1944	56.8	1687.2	321.3
1 - 45	1	1945	93.6	2007.7	319.6
1 - 46	1	1946	159.9	2208.3	346
1 - 47					

图 6-17　Group 数据窗口:输入数据

首先,对第一个公司(GE)进行 OLS 估计。在主菜单中选择 Quick\Estimate Equation,在出现的 Equation Estimation 窗口中的 Equation specification 对话框中输入“Y C X1 X2”，在 Sample 对话框中输入“1935 1954 if country＝1”（图 6-18），点击“确定”按钮，即得 OLS 估计结果：

$$\hat{Y}_t=-9.956\,3+0.026\,55X_{1t}+0.151\,69X_{2t}$$
$$(31.37)\quad(0.016)\quad(0.026)$$
$$R^2=0.705\,3\quad \bar{R}^2=0.670\,6\quad \text{D.W.}=1.072\,1\quad \text{RSS}=13\,216.59$$

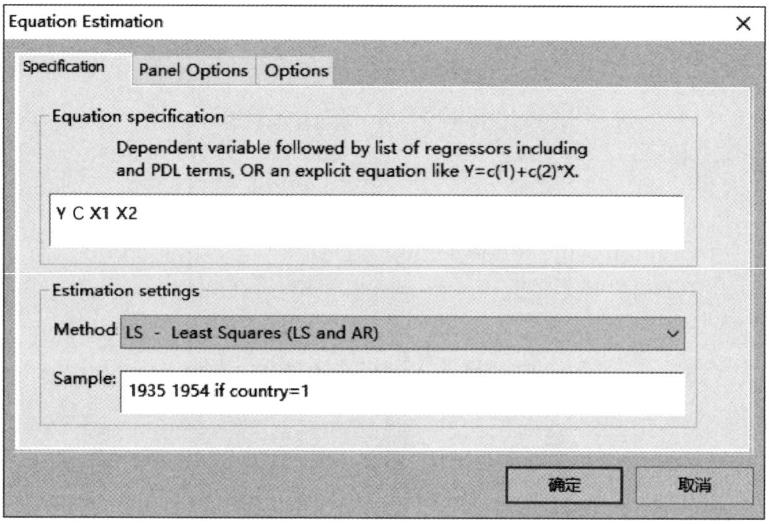

图 6-18　OLS 回归：第 1 组

采用同样方式，可对第二、第三、第四个公司进行 OLS 估计，只是在图 6-18 中的 Sample 对话框中，“country ＝”后分别输入“2”“3”“4”的信息。

第二个公司（GM）的 OLS 估计结果为：

$$\hat{Y}_t=-149.466\,7+0.119\,21X_{1t}+0.371\,53X_{2t}$$
$$(105.72)\quad(0.026)\quad(0.037)$$
$$R^2=0.921\,4\quad \bar{R}^2=0.912\,2\quad \text{D.W.}=0.937\,4\quad \text{RSS}=143\,117.9$$

第三个公司（US）的 OLS 估计结果为：

$$\hat{Y}_t=-50.078\,0+0.171\,43X_{1t}+0.408\,71X_{2t}$$
$$(146.72)\quad(0.074)\quad(0.145)$$
$$R^2=0.481\,0\quad \bar{R}^2=0.420\,0\quad \text{D.W.}=0.921\,6\quad \text{RSS}=154\,988.0$$

第四个公司（WEST）的 OLS 估计结果为：

$$\hat{Y}_t=-0.580\,4+0.053\,06X_{1t}+0.091\,69X_{2t}$$
$$(8.013)\quad(0.016)\quad(1.056)$$
$$R^2=0.745\,1\quad \bar{R}^2=071\,51\quad \text{D.W.}=1.410\,8\quad \text{RSS}=1\,769.034$$

（2）将四个公司的数据合并成一个样本（共 80 个样本点），OLS 估计过程与（1）中对单个公司的 OLS 估计过程相同，只是在图 6-18 中的 Sample 对话框中输入“1935 1954”。估计结果如下：

$$\hat{Y}_t=-63.3041+0.11009X_{1t}+0.30339X_{2t}$$
$$(29.61)\quad(0.014)\qquad(0.049)$$

$$R^2=0.7565\qquad \bar{R}^2=0.7502\quad D.W.=0.2187\quad RSS=1560690$$

（3）为了估计变截距固定效应模型，Eviews9.0 中，在 Equation Estimation 窗口中选择 Panel Options 子窗口，在 Effects specification 栏的 Cross-section 选项中选择 Fixed（图 6-19）。点击确定按钮，得到如图 6-20 所示的结果。

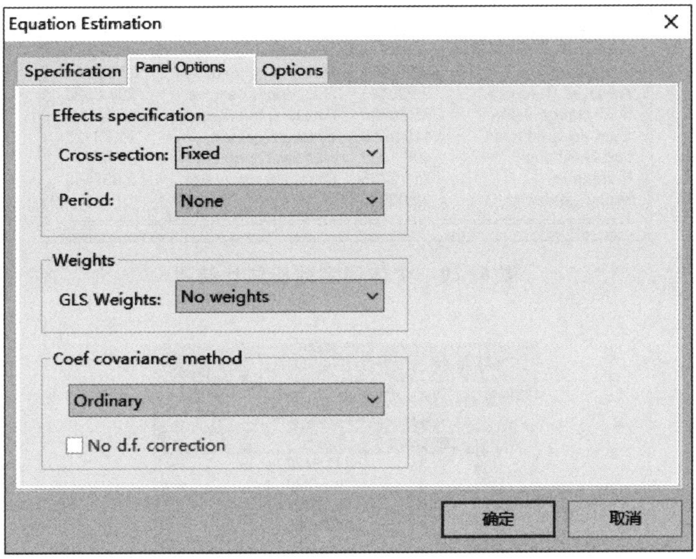

图 6-19 Equation Estimation 选择个体固定效应

该固定效应模型的估计结果可报告为：

$$\hat{Y}_t=-73.849+0.1079X_{1t}+0.3462X_{2t}$$
$$(37.52)\quad(0.017)\qquad(0.027)$$

$$R^2=0.9346\qquad \bar{R}^2=0.9301\qquad RSS=419462.9$$

为了获得 4 个公司各自的固定效应，在上述估计结果窗口中（图 6-20），选择 View\Fixed/Random Effects\Cross-section Effects，出现图 6-21 的结果。Effect 列中的数据是与图 6-20 中截距项数据的“差距”，因此第一个公司的固定效应为 -73.849 - 171.943 = -245.792。其他公司的固定效应可类似获得。

固定影响模型可按最小二乘虚拟变量（LSDV）模型估计，记 D_2 为公司 GM 的虚拟变量，即观测值属于 GM 时取值为 1，属于其他公司时取值为 0；记 D_3，D_4 分别为公司 US，WEST 的虚拟变量，取值规律同 D_2。LSDV 模型的 OLS 估计结果如下：

$$\hat{Y}_{it}=-245.79+161.5722D_2+399.6328D_3+186.5666D_4+0.1079X_1+0.3462X_2$$
$$(35.81)(46.456)\qquad(23.986)\qquad(31.507)\qquad(0.018)\quad(0.027)$$

Equation: UNTITLED Workfile: UNTITLED::Untitled\

View | Proc | Object | Print | Name | Freeze | Estimate | Forecast | Stats | Resids

Dependent Variable: Y
Method: Panel Least Squares
Periods included: 20
Cross-sections included: 4
Total panel (balanced) observations: 80

Variable	Coefficient	Std. Error	t-Statistic	Prob.
C	-73.84947	37.52291	-1.968117	0.0528
X1	0.107948	0.017509	6.165319	0.0000
X2	0.346162	0.026664	12.98212	0.0000

Effects Specification

Cross-section fixed (dummy variables)

R-squared	0.934563	Mean dependent var	290.9154
Adjusted R-squared	0.930141	S.D. dependent var	284.8528
S.E. of regression	75.28890	Akaike info criterion	11.55258
Sum squared resid	419462.9	Schwarz criterion	11.73123
Log likelihood	-456.1032	Hannan-Quinn criter.	11.62421
F-statistic	211.3706	Durbin-Watson stat	0.807158
Prob(F-statistic)	0.000000		

图 6-20 个体固定效应估计结果

Equation: UNTITLED Wor...

View | Proc | Object | Print | Name | Freeze | Estimate | For

Cross-section Fixed Effects

	CROSSID	Effect
1	1	-171.9429
2	2	-10.37070
3	3	167.6899
4	4	14.62366

图 6-21 显示个体固定效应

$$R^2=0.934\ 6 \qquad \overline{R}^2=0.930\ 1 \quad \text{D. W.}=0.807\ 2 \quad \text{RSS}=419\ 462.9$$

公司 GE 没有设定虚拟变量，成为比较的基准。可以看出，该结果与上述固定效应模型的估计结果是一致的。

（4）为了在上述三类模型中选取最好的模型，需进行如下两个 F 检验。

首先，针对“存在个体效应的变截距模型”备择假设，检验“不存在个体效应的混合模型”这一原假设，相应的 F 检验为：

$$F=\frac{(\text{RSS}_3-\text{RSS}_2)/(n-1)}{\text{RSS}_2/[nT-(n+k)]}=\frac{(1\ 560\ 690-419\ 462.9)/(4-1)}{419\ 462.9/(80-6)}=67.11$$

其中，RSS_2 为变截距模型的残差平方和，RSS_3 为截距与系数都不变，即混合数据模型的残差平方和。在 5%的显著性水平下，自由度为(3,74)的 F 分布的临界值为 $F_{0.05}=2.73$，可见拒绝混合模型的原假设。表明至少存在截距项上的个体固定效应。

那么是否还存在着系数变化的固定效应呢？可以针对“固定效应变系数模型”的备择假设，检验“固定效应变截距模型”的原假设，相应的 F 检验为：

$$F=\frac{(\mathrm{RSS}_2-\mathrm{RSS}_1)/[(n-1)k]}{\mathrm{RSS}_1/[nT-n(k+1)]}=\frac{(419\ 462.9-313\ 091.5)/6}{313\ 091.5/68}=3.85$$

其中,RSS_1是系数和截距都变化的模型的残差平方和,它即为分别对各截面个体按时间序列数据分别进行 OLS 回归所得的残差平方和的和:

$$\mathrm{RSS}_1=13\ 216.59+143\ 117.9+154\ 988.0+1\ 769.034=313\ 091.5$$

在 5%的显著性水平下,自由度为(6,68)的 F 分布的临界值为 $F_{0.05}=2.24$,可见,拒绝只存在截距项上的固定效应模型这一原假设。表明既存在截距项上的异质性,也存在系数项上的异质性,应该按照横截面中的四个公司各自的时序数据估计各自的单一模型。

例 15

继续例 14,请用普通最小二乘法(OLS)与广义最小二乘法(GLS)估计固定效应变系数模型,并对两种估计方法所得估计结果进行比较。

解答 例 14 中的(1)已经给出了每个公司单个方程的 OLS 估计,这也就是固定效应变系数模型的 OLS 估计。也可以在 Eviews 软件中一次估计,但需在时间数据的 Workfile 下建立 Pool 对象来进行。

在 Eviews 软件中,在创建工作平台类型的 Workfile Create 窗口中的 Workfile structure type 中选择 Dated-regular frequency,并在 Dated specification 栏内的 Start Date 与 End Date 编辑框中分别输入"1935"与"1954",点击确定按钮建立时间数据的 Workfile。在主菜单中(或 Workfile 的菜单中),选择 Object\New Object,在出现的 New Object 窗口中的 Type of object 栏内,选择 Pool 对象(参见图 6-16)。点击 OK 按钮,出现 Pool 对象的编辑窗口,需要在"Cross Section Identifiers:"后面输入"1 2 3 4"以表征例中所涉及的 4 个公司(图 6-22)。选择 Pool 窗口菜单中的 Sheet,在出现的 Series List 对话窗口中输入"Y? X1? X2?" (图 6-23),点击 OK 按钮。得如图 6-24 所示的数据输入窗口,可直接进行样本数据的输入。

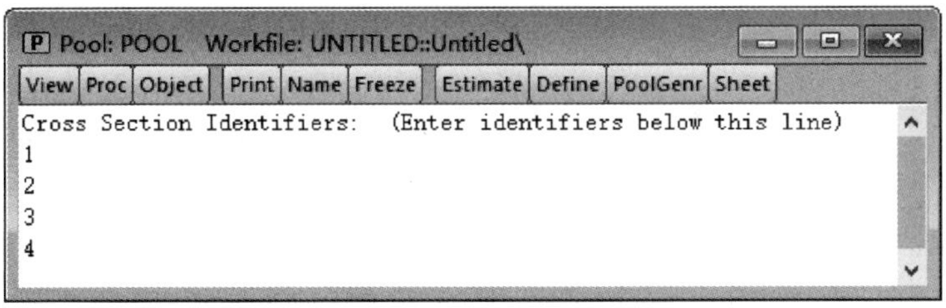

图 6-22 Pool 窗口:输入个体识别标记

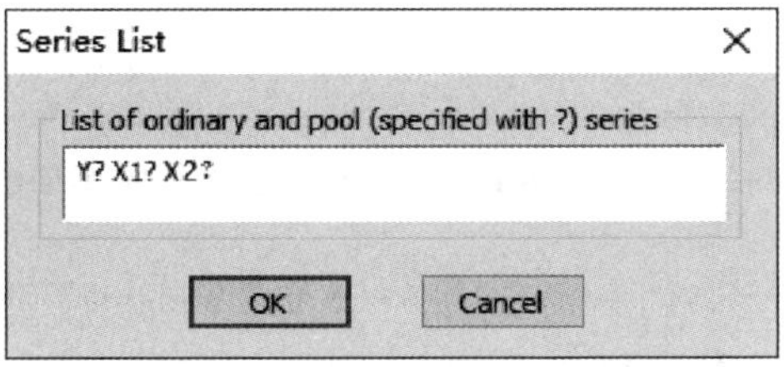

图 6-23 Series List 窗口:输入变量

数据输入后，点击菜单中的 Estimate 按钮，出现 Pool Estimation 对话窗口（图 6-25），在 Dependent variable 栏内输入“Y?”，在 Cross-section specific coefficients 栏内输入“X1? X2?”，在 Estimation method 栏的 Cross-section 选项栏内选择 Fixed，在 Weights 选项栏内选择“No weights”。点击 OK 按钮后得到如图 6-26 所示的结果。

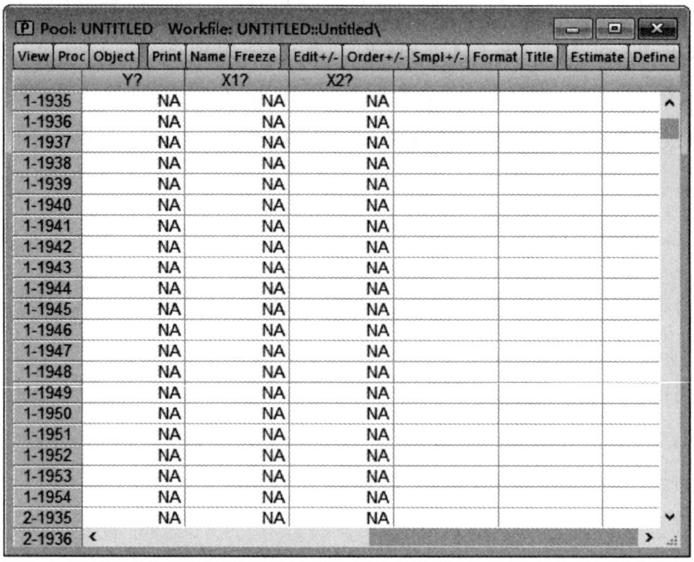

图 6-24　Pool 窗口：数据输入

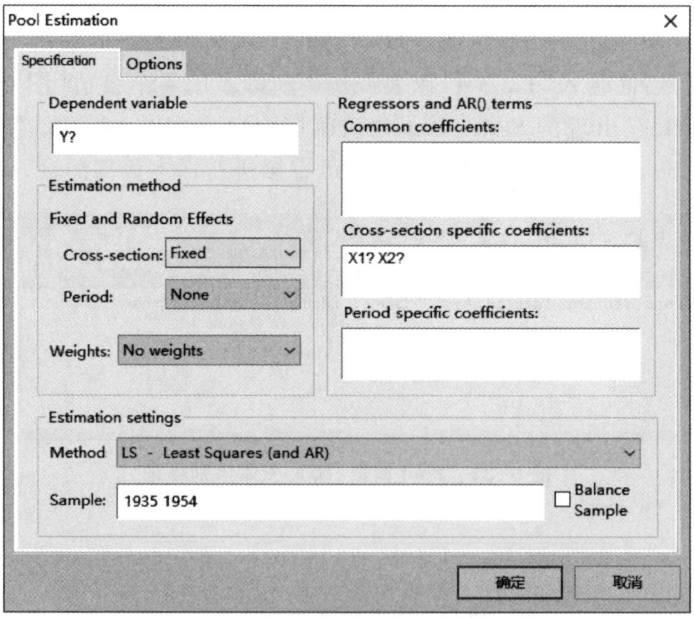

图 6-25　Pool Estimation 窗口：选择个体固定效应

为了得到广义最小二乘估计，只需在图 6-25 的“Weights”选项栏内选择“Cross-section SUR”即可。广义最小二乘估计结果如图 6-27 所示。

P Pool: UNTITLED Workfile: UNTITLED::Untitled\

View | Proc | Object | Print | Name | Freeze | Estimate | Define | PoolGenr | Sheet

Dependent Variable: Y?

Variable	Coefficient	Std. Error	t-Statistic	Prob.
C	-52.52035	40.04327	-1.311590	0.1941
1--X11	0.026551	0.037881	0.700903	0.4858
2--X12	0.119210	0.019083	6.246796	0.0000
3--X13	0.171430	0.052390	3.272221	0.0017
4--X14	0.053055	0.104485	0.507779	0.6133
1--X21	0.151694	0.062553	2.425046	0.0180
2--X22	0.371525	0.027401	13.55858	0.0000
3--X23	0.408709	0.102966	3.969367	0.0002
4--X24	0.091694	0.373394	0.245568	0.8068
Fixed Effects (Cross)				
1--C	42.56405			
2--C	-96.94631			
3--C	2.442312			
4--C	51.93995			

Effects Specification

Cross-section fixed (dummy variables)

R-squared	0.951157	Mean dependent var	290.9154
Adjusted R-squared	0.943256	S.D. dependent var	284.8528
S.E. of regression	67.85489	Akaike info criterion	11.41010
Sum squared resid	313091.5	Schwarz criterion	11.76741

图 6-26　Pool 窗口:个体固定效应估计结果

P Pool: UNTITLED Workfile: UNTITLED::Untitled\

View | Proc | Object | Print | Name | Freeze | Estimate | Define | PoolGenr | Sheet

Dependent Variable: Y?
Method: Pooled EGLS (Cross-section SUR)
Linear estimation after one-step weighting matrix

Variable	Coefficient	Std. Error	t-Statistic	Prob.
C	-30.09216	34.47590	-0.872846	0.3858
1--X11	0.038853	0.012306	3.157385	0.0024
2--X12	0.123306	0.021569	5.716905	0.0000
3--X13	0.112224	0.053288	2.106002	0.0389
4--X14	0.056884	0.011478	4.956047	0.0000
1--X21	0.129056	0.022079	5.845286	0.0000
2--X22	0.383133	0.032750	11.69856	0.0000
3--X23	0.371132	0.120292	3.085251	0.0029
4--X24	0.040483	0.041552	0.974266	0.3334
Fixed Effects (Cross)				
1--C	5.311761			
2--C	-144.6540			
3--C	108.0149			
4--C	31.32732			

R-squared	0.971297	Mean dependent var	4.040663
Adjusted R-squared	0.966653	S.D. dependent var	3.991191
S.E. of regression	1.040174	Sum squared resid	73.57339
F-statistic	209.1863	Durbin-Watson stat	1.254249
Prob(F-statistic)	0.000000		

图 6-27　个体固定效应 GLS 估计结果

可以看出,变系数固定效应模型的 OLS 估计与 GLS 估计的参数有所差异,估计的标准差也不相同,广义最小二乘估计显然更有效,其标准差更小,有着更高的 t 检验值和更大的 R^2,残差平方和远远小于 OLS 的估计结果。

三、教材练习题及参考解答

1. 在经典截面数据计量经济学模型中，通常选择哪些类型的数据作为样本数据？对被解释变量样本数据有哪些假定？

解答　在经典截面数据线性计量经济学模型中，所利用的数据具有两个特征：一是在一个模型中，或者只利用时间序列数据，或者只利用截面数据；二是作为被解释变量的样本观测值必须是连续型的随机变量，且在解释变量给定的条件下，与随机干扰项具有相同的方差。

2. 某一截面数据计量经济学模型 $Y_i=\boldsymbol{X}_i\boldsymbol{\beta}+\mu_i$，被解释变量服从正态分布 $N(\boldsymbol{X}_i\boldsymbol{\beta},\sigma^2)$，其样本观测值为 $Y_1,Y_2,\cdots,Y_n$，其中 Y_1,Y_2,Y_3 取相同值 a，其他观测值均大于 a。分别将该组样本看作未受限制的随机抽取样本、以 a 为截断点的选择性样本、以 a 为归并点的选择性样本，分别采用 ML 方法估计模型。

（1）写出 3 种情况下的对数似然函数表达式。

（2）比较 3 种情况下的对数似然函数值的大小，并加以简单证明。

解答　（1）在假设该样本为未受限制的随机抽取的样本时，其似然函数为

$$\begin{aligned}L(\boldsymbol{\beta},\sigma^2)&=P(Y_1,Y_2,\cdots,Y_n)\\&=\frac{1}{(2\pi)^{\frac{n}{2}}\sigma^n}\mathrm{e}^{-\frac{1}{2\sigma^2}\sum(Y_i-\boldsymbol{X}_i\boldsymbol{\beta})^2}\\&=\frac{1}{(2\pi)^{\frac{n}{2}}\sigma^n}\mathrm{e}^{-\frac{1}{2\sigma^2}\left[\sum\limits_{i=1}^{3}(a-\boldsymbol{X}_i\boldsymbol{\beta})^2+\sum\limits_{i=4}^{n}(Y_i-\boldsymbol{X}_i\boldsymbol{\beta})^2\right]}\end{aligned}$$

于是，对数似然函数为

$$\ln L=-\frac{n}{2}\ln(2\pi\sigma^2)-\frac{1}{2\sigma^2}\left[\sum_{i=1}^{3}(a-\boldsymbol{X}_i\boldsymbol{\beta})^2+\sum_{i=4}^{n}(Y_i-\boldsymbol{X}_i\boldsymbol{\beta})^2\right]$$

当假设所取的样本为以 a 为截断点的选择性样本时，其似然函数为

$$L(\boldsymbol{\beta},\sigma^2)=\prod_{i=4}^{n}\frac{\frac{1}{\sigma}\phi[(Y_i-\boldsymbol{X}_i\boldsymbol{\beta})/\sigma]}{1-\Phi[(a-\boldsymbol{X}_i\boldsymbol{\beta})/\sigma]}$$

于是，对数似然函数为

$$\begin{aligned}\ln L=&-\frac{n-3}{2}[\ln(2\pi\sigma^2)]-\frac{1}{2\sigma^2}\sum_{i=4}^{n}(Y_i-\boldsymbol{X}_i\boldsymbol{\beta})^2\\&-\sum_{i=4}^{n}\ln\left[1-\Phi\left(\frac{a-\boldsymbol{X}_i\boldsymbol{\beta}}{\sigma}\right)\right]\end{aligned}$$

当假设所取的样本为以 a 为归并点的选择性样本时，Y_i的概率密度然函数分为两部分，一部分是 $Y_i=a$ 的前三个点，其概率密度函数为

$$P(Y_i=a)=P(\mu_i\leqslant a-\boldsymbol{X}_i\boldsymbol{\beta})=P\left(\frac{\mu_i}{\sigma}\leqslant\frac{a-\boldsymbol{X}_i\boldsymbol{\beta}}{\sigma}\right)=\Phi\left(\frac{a-\boldsymbol{X}_i\boldsymbol{\beta}}{\sigma}\right)$$

另一部分是后 $n-3$ 个点，它们服从正态分布 $N(\boldsymbol{X}_i\boldsymbol{\beta},\sigma^2)$，其概率密度函数为

$$f(Y_i)=\frac{1}{\sqrt{2\pi\sigma^2}}\mathrm{e}^{-\frac{(Y_i-\boldsymbol{X}_i\boldsymbol{\beta})^2}{2\sigma^2}}$$

于是，当假设所取的样本为以 a 为归并点的选择性样本时，有如下似然函数

$$L(\boldsymbol{\beta},\sigma^2)=\prod_{i=1}^{3}\Phi\left(\frac{a-\boldsymbol{X}_i\boldsymbol{\beta}}{\sigma}\right)\cdot\prod_{i=4}^{n}\left(\frac{1}{\sqrt{2\pi\sigma^2}}\mathrm{e}^{-\frac{(Y_i-\boldsymbol{X}_i\boldsymbol{\beta})^2}{2\sigma^2}}\right)$$

相应的对数似然函数为

$$\ln L=-\frac{n-3}{2}\ln(2\pi\sigma^2)-\frac{1}{2\sigma^2}\sum_{i=4}^{n}(Y_i-\boldsymbol{X}_i\boldsymbol{\beta})^2+\sum_{i=1}^{3}\ln\Phi\left(\frac{a-\boldsymbol{X}_i\boldsymbol{\beta}}{\sigma}\right)$$

（2）首先比较截断模型与归并模型的对数似然函数值。由（1）中的推导知，它们都由三部分组成，且前两部分相等。由于

$$0<\Phi\left(\frac{a-\boldsymbol{X}_i\boldsymbol{\beta}}{\sigma}\right)<1,0<1-\Phi\left(\frac{a-\boldsymbol{X}_i\boldsymbol{\beta}}{\sigma}\right)<1$$

因此，

$$\ln\Phi\left(\frac{a-\boldsymbol{X}_i\boldsymbol{\beta}}{\sigma}\right)<0,-\ln\left[1-\Phi\left(\frac{a-\boldsymbol{X}_i\boldsymbol{\beta}}{\sigma}\right)\right]>0$$

所以，截断模型的对数似然函数值大于归并模型的对数似然函数值。

其次，比较截断模型与 OLS 估计中的对数似然函数值。OLS 估计下的对数似然函数为

$$\ln L=-\frac{n}{2}\ln(2\pi\sigma^2)-\frac{1}{2\sigma^2}\sum_{i=1}^{3}(a-\boldsymbol{X}_i\boldsymbol{\beta})^2-\frac{1}{2\sigma^2}\sum_{i=4}^{n}(Y_i-\boldsymbol{X}_i\boldsymbol{\beta})^2$$

一方面，

$$-\frac{n-3}{2}\ln(2\pi\sigma^2)>-\frac{n}{2}\ln(2\pi\sigma^2)$$

另一方面，

$$-\frac{1}{2\sigma^2}\sum_{i=1}^{3}(a-\boldsymbol{X}_i\boldsymbol{\beta})^2<0,\ -\ln\left[1-\Phi\left(\frac{a-\boldsymbol{X}_i\boldsymbol{\beta}}{\sigma}\right)\right]>0$$

所以，截断模型的对数似然函数值大于 OLS 估计中的对数似然函数值。

最后，比较归并模型与 OLS 估计中的对数似然函数值。尽管有

$$-\frac{n-3}{2}\ln(2\pi\sigma^2)>-\frac{n}{2}\ln(2\pi\sigma^2)$$

但

$$-\frac{1}{2\sigma^2}\sum_{i=1}^{3}(a-\boldsymbol{X}_i\boldsymbol{\beta})^2<0,\ln\Phi\left(\frac{a-\boldsymbol{X}_i\boldsymbol{\beta}}{\sigma}\right)<0$$

且无法判断谁更小，因此，无法比较归并模型与 OLS 估计中的对数似然函数值的大小。

3. 试证明：

（1）设 Y 服从标准正态分布 $Y\sim N(0,1)$，则对某常数 a，

$$\mathrm{E}(Y\mid Y>a)=\int_a^{\infty}Y\varphi(Y\mid Y>a)\,\mathrm{d}Y=\frac{\varphi(a)}{1-\Phi(a)}$$

（2）对线性回归模型 $Y_i=\boldsymbol{X_i\beta}+\mu_i$，当 $\mu_i\sim N(0,\sigma^2)$ 时，对某常数 a，

$$\mathrm{E}(Y_i\mid Y_i>a)=\int_a^{\infty}Y_i\varphi(Y_i\mid Y_i>a)\,\mathrm{d}Y_i=\boldsymbol{X_i\beta}+\sigma\frac{\varphi((a-\boldsymbol{X_i\beta})/\sigma)}{1-\Phi[(a-\boldsymbol{X_i\beta})/\sigma]}$$

证明：(1)

$$\mathrm{E}(Y\mid Y>a)=\int_a^{\infty}Y\varphi(Y\mid Y>a)\,\mathrm{d}Y=\int_a^{\infty}Y\frac{\varphi(Y)}{1-\Phi(a)}\mathrm{d}Y=\frac{1}{1-\Phi(a)}\int_a^{\infty}Y\frac{1}{\sqrt{2\pi}}\mathrm{e}^{-\frac{Y^2}{2}}\mathrm{d}Y$$

$$=\frac{1}{1-\Phi(a)}\left[0+\frac{1}{\sqrt{2\pi}}\mathrm{e}^{-\frac{a^2}{2}}\right]=\frac{\varphi(a)}{1-\Phi(a)}$$

（2）易知：$Y_i\sim N(\boldsymbol{X_i\beta},\sigma^2)$，于是 $Z_i=(Y_i-\boldsymbol{X_i\beta})/\sigma\sim N(0,1)$。则 $Y_i=\boldsymbol{X_i\beta}+\sigma Z_i$，$Y_i>a$ 对应于 $Z_i>(a-\boldsymbol{X_i\beta})/\sigma=\alpha_i$。于是

$$\mathrm{E}(Y_i\mid Y_i>a)=\int_a^{\infty}Y_if(Y_i\mid Y_i>a)\,\mathrm{d}Y_i=\int_a^{\infty}Y_i\frac{f(Y_i)}{P(Y_i>a)}\mathrm{d}Y_i=\int_a^{\infty}Y_i\frac{\frac{1}{\sqrt{2\pi\sigma^2}}\mathrm{e}^{-\frac{(Y_i-\boldsymbol{X_i\beta})^2}{2\sigma^2}}}{1-P(Y_i\leqslant a)}\mathrm{d}Y_i$$

$$=\int_{\alpha_i}^{\infty}(\boldsymbol{X_i\beta}+\sigma Z_i)\frac{\frac{1}{\sigma}\cdot\frac{1}{\sqrt{2\pi}}\mathrm{e}^{-\frac{Z_i^2}{2}}}{1-P(Z_i\leqslant\alpha_i)}\sigma\,\mathrm{d}Z_i=\int_{\alpha_i}^{\infty}(\boldsymbol{X_i\beta}+\sigma Z_i)\frac{\varphi(Z_i)}{1-\Phi(\alpha_i)}\mathrm{d}Z_i$$

$$=\boldsymbol{X_i\beta}\int_{\alpha_i}^{\infty}\frac{\varphi(Z_i)}{1-\Phi(\alpha_i)}\mathrm{d}Z_i+\sigma\int_{\alpha_i}^{\infty}Z_i\frac{\varphi(Z_i)}{1-\Phi(\alpha_i)}\mathrm{d}Z_i=\boldsymbol{X_i\beta}+\sigma\frac{\varphi(\alpha_i)}{1-\Phi(\alpha_i)}$$

$$=\boldsymbol{X_i\beta}+\sigma\frac{\varphi((a-\boldsymbol{X_i\beta})/\sigma)}{1-\Phi[(a-\boldsymbol{X_i\beta})/\sigma]}$$

这里用到了

$$\int_{\alpha_i}^{\infty}\frac{\varphi(Z_i)}{1-\Phi(\alpha_i)}\mathrm{d}Z_i=\frac{1}{1-\Phi(\alpha_i)}\int_{\alpha_i}^{\infty}\varphi(Z_i)\,\mathrm{d}Z_i=\frac{1}{1-\Phi(\alpha_i)}\left[1-\int_{-\infty}^{\alpha_i}\varphi(Z_i)\,\mathrm{d}Z_i\right]$$

$$=\frac{1-\Phi(\alpha_i)}{1-\Phi(\alpha_i)}=1$$

4. 令 Y 表示一个学生在第 4 学年结束时能否获得免试推荐攻读硕士学位的虚拟变量。设 X_1 与 X_2 分别是其入学时的考试成绩以及大学前两年各门必修课的平均成绩，X_3 是其在第三学年每周学习的小时数。假设利用 420 个学生的数据得到如下 Logit 模型：

$$P_i=\mathrm{E}(Y=1)=\frac{1}{1+\mathrm{e}^{-(-1.1+0.002X_1+0.007X_2+0.02X_3)}}$$

假设 X_1 与 X_2 固定在 85 分的水平上，计算每周花 40 小时与花 20 小时学习的学生在推荐攻读硕士学位概率上的估计差异。

解答 由题中资料,可计算每周学习时间在 40 小时的学生被推荐上的概率为

$$P_i=\mathrm{E}(Y=1)=1/[1+\exp(1.1-0.002\times 80-0.007\times 80-0.02\times 40)]=0.603$$

每周学习时间在 20 小时的学生被推荐上的概率为:

$$P_i=\mathrm{E}(Y=1)=1/[1+\exp(1.1-0.002\times 80-0.007\times 80-0.02\times 20)]=0.505$$

可见,两者在概率上的差距为 0.098。

5. 对重复观测数据(分组数据),试证明以"成败比例"为特征的 Logit 模型

$$\ln\frac{P_i}{1-P_i}\approx\ln\frac{\pi_i}{1-\pi_i}+u_i$$

中误差项的方差为 $\mathrm{Var}(u_i)=\dfrac{1}{n_i\pi_i(1-\pi_i)}$

证明 由于按泰勒展开

$$F^{-1}(P_i)=F^{-1}(\pi_i+e_i)\approx F^{-1}(\pi_i)+\frac{e_i}{f[F^{-1}(\pi_i)]}=\boldsymbol{X}_i\boldsymbol{\beta}+u_i$$

在 Logit 模型下,

$$\Lambda^{-1}(\pi_i)=\ln\frac{\pi_i}{1-\pi_i}=\boldsymbol{X}_i\boldsymbol{\beta},\Lambda^{-1}(P_i)=\ln\frac{P_i}{1-P_i}$$

$$u_i=\frac{e_i}{\lambda[\Lambda^{-1}(\pi_i)]}=\frac{e_i}{\lambda\left(\ln\dfrac{\pi_i}{1-\pi_i}\right)}=e_i\frac{\left[1+\exp\left(-\ln\dfrac{\pi_i}{1-\pi_i}\right)\right]^2}{\exp\left(-\ln\dfrac{\pi_i}{1-\pi_i}\right)}$$

$$=e_i\frac{\left(1+\dfrac{1-\pi_i}{\pi_i}\right)^2}{\dfrac{1-\pi_i}{\pi_i}}=e_i\frac{\dfrac{1}{\pi_i^2}}{\dfrac{1-\pi_i}{\pi_i}}=\frac{e_i}{\pi_i(1-\pi_i)}$$

由于,$\mathrm{Var}(e_i)=\pi_i(1-\pi_i)/n_i$,则

$$\mathrm{Var}(u_i)=\left[\frac{1}{\pi_i(1-\pi_i)}\right]^2\mathrm{Var}(e_i)=\frac{1}{n_i\pi_i(1-\pi_i)}$$

6. 对二元离散选择模型 $Y_i=\beta_0+\beta_1X_{i1}+\cdots+\beta_kX_{ik}+\mu_i$,如果给定约束

$$H_0:\beta_1=\beta_2=\cdots=\beta_k=0$$

试证明:在该约束条件下,对一个容量为 n 的样本,估计的对数似然函数值可简化为

$$\ln L_0=n[P\ln P+(1-P)\ln(1-P)]$$

其中 P 为样本观测值中被解释变量等于 1 的概率。

证明 在二元离散选择模型下,对数似然函数的表达式为

$$\ln L=\sum_{i=1}^{n}\{Y_i\ln F(\boldsymbol{X}_i\boldsymbol{\beta})+(1-Y_i)\ln[1-F(\boldsymbol{X}_i\boldsymbol{\beta})]\}$$

其中,$F(\boldsymbol{X}_i\boldsymbol{\beta})=P(Y_i=1\mid\boldsymbol{X}_i)$,即为 Y 取值为 1 的概率。在约束条件 H_0 下

$$F(\boldsymbol{X}_i\boldsymbol{\beta})=F(\beta_0)$$

表明,在每一个观测点上,Y 取值为 1 的概率都相同。于是,在一个容量为 n 的样本中,有 n_1

个样本观测点的 Y 取值为 1，则有

$$P=\frac{n_1}{n}=F(\hat{\beta}_0)$$

这时，对数似然函数值为

$$\begin{aligned}\ln L_0 &= \sum_{i=1}^{n}\{Y_i\ln F(\hat{\beta}_0)+(1-Y_i)\ln[1-F(\hat{\beta}_0)]\}\\ &= n_1\ln P+(n-n_1)\ln(1-P)\\ &= n[P\ln P+(1-P)\ln(1-P)]\end{aligned}$$

7. 在申请出国读学位的 16 名学生中有如下 GRE 数量与词汇分数。其中 9 位学生获得入学准入。请根据表 6-10 中资料估计 Logit 模型与 Probit 模型。

表 6-10　16 位申请出国读学位的学生信息

学生编号	数量成绩 Q	词汇成绩 V	是否准入 Y（1=准，0=不准）	学生编号	数量成绩 Q	词汇成绩 V	是否准入 Y（1=准，0=不准）
1	760	550	1	9	520	660	1
2	600	350	0	10	800	250	0
3	720	320	0	11	670	480	0
4	710	630	1	12	670	520	1
5	530	430	1	13	780	710	1
6	650	570	0	14	520	450	0
7	800	500	1	15	680	590	1
8	650	680	1	16	500	380	0

解答　在 Eviews 软件中，选择 Quick\Estimate Equation，在 Equation specification 栏内输入“Y C Q V”，在 Estimation settings 的 Method 栏内选择 BINARY，出现新的选项栏 Binary estimation method（图 6-28）。选择 Probit，单击确定按钮即可得到估计的 Probit 模型：

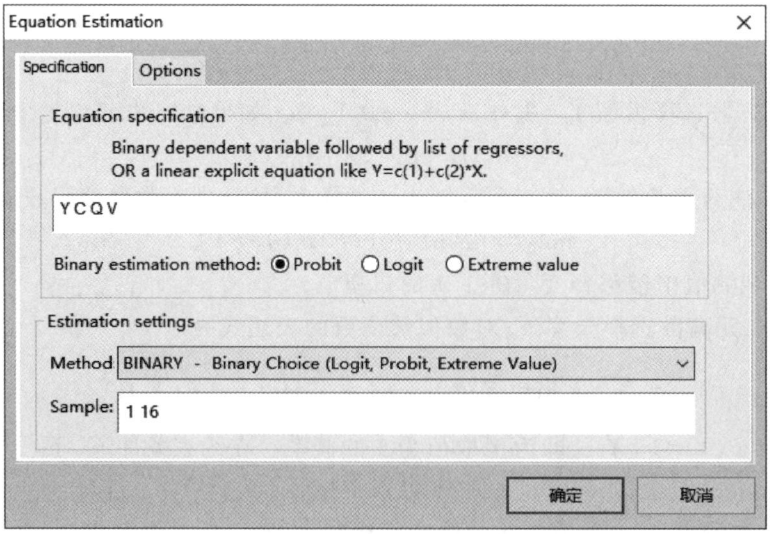

图 6-28　Equation Estimation 窗口：二元 Probit

$$\hat{Y}_i=-6.635+0.0024Q+0.0105V$$
$$(3.397)\quad(0.005)\quad(0.005)$$
$$R^2_{\mathrm{McF}}=0.4763\qquad \mathrm{LR}(2)=10.44$$

如果选择 Logit,则会得到如下估计的 Logit 模型:

$$\hat{Y}_i=-11.107+0.004Q+0.0177V$$
$$(6.124)\quad(0.008)\quad(0.009)$$
$$R^2_{\mathrm{McF}}=0.4685\qquad \mathrm{LR}(2)=10.27$$

8. 针对例 6.3.1,在同时引入固定个体效应与时间效应时,对是否应选择固定效应模型而不是选择混合模型的相关假设进行检验。你能写出以可决系数 R^2 描述的统计量的表达式吗?其结果与用残差平方和的检验结果一致吗?

解答 包含个体固定效应与时间固定效应的面板数据模型为

$$Y_{it}=\alpha_i+\gamma_t+\beta X_{it}+\mu_{it}$$

它是无约束模型,可通过虚拟变量最小二乘法对其估计。一般地,当模型中保留一个共同的截距项时,为了避免"虚拟变量陷阱",这里个体虚拟变量数目为 $n-1$,时间虚拟变量数目为 $T-1$。该无约束模型的可决系数与残差平方和分别记为 R^2_{u}、$\mathrm{RSS}_{\mathrm{u}}$。

无固定效应的混合数据模型为

$$Y_{it}=\alpha+\beta X_{it}+\mu_{it}$$

它是受约束模型,记其混合最小二乘估计的可决系数与残差平方和分别为 R^2_{r}、$\mathrm{RSS}_{\mathrm{r}}$。

则针对"模型应为个体与时间双向固定效应模型"的备择假设,检验"模型应为无固定效应的混合模型"这一原假设,可进行受约束、无约束的 F 检验。以 R^2 表示的相应的 F 统计量为:

$$F=\frac{(R^2_{\mathrm{u}}-R^2_{\mathrm{r}})/(n+T-2)}{(1-R^2_{\mathrm{u}})/[nT-(n+T-2+1+k)]}$$

其中,n 为截面个体的数目,T 为时期数,k 为模型中引入的解释变量的个数。

例 6.3.1 中运用 R^2 的 F 检验统计量可计算如下

$$F=\frac{(R^2_{\mathrm{u}}-R^2_{\mathrm{r}})/(n+T-2)}{(1-R^2_{\mathrm{u}})/[nT-(n+T-2+1+k)]}=\frac{(0.993595-0.964262)/(20+5-2)}{(1-0.993595)/(100-(20+5-2+1+1))}=14.93$$

运用残差平方和的 F 检验统计量可计算如下

$$F=\frac{(\mathrm{RSS}_{\mathrm{r}}-\mathrm{RSS}_{\mathrm{u}})/(n+T-2)}{\mathrm{RSS}_{\mathrm{u}}/[nT-(n+T-2+1+k)]}=\frac{(29906372-5360257)/23}{5360257/75}=14.93$$

可见,两者结果相同。在 5%的显著性水平下,临界值为 $F_{0.05}(23,75)=1.67$,因此,拒绝混合模型,应该选择存在着个体与时间固定效应的固定效应模型。

Eviews9.0 中,双向固定效应模型的估计可按如下操作进行:在 Panel data 工作平台(Workfile)中,选择主菜单 Quick\Estimate Equation,在出现的 Equation Estimation 的 Specification 窗口中的 Equation specification 栏内输入"Y C X";然后选择 Panel Options 子窗口,在 Effects specification 栏内的 Cross-section 以及 Period 选项下都选择 Fixed(图 6-29),点击确定按钮,得如图 6-30 所示的估计结果。个体固定效应与时间固定效应与模型中保留的共同的

截距项（C=2 454.96）的差异，可通过点击图 6-30 的估计结果窗口中的菜单 View\Fixed/Random Effect，并在出现的下一级菜单中选择 Cross-section Effects 或 Period Effects 来获得。

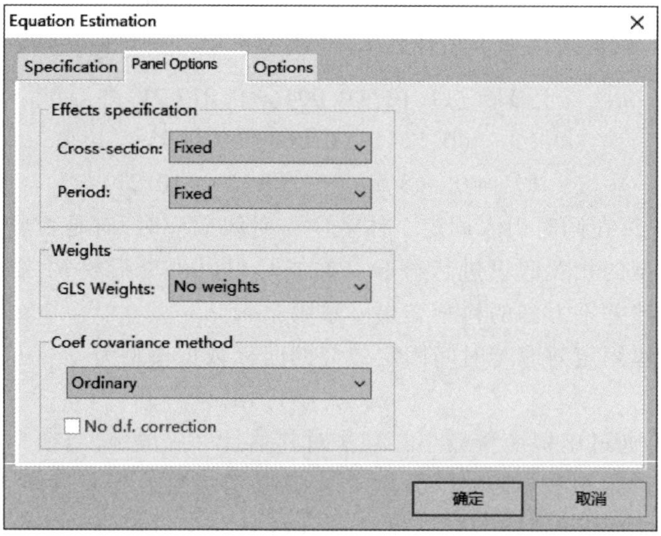

图 6-29　Equation Estimation 窗口：选择双向固定效应

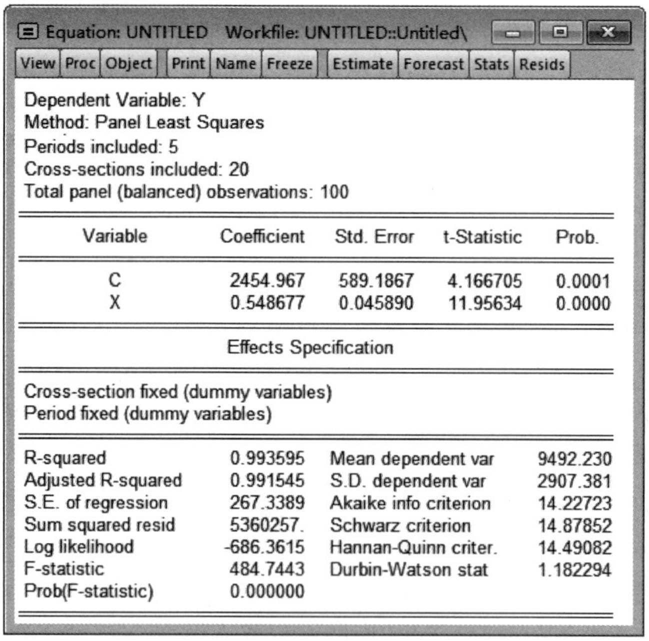
Equation: UNTITLED　Workfile: UNTITLED::Untitled\

View | Proc | Object | Print | Name | Freeze | Estimate | Forecast | Stats | Resids

Dependent Variable: Y
Method: Panel Least Squares
Periods included: 5
Cross-sections included: 20
Total panel (balanced) observations: 100

Variable	Coefficient	Std. Error	t-Statistic	Prob.
C	2454.967	589.1867	4.166705	0.0001
X	0.548677	0.045890	11.95634	0.0000

Effects Specification

Cross-section fixed (dummy variables)
Period fixed (dummy variables)

R-squared	0.993595	Mean dependent var	9492.230
Adjusted R-squared	0.991545	S.D. dependent var	2907.381
S.E. of regression	267.3389	Akaike info criterion	14.22723
Sum squared resid	5360257.	Schwarz criterion	14.87852
Log likelihood	-686.3615	Hannan-Quinn criter.	14.49082
F-statistic	484.7443	Durbin-Watson stat	1.182294
Prob(F-statistic)	0.000000		

图 6-30　面板数据双向固定效应估计

为了对双向固定效应模型中个体与时间固定效应的存在性进行假设检验（即在双向固定效应模型与混合模型间进行选择），在双向固定效应模型估计结果的窗口中（图 6-30），点击菜单 View\Fixed/Random Effect Testing，并在出现的二级菜单中选择 Redundant Fixed

Effects-Likelihood Ratio,则出现如图 6-31 所示的检验结果。

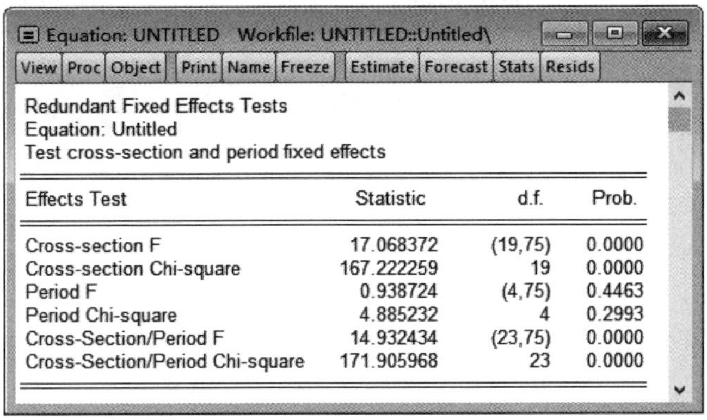

Redundant Fixed Effects Tests
Equation: Untitled
Test cross-section and period fixed effects

Effects Test	Statistic	d.f.	Prob.
Cross-section F	17.068372	(19,75)	0.0000
Cross-section Chi-square	167.222259	19	0.0000
Period F	0.938724	(4,75)	0.4463
Period Chi-square	4.885232	4	0.2993
Cross-Section/Period F	14.932434	(23,75)	0.0000
Cross-Section/Period Chi-square	171.905968	23	0.0000

图 6-31　冗余固定效应检验

可以看出,在 Cross-Section/Period F 检验项的 F 统计量的值为 14.93,对应的 P 值为 0.000 0,表明可以拒绝“不存在个体与时间固定效应”的原假设。

9. 例 6.3.2 同时给出了混合模型的普通最小二乘估计结果。请结合该例的相关信息,检验如下假设:

(1) H_0:采用混合模型,H_1:采用个体变截距固定效应模型;

(2) H_0:采用混合模型,H_1:采用个体变系数固定效应模型。

解答　(1) 采用如下 F 统计量对原假设进行估计:

$$F=\frac{(\mathrm{RSS}_3-\mathrm{RSS}_2)/(n-1)}{\mathrm{RSS}_2/[nT-(n+k)]}=\frac{(81\ 763\ 501-66\ 908\ 184)/3}{66\ 908\ 184/55}=4.07$$

其中,RSS_3为混合模型(即受约束模型)的残差平方和,RSS_2为个体变截距固定效应模型(即无约束模型)的残差平方和。n 为个体的个数,T 为时期数,k 为模型中解释变量的个数。在5%的显著性水平下,临界值为 $F_{0.05}(3,55)=2.77$,可见应该拒绝原假设 H_0。

(2) 采用如下 F 统计量对原假设进行估计:

$$F=\frac{(\mathrm{RSS}_3-\mathrm{RSS}_1)/(n-1)(1+k)}{\mathrm{RSS}_1/[nT-n(1+k)]}=\frac{(81\ 763\ 501-43\ 067\ 809)/6}{43\ 067\ 809/52}=7.71$$

其中,RSS_1为个体变系数固定效应模型的残差平方和。在 5%的显著性水平下,临界值为 $F_{0.05}(6,52)=2.28$,可见应该拒绝原假设 H_0。

这里,(1)与(2)均拒绝了“采用混合模型”的原假设。当然,教材中对“个体变截距固定效应模型”与“个体变系数固定效应模型”之间的选择,也给出了相应的 F 检验。

10. 表 6-11 列出了美国、加拿大、英国在 1980—1999 年的失业率 Y 以及对制造业的补助 X 的相关数据资料。考虑如下模型:

$$Y_{it}=\beta_0+\beta_1 X_{it}+\mu_{it}$$

(1) 根据上述回归模型分别估计三个国家 Y 关于 X 的回归方程;

(2) 将三个国家的数据合并成一个大样本,按上述模型估计一个总的回归方程;

(3) 估计固定效应变截距模型;

（4）根据上述三类回归方程的估计结果，判断哪类模型更好一些。

表 6-11 美国、加拿大、英国 1980—1999 年的失业率以及对制造业的补助资料

年份	美国		加拿大		英国	
	补助 X（美元/小时）	失业率 Y(%)	补助 X（美元/小时）	失业率 Y(%)	补助 X（美元/小时）	失业率 Y(%)
1980	55.6	7.1	49.0	7.2	43.7	7.0
1981	61.1	7.6	54.1	7.3	44.1	10.5
1982	67.0	9.7	59.6	10.6	42.2	11.3
1983	68.8	9.6	63.9	11.5	39.0	11.8
1984	71.2	7.5	64.3	10.9	37.2	11.7
1985	75.1	7.2	63.5	10.2	39.0	11.2
1986	78.5	7.0	63.3	9.2	47.8	11.2
1987	80.7	6.2	68.0	8.4	60.2	10.3
1988	64.0	5.5	76.0	7.3	68.3	8.6
1989	86.6	5.3	84.1	7.0	67.7	7.2
1990	90.8	5.6	91.5	7.7	81.7	6.9
1991	95.6	6.8	100.1	9.8	90.5	8.8
1992	100.0	7.5	100.0	10.6	100.0	10.1
1993	102.7	6.9	95.5	10.7	88.7	10.5
1994	105.6	6.1	91.7	9.4	92.3	9.7
1995	107.9	5.6	93.3	8.5	95.9	8.7
1996	109.3	5.4	93.1	8.7	95.6	8.2
1997	111.4	4.9	94.4	8.2	103.3	7.0
1998	117.3	4.5	90.6	7.5	109.8	6.3
1999	123.2	4.9	91.9	5.7	112.2	6.1

解答 在 Eviews9.0 中，建立 Dated-regular frequency 工作平台（Workfile），选择 Pool 对象，并输入数据（参见例 15）。

（1）在 Eviews 中，通过主菜单的 Quick\Estimate Equation，估计单个模型。

对美国（US）的 OLS 估计结果为：

$$\hat{Y}_t = 10.5686 - 0.0454X_t$$
$$(1.139) \quad (0.013)$$
$$R^2 = 0.4215 \qquad D.W. = 0.797 \qquad RSS = 22.57$$

对加拿大（CA）的 OLS 估计结果为：

$$\hat{Y}_t = 9.3425 - 0.0066X_t$$
$$(1.811) \quad (0.022)$$
$$R^2 = 0.0048 \qquad D.W. = 0.579 \qquad RSS = 48.46$$

对英国（UK）的 OLS 估计结果为：

$$\hat{Y}_t = 12.5543 - 0.0466X_t$$
$$(0.990) \quad (0.013)$$
$$R^2 = 0.4248 \qquad D.W. = 0.6981 \qquad RSS = 40.14$$

（2）将三个国家的数据合并成一个样本（共 60 个样本点），OLS 估计结果如下：

$$\hat{Y}_t = 12.149 - 0.0495X_t$$
$$(0.820)(0.010)$$
$$R^2 = 0.3036 \qquad D.W. = 0.49 \qquad RSS = 165.85$$

上述估计结果可在 Pool 对象中完成。在 Pool 对象中，点击菜单中的 Estimate，在出现的 Pool Estimation 窗口中的 Specification 子窗口中，在 Dependent variable 栏内输入“Y?”，在 Common coefficients 栏内输入“C X?”，点击确定按钮得到上述 POLS 的估计结果。

（3）在 Eviews 软件中，仍可在 Pool 对象中估计个体变截距固定效应模型。在 Pool 对象窗口中，点击菜单中的 Estimate，在出现的 Pool Estimation 窗口中的 Specification 子窗口中，Dependent variable 栏内输入“Y?”，在 Cross-section specific coefficients 栏内输入“X?”，在 Estimation method 栏的 Cross-section 选项对话框中选择 Fixed，在 Weights 选项栏内选择 No Weights，点击确定按钮后得图 6-32 所示的结果。

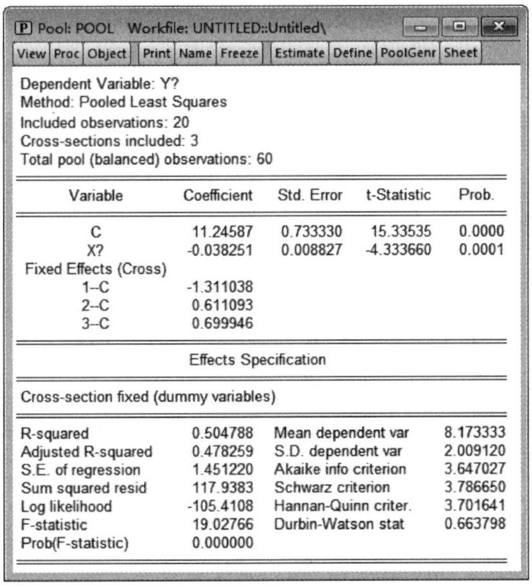
Pool: POOL Workfile: UNTITLED::Untitled\
View | Proc | Object | Print | Name | Freeze | Estimate | Define | PoolGenr | Sheet

Dependent Variable: Y?
Method: Pooled Least Squares
Included observations: 20
Cross-sections included: 3
Total pool (balanced) observations: 60

Variable	Coefficient	Std. Error	t-Statistic	Prob.
C	11.24587	0.733330	15.33535	0.0000
X?	-0.038251	0.008827	-4.333660	0.0001
Fixed Effects (Cross)				
1--C	-1.311038			
2--C	0.611093			
3--C	0.699946			

Effects Specification

Cross-section fixed (dummy variables)

R-squared	0.504788	Mean dependent var	8.173333
Adjusted R-squared	0.478259	S.D. dependent var	2.009120
S.E. of regression	1.451220	Akaike info criterion	3.647027
Sum squared resid	117.9383	Schwarz criterion	3.786650
Log likelihood	-105.4108	Hannan-Quinn criter.	3.701641
F-statistic	19.02766	Durbin-Watson stat	0.663798
Prob(F-statistic)	0.000000		

图 6-32 个体变截距固定效应估计

固定影响模型可按最小二乘虚拟变量模型估计，记 D_2 为加拿大（CA）的虚拟变量，即观测值属于 CA 时取值为 1，属于其他国家取值为 0；记 D_3 为英国（UK）的虚拟变量，取值规律同 D_2。最小二乘虚拟变量模型的 OLS 估计结果如下：

$$\hat{Y}_{it} = 9.9348 + 1.9221D_2 + 2.0110D_3 - 0.0383X$$
$$(0.947)(0.466) \quad (0.479) \quad (0.009)$$
$$R^2 = 0.5048 \qquad D.W. = 0.664 \qquad RSS = 117.94$$

美国(US)没有设定虚拟变量,成为比较的基准。由图 6-32 中数据可知,美国、加拿大、英国的个体固定效应分别为 11.245 8-1.311 0=9.934 8, 11.245 8+0.611 1=11.856 9, 11.245 8+0.699 9=11.945 7,加拿大、英国恰好比美国分别高出 1.922 与 2.011。可以看出,该结果与上述固定效应模型的估计结果是一致的。

(4) 为了在上述三类模型中选取最好的模型,需进行如下两个 F 检验。

首先,针对“截距和斜率在不同的横截面样本点都不同”的备择假设,对“截距和斜率在不同的横截面样本点都相同”的原假设进行检验,相应的 F 检验为:

$$F_1=\frac{(\mathrm{RSS}_3-\mathrm{RSS}_1)/[(n-1)(k+1)]}{\mathrm{RSS}_1/[nT-n(k+1)]}\sim F[(n-1)(k+1),nT-n(k+1)]$$

其中,RSS_3 为混合模型相应的残差平方和,RSS_1 为按横截面样本点分别估计的各单一方程的残差平方和之和。

如果不拒绝该假设,则选取混合模型。如果该假设被拒绝,则再针对“截距在不同的横截面样本点都不同”的备择假设,检验“斜率在不同的横截面样本点上都相同,但截距不相同”的原假设,相应的 F 检验为:

$$F_2=\frac{(\mathrm{RSS}_2-\mathrm{RSS}_1)/[(n-1)k]}{\mathrm{RSS}_1/[nT-n(k+1)]}\sim F[(n-1)k,nT-n(k+1)]$$

其中,RSS_2 为个体固定效应模型的残差平方和。如果不拒绝该假设,则选取个体固定效应模型,即变截距模型;拒绝该假设,则选取按横截面样本点分别估计各单一的模型方程,即变截距、变斜率的模型。

由上述估计结果知 $\mathrm{RSS}_1=22.57+48.46+40.14=111.17$;$\mathrm{RSS}_2=117.94$;$\mathrm{RSS}_3=165.85$,于是

$$F_1=\frac{(165.85-111.17)/(2\times2)}{111.17/(3\times20-3\times2)}=\frac{54.68/4}{111.17/54}=6.64$$

$$F_2=\frac{(117.94-111.17)/(2\times1)}{111.17/(3\times20-3\times2)}=\frac{6.77/2}{111.17/54}=1.64$$

对 F_1,在 5%的显著性水平下,自由度为(4,54)的 F 分布的临界值为 $F_{0.05}(4,54)=2.54$,可见拒绝“截距和斜率在不同的横截面样本点上都相同”的假设。

对 F_2,在 5%的显著性水平下,相应的临界值分别为 $F_{0.05}(2,54)=3.17$,可见不拒绝假设“斜率在不同的横截面样本点上都相同,但截距不相同”的假设,表明应该选取变截距固定效应模型来估计。

11. 继续题 10,请用普通最小二乘法与广义最小二乘法估计固定影响变系数模型,并对两种估计方法所得估计结果进行比较。

解答　题 10 中的(1)已经给出了每个国家单个方程的 OLS 估计,这也就是固定效应变系数模型的 OLS 估计。也可以在 Eviews 软件中一次估计。参见例 15,在 Eviews 软件中的 Pool 对象中输入数据后,点击菜单中的 Estimate 按钮,在出现的 Pool estimation 对话窗口中(图 6-25),在 Dependent Variable 栏内输入“Y?”,在 Cross-section specific coefficients 栏内输入“X?”,在 Estimation method 栏的 Cross-section 选项栏内选择 Fixed,在 Weights 选项栏内选择 No Weights。点击确定按钮得到如图 6-33 所示的结果。

Pool: POOL Workfile: UNTITLED::Untitled\

View | Proc | Object | Print | Name | Freeze | Estimate | Define | PoolGenr | Sheet

Dependent Variable: Y?
Method: Pooled Least Squares

Variable	Coefficient	Std. Error	t-Statistic	Prob.
C	10.82176	0.784742	13.79022	0.0000
1--X1	-0.045403	0.016066	-2.826021	0.0066
2--X2	-0.006580	0.019530	-0.336946	0.7375
3--X3	-0.046591	0.012277	-3.795072	0.0004
Fixed Effects (Cross)				
1--C	-0.253186			
2--C	-1.479311			
3--C	1.732497			

Effects Specification

Cross-section fixed (dummy variables)

R-squared	0.533222	Mean dependent var	8.173333
Adjusted R-squared	0.490002	S.D. dependent var	2.009120
S.E. of regression	1.434796	Akaike info criterion	3.654561
Sum squared resid	111.1665	Schwarz criterion	3.863996
Log likelihood	-103.6368	Hannan-Quinn criter.	3.736483
F-statistic	12.33736	Durbin-Watson stat	0.689010
Prob(F-statistic)	0.000000		

图 6-33 个体变系数固定效应估计(OLS)

为了得到广义最小二乘估计,只需在 Weights 选项栏内选择"Cross-section SUR"即可。广义最小二乘估计结果如图 6-34 所示。

Pool: POOL Workfile: UNTITLED::Untitled\

View | Proc | Object | Print | Name | Freeze | Estimate | Define | PoolGenr | Sheet

Dependent Variable: Y?
Method: Pooled EGLS (Cross-section SUR)
Total pool (balanced) observations: 60
Linear estimation after one-step weighting matrix

Variable	Coefficient	Std. Error	t-Statistic	Prob.
C	9.798754	0.891484	10.99151	0.0000
1--X1	-0.035609	0.009844	-3.617325	0.0007
2--X2	0.005868	0.016946	0.346280	0.7305
3--X3	-0.029969	0.010115	-2.962857	0.0045
Fixed Effects (Cross)				
1--C	-0.098121			
2--C	-1.444661			
3--C	1.542782			

Effects Specification

Cross-section fixed (dummy variables)

Weighted Statistics

R-squared	0.768195	Mean dependent var	3.453399
Adjusted R-squared	0.746732	S.D. dependent var	2.382309
S.E. of regression	1.025892	Sum squared resid	56.83248
F-statistic	35.79096	Durbin-Watson stat	1.051151
Prob(F-statistic)	0.000000		

图 6-34 个体变系数固定效应估计(GLS)

可以看出,变系数固定效应模型的 OLS 估计与广义最小二乘估计的参数有所不同,广义最小二乘估计的参数比 OLS 的估计略小一些,而标准差也普遍变小了,显示出广义最小二乘估计更为有效的特征。另外,广义最小二乘估计的 R^2 比 OLS 的更大一些,残差平方和 RSS 更小一些。

第七章

计量经济学应用模型

一、内容提要与学习指南

1. 知识结构

- 计量经济学应用模型
  - 模型类型设定
    - 模型类型设定的相关问题
    - 单方程模型的设定：依赖于被解释变量的数据类型
      - 截面数据模型
        - 经典模型
        - 非经典模型
      - 时间序列分析模型
      - 面板数据模型
    - 单方程模型与联立模型的选择：依赖于经济行为的方式
  - 总体回归模型设定
    - 总体模型设定的问题提出
    - 总体模型设定的“四大”原则
      - “一般性”原则
      - “现实性”原则
      - “统计检验必要性”原则
      - “经济主体动力学关系导向”原则
  - 模型函数关系设定
    - 模型的关系类型
    - 模型关系误设的后果
      - 经济学的后果
      - 统计学的后果
    - 模型关系设定的指导原则
      - 经济学的原则
      - 统计学的原则
    - 模型关系设定的检验
  - 模型变量的设定
    - 变量设定中的相关问题
    - 变量之间的直接影响与间接影响
    - 变量的内生性与外生性
    - 变量的随机性与确定性

2. 学习指南

在本章中,按照计量经济学应用模型研究的步骤,设计了 4 节内容。

第 1 节是关于计量经济学应用模型的模型类型设定,讨论如何针对研究对象选择计量经济学模型类型,即确定所应该建立的是参数模型还是非参数模型,是单方程模型还是联立方程模型,是截面数据模型还是时间序列数据模型或者面板数据(Panel Data)模型,是经典截面数据模型还是非经典的选择性样本模型、计数数据模型、离散选择模型或者持续时间数据模型,等等;着重讨论了模型类型对数据类型的依赖性。这显然是应用模型设定的第一步。

第 2 节是关于计量经济学应用模型总体回归模型设定中的变量选择问题,讨论在模型类型确定之后,应该按照什么原则选择进入模型的变量。对"研究目的导向""先验理论导向"和"数据关系导向"进行了分析和批评,提出了应该按照"一般性""现实性""统计检验必要性"和"经济主体动力学关系导向"的原则选择变量。这是应用模型设定的第二步。

第 3 节是关于计量经济学应用模型函数关系的设定,讨论如何在经济学理论和在统计分析的指导下,设定模型中解释变量和被解释变量之间的关系,即模型的函数形式。这是应用模型设定的第三步。至此完成了一个应用研究的总体回归模型设定的工作。

第 4 节是关于计量经济学应用模型变量性质设定,讨论如何确定被选择进入模型的变量的性质,包括:它们对被解释变量具有直接影响还是间接影响,是内生变量还是外生变量,是随机变量还是确定性变量;重点讨论了变量性质设定的相对性。这是进行模型估计之前必须进行的工作,是应用模型设定的第四步。

二、教材练习题及参考解答

1. 分析教材例 7.1.1 中的问题,回答:为什么按照(1)、(2)、(3)的方法建立的农户借贷因素分析模型都是不正确的?

解答 例题中农户借贷需求调查共采集了 5 100 家农户的数据,其中,在一年中发生借贷行为的农户占 55.3%(包括向亲友借贷),为 2 820 户,其余 2 280 户没有发生借贷。为了对农户借贷行为进行因素分析,建立了农户借贷因素分析模型。以农户借贷额为被解释变量,各种影响因素,包括家庭总收入、总支出、总收入中农业生产经营收入所占比例、总支出中生产性支出所占的比例、户主受教育程度、户主健康状况、家庭人口数等为解释变量。

按照(1)的方法,仅利用 2 820 户发生借贷的农户为样本,即以他们的借贷额为被解释变量,各种影响因素为解释变量,建立经典的回归模型,是不正确的。首先,既然采集了 5 100 家农户的数据,而只利用 2 820 户的数据,损失了大量的样本信息。其次,如果只利用发生借贷行为的 2 820 户的数据建立模型，那么显然是“选择性样本”，应该建立“选择性样本”模型，而不是经典回归模型，属于模型类型选择错误。

按照(2)的方法，利用 5 100 农户为样本，建立经典的回归模型，也是不正确的。有大约 45%的样本被解释变量观测值不能被实际观测，都记为 0，这样的样本仍然属于“选择性样本”，只是与(1)具有不同的“选择性”而已。仍然应该建立“选择性样本”模型，而不是经典回归模型，属于模型类型选择错误。

按照(3)的方法，考虑了样本的选择性，发现不应该将没有发生借贷的农户的借贷额统统视为 0，而应该视为小于等于 0(≤ 0)，于是利用 5 100 农户为样本，建立归并数据模型(Tobit 模型)。从模型类型选择的角度，是正确的。问题在于，对没有发生借贷的农户进行更进一步分析发现，不应该将他们的借贷额统统视为小于等于 0，因为其中一部分农户有借贷需求，只是因为各种原因(例如提出借贷被拒绝，担心借不到而不敢提出借贷要求)而没有发生实际借贷。所以，按照(3)的方法仍然是不正确的。

该问题正确的模型类型选择应该是按照赫克曼(Heckman)两步法建立模型，即首先利用全部样本信息建立借贷是否发生的二元选择模型，然后再利用 2 820 户发生借贷的农户为样本，建立借贷额的因素分析回归模型。

该例题中涉及的模型属于计量经济学高级课程的教学内容，本书第六章有简单的介绍，它告诉读者，并不是任何问题都可以采用经典的回归模型。只有当被解释变量是服从正态分布的连续变量，样本是独立随机抽取的，被解释变量的观测值能够获得，才可以选择经典的回归模型。

2. 分析教材例 7.1.2 中的问题，回答：如果建立某类商品的单方程需求函数模型，该模型在什么情况下是可以应用的？

解答　在计量经济学应用研究中，单方程模型和联立方程模型的选择对经济行为具有依赖性。根据对需求行为的分析发现，人们对各种商品的需求量，是在预算约束下，由效用函数在效用最大化下导出的。直观分析，人们在决定对某种商品的需求量时，肯定会同时考虑对其他商品的需求量。所以，从理论上讲，不能建立某类商品的单方程需求函数模型。

如果只需要研究某类商品的需求，为简单起见，只建立该类商品的单方程需求函数模型，那么应该将它看作联立方程模型系统中的一个方程，即作为该类商品需求量的解释变量中，除了包括收入、该类商品的价格外，还必须包括其他商品的需求量和价格。考虑到其他商品的需求量和价格之间的高度相关性，可以排除其中之一(经常将需求量排除)。它的一般形式为

$$Q=f(I,P_1,P_2)+\mu$$

其中，Q 为需求量，I 为收入，P_1为该商品的价格，P_2为其他商品的价格。这样的模型设定，具有一定的合理性，在实际商品需求研究中得到广泛的应用。

3. 分析教材例 7.1.3 中的问题，回答：如果建立我国工业资本配置效率模型的目的是进行国际比较，那么应该建立什么类型的模型？如何采集样本数据？

解答　如果认为我国工业部门投资的增长率仅仅由工业部门的利润增长率所决定，那么，应该建立如下的单方程模型：

$$\ln\frac{I_t}{I_{t-1}}=\alpha+\beta\ln\frac{V_t}{V_{t-1}}+\mu_t \quad t=1,2,\cdots,T$$

其中 I 为我国工业年投资额,V 为我国工业年利润。以年度时间序列数据为样本数据。

但是在我国一个很长的时期内,工业部门投资的增长率并不仅仅由工业部门的利润增长率所决定,或者说并不仅仅由市场决定,至少政府的产业政策和财政政策的作用是不可忽视的。所以,必须认真分析我国工业部门的投资行为,找出所有的影响因素,设定合适的代理变量,建立一个具有“一般性”的总体回归模型。

4. 比较教材例 7.1.4 和教材 §7.3 中的案例,说明:需求函数模型和生产函数模型在模型设定理论方面的区别是什么?

解答 从例 7.1.4 可以看到,需求函数模型的理论模型(总体回归模型)是从需求理论出发推导得到的,具体讲是从效用函数出发,在预算(收入)约束下,极大化效用函数,导出需求函数。模型系统中包括的变量是明确的,即各种商品的需求量和价格,以及收入。根据不同的需求理论,不同的效用函数形式,可以导出不同形式的需求函数模型。例如,R. Stone 于 1954 年提出的线性支出系统需求函数(LES)和 1973 年 Liuch 提出的扩展的线性支出系统需求函数模型(ELES),Theil 和 Barten 于 1965、1966 年提出的 Rotterdam 模型,Christenson、Jorgenson 和 Liu 于 1975 年提出的超越对数需求函数模型系统(TLS),Deaton 和 Muellbauer 于 1980 年提出的几乎理想的需求函数模型系统(AIDS),以及 Lewbel 于 1989 年提出的包含 AIDS 和 TLS 的 Lewbel 需求系统。

而从 §7.3 中的案例可以看到,生产函数模型的理论模型(总体回归模型)是经验的结果,即是从产出量与投入要素之间实际关系分析出发设定的。根据不同的研究对象,作为解释变量的投入要素可以不同,投入要素和产出量之间的关系可以不同,生产函数模型的具体内容和形式可以不同。

5. 某人以我国人均食品需求量 Q 为被解释变量,以食品价格指数 P 为解释变量,以 1978—2013 年的数据为样本,建立了如下的食品需求模型:

$$\ln Q_t=\alpha+\beta\ln P_t+\mu_t \quad t=1978,1979,\cdots,2013$$

其中 ln 表示对数。由于我国的人均食品需求量是逐年上升的,食品价格指数也是逐年上升的,所以估计该模型得到的 $\hat{\beta}$ 为正。于是得到结论:需求法则不适用于我国。试以该问题为例,分别从经济学、逻辑学和统计学三方面理论出发,说明为什么建立计量经济学总体回归模型必须遵循“从一般到简单”的原则。

解答 如果以我国人均食品需求量 Q 为被解释变量,建立食品需求模型,根据上述题 2 中的分析,正确设定的总体回归模型应该是

$$\ln Q_t=\alpha+\beta_1\ln I_t+\beta_2\ln P_{1t}+\beta_3\ln P_{2t}+\mu_t \quad t=1978,1979,\cdots,2013$$

而现在的模型忽略了 2 个可能对食品需求量有显著影响的解释变量。

从经济学角度分析,根据需求行为理论,人们对某种商品的需求是在预算(收入)约束下,极大化效用函数而得到的。所以,它除了受到该类商品价格的影响外,肯定还受到收入的影响,还可能受到其他商品的需求量和价格的影响。模型仅以商品价格为解释变量,没有正确揭示经济系统中客观存在的经济关系,并不能完全解释商品需求量。总体回归模型必

须是一个正确揭示经济系统中客观存在的经济关系的“一般”的模型。

从逻辑学角度分析,对模型进行的检验可以发现已经包含在模型解释变量中的某些变量并不显著,进而将它们剔除,或者发现某些变量之间并不独立,进而去掉一些存在共线性的变量。但是,对模型进行的检验不能发现模型中没有的,但对被解释变量可能有显著影响的那些应该包含在模型中的变量。所以,只有将总体回归模型设定为一个最具“一般性”的模型,才有可能通过检验得到一个正确的简单模型。如果将总体回归模型设定为一个“简单”的模型,并且存在错误,这样的错误是无法通过检验来发现和纠正的。

从统计学的角度,关于模型的所有估计和检验都是在满足基本假设的前提下进行的。如果收入和其他商品价格确实对食品需求量有显著影响,而模型中没有这 2 个解释变量,它们对食品需求量的影响进入随机干扰项。这样的随机干扰项不再具有“源生性”,很难满足所有的基本假设,那么所进行的模型估计和检验并不是有效的。所以,为了保证随机干扰项具有“源生性”,满足基本假设,也应该将总体回归模型设定为一个最具“一般性”的模型。

6. 回答:为什么不能直接依据先验的经济学理论进行总体回归模型设定?经济学理论在总体回归模型设定中具有怎样的作用?

解答 为什么不能直接依据先验的经济学理论进行总体回归模型设定?主要理由在于:

第一,正统经济学以经济人假设和理性选择为其理论体系的基石,任何一种理论都建立在决策主体是理性的和决策行为是最优的基础之上。而计量经济学模型总体设定的目的,是建立能够描述人们实际观察到的经济活动中蕴藏的一般规律的总体模型,毫无疑问,实际经济活动既不是“理性”的,也不是“最优”的。

第二,正统经济学理论强调“简单”,认为只有简单的理论才能够揭示本质。而计量经济学模型恰恰相反,它强调“一般”,必须将经济活动所涉及的所有因素包含其中。所以,即使经济学理论是正确的,也不能据此设定计量经济学模型,因为它舍弃了太多显著的因素。

第三,对于同一个研究对象,不同的研究者依据不同的先验理论,就会设定不同的模型。例如,以居民消费为研究对象,分别依据绝对收入消费理论、相对收入消费理论、持久收入消费理论、生命周期消费理论以及合理预期消费理论,就会选择不同的解释变量和不同的函数形式,设定不同的居民消费总体模型。

对计量经济学模型总体设定先验理论导向的批评并不意味着完全否定经济学理论在模型设定中的作用。描述理想经济世界的经济学理论可以指导我们正确分析现实经济世界的动力学关系;简洁的经济学理论至少揭示了“一般”经济系统中的一部分经济关系。在模型总体设定过程中,经济学理论将作用于经济关系分析,起指导作用,而不是直接作用于模型总体设定中。

7. 回答:为什么不能直接依据数据之间的关系进行总体回归模型设定?数据关系在总体回归模型设定中具有什么作用?

解答 为什么不能直接依据数据之间的关系进行总体回归模型设定?理由是显而易见的。

首先必须区分经济行为上的因果关系和经济数据之间的相关关系。如果两个经济变量之间在行为上存在因果关系,那么表征它们的数据之间肯定存在相关关系。例如一个人的收入与消费之间存在因果关系，收入决定消费；那么表征他的收入水平和消费水平的数据之间一定是相关的。反过来，如果表征两个经济变量的数据之间存在相关关系，它们在行为上并不一定存在因果关系，例如，如果甲的收入数据和乙的消费数据之间是相关的，不能据此确定甲的收入是产生乙的消费的原因。我们将这种现象称为行为关系和数据关系的不对称性，或者说数据相关是行为相关的必要条件而非充分条件。

计量经济学模型描述和揭示的是经济行为上的因果关系。在一个单方程模型中，作为解释变量的一定是被解释变量的原因，解释变量的状态和变化决定了被解释变量的状态和变化。如果直接依据数据之间的关系选择和确定模型的解释变量，经常会将仅仅在数据上相关而在行为上无关的变量选择为模型的解释变量，误将必要条件当作充分条件。

数据关系分析在总体回归模型设定中仍然具有重要的作用。由于人们认识的局限，在经济行为分析中发现的因果关系并不一定都是正确的，所以在经济行为分析的基础上进行数据关系的统计检验是完全必要的，以达到“去伪存真”的效果。数据关系分析是总体回归模型设定的有效工具，这就是计量经济学模型总体设定的“统计检验必要性”原则。

8. 以我国城镇居民总消费为被解释变量，建立我国城镇居民消费函数模型，试完成总体回归模型的设定。

解答　本题要求读者结合教材§7.1、§7.2和§7.3的内容，完成我国城镇居民消费函数模型的总体回归模型设定。下面的解答只是提供一个思路，在实际研究中，需要逐项展开，有理有据。

首先是模型类型选择。本题的研究对象是我国城镇居民总消费，为连续变量，表征城镇居民总消费的数据只能是历年的时间序列数据，所以城镇居民消费函数模型应该是一个时间序列分析模型。在总体回归模型设定过程中，时间序列的平稳性检验和协整检验是不可缺少的。

接下来的任务是设定模型的解释变量，是总体回归模型设定最重要的工作。

第一步是在经济理论的指导下，分析我国城镇居民的消费行为，初步确定城镇居民总消费的影响因素。根据消费理论，城镇居民总收入水平是决定总消费水平的最重要的因素；根据消费的“不可逆性”，前一时期的消费水平也会对当期消费水平产生显著影响；考虑我国城镇居民的收入分配状况，收入差距是逐年变化的（大部分年份是扩大的趋势），在总收入水平一定的情况下，收入的不平等程度越高，总消费水平越低，所以收入的不平等程度也应该对城镇居民总消费水平产生影响；居民的收入中一部分用于消费，另一部分用于投资和储蓄，从理论上讲，储蓄的多少与利率水平有关，所以储蓄利率水平也可能对居民总消费水平产生影响；城镇居民的投资主要包括购买房产和证券投资，所以房地产市场和证券市场因素也会影响城镇居民总消费水平；另外，社会保障体系的完善无疑会促进居民的消费水平。综合以上分析，城镇居民总消费的影响因素应该包括：城镇居民总收入水平、前一时期的消费水平、收入分配的不平等程度、储蓄利率水平、房地产市场因素、证券市场因素、社会保障体系的完善程度。

第二步是根据最具代表性和数据可得性原则，为各个影响因素选择代理变量。城镇居民总消费（XF）和城镇居民总收入（SR）、前一时期的消费水平（XF_{t-1}）本身就是很适当的经济变量；城镇居民收入基尼系数（JN）可以代表收入分配的不平等程度；储蓄利率水平一般选择银行一年期定期储蓄利率(LL)表示;房地产市场因素比较复杂,有 2 个变量可供选择:平均价格指数(FJ)和交易量(FL),在我国,对消费水平产生影响的应该是交易量,价格指数只影响居民购买房屋的时间,居民不会因为房屋价格过高而将本来准备用于购房的钱转用于消费;证券市场因素类似于储蓄,可以用证券价格指数(ZJ)来表征;而社会保障体系的完善程度一般采用虚变量(DB)方式引入模型。

第三步是进行数据关系的必要性检验。根据理论和行为分析得到了影响我国城镇居民总消费的 7 个方面的因素,并且设定了 7 个代理变量。如果它们确实对城镇居民总消费具有影响,那么在数据上必然具有相关关系。如果在数据上不存在相关关系,那么只能说明前面的理论分析有误。这就是数据关系必要性检验。由于本题的所有数据都是时间序列数据,更可以利用数据进行因果关系检验。利用格兰杰因果关系检验发现,上述 6 个连续时间序列 SR、XF_{t-1}、JN、LL、FL、ZJ 都在 5%或者 10%的显著性水平下是 XF 的格兰杰原因。因此说明前面的理论分析是正确的,它们都应该作为解释变量引入模型。这里省略了具体过程,在实际问题研究时,应该列出具体过程。

然后接下来的任务是设定模型的函数关系,也是总体回归模型设定中不可缺少的工作。

通过对所有时间序列进行单位根检验发现,它们都是非平稳时间序列,且 $XF \sim I(2)$,$SR \sim I(2)$,$XF_{t-1} \sim I(2)$,$JN \sim I(1)$,$LL \sim I(1)$,$FL \sim I(2)$,$ZJ \sim I(1)$。同样,这里省略了具体过程,在实际问题研究时,应该列出具体过程。根据消费函数理论,消费与收入、前期消费之间具有直接线性关系。但是这里为了方便进行变量之间的协整检验,按照已有文献的处理方法,将所有 2 阶单整变量分别进行对数变换,使之成为 1 阶单整变量。然后对 lnXF、lnSR、$\ln XF_{t-1}$、JN、LL、lnFL、ZJ 进行 JJ 协整检验,发现它们之间存在协整关系。

于是,可以将我国城镇居民总消费函数模型的总体回归模型设定为

$$\ln XF_t = \beta_0 + \beta_1 \ln SR_t + \beta_2 \ln XF_{t-1} + \beta_3 JN_t + \beta_4 LL_t + \beta_5 \ln FL_t + \beta_6 ZJ_t + \beta_7 DB_t + \mu_t$$

$$t = 1994, 1995, \cdots, 2013$$

将样本区间选定在 1994 年至 2013 年主要考虑两方面因素:一是我国于 1993 年确立了社会主义市场体制的目标模式,1994 年推进了多领域的重大改革,所有经济变量之间的结构关系于 1994 年前后发生了显著的变化;二是模型中的某些变量,例如证券价格指数(ZJ)、房地产市场交易量(FL),在 1994 年之后才能够获取比较可靠的数据。当然这样带来的问题是样本比较少,模型估计和检验的有效性降低。

9. 源生的随机干扰项和衍生的随机误差项之间的区别和联系是什么?模型函数关系误设的主要后果是什么?

解答 在传统的计量经济学教材中,并没有特别地将模型“随机干扰项”和“随机误差项”加以区分,在《计量经济学(第三版)》(李子奈,潘文卿编著,高等教育出版社,2010)提出了它们的区别。

随机干扰项在计量经济学模型中占据特别重要的地位,也是计量经济学模型区别于其他经济数学模型的主要特征。计量经济学模型的总体模型设定可以归纳为:将影响被解释变量的因素集进行有效分解,按照与被解释变量关联关系的恒常性和显著性两个维度,分解为显著的恒常性因素集、显著的偶然性因素集和无数单独影响可以忽略的非显著因素集;所有显著的恒常性因素作为解释变量;显著的偶然性因素对被解释变量的影响,则通过对数据

进行奇异点诊断后采用技术手段予以消除；而无数非显著因素对被解释变量的影响则用一个随机干扰项表示，并引入模型。于是，对于单方程计量经济学模型，总体回归模型的一般形式为

$$Y_i = f(X_i, \beta) + \mu_i \quad i = 1, 2, \cdots, n$$

其中，Y 称为被解释变量；X 称为解释变量，可能包括多个变量；β 为反映解释变量和被解释变量之间关系的参数，一般称为结构参数；n 表示随机抽取的样本数量；μ 即为随机干扰项。显然，这样界定的随机干扰项具有“源生性”。从经济学意义上，X 包含了所有对于 Y 具有显著影响的因素，$f(X_i, \beta)$ 表达了这些因素与 Y_i 之间的行为关系，生成了 Y_i 的条件期望值。但是，无数不显著因素的影响对于生成 Y_i 的观测值是不可忽略的，“不显著”不是“没有影响”。从统计学意义上，在 X_i 的条件下重复抽样，无数不显著因素对 Y_i 的均值没有影响，但是在一次抽样中，它们对 Y_i 的个值的影响是不可忽略的。在基于随机抽样的截面数据的经典计量经济学模型中，这个源生的随机干扰项 μ 由大数定理保证其满足高斯（Gauss）假设，由中心极限定理可以证明其服从正态分布。于是，建立在高斯假设和正态分布假设基础上的统计推断具有可靠性。

但是，在计量经济学模型中引入随机干扰，并不是为了掩盖模型的不足之处。因此，如果随机干扰并不是真正的不能被解释的因素，模型就是不适当的。在很多计量分析中，随机误差项掩盖了模型的不足之处。在大部分计量经济学书中，在第一次引入随机干扰项的概念时，都将它定义为“被解释变量观测值与它的期望值之间的离差”，即

$$\mu_i = Y_i - \mathrm{E}(Y_i \mid \boldsymbol{X}_i)$$

用一个平衡式代替定义式，并且将随机干扰项与随机误差项等同。一个“源生”的随机干扰项变成了一个“衍生”的误差。而且在解释它的具体内容时，一般都在“无数非显著因素对被解释变量的影响”之外，加上诸如“变量观测值的观测误差的影响”“模型关系的设定误差的影响”等。

将“源生”的随机干扰变成“衍生”的误差，有许多理由可以为此辩解。如果不对数据生成过程的理论结构作出假定，即进行总体模型设定，就无从开始模型研究。但是，相对于物理学，经济学家对经济现实所知较少，总体模型被研究者有限的知识所确定，因此误差在所难免，只能将总体模型方程的误差项设定为衍生性的。问题在于，关于随机干扰项的高斯假设以及正态性假设，都是基于“源生”的随机干扰而成立的。如果存在模型设定误差、变量观测误差等确定性误差，并将它们归入“随机误差项”，那么它是否满足这些基本假设？如果不满足，进而进行的统计推断就缺少了基础。对于这个问题，一般的计量经济学书没有对此进行讨论，有的只是进行简单的说明，例如，在 W. H. Greene（2003）的教科书中就有以下的说明：鉴于我们对随机误差来源的描述，中心极限定理的条件一般都成立，至少近似成立，因此，正态性假定在多数情况下也都是合理的。

我们的研究表明，如果模型函数关系存在误设，而将由于模型函数关系误设带来的误差归于随机误差项，那么随机误差项的正态性假设并不一定成立。例如，当存在模型关系误差时，如果解释变量是随机的，随机误差项的正态性将得不到保证。当模型遗漏了显著的变量，如果遗漏的变量是非正态的随机变量，随机误差项将不具有正态性。如果待估计的模型是原模型经过函数变换得到的，随机误差项将不再服从正态分布。

例如，对于一个回归模型，假定正确的总体模型是

$$Y_i = f(X_i, \beta) + \mu_i \quad i = 1, 2, \cdots, n$$

这里的随机干扰项 μ_i 服从经典假设。假定模型被错误地设定为

$$Y_i = g(X_i, \widetilde{\beta}) + v_i \quad i = 1, 2, \cdots, n$$

简单的数学变换后可得

$$v_i = \mu_i + [f(X_i, \beta) - g(X_i, \widetilde{\beta})]$$

显然它的分布与 $f(X_i, \beta) - g(X_i, \widetilde{\beta})$ 有密切的关系。如果 X_i 是随机的，$f(X_i, \beta) - g(X_i, \widetilde{\beta})$ 将必然是一个随机数，而且这个随机数受到了三个因素的影响：模型的正确关系 f、模型被误设的关系 g 和随机变量 X_i 的分布。注意到

$$v_i - \mu_i = f(X_i, \beta) - g(X_i, \widetilde{\beta})$$

因此误差 v_i 是一个正态随机数的充要条件是 $f(X_i, \beta) - g(X_i, \widetilde{\beta})$ 是正态的。而在上面提到的三个因素的作用下，$f(X_i, \beta) - g(X_i, \widetilde{\beta})$ 的正态性即使在大样本下，也不能为任何数学定理所保证。所以，误设模型的随机误差 v_i 将不满足正态性假设。

其他的情况读者可以自己证明。

10. 在教材例 7. 2. 1 中，如果将资本投入 ZB 分为固定资本 ZB_1 和流动资本 ZB_2，将劳动投入 LD 分为一般劳动力 LD_1 和专业技术人员 LD_2，其他变量不变。试设定我国总量生产函数的总体回归模型。

解答　例 7. 2. 1 指出，为了分析我国经济增长中各个投入要素的贡献，需要建立总量生产函数模型。根据对我国经济增长行为的深入分析，认为可以将所有投入要素分为 4 类：制度、技术、资本、劳动。以 ZD 表示制度变迁指数，JS 表示技术进步指数，ZB 表示资本投入指数，LD 表示劳动投入指数，如果采用 C-D 生产函数模型形式，以 4 类要素的时间序列数据为样本观测值，建立如下模型：

$$\ln GDP_t = \beta_0 + \beta_1 \ln ZD_t + \beta_2 \ln JS_t + \beta_3 \ln ZB_t + \beta_4 \ln LD_t + \mu_t \quad t = 1, 2, \cdots, T$$

该总体回归模型设定符合"一般性"原则。因为模型中包含了所有对被解释变量产生影响的变量。

如果将资本投入 ZB 分为固定资本 ZB_1 和流动资本 ZB_2，将劳动投入 LD 分为一般劳动力 LD_1 和专业技术人员 LD_2，如果经过分析认为，固定资本和流动资本之间、一般劳动力和专业技术人员之间，以及它们与其他投入要素之间，都具有相同的替代性质，那么，我国总量生产函数的总体回归模型可以设定为

$$\ln GDP_t = \beta_0 + \beta_1 \ln ZD_t + \beta_2 \ln JS_t + \beta_{31} \ln ZB_{1t} + \beta_{32} \ln ZB_{2t} + \beta_{41} \ln LD_{1t} + \beta_{42} \ln LD_{2t} + \mu_t$$

该模型表示引入模型的 6 种要素相互之间的替代弹性都是 1。

但是经过分析发现，固定资本和流动资本之间、一般劳动力和专业技术人员之间具有比较好的替代能力，其替代弹性高于 4 大要素之间的替代弹性，那么应该建立二级生产函数模型。第一级包括 2 个 CES 模型：

$$ZB_t^* = (\delta_1 ZB_{1t}^{-\rho_1} + \delta_2 ZB_{2t}^{-\rho_1})^{-\frac{1}{\rho_1}}$$

$$LD_t^* = (\delta_3 LD_{1t}^{-\rho_2} + \delta_4 LD_{2t}^{-\rho_2})^{-\frac{1}{\rho_2}}$$

其中 ZB^*,LD^* 分别表示资本组合要素和劳动组合要素,固定资本 ZB_1 和流动资本 ZB_2 之间的替代弹性为 $\frac{1}{1+\rho_1}$,一般劳动力 LD_1 和专业技术人员 LD_2 之间的替代弹性为 $\frac{1}{1+\rho_2}$。第二级模型为

$$\ln GDP_t = \beta_0 + \beta_1 \ln ZD_t + \beta_2 \ln JS_t + \beta_3 \ln ZB_t^* + \beta_4 \ln LD_t^* + \mu_t \quad t=1,2,\cdots,T$$

显然,采用二级生产函数的模型设定,在满足“一般性”原则下,更具有“现实性”。

11. 分析教材例 7.4.1 中的问题,试设定一个正确的模型。

解答 例 7.4.1 指出,在一篇经验实证研究我国收入不平等对经济增长的影响的论文中,作者通过严谨的理论分析认为,收入不平等将影响固定资本投资和人力资本投资,而固定资本投资和人力资本投资直接影响经济增长。由于在增长的初期,扩大收入差距可以增加固定资本投资,而在增长达到一定水平后,缩小收入差距有利于增加人力资本投资,因此收入差距与经济增长水平之间呈现倒 U 形关系。为了检验这种倒 U 形关系,作者建立了以我国 GDP 为被解释变量的计量经济学模型,解释变量包括收入差距(SRCJ)和收入差距的二次方,以及固定资本投资(GDZB)、人力资本投资(RLZB)和其他控制变量(X):

$$GDP_t = f(GDZB_t, RLZB_t, SRCJ_t, SRCJ_t^2, X_t) + \mu_t \quad t=1,2,\cdots,T$$

于是问题出现了:将对 GDP 具有直接影响的固定资本投资、人力资本投资等变量和对 GDP 具有间接影响的收入差距同时引入模型带来的后果是多方面的。首先,固定资本投资、人力资本投资将不再是外生的、确定性变量。其次,固定资本投资、人力资本投资、收入差距和收入差距的二次方的参数不再是它们各自对 GDP 的影响的客观反映,因为它们之间不具有相互独立性。即使模型显示收入差距的二次方项是显著的,并且参数为负,也不能给出收入差距与经济增长之间是否存在倒 U 形关系任何有意义的检验。

正确的方法是建立一个包括 3 个方程的联立方程模型,即

$$\begin{cases} GDZB_t = f_1(SRCJ_t, GDP_t, Z_{1_t}) + \varepsilon_{1t} \\ RLZB_t = f_2(SRCJ_t, GDP_t, Z_{2_t}) + \varepsilon_{2t} \\ GDP_t = f(GDZB_t, RLZB_t, X_t) + \mu_t \end{cases}$$

其中,第 1 个方程为固定资本投资模型,模型的解释变量包括收入差距、GDP 和其他影响固定资本投资的变量 Z_1;第 2 个方程为人力资本投资模型,模型的解释变量包括收入差距、GDP 和其他影响人力资本投资的变量 Z_2;第 3 个方程为 GDP 模型,模型的解释变量包括固定资本投资、人力资本投资和影响 GDP 的其他控制变量 X,例如技术、制度。

每个模型的具体函数形式,需要通过经济理论分析和数据关系分析加以确定。通过估计和求解该联立方程模型,可以实证研究我国收入不平等对经济增长的影响。但是是否能够检验收入差距与经济增长水平之间呈现倒 U 形关系,需要视每个模型的具体函数形式而定。

12. 说明变量的内生性和随机性之间的区别和联系。

解答 变量的随机性与变量的内生性是既有联系又有区别的两个概念。

变量的内生性和外生性是相对于模型系统而言的。如果某变量只影响模型系统，而不受模型系统的影响，可以设为外生变量；如果某变量受模型系统的影响，不管它是否影响模型系统，都是内生变量。例如教材 §7.4 中的居民商品需求模型：

$$Q_i=f(I_i,P_{1i},P_{2i})+\mu_i \quad i=1,2,\cdots,n$$

该模型中商品需求量 Q 为被解释变量，由模型系统决定，毫无疑问是内生变量；而收入 I、商品价格 P_1 和其他商品价格 P_2 只影响模型系统，而不受模型系统的影响，对于这个模型而言，它们都是外生变量。但是在居民商品总需求模型

$$Q_t=f(I_t,P_{1t},P_{2t})+\mu_t \quad t=1,2,\cdots,T$$

中，商品总需求量 Q 为被解释变量，由模型系统决定，是内生变量；而总收入 I 和其他商品价格 P_2 只影响模型系统，而不受模型系统的影响，对于这个模型而言，它们都是外生变量；而商品价格 P_1 虽然作为解释变量，它影响模型系统，但是它同时又受到商品总需求量 Q 的影响，所以它是一个内生变量。

变量的随机性和确定性可以认为是变量的属性，经济变量都具有随机性。但是在计量经济学模型中，一部分变量需要被设定为确定的，或者说不考虑它们的随机性，这就是变量随机性和确定性的相对性问题。因为模型的被解释变量和随机干扰项具有连续概率分布，所以解释变量中的具有离散概率分布的经济变量和非经济变量可以被设定为确定性变量。而解释变量中的具有连续概率分布的经济变量，如果它们是模型的内生变量，毫无疑问应该被设定为随机性变量；如果它们相对于模型是外生的，在模型估计和推断过程中，可以不考虑它们的随机性。但是，对于解释变量中的滞后被解释变量，虽然相对于模型是外生的，是否可以被当作确定性变量看待，即在模型估计和推断过程中，是否必须考虑它们的随机性，需要专门讨论。

由上述讨论可以将变量的内生性和随机性之间的关系概括为：内生变量一定具有随机性，但是随机变量并不都是内生变量。

13. 结合教材中的模型(7.4.8)式，理解：相对于不同的结构参数，变量的内生性和外生性具有相对性。

解答　教材中的模型(7.4.8)式是一个粮食供求模型系统

$$\begin{cases}p_t=\alpha_0+\alpha_1 q_t+\mu_t,\mu_t\sim N(0,\sigma_\mu^2)\\ q_t=\beta_0+\beta_1 p_{t-1}+\varepsilon_t,\varepsilon_t\sim N(0,\sigma_\varepsilon^2)\end{cases}\quad \mathrm{E}(\mu_t\varepsilon_t)=0,\forall t,s$$

如果我们关注的参数是价格的需求弹性，即价格与需求量之间的关系，可以用 $1/\alpha_1$ 近似表示，那么需求量 q_t 是弱外生性变量，具有外生性。但是如果我们关注的参数是描述该供求系统的稳定性的参数，即需要将供给方程代入需求方程，得到

$$p_t=\alpha_0+\alpha_1\beta_0+\alpha_1\beta_1 p_{t-1}+v_t$$

表示为 $p_t=\gamma+\rho p_{t-1}+v_t$。由经济理论知道，参数 ρ 反映系统的稳定性，只有当 $|\rho|<1$ 时，模型系统收敛于一个均衡价格。显然此时的关注参数不仅包含 α_1，而且包含 β_1，而 β_1 影响需求量 q_t，所以 q_t 不再是弱外生性变量。

从该例可见，在同一个模型系统中，同一个经济变量，相对于不同的结构参数，变量的内生性和外生性就可能有不同的设定。

补充练习题

第二章　经典单方程计量经济学模型：一元线性回归模型

2-1　解释下列概念：

（1）总体回归函数；

（2）样本回归函数；

（3）总体回归函数的随机形式；

（4）线性回归模型；

（5）随机干扰项 μ_i；

（6）残差项 e_i；

（7）条件期望；

（8）回归系数或回归参数；

（9）回归系数的估计量；

（10）最小二乘（平方）法；

（11）估计量的标准差；

（12）总离差平方和；

（13）回归平方和；

（14）残差平方和；

（15）协方差；

（16）拟合优度检验；

（17）t 检验。

2-2　判断正误并说明理由：

（1）随机干扰项 μ_i 和残差项 e_i 是一回事；

（2）总体回归函数给出了对应于每一个自变量的因变量的值；

（3）线性回归模型意味着变量是线性的；

（4）在线性回归模型中，解释变量是原因，被解释变量是结果；

（5）随机干扰的条件均值与非条件均值是一回事。

2-3　回答下列问题：

（1）总体方差与参数估计方差的区别与联系。

（2）随机干扰项 μ_i 和残差项 e_i 的区别与联系。

（3）根据最小二乘原理，所估计的模型已经使得拟合误差达到最小，为什么还要讨论模型的拟合优度问题？

（4）为什么用可决系数 R^2 评价拟合优度，而不用残差平方和作为评价标准？

（5）回归分析与相关分析的区别与联系。

（6）为什么要进行解释变量的显著性检验？

（7）是否任何两个变量之间的关系，都可以用两变量线性回归模型进行分析？

2-4 补表2-1列出若干对自变量与因变量。你认为每一对变量之间的关系如何？是正的，负的，还是无法确定？说明理由。

补表 2-1 若干对自变量与因变量列表

序号	因变量	自变量
1	GNP	利率
2	个人储蓄	利率
3	小麦产出	降雨量
4	美国国防开支	苏联国防开支
5	棒球明星本垒打的次数	其年薪
6	总统声誉	任职时间
7	学生计量经济学成绩	其统计学成绩
8	日本汽车的进口量	美国人均国民收入

2-5 参数估计量的无偏性和有效性的含义是什么？从参数估计量的无偏性和有效性的证明过程说明，为什么说满足基本假设的计量经济学模型的普通最小二乘参数估计量才具有无偏性和有效性？

2-6 试证明过原点回归模型 $Y_i=\beta_1 X_i+\mu_i$ 中斜率项满足

$$\mathrm{Var}(\hat{\beta}_1)=\frac{\sigma^2}{\sum X_i^2}$$

2-7 已知模型 $Y_i=\alpha+\beta X_i+\mu_i$，证明：估计量 α 可以表示为

$$\hat{\alpha}=\sum_{i=1}^{n}\left(\frac{1}{n}-\bar{X}W_i\right)Y_i$$

这里

$$W_i=\frac{x_i}{\sum x_i^2}$$

2-8 一个消费分析者论证了消费函数 $C_i=\alpha+\beta Y_i$ 是无用的，因为散点图上的点 (Y_i, C_i) 不在直线 $C_i=\alpha+\beta Y_i$ 上。他还注意到，有时 Y_i 上升但 C_i 下降。因此他下结论：C_i 不是 Y_i 的函数。请你评价他的论据（这里 C_i 是消费，Y_i 是收入）。

2-9 证明：仅当 $R^2=1$ 时，Y 对 X 的线性回归的斜率估计量等于 X 对 Y 的线性回归的斜率估计量的倒数。

2-10 证明：相关系数的另一个表达式是

$$r=\hat{\beta}_1\frac{S_x}{S_y}$$

其中 $\hat{\beta}_1$ 为一元线性回归模型一次项系数的估计值，S_x、S_y 分别为 X 与 Y 的样本标准差。

2-11　对于经济计量模型 $Y_i=\beta_0+\beta_1 X_i+\mu_i$，其 OLS 估计参数 β_1 的特性在下列情况下会受到什么影响：

（1）观测值数目 n 增加；

（2）X_i 各观测值差额增加；

（3）X_i 各观测值近似相等；

（4）$E(\mu_i^2)=0$。

2-12　假定有如下的回归结果

$$\hat{Y}_i=2.6911-0.4795X_i$$

其中，Y 表示某年美国各州的人均咖啡的消费量（每天每人消费的杯数），X 表示各州咖啡的平均零售价格（单位：美元/杯）。问：

（1）这是一个时间序列回归还是横截面序列回归？做出回归线。

（2）如何解释截距的意义？它有经济含义吗？如何解释斜率？

（3）能否求出真实的总体回归函数？

（4）根据需求的价格弹性定义：弹性 = 斜率 $\times\dfrac{X}{Y}$，依据上述回归结果，你能求出对咖啡需求的价格弹性吗？如果不能，计算此弹性还需要其他什么信息？

2-13　假设某人通过一容量为 19 的样本估计了消费函数 $C_i=\alpha+\beta Y_i+\mu_i$，并获得下列结果（括号中为 t 统计值）：

$$\hat{C}_i=15+0.81Y_i$$
$$t:(3.1)(18.7)$$
$$R^2=0.98$$

（1）利用 t 值检验假设：$\beta=0$（取显著水平为 5%）。

（2）确定参数估计量的标准差。

（3）构造 β 的 95%的置信区间，这个区间包括 0 吗？

2-14　补表 2-2 给出了某社区每月家庭的收入 X 与消费支出 Y 的调查数据。

补表 2-2　某社区每月家庭的收入 X 与消费支出 Y

每月收入 X（元）	每月消费支出 Y（元）
800	550,600,650,700,750
1 000	650,700,740,800,850,880
1 200	790,840,900,940,980
1 400	800,930,950,1 030,1 080,1 130,1 150
1 600	1 020,1 070,1 100,1 160,1 180,1 250
1 800	1 100,1 150,1 200,1 300,1 350,1 400
2 000	1 200,1 360,1 400,1 440,1 450
2 200	1 350,1 370,1 400,1 520,1 570,1 600,1 620
2 400	1 370,1 450,1 550,1 650,1 750,1 890
2 600	1 500,1 520,1 750,1 780,1 800,1 850,1 910

(1) 对每一收入水平,计算平均的消费支出,$E(Y|X_i)$,即条件期望值。

(2) 以收入为横轴,消费支出为纵轴作散点图。在散点图中,作出(1)中的条件均值点。你认为 X 与 Y 之间、X 与 Y 的均值之间的关系如何?

(3) 写出其总体回归函数。

(4) 如果对每一个 X 值,随机抽取一个 Y 值,结果如补表 2-3 所示,求样本回归函数。

补表 2-3　随机抽取结果　单位:元

Y	700	650	900	950	1 100	1 150	1 200	1 400	1 550	1 500
X	800	1 000	1 200	1 400	1 600	1 800	2 000	2 200	2 400	2 600

(5) 在同一个图中,作出总体回归线与样本回归线,它们相同吗?

2-15　补表 2-4 给出了美国 30 所知名学校的 MBA 学生 1994 年基本年薪(ASP),GPA 分数(从 1~4 共四个等级),GMAT 分数以及每年学费(X)的数据。

(1) 用双变量回归模型分析 GPA 是否对 ASP 有影响?

(2) 用合适的回归模型分析 GMAT 分数是否与 ASP 有关?

(3) 每年的学费与 ASP 有关吗?你是如何知道的?如果两变量之间正相关,是否意味着进到最高费用的商业学校是有利的?

(4) 你同意高学费的商业学校意味着高质量的 MBA 成绩吗?为什么?

补表 2-4　美国 30 所知名学校 MBA 学生的信息

学校	ASP(美元)	GPA 分数	GMAT 分数	X(美元)
Harvard	102 630	3.4	650	23 894
Stanford	100 800	3.3	665	21 189
Columbian	100 480	3.3	640	21 400
Dartmouth	95 410	3.4	660	21 225
Wharton	89 930	3.4	650	21 050
Northwestern	84 640	3.3	640	20 634
Chicago	83 210	3.3	650	21 656
MIT	80 500	3.5	650	21 690
Virginia	74 280	3.2	643	17 839
UCLA	74 010	3.5	640	14 496
Berkeley	71 970	3.2	647	14 361
Cornell	71 970	3.2	630	20 400
NUY	70 660	3.2	630	20 276
Duke	70 490	3.3	623	21 910
Carnegie	59 890	3.2	635	20 600

续表

学校	ASP(美元)	GPA 分数	GMAT 分数	X(美元)
North Carolina	69 880	3.2	621	10 132
Michigan	67 820	3.2	630	20 960
Texas	61 890	3.3	625	8 580
Indiana	58 520	3.2	615	14 036
Purdue	54 720	3.2	581	9 556
Case Western	57 200	3.1	591	17 600
Georgetown	69 830	3.2	619	19 584
Michigan State	41 820	3.2	590	16 057
Penn State	49 120	3.2	580	11 400
Southern	60 910	3.1	600	18 034
Tulane	44 080	3.1	600	19 550
Illinois	47 130	3.2	616	12 628
Lowa	41 620	3.2	590	9 361
Minnesota	48 250	3.2	600	12 618
Washington	44 140	3.3	617	11 436

2-16 补表 2-5 给出了 1988 年 9 个工业发达国家的名义利率(Y)与通货膨胀率(X)的数据。

(1) 以利率为纵轴,通货膨胀率为横轴作散点图;

(2) 用 OLS 进行回归分析;

(3) 如果实际利率不变,则名义利率与通货膨胀率的关系如何?

补表 2-5 1988 年 9 个工业发达国家名义利率与通货膨胀率数据

国家	Y(%)	X(%)	国家	Y(%)	X(%)
澳大利亚	11.9	7.7	墨西哥	66.3	51.0
加拿大	9.4	4.0	瑞典	2.2	2.0
法国	7.5	3.1	英国	10.3	6.8
德国	4.0	1.6	美国	7.6	4.4
意大利	11.3	4.8			

第三章 经典单方程计量经济学模型：多元线性回归模型

3-1 解释下列概念：

(1) 多元线性回归模型；
(2) 偏回归系数；
(3) 正规方程组；
(4) 调整的多元可决系数 $\bar{R}^2$；
(5) 多重共线性；
(6) 联合假设检验；
(7) 受约束回归；
(8) 无约束回归；
(9) 虚拟变量；
(10) 虚拟变量模型；
(11) 极大似然估计；
(12) 矩估计(MM)。

3-2 观察下列方程并判断其变量是否呈线性？系数是否呈线性？或都是？或都不是？

(1) $Y_i=\beta_0+\beta_1 X_i^3+\varepsilon_i$

(2) $Y_i=\beta_0+\beta_1 \log X_i+\varepsilon_i$

(3) $\ln Y_i=\beta_0+\beta_1 \ln X_i+\varepsilon_i$

(4) $Y_i=\beta_0+\beta_1(\beta_2 X_i)+\varepsilon_i$

(5) $Y_i=\dfrac{\beta_0}{\beta_1 X_i}+\varepsilon_i$

(6) $Y_i=1+\beta_0(1-X_i^{\beta_1})+\varepsilon_i$

(7) $Y_i=\beta_0+\beta_1 X_{1i}+\beta_2 \cdot \dfrac{X_{2i}}{10}+\varepsilon_i$

3-3 多元线性回归模型与一元线性回归模型有哪些区别？

3-4 为什么说最小二乘估计量是最优的线性无偏估计量？多元线性回归最小二乘估计的正规方程组，能解出唯一的参数估计的条件是什么？

3-5 请说明区间估计的含义。

3-6 为什么在一元线性方程中，最小二乘估计量与极大似然估计量的表达式是一致的？证明：σ^2 的最大似然估计量 $\hat{\sigma}^2=\dfrac{1}{n}\sum_{i=1}^{n} e_i^2$ 是有偏的。

3-7 什么是正规方程组？分别用非矩阵形式和矩阵形式写出模型

$$Y_i=\beta_0+\beta_1 X_{i1}+\beta_2 X_{i2}+\cdots+\beta_k X_{ik}+\mu_i,\ i=1,2,\cdots,n$$

的正规方程组及其推导过程。

3-8 为什么从计量经济学模型得到的预测值不是一个确定的值？预测值的置信区间和置信度的含义是什么？在相同的置信度下如何才能缩小置信区间？

3-9 设有模型 $Y=\beta_0+\beta_1 X_1+\beta_2 X_2+\mu$，试在下列条件下：

(1) $\beta_1+\beta_2=1$;

(2) $\beta_1=\beta_2$;

分别求出 β_1 和 β_2 的最小二乘估计量。

3-10　假设要求你建立一个计量经济模型来说明在学校跑道上慢跑半小时或半小时以上的人数,以便决定是否修建第二条跑道以满足所有的锻炼者。你通过整个学年收集数据,得到两个可能的解释性方程:

$$\hat{Y}=125.0-15.0X_1-1.0X_2+1.5X_3 \qquad \overline{R}^2=0.75 \tag{a}$$

$$\hat{Y}=123.0-14.0X_1+5.5X_2-3.7X_4 \qquad \overline{R}^2=0.73 \tag{b}$$

其中,Y 为某天慢跑者的人数,X_1 为该天的降雨量(单位:毫米),X_2 为该天日照时间(单位:小时),X_3 为该天的最高温度(单位:华氏温度),X_4 为第二天需交学期论文的班级数。请回答下列问题:

(1) 这两个方程你认为哪个更合理,为什么?

(2) 为什么用相同的数据去估计相同变量的系数却得到不同的符号?

3-11　有人以校园内食堂每天卖出的盒饭数量作为被解释变量,盒饭价格、气温、附近餐厅的盒饭价格、学校当日的学生数量作为解释变量,进行回归分析。假设你看到如下的回归结果(括号中是标准差),但并不知道各解释变量是哪一项。试判定每项结果对应着哪一个变量,说明理由。

$$\hat{Y}_i=10.6+28.4X_{i1}+12.7X_{i2}+0.61X_{i3}-5.9X_{i4}$$
$$(2.6)\quad(6.3)\quad(0.61)\quad(5.9)$$
$$\overline{R}^2=0.63 \qquad n=35$$

3-12　下面给出依据 15 个观察值计算得到的数据:

$$\overline{Y}=367.693,\quad \overline{X}_1=402.760,\ \overline{X}_2=8.0,\ \sum y_i^2=66\ 042.269$$
$$\sum x_{i1}^2=84\ 855.096,\ \sum x_{i2}^2=280.0,\quad \sum y_ix_{i1}=74\ 778.346$$
$$\sum y_ix_{i2}=4\ 250.9,\ \sum x_{i1}x_{i2}=4\ 796.0$$

其中小写字母代表了各变量值与其样本均值的离差。

(1) 估计 β_0、β_1、β_2 三个多元回归系数,求出 R^2 与 $\overline{R}^2$。

(2) 求 $\hat{\beta}_1$、$\hat{\beta}_2$ 的标准差,并估计 β_1,β_2 在 95%置信度下的置信区间。

(3) 在显著性水平 $\alpha=5\%$ 下,检验估计的每个回归系数的统计显著性。

(4) 在 $\alpha=5\%$ 下检验假设:参数 β_1、β_2 都为零。

3-13　参考补充练习题 2-15 给出的数据。

(1) 建立一个多元回归模型,解释 MBA 毕业生的平均初职工资,并且求出回归结果。

(2) 如果模型中包括了 GPA 和 GMAT 分数这两个解释变量,先验地,你可能会遇到什么问题,为什么?

(3) 如果学费这一变量的系数为正、并且在统计上是显著的,是否表示进入最昂贵的商业学校是值得的? 学费这个变量可用什么来代替?

3-14　经研究发现,学生用于购买书籍及课外读物的支出与本人受教育年限和其家庭收入水平有关,对 18 名学生进行调查的统计资料如补表 3-1 所示。

(1) 试求出学生购买书籍及课外读物的支出 Y 与受教育年限 X_1 和家庭人均收入水平 X_2 的回归方程估计式

$$\hat{Y}=\hat{\beta}_0+\hat{\beta}_1X_1+\hat{\beta}_2X_2$$

(2) 对 β_1,β_2 的显著性进行 t 检验;计算 R^2 和 $\bar{R}^2$。

(3) 假设有一学生的受教育年限 $X_1=10$ 年,家庭人均收入水平 $X_2=480$ 元/月,试预测该学生全年购买书籍及课外读物的支出,并求出相应的预测区间($\alpha=5\%$)。

补表 3-1 18 名学生的调查资料

学生序号	购买书籍及课外读物支出 Y(元/年)	受教育年限 X_1(年)	家庭人均可支配收入 X_2(元/月)
1	450.5	4	171.2
2	507.7	4	174.2
3	613.9	5	204.3
4	563.4	4	218.7
5	501.5	4	219.4
6	781.5	7	240.4
7	541.8	4	273.5
8	611.1	5	294.8
9	1 222.1	10	330.2
10	793.2	7	333.1
11	660.8	5	366.0
12	792.7	6	350.9
13	580.8	4	357.9
14	612.7	5	359.0
15	890.8	7	371.9
16	1 121.0	9	435.3
17	1 094.2	8	523.9
18	1 253.0	10	604.1

3-15 根据 100 对(X_1,Y)的观察值计算出:

$$\sum x_{i1}^2=12,\quad \sum x_{i1}y_i=-9,\quad \sum y_i^2=30$$

(1) 求出一元模型 $Y=\beta_0+\beta_1X_1+u$ 中的 β_1 的 OLS 估计量及其相应的标准差的估计量;

(2) 后来发现 Y 还受 X_2 的影响,于是将一元模型改为二元模型

$$Y=\alpha_0+\alpha_1X_1+\alpha_2X_2+v$$

收集 X_2 的相应观察值并计算出

$$\sum x_{i2}^2=6,\quad \sum x_{i2}y_i=8,\quad \sum x_{i1}x_{i2}=2$$

求二元模型中的 α_1,α_2的 OLS 估计量及其相应的标准差估计量;

(3) 一元模型中的 $\hat{\beta}_1$与二元模型中的 $\hat{\alpha}_1$是否相等? 为什么?

3-16 考虑某省各县玉米单产的回归方程:

$$\hat{Y}_i = -120+0.10F_i+5.33R_i \quad \overline{R}^2 = 0.50$$

其中,Y_i为 i 县的玉米单产量(单位:吨/亩[①]),F_i为 i 县的施肥强度(千克/亩),R_i为 i 县的降雨量(单位:毫米)。

(1) 从 F 和 R 对 Y 的影响方面,说出本方程中系数 0.10 和 5.33 的含义。

(2) 常数项-120 是否意味着玉米的负产量可能存在?

(3) 假定 β_F的真实值为 0.40,则估计值是否有偏? 为什么?

(4) 假定该方程并不满足所有的经典模型假设,即参数估计并不是最佳线性无偏估计量,则是否意味着 β_R的真实值绝对不等于 5.33? 为什么?

3-17 已知数据如补表 3-2。

补表 3-2 Y、X_1、X_2 的相关数据

Y	X_1	X_2
1	1	10
3	2	9
8	3	5
15	4	1
28	5	-6

(1) 先根据表中数据估计以下回归模型的方程(只估计参数不用估计标准差):

$$Y_i = \alpha_0+\alpha_1 X_{1i}+\mu_{1i}$$

$$Y_i = \lambda_0+\lambda_2 X_{2i}+\mu_{2i}$$

$$Y_i = \beta_0+\beta_1 X_{1i}+\beta_2 X_{2i}+\mu_i$$

(2) 回答下列问题:$\alpha_1=\beta_1$吗? 为什么? $\lambda_2=\beta_2$吗? 为什么?

3-18 补表 3-3 列出了某省区 23 个县家庭鸡肉人均月消费量 Y 与家庭月人均收入 X,鸡肉价格 P_1,猪肉价格 P_2与牛肉价格 P_3按月平均变动的百分点。

补表 3-3 某省区 23 个县家庭统计数据

序号	Y(千克)	X(元)	P_1(%)	P_2(%)	P_3(%)
1	2.78	397	4.22	5.07	7.83
2	2.99	413	3.81	5.20	7.92
3	2.98	439	4.03	5.40	7.92
4	3.08	459	3.95	5.53	7.92
5	3.12	492	3.73	5.47	7.74

① 1 亩=666.6 平方米。

续表

序号	Y(千克)	X(元)	P_1(%)	P_2(%)	P_3(%)
6	3.33	528	3.81	6.37	8.02
7	3.56	560	3.93	6.98	8.04
8	3.64	624	3.78	6.59	8.39
9	3.67	666	3.84	6.45	8.55
10	3.84	717	4.01	7.00	9.37
11	4.04	768	3.86	7.32	10.61
12	4.03	843	3.98	6.78	10.48
13	4.18	911	3.97	7.91	11.40
14	4.04	931	5.21	9.54	12.41
15	4.07	1 021	4.89	9.42	12.76
16	4.01	1 165	5.83	12.35	14.29
17	4.27	1 349	5.79	12.99	14.36
18	4.41	1 449	5.67	11.76	13.92
19	4.67	1 575	6.37	13.09	16.55
20	5.06	1 759	6.16	12.98	20.33
21	5.01	1 994	5.89	12.80	21.96
22	5.17	2 258	6.64	14.10	22.16
23	5.29	2 478	7.04	16.82	23.26

（1）求出该省区关于家庭鸡肉消费需求的如下模型：

$$\ln Y=\beta_0+\beta_1\ln X+\beta_2\ln P_1+\beta_3\ln P_2+\beta_4\ln P_3+\mu$$

（2）请分析，鸡肉的家庭消费需求是否受猪肉及牛肉价格变动的影响？

3-19 考虑家庭人均消费 Y 关于家庭人均收入 X 的如下形式的函数

$$Y=\alpha+\beta X^{\gamma}+\mu$$

如果 $\gamma\neq 1$，则模型成为非线性函数。给出补表 3-4 的资料，试以非线性 OLS 法估计该模型，并与可化为线性函数的 OLS 估计相比较。

补表 3-4　家庭人均消费与家庭人均收入观测点

观测点	Y	X	观测点	Y	X
1	791.8	733.2	6	944.5	873.8
2	819.0	748.7	7	989.4	899.4
3	844.3	771.4	8	1 012.1	919.7
4	880.0	802.5	9	1 028.8	932.9
5	894.0	822.7	10	1 067.2	979.4

续表

观测点	Y	X	观测点	Y	X
11	1 091.1	1 005.1	24	1 916.3	1 689.6
12	1 123.2	1 025.2	25	1 896.6	1 674.0
13	1 170.2	1 069.0	26	1 931.7	1 711.9
14	1 207.3	1 108.4	27	2 001.1	1 803.8
15	1 291.0	1 170.6	28	2 066.6	1 883.3
16	1 365.7	1 236.4	29	2 167.4	1 961.0
17	1 431.3	1 298.9	30	2 212.6	2 004.4
18	1 493.2	1 337.7	31	2 214.3	2 000.4
19	1 551.3	1 405.9	32	2 248.6	2 024.2
20	1 599.8	1 456.7	33	2 261.5	2 050.7
21	1 688.1	1 492.0	34	2 334.6	2 145.9
22	1 728.4	1 538.8	35	2 468.4	2 239.9
23	1 797.4	1 621.9	36	2 509.0	2 312.6

3-20　在建立计量经济模型时,什么时候、为什么要引入虚拟变量?

3-21　举例说明虚拟变量在模型中的作用。

3-22　什么是"虚拟变量陷阱"?

3-23　请判断下列陈述是否正确:

(1) 在回归模型 $Y_i=\beta_1+\beta_2 D_i+\mu_i$ 中,如果虚拟变量 D_i 的取值为 0 或 2,而非通常情况下的 0 或 1,那么参数 β_2 的估计值将减半,其 t 值也将减半;

(2) 在引入虚拟变量后,普通最小二乘法的估计值只有在大样本情况下才是无偏的。

3-24　试在家庭对某商品的消费需求函数 $Y=\alpha+\beta X+\mu$ 中(以加法形式)引入虚拟变量,用以反映季节因素(淡、旺季)和收入层次差异(高、低)对消费需求的影响,并写出各类消费函数的具体形式。

3-25　假设利率 $r<0.08$ 时,投资 I 取决于利润 X;而利率 $r\geqslant 0.08$ 时,投资 I 同时取决于利润 X 和一个固定的级差利润 R;试用一个可以检验的模型来表达上述关系。并简述如何对利率的影响进行检验。

第四章　经典单方程计量经济学模型:放宽基本假定的模型

4-1　解释下列概念:

(1) 异方差性;　　(2) 多重共线性;

(3) 完全多重共线性； (4) 不完全多重共线性；

(5) 内生解释变量； (6) 模型设定偏误；

(7) 回归设定误差检验(RESET 检验)。

4-2 判断下列各题的对错,并简单说明理由：

(1) 在存在异方差情况下,OLS 估计量是有偏的和无效的；

(2) 如果存在异方差,通常使用的 t 检验和 F 检验是无效的；

(3) 在存在异方差情况下,常用的 OLS 总是高估了估计量的标准差；

(4) 如果从 OLS 回归中估计的残差呈现系统模式,则意味着数据中存在异方差；

(5) 两个模型,一个是一阶差分形式,一个是水平形式,这两个模型的 R^2 值是不可以直接比较的；

(6) 存在多重共线性时,模型参数无法估计；

(7) 存在多重共线性时,参数估计量的方差一定会增大,从而造成估计效率的损失；

(8) 一旦模型中的解释变量是内生变量,则违背了基本假设,使得模型的 OLS 估计量有偏且不一致。

4-3 简述异方差对下列各项有何影响：

(1) OLS 估计量及其方差；

(2) 置信区间；

(3) 显著性 t 检验和 F 检验的使用。

4-4 什么是异方差性？举例说明经济现象中的异方差性。检验异方差性的方法思路是什么？

4-5 什么是多重共线性？产生多重共线性的经济背景是什么？多重共线性的危害是什么？为什么会造成这些危害？检验多重共线性的方法思路是什么？有哪些克服方法？

4-6 内生解释变量的来源有哪些？内生解释变量可以造成哪些后果？

4-7 试比较说明模型存在异方差时,OLS 与加权最小二乘法的区别与联系。

4-8 估计量的渐近统计性质的含义是什么？什么是渐近无偏性？

4-9 什么是估计的一致性？试通过一元模型证明对于工具变量法的斜率的估计量 $\hat{\beta}_1$ 是 β_1 的一致估计。

4-10 已知消费模型

$$Y_i = \alpha_0 + \alpha_1 X_{i1} + \alpha_2 X_{i2} + \mu_i$$

其中,Y_i 为消费支出,X_{i1} 为个人可支配收入,X_{i2} 为消费者的流动资产,且

$$\mathrm{E}(\mu_i) = 0$$

$$\mathrm{Var}(\mu_i) = \sigma^2 X_{i1}^2 \text{（其中 } \sigma^2 \text{ 为常数）}$$

(1) 进行适当变换消除异方差,并证明之；

(2) 写出消除异方差后,模型的参数估计量的表达式。

4-11 补表 4.1 给出了美国 17 个行业 1988 年研究开发(R&D)费用支出 Y 与销售收入 X 的数据。请用布罗施-帕甘(Breusch-Pagan)检验与怀特(White)检验来检验 Y 关于 X 的回归模型是否存在异方差性。若存在异方差性,请尝试消除它。

补表 4.1　美国 17 个行业 1988 年研究开发费用支出与销售收入数据

单位：百万美元

序号	研究开发费用 Y	销售收入 X	序号	研究开发费用 Y	销售收入 X
1	62.5	6 375.3	10	6 620.1	80 522.8
2	92.9	11 626.4	11	3 918.6	95 294.0
3	178.3	14 655.1	12	1 595.3	101 314.1
4	258.4	21 869.2	13	6 107.5	116 141.3
5	494.7	26 408.3	14	4 454.1	122 315.7
6	1 083.0	32 405.6	15	3 163.8	141 649.9
7	1 620.6	35 107.7	16	13 210.7	175 025.8
8	421.7	40 295.4	17	1 703.8	230 614.5
9	509.2	70 761.6			

4-12　补表 4.2 列出了被解释变量 Y 及解释变量 X_1、X_2、X_3、X_4的截面观测值。

（1）用 OLS 估计线性回归模型，并采用适当的方法检验多重共线性；

（2）用逐步回归法确定一个较好的回归模型。

补表 4.2　被解释变量 Y 及解释变量 X_1、X_2、X_3、X_4的截面观测值

被解释变量	Y	6.0	6.0	6.5	7.1	7.2	7.6	8.0	9.0	9.0	9.3
解释变量	X_1	40.1	40.3	47.5	49.2	52.3	58.0	61.3	62.5	64.7	66.8
	X_2	5.5	4.7	5.2	6.8	7.3	8.7	10.2	14.1	17.1	21.3
	X_3	108	94	108	100	99	99	101	97	93	102
	X_4	63	72	86	100	107	111	114	116	119	121

4-13　补表 4.3 是某种商品的需求量 Y、价格 X_1以及消费者收入 X_2的统计资料。

（1）检验 X_1和 X_2是否存在严重的多重共线性；

（2）如何解决或减轻多重共线性的影响？并给出这一问题的回归方程。

补表 4.3　某商品需求量、价格、收入的统计资料

序号	1	2	3	4	5	6	7	8	9	10
需求量 Y	3.5	4.3	5.0	6.0	7.0	9.0	8.0	10	12	14
价格 X_1	16	13	10	7	7	5	4	3	3.5	2
收入 X_2	15	20	30	42	50	54	65	72	85	90

4-14　某国各州的政府税收 T（单位：百万美元）、州内生产总值 GDP（单位：十亿美元）和汽车数量 Z（单位：百万辆）的观测数据如补表 4.4 所示。试以汽车数量 Z 作为国内生产

总值GDP 的工具变量,估计税收函数

$$T_t=\beta_0+\beta_1\cdot \text{GDP}_t+\mu_t$$

补表 4.4 某国各州部分统计数据

序号	T	GDP	Z	序号	T	GDP	Z
1	3	4	5	6	5	7	6
2	2	1	2	7	7	8	6
3	5	7	6	8	9	11	7
4	6	8	7	9	8	10	7
5	4	5	5				

4-15 继续补充练习题 3-13 的讨论。问题如下：

(1) 从 ASP 对 GMAT 分数、GPA 分数与 X 的回归分析中,你能判断解释变量间有显著的相关性吗？如果有,你将如何选择你的最终模型？

(2) 进一步检验你所选择的最终模型是否存在异方差性。

4-16 模型设定时,如果遗漏了相关变量,OLS 估计会出现什么后果？而在包含了无关变量时,后果又如何？

4-17 说明使用工具变量的条件。

4-18 为了研究体重与身高的关系,某学校随机抽样调查了 51 名学生(其中 36 名男生,15 名女生),并得到如下两种回归模型：

$$\hat{W}=-232.065\ 51+5.566\ 2h \qquad \text{(a)}$$
$$t:(-5.21)\qquad(8.62)$$

$$\hat{W}=-122.962\ 1+23.823\ 8D+3.740\ 2h \qquad \text{(b)}$$
$$t:(-2.59)\qquad(4.01)\qquad(5.16)$$

其中,W 表示体重(单位:磅),h 表示身高(单位:英寸),虚拟变量

$$D=\begin{cases}1, & \text{男}\\ 0, & \text{女}\end{cases}$$

回答下列问题：

(1) 你将选择哪一个模型？为什么？

(2) 如果模型(b)确实更好而你选择了(a),你犯了什么错误？

(3) D 的系数说明了什么？

4-19 利用补充练习题 3-18 的数据。假设你被告知对鸡肉的真实的需求函数是

$$\ln Y=\beta_0+\beta_1\ln X+\beta_2\ln P_1+\mu$$

而你却估计了原模型

$$\ln Y=\beta_0+\beta_1\ln X+\beta_2\ln P_1+\beta_3\ln P_2+\beta_4\ln P_3+\mu$$

请对这两个模型进行偏误设定的 RESET 检验。

第五章 时间序列计量经济学模型

5-1 判断下列各题的对错,并简单说明理由:

(1) 当模型随机干扰项存在序列相关时,参数 OLS 估计量是有偏的并且也是无效的;

(2) 消除序列相关的一阶差分变换假定自相关系数 ρ 必须等于 1;

(3) D. W. 检验可用于检验任何形式的序列相关性;

(4) 时间序列 X_t 的平稳性检验的原假设是随机模型 $X_t=\rho X_{t-1}+\mu_t$ 中的参数 $\rho=1$;

(5) 随机时间序列的单位根检验的模型是对式 $\Delta X_t=\alpha+\delta X_{t-1}+\mu_t$ 中的 δ 是否等于 0 来进行的,具体是用 OLS 法估计模型,通过 t 检验来完成;

(6) 两随机时间序列 Y_t、X_t 的协整检验是对它们进行协整回归,记录残差项 e_t,并对 e_t 进行单位根检验,因此是通过查迪基和福勒提出的 DF 分布表或 ADF 分布表来完成的。

5-2 在存在 AR(1) 自相关的情形下,什么估计方法能够产生 BLUE 估计量?简述这个方法的具体步骤。

5-3 在存在 AR(1) 的情形下,估计自相关系数 ρ 有哪些不同的方法?

5-4 什么是序列相关性?举例说明经济现象中序列相关性的存在。检验序列相关性的方法思路是什么?熟悉 D. W. 统计量的计算方法和查表判断。

5-5 假设 Y 为内生变量,X 为外生变量,以下各组方程中哪些方程可以用 Durbin-Watson 方法检验一阶自相关:

(1) $Y_t=\alpha_1 X_t+\mu_t$

(2) $Y_t=\alpha_1 X_t+\beta_1 X_{t-1}+\mu_t$

(3) $Y_t=\beta_1 Y_{t-1}+\mu_t$

(4) $Y_t=\beta_1 Y_{t-1}+\alpha_1 X_{t-1}+\mu_t$

(5) $Y_t=\alpha_0+\beta_1 X_t+\alpha_1 X_{t-1}+\mu_t$

5-6 对于模型:$Y_t=\beta_1+\beta_2 X_t+\mu_t$,试问

(1) 如果用变量的一次差分估计该模型,则意味着采用了何种自相关形式?

(2) 用一次差分估计式时,如果包含一个截距项,其含义是什么?

5-7 某上市公司的子公司的年销售额 Y 与其总公司年销售额 X 的观测数据见补表 5-1。

(1) 用最小二乘法估计 Y 关于 X 的回归方程;

(2) 用 D. W. 检验分析随机干扰项的一阶自相关性;

(3) 用序列相关稳健标准误法修正 OLS 估计的标准差;

(4) 用广义最小二乘法估计回归模型的参数。

补表 5-1　某上市公司的子公司年销售额与总公司年销售额的观测数据

序号	X	Y	序号	X	Y	序号	X	Y
1	127.3	20.96	8	142.8	23.66	15	157.3	26.36
2	130.0	21.40	9	145.5	24.10	16	160.7	26.98
3	132.7	21.96	10	145.3	24.01	17	164.2	27.52
4	129.4	21.52	11	148.3	24.54	18	165.6	27.78
5	135.0	22.39	12	146.4	24.30	19	168.7	28.24
6	137.1	22.76	13	150.2	25.00	20	171.7	28.78
7	141.2	23.48	14	153.1	25.64			

5-8　在研究生产中的劳动在增加值中所占的份额(即劳动份额)的变动时,有以下模型:

模型 A:$Y_t=\beta_0+\beta_1 t+u_t$

模型 B:$Y_t=\alpha_0+\alpha_1 t+\alpha_2 t^2+u_t$

其中,Y 为劳动的份额,t 为劳动时间。根据该研究时期内的 16 年数据进行参数估计,得到模型结果为:

模型 A:$\hat{Y}_t=0.452\,8-0.004\,1t$

$$(-3.960\,8)$$

$$R^2=0.528\,4 \qquad \text{D. W.}=0.825\,2$$

模型 B:$\hat{Y}_t=0.478\,6-0.012\,7t+0.000\,5t^2$

$$(-3.272\,4)(2.777\,7)$$

$$R^2=0.662\,9 \qquad \text{D. W.}=1.82$$

其中:括号中的数字是 t 检验值。试问:

(1) 模型 A 中有没有自相关?模型 B 呢?

(2) 如何解释自相关的存在?

(3) 你会怎样区分“纯粹”自相关和模型形式设定错误?

5-9　描述平稳时间序列的条件。

5-10　单整变量的单位根检验为什么从 DF 检验发展到 ADF 检验?

5-11　设 $X_t=\xi\cos\theta t+\eta\sin\theta t$,$(0\leqslant t\leqslant 1)$,其中 ξ,η 是相互独立的正态分布 $N(0,\sigma^2)$ 随机变量,θ 是实数。试证:$\{X_t,0\leqslant t\leqslant 1\}$ 为平稳过程。

5-12　用自相关函数图形及 Q_{LB} 法检验中国 1978—2007 年财政收入时间序列 Y 的平稳性。数据如补表 5-2。

补表 5-2　1978—2007 年中国财政收入数据　　单位:亿元

年份	财政收入	年份	财政收入	年份	财政收入
1978	1 132.26	1988	2 357.24	1998	9 875.95
1979	1 146.38	1989	2 664.9	1999	11 444.08
1980	1 159.93	1990	2 937.1	2000	13 395.23
1981	1 175.79	1991	3 149.48	2001	16 386.04
1982	1 212.33	1992	3 483.37	2002	18 903.64
1983	1 366.95	1993	4 348.95	2003	21 715.25
1984	1 642.86	1994	5 218.1	2004	26 396.47
1985	2 004.82	1995	6 242.2	2005	31 649.29
1986	2 122.01	1996	7 407.99	2006	38 760.20
1987	2 199.35	1997	8 651.14	2007	51 321.78

5-13　利用 5-12 题中数据,用 ADF 法对中国财政收入时间序列 Y 进行单位根检验。

5-14　利用 5-12 题中数据,对中国财政收入的对数时间序列 $\ln Y$ 进行单整性分析。

5-15　设动态数据 $X_1=0.8$,$X_2=0.7$,$X_3=0.9$,$X_4=0.74$,$X_5=0.82$,$X_6=0.92$,$X_7=0.78$,$X_8=0.86$,$X_9=0.72$,$X_{10}=0.84$。求样本均值 $\overline{X}$,样本方差 $\hat{\gamma}_0$,样本自协方差 $\hat{\gamma}_1$,$\hat{\gamma}_2$和样本自相关系数 $\hat{\rho}_1$,$\hat{\rho}_2$。

5-16　以 Q_t表示粮食产量,A_t表示播种面积,C_t表示化肥施用量,经检验,它们取对数后都是 $I(1)$变量且相互之间存在(1,1)阶协整关系。同时经过检验并剔除了不显著的变量(包括滞后变量),得到如下粮食生产模型:

$$\ln Q_t=\alpha_0+\alpha_1\ln Q_{t-1}+\alpha_2\ln A_t+\alpha_3\ln C_t+\alpha_4\ln C_{t-1}+\mu_t$$

推导误差修正模型的表达式,并指出误差修正模型中每个待估参数的经济意义。

5-17　固定资产存量模型 $K_t=\alpha_0+\alpha_1K_{t-1}+\alpha_2I_t+\alpha_3I_{t-1}+\mu_t$中,经检验,$K_t\sim I(2)$,$I_t\sim I(1)$,且 μ_t为一白噪声。试写出由该模型导出的误差修正模型的表达式。

5-18　补表 5-3 列出了 1978—2004 年中国城镇居民家庭平均每人可支配收入指数(1978 年为 100)、生活消费支出额以及城镇居民消费价格定基指数(1978 年为 100)的相关数据。由于 1978 年中国城镇居民家庭人均可支配收入为 343.4 元,因此可据此推算出按 1978 年价计的中国城镇居民家庭人均可支配收入 X 以及经居民消费价格指数缩减的城镇居民家庭人均消费支出的数据列 Y。试建立 $\ln Y$ 与 $\ln X$ 的误差修正模型。

补表 5-3　1978—2004 年中国城镇居民家庭部分统计数据

年份	城镇居民家庭人均可支配收入指数(1978 年为 100)	城镇居民家庭人均消费支出(元)	城镇居民消费价格指数(1978 年为 100)	城镇居民家庭人均可支配收入 X(1978 年价,元)	城镇居民家庭人均消费支出 Y(1978 年价,元)
1978	100.0	311.2	100.0	343.4	311.2
1979	115.7	350.0	101.9	397.3	343.5

续表

年份	城镇居民家庭人均可支配收入指数（1978 年为 100）	城镇居民家庭人均消费支出（元）	城镇居民消费价格指数（1978 年为 100）	城镇居民家庭人均可支配收入 X（1978 年价，元）	城镇居民家庭人均消费支出 Y（1978 年价，元）
1980	127.0	412.4	109.5	436.1	376.6
1981	129.9	456.8	112.2	446.1	407.1
1982	136.3	471.0	114.4	468.1	411.7
1983	141.5	505.9	116.7	485.9	433.5
1984	158.7	559.4	119.9	545.0	466.6
1985	160.4	673.2	134.2	550.8	501.6
1986	182.7	799.0	143.6	627.4	556.4
1987	186.8	884.4	156.2	641.5	566.2
1988	182.3	1 104.0	188.5	626.0	585.7
1989	182.5	1 211.0	219.2	626.7	552.5
1990	198.1	1 278.9	222.0	680.3	576.1
1991	212.4	1 453.8	233.3	729.4	623.1
1992	232.9	1 671.7	253.4	799.8	659.7
1993	255.1	2 110.8	294.2	876.0	717.5
1994	276.8	2 581.3	367.8	950.5	701.8
1995	290.3	3 537.6	429.6	996.9	823.5
1996	301.6	3 919.5	467.4	1 035.7	838.6
1997	311.9	4 185.6	481.9	1 071.1	868.6
1998	329.9	4 331.6	479.0	1 132.9	904.3
1999	360.6	4 615.9	472.8	1 238.3	976.3
2000	383.7	4 998.0	476.6	1 317.6	1 048.7
2001	416.3	5 309.0	479.9	1 429.6	1 106.3
2002	472.1	6 029.9	475.1	1 621.2	1 269.2
2003	514.6	6 510.9	479.4	1 767.1	1 358.1
2004	554.2	7 182.1	495.2	1 903.1	1 450.3

第六章　非经典截面数据计量经济学模型

6-1　二元离散选择模型的研究思路是什么？为什么一般要将原始模型变换为效用模型？为什么必须选择某种特定的概率分布？

6-2　对于二元离散选择模型 $Y=\beta_0+\beta_1\mathrm{CC}+\beta_2\mathrm{CM}+\mu$，在重复观测值不可得到的情况下，假定其效用模型的随机干扰项服从正态分布，利用估计结果进行样本被解释变量的模拟计算，其中第 18—22 个样本的模拟结果 $\hat{Y}$ 如补表 6-1 所示。指出表中 $\hat{Y}^*$ 列中每个数据的含义。

补表 6-1　第 18—22 个样本个体的相关资料与模型模拟结果

观测点	Y	CC	CM	$\hat{Y}^*$
18	1	26	1	1
19	1	15	-1	0.447 233 03
20	0	69	-1	0
21	0	107	1	0
22	1	29	1	0.999 999 99

6-3　一项关于劳动者获取津贴的调查资料如补表 6-2 所示，其中未报津贴数据的劳动者按 0 记录。获取津贴（pension）的多少可能与劳动者的经验（exper）、年龄（age）、是否结婚（marry）、受教育年限（educ）有关。根据补表 6-2 的样本资料分别建立津贴与上述因素的普通线性关系模型、截断模型与归并模型，并指出该数据最适合建立何种模型。

补表 6-2　劳动者获取津贴的调查资料

No.	exper	age	marry	educ	pension	No.	exper	age	marry	educ	pension
1	10	28	1	13	797.1	9	42	62	1	10	978.4
2	28	44	1	14	797.1	10	27	43	1	12	978.4
3	10	28	1	13	797.1	11	35	56	1	13	978.4
4	23	44	1	12	797.1	12	25	42	1	13	978.4
5	17	34	1	10	797.1	13	18	34	0	10	0.0
6	16	32	1	12	797.1	14	16	32	1	13	0.0
7	24	40	1	12	797.1	15	33	48	1	12	0.0
8	8	24	1	12	797.1	16	10	26	1	13	0.0

续表

No.	exper	age	marry	educ	pension	No.	exper	age	marry	educ	pension
17	31	47	1	12	195. 2	48	10	28	1	13	1 637. 8
18	15	52	1	12	0. 0	49	17	34	1	12	1 637. 8
19	9	25	1	10	0. 0	50	5	23	0	12	1 637. 8
20	9	25	0	12	1 230. 2	51	27	50	1	10	1 637. 8
21	10	32	1	13	1 230. 2	52	26	43	1	10	1 637. 8
22	14	31	1	13	1 230. 2	53	11	26	1	12	1 637. 8
23	20	44	1	16	1 230. 2	54	35	53	1	10	1 637. 8
24	24	40	1	16	1 230. 2	55	14	32	1	12	1 637. 8
25	12	32	0	16	0. 0	56	9	27	1	12	1 637. 8
26	5	25	1	12	409. 3	57	18	34	1	12	1 637. 8
27	9	28	1	13	606. 4	58	10	28	1	12	1 637. 8
28	35	52	1	10	606. 4	59	5	21	0	12	674. 1
29	2	19	0	12	606. 4	60	9	37	0	13	674. 1
30	31	49	0	8	606. 4	61	18	34	1	16	1 716. 2
31	12	45	1	12	606. 4	62	31	56	1	10	1 716. 2
32	9	25	1	12	1 235. 0	63	16	38	1	18	1 716. 2
33	31	47	1	6	1 235. 0	64	31	47	1	12	1 716. 2
34	40	58	1	12	1 235. 0	65	17	33	1	13	1 716. 2
35	39	57	1	12	1 235. 0	66	28	48	1	13	1 716. 2
36	12	28	1	16	1 235. 0	67	27	43	1	13	1 716. 2
37	13	29	1	12	1 235. 0	68	35	51	1	12	1 716. 2
38	13	33	1	12	1 235. 0	69	30	45	1	16	1 716. 2
39	8	26	1	12	1 235. 0	70	17	34	1	16	1 716. 2
40	15	37	1	12	1 235. 0	71	27	45	1	16	1 716. 2
41	7	24	1	12	1 235. 0	72	21	37	1	14	1 733. 8
42	25	42	1	10	1 235. 0	73	37	56	0	6	0. 0
43	26	43	1	12	1 235. 0	74	20	54	0	13	253. 9
44	14	30	1	18	1 235. 0	75	11	30	1	10	0. 0
45	9	25	1	12	1 235. 0	76	8	30	1	14	0. 0
46	3	23	0	16	1 637. 8	77	10	29	1	13	427. 1
47	36	49	1	10	1 637. 8	78	24	44	0	10	427. 1

续表

No.	exper	age	marry	educ	pension	No.	exper	age	marry	educ	pension
79	10	29	0	12	427. 1	90	22	39	1	12	1 055. 1
80	36	52	1	6	0. 0	91	18	33	0	10	1 055. 1
81	42	59	1	6	420. 6	92	42	58	1	12	604. 4
82	41	56	1	12	420. 6	93	26	43	0	13	1 167. 6
83	42	61	1	13	420. 6	94	48	54	1	13	1 167. 6
84	6	30	1	16	0. 0	95	2	42	0	12	287. 2
85	26	41	0	12	1 055. 1	96	9	29	1	10	211. 6
86	19	35	1	12	1 055. 1	97	15	36	1	10	211. 6
87	8	24	1	12	1 055. 1	98	8	33	1	12	211. 6
88	24	40	1	12	1 055. 1	99	11	27	0	12	619. 2
89	37	53	1	12	1 055. 1	100	13	29	1	12	619. 2

6-4　在学习面板数据模型之前，我们也经常将多个时间的截面数据综合为一组样本估计模型，现在看来，它是否肯定是错误的？为什么？

6-5　对于变系数面板数据模型 $Y_{it}=\alpha_i+\boldsymbol{X}_{it}\boldsymbol{\beta}_i+\mu_{it}$，如果 $\mathrm{E}(\boldsymbol{\mu}_i\boldsymbol{\mu}_j')\neq\mathbf{0}$，说明为什么利用所有样本的广义最小二乘估计比每个截面个体方程的独立估计更有效。

补充练习题参考解答

第二章补充练习题参考解答

2-1 解答 （1）总体回归函数是指在给定 X 的条件下 Y 分布的总体均值与 X 所形成的函数关系（或者说将总体被解释变量的条件期望表示为解释变量的某种函数）。

（2）样本回归函数指从总体中抽出的关于$\{Y,X\}$的若干组值形成的样本而建立的回归函数。

（3）总体回归函数的随机形式指含有随机干扰项的总体回归函数（是相对于条件期望形式而言的）。

（4）教材中所讲的线性回归模型主要指对参数 β 为线性的。即参数 β 只以它们的 1 次方出现，对解释变量可以是非线性的。

（5）随机干扰项也称随机误差项，是一个随机变量，是针对总体回归函数而言的。

（6）残差项是一个随机变量，是针对样本回归函数而言的。

（7）条件期望又称条件均值，指 X 取特定值 X_i时 Y 的期望值。

（8）回归系数（或回归参数）指回归模型中 β_0,β_1 等未知但却是固定的参数。

（9）回归系数的估计量指用 $\hat{\beta}_0,\hat{\beta}_1$ 等表示的用已知样本提供的信息所估计出来总体未知参数的结果。

（10）最小二乘法又称最小平方法，是指根据使估计的残差平方和最小的原则确定样本回归函数的方法。

（11）估计量的标准差是度量一个变量变化大小的测度量。

（12）总离差平方和用 TSS 表示，用以度量被解释变量的总变动。

（13）回归平方和用 ESS 表示，用以度量由解释变量变化引起的被解释变量的变化部分。

（14）残差平方和用 RSS 表示，用以度量被解释变量的实际值与拟合值之间的差异，是由除解释变量以外的其他因素引起的被解释变量变化的部分。

（15）协方差用 $\mathrm{Cov}(X,Y)$ 表示，是用来度量 X、Y 两个变量关联程度的统计量。

（16）拟和优度检验指检验模型对样本观测值的拟合程度，用 R^2 表示，该值越接近 1，模型对样本观测值拟合得越好。

（17）t 检验是针对每个解释变量进行的显著性检验，即构造一个 t 统计量，如果该统计量的值落在给定显著性水平下的临界值之“外”，就拒绝原假设。

2-2　解答　（1）错误。随机干扰项是针对总体回归模型而言的，它是模型中其他没有包含的因素的综合体；而残差项是针对样本回归模型而言的，它是实际观测值与样本回归线上值的离差。两者的含义不同，后者只能说成是对前者的一个估计。

（2）错误。总体回归函数给出了对应于每个自变量的被解释变量的均值。

（3）错误。线性回归模型指参数是线性的，解释变量可以是非线性的。

（4）正确。这是建立回归模型的前提。

（5）错误。只有在解释变量与随机干扰项相互独立时，随机干扰项的条件均值与非条件均值才是一回事。在基本假设成立的情况下，两者是一回事。

2-3　解答　（1）总体方差又称随机干扰项的方差，用 $\mathrm{Var}(\mu_i|X_i)=\sigma^2$ 表示。它是参数估计量方差的有机组成部分。例如，在一元线性回归模型 $Y_i=\beta_0+\beta_1X_i+\mu_i$ 中，有

$$\mathrm{Var}(\hat{\beta}_1)=\frac{\sigma^2}{\sum x_i^2},\mathrm{Var}(\hat{\beta}_0)=\frac{\sum X_i^2}{n\sum x_i^2}\sigma^2,$$

（2）随机干扰项 μ_i 表现为总体观测值与总体回归函数理论值之间的偏差，而残差项 e_i 是指样本观测值与样本回归函数理论值之间的偏差，二者是有区别的。但是，由于总体观察值无法得到，从而造成总体回归函数事实上是未知的，因此，一般的做法是通过样本观测值去估计总体回归函数，这样，残差 e_i 就是随机干扰项 μ_i 的一个样本估计量。

（3）普通最小二乘法保证了样本回归函数对样本观测拟合得最好；拟合优度则可以对不同样本的拟合结果进行比较，即可以辨别不同的样本下回归结果谁好谁坏。

（4）可决系数 $R^2=\frac{\mathrm{ESS}}{\mathrm{TSS}}=1-\frac{\mathrm{RSS}}{\mathrm{TSS}}$，含义为由解释变量引起的被解释变量的变化占被解释变量总变化的比重，用来判定回归直线拟合的优劣，该值越大说明拟合得越好；而残差平方和与样本容量关系密切，当样本容量比较小时，残差平方和的值也比较小；尤其是不同样本得到的残差平方和是不能做比较的。此外，作为检验统计量的一般应是相对量而不能用绝对量，因而不能使用残差平方和判断模型的拟合优度。

（5）回归分析是讨论被解释变量与一个或多个解释变量之间具体依存关系的分析方法；相关分析是讨论变量之间线性相关程度的分析方法。二者的区别在于：研究的目的不同，相关分析着重探讨变量间的关联程度，而回归分析却要进一步探寻有因果关系的变量间具体的依赖关系，即希望根据解释变量的给定值去估计和预测被解释变量的平均值；对变量的处理不同，相关分析对称地处理相互联系的变量，而回归分析必须明确解释变量与被解释变量。二者的联系在于：回归分析建立在相关分析基础之上，当相互有关联的变量进一步有因果关系时，可进一步进行回归分析。相关分析中线性相关系数的平方等于回归分析中的拟合优度。

（6）对解释变量进行显著性检验的目的是为了决定该变量是否应作为解释变量被保留

在模型中,如果该变量对被解释变量的影响并不显著,就需考虑是否将其剔除,并寻找其他可能的变量建立模型。

(7) 不是。当变量间存在非线性关系时,应建立非线性回归模型。

2-4 解答 (1) 无法确定;

(2) 正的因果关系;

(3) 因果关系但不能确定正负;

(4) 正的因果关系;

(5) 正的相关关系;

(6) 无法确定;

(7) 正的因果关系;

(8) 正的相关关系。

2-5 解答 参数估计量的无偏性是指:参数估计量 $\hat{\beta}$ 的均值等于模型参数值,即 $E(\hat{\beta}_0)=\beta_0$,$E(\hat{\beta}_1)=\beta_1$。参数估计量的有效性是指:在所有线性无偏估计量中,该参数估计量的方差最小。从参数估计量的无偏性和有效性的证明过程中看出,得出无偏性、有效性是利用了随机干扰项具有零均值和同方差,以及随机干扰项与解释变量之间不相关的基本假设,所以说只有满足基本假设的 OLS 参数估计量才具有无偏性和有效性。

2-6 证明 易知,模型 $Y_i=\beta_1X_i+\mu_i$ 的参数的 OLS 估计量为:

$$\hat{\beta}_1=\frac{\sum X_iY_i}{\sum X_i^2}=\frac{\sum X_i(\beta_1X_i+\mu_i)}{\sum X_i^2}$$

$$=\beta_1+\frac{\sum X_i\mu_i}{\sum X_i^2}$$

因此,在给定 X_i 的条件下

$$\text{Var}(\hat{\beta}_1)=\text{Var}\left(\beta_1+\frac{\sum X_i\mu_i}{\sum X_i^2}\right)$$

$$=\sum\left(\frac{X_i}{\sum X_i^2}\right)^2\text{Var}(\mu_i)$$

$$=\frac{\sigma^2}{\sum X_i^2}$$

2-7 证明

$$\hat{\alpha}=\overline{Y}-\hat{\beta}\overline{X}$$

$$=\sum_{i=1}^{n}\frac{Y_i}{n}-\overline{X}\frac{\sum_{i=1}^{n}x_iy_i}{\sum_{i=1}^{n}x_i^2}$$

由于

$$\sum_{i=1}^{n}x_iy_i=\sum_{i=1}^{n}x_i(Y_i-\overline{Y})$$

$$= \sum_{i=1}^{n} x_i Y_i - \overline{Y}\sum_{i=1}^{n} x_i$$

$$= \sum_{i=1}^{n} x_i Y_i$$

于是

$$\hat{\alpha} = \sum_{i=1}^{n} \frac{Y_i}{n} - \frac{\overline{X}}{\sum_{i=1}^{n} x_i^2}\sum_{i=1}^{n} x_i Y_i$$

$$= \sum_{i=1}^{n}\left(\frac{1}{n} - \overline{X}\frac{x_i}{\sum_{i=1}^{n} x_i^2}\right) Y_i$$

$$= \sum\left(\frac{1}{n} - \overline{X}W_i\right) Y_i$$

2-8　解答　他的论据是错误的。原因是他忽略了随机干扰项 μ_i，这个随机干扰项可取正值和负值，但是 $E(\mu_i)=0$。另外，将 C_i 与 Y_i 的关系表达为 $C_i=\alpha+\beta Y_i$ 是不准确的，它应是一个平均关系。

2-9　证明　设

$$\hat{Y}_i = \hat{\alpha}_0 + \hat{\alpha}_1 X_i$$

$$\hat{X}_i = \hat{\beta}_0 + \hat{\beta}_1 Y_i$$

则

$$\hat{\alpha}_1 = \frac{\sum x_i y_i}{\sum x_i^2},\ \hat{\beta}_1 = \frac{\sum x_i y_i}{\sum y_i^2}$$

于是

$$\hat{\alpha}_1 \hat{\beta}_1 = \frac{(\sum x_i y_i)^2}{\sum x_i^2 \sum y_i^2} = R^2 = 1$$

从而

$$\hat{\alpha}_1 = \frac{1}{\hat{\beta}_1}$$

2-10　证明　由于

$$\hat{\beta}_1 = \frac{\sum x_i y_i}{\sum x_i^2}$$

又

$$S_{x_i} = \sqrt{\frac{\sum x_i^2}{n-1}},\quad S_{y_i} = \sqrt{\frac{\sum y_i^2}{n-1}}$$

所以

$$\hat{\beta}_1 \frac{S_x}{S_y} = \frac{\sum x_i y_i}{\sum x_i^2} \cdot \frac{\sqrt{\frac{\sum x_i^2}{n-1}}}{\sqrt{\frac{\sum y_i^2}{n-1}}}$$

$$= \frac{\sum x_i y_i}{\sqrt{\sum x_i^2 \sum y_i^2}} = r$$

2-11　解答　由

$$\hat{\beta}_1=\frac{\sum x_i y_i}{\sum x_i^2}=\beta_1+\frac{\sum x_i\mu}{\sum x_i^2}$$

$$=\beta_1+\frac{\frac{\sum x_i\mu_i}{n}}{\frac{\sum x_i^2}{n}}$$

知：

（1）随着观测值数目的增加，根据大样本性质，参数 $\hat{\beta}_1$ 更接近真实值；

（2）由于 X_i 各观测值差额增加，意味着 $\sum x_i^2$ 增加，将使得 $\hat{\beta}_1$ 更接近真实值；

（3）如果 X_i 各观测值近似相等，意味着 $\sum x_i^2$ 趋于零，会使得 $\hat{\beta}_1$ 变得很不稳定，甚至无法计算；

（4）$E(\mu_i^2)=0$，并没有违背随机干扰项同方差的性质，所以既不会对 $\hat{\beta}_1$ 的无偏性产生影响，也不会对有效性产生影响。

2-12 解答 （1）这是一个截面回归（图略）。

（2）截距 2.691 1 表示咖啡零售价为每磅 0 美元时，美国平均消费量为每天每人 2.691 1 杯，这个数字没有明显的经济意义；斜率-0.479 5 表示咖啡零售价与消费量负相关，表明咖啡价格每上升 1 美元，则平均每天每人消费量减少 0.479 5 杯，即约半杯；

（3）不能。原因在于要了解全美国所有人的咖啡消费情况几乎是不可能的；

（4）不能。在同一条需求曲线上不同点的价格弹性不同，若要求价格弹性，需要给出具体的 X 值及与之对应的 Y 值。

2-13 解答 （1）由于参数估计量 β 的 t 值的绝对值为 18.7，明显大于 2，故拒绝零假设 $H_0:\beta=0$，从而 β 在统计上是显著的。

（2）参数 α 的估计量的标准差为 $\frac{15}{3.1}=4.84$，参数 β 的估计量的标准差为 $\frac{0.81}{18.7}=0.043$；

（3）由（2）的结果，β 的 95%的置信区间为

$$(0.81-t_{0.025}(19-2)\times0.043,\ 0.81+t_{0.025}(19-2)\times0.043)$$
$$=(0.81-0.091,\ 0.81+0.091)$$
$$=(0.719,\ 0.901)$$

显然这个区间不包括 0。

2-14 解答 （1）每月家庭收入水平下，消费支出的条件均值计算见补解表 2-1。

补解表 2-1 家庭收入、支出及条件均值计算

项目	每月家庭收入 X（元）									
	800	1 000	1 200	1 400	1 600	1 800	2 000	2 200	2 400	2 600
每月家庭消费支出 Y（元）	550	650	790	800	1 020	1 100	1 200	1 350	1 370	1 500
	600	700	840	930	1 070	1 150	1 360	1 370	1 450	1 520
	650	740	900	950	1 100	1 200	1 400	1 400	1 550	1 750

续表

项目	每月家庭收入 X(元)									
	800	1 000	1 200	1 400	1 600	1 800	2 000	2 200	2 400	2 600
每月家庭消费支出 Y(元)	700	800	940	1 030	1 160	1 300	1 440	1 520	1 650	1 780
	750	850	980	1 080	1 180	1 350	1 450	1 570	1 750	1 800
		880		1 130	1 250	1 400		1 600	1 890	1 850
				1 150				1 620		1 910
条件概率	1/5	1/6	1/5	1/7	1/6	1/6	1/5	1/7	1/6	1/7
条件均值	650	770	890	1 010	1 130	1 250	1 370	1 490	1 610	1 730

（2）以收入为横轴、消费支出为纵轴作散点图，如补解图 2-1 所示。其中条件均值点显示为“○”的点，这些点近似形成一条直线（虚线表示）。显然，X 与 Y 之间是正向相关关系；X 与 Y 的均值间的关系近似线性。

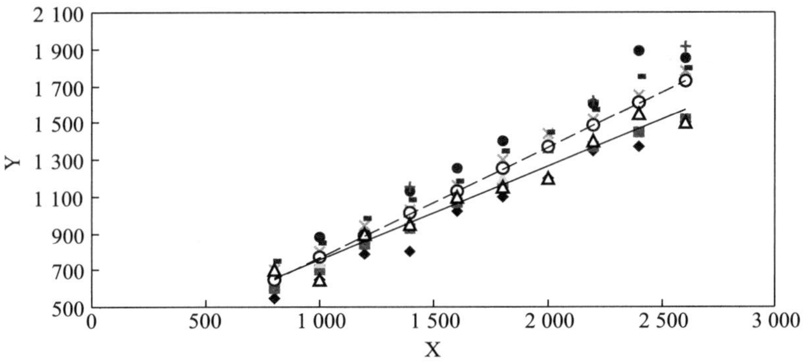

补解图 2-1　Y-X 散点图

（3）由于 X 与 Y 的均值间的关系呈现线性关系，可以估计总体回归函数如下。任取两点（800，650），（2 600，1 730），写出总体回归方程

$$\frac{E(Y\mid X)-650}{1\ 730-650}=\frac{X-800}{2\ 600-800}$$

整理得

$$E(Y\mid X)=170+0.6X$$

（4）在 Eviews 软件下，容易得到如下估计结果（补解图 2-2）

于是，样本回归函数为

$$\hat{Y}_i=244.5+0.509\ 1X_i$$

$$(3.81)(14.24)$$

$$R^2=0.962\ 0$$

（5）补解图 2-1 中同时画出了总体回归线（虚线）与样本回归线（实线），可以看出两者并不相同。原因是存在随机误差。

Equation: UNTITLED Workfile: UNTITLED::Untitled\

View | Proc | Object | Print | Name | Freeze | Estimate | Forecast | Stats | Resids

Dependent Variable: Y
Method: Least Squares
Included observations: 10

Variable	Coefficient	Std. Error	t-Statistic	Prob.
C	244.5455	64.13817	3.812791	0.0051
X	0.509091	0.035743	14.24317	0.0000

R-squared	0.962062	Mean dependent var	1110.000
Adjusted R-squared	0.957319	S.D. dependent var	314.2893
S.E. of regression	64.93003	Akaike info criterion	11.36135
Sum squared resid	33727.27	Schwarz criterion	11.42187
Log likelihood	-54.80677	Hannan-Quinn criter.	11.29497
F-statistic	202.8679	Durbin-Watson stat	2.680127
Prob(F-statistic)	0.000001		

补解图 2-2 消费函数 OLS 估计

2-15 解答 （1）使用 Eviews 软件，ASP 对 GPA 的回归结果如补解图 2-3 所示。

Equation: UNTITLED Workfile: UNTITLED::Untitled\

View | Proc | Object | Print | Name | Freeze | Estimate | Forecast | Stats | Resids

Dependent Variable: ASP
Method: Least Squares
Included observations: 30

Variable	Coefficient	Std. Error	t-Statistic	Prob.
C	-273722.5	85758.31	-3.191790	0.0035
GPA	105117.6	26347.09	3.989723	0.0004

R-squared	0.362447	Mean dependent var	68260.00
Adjusted R-squared	0.339677	S.D. dependent var	18187.78
S.E. of regression	14779.44	Akaike info criterion	22.10420
Sum squared resid	6.12E+09	Schwarz criterion	22.19762
Log likelihood	-329.5630	Hannan-Quinn criter.	22.13409
F-statistic	15.91789	Durbin-Watson stat	1.006276
Prob(F-statistic)	0.000432		

补解图 2-3 ASP 对 GPA 的 OLS 估计

从回归结果看，GPA 的系数在 5%的显著性水平下异于零，表明对 ASP 有正的影响。

（2）使用 Eviews 软件，ASP 对 GMAT 的回归结果如补解图 2-4 所示。从回归结果看，GMAT 与 ASP 显著正相关。

（3）使用 Eviews 软件，ASP 对学费 X 的回归结果如补解图 2-5 所示。

从计算结果看，每年的学费与 ASP 显著正相关。学费高，ASP 就高；但学费仅解释了 ASP 变化的一部分（不到 50%），明显还有其他因素影响着 ASP。

（4）使用 Eviews 软件做 GPA 与学费 X 的回归，结果如补解图 2-6 如示。

从回归结果看，尽管高学费的商业学校与高质量的 MBA 成绩略有正相关性，但学费对 GPA 的影响是不显著的。而且也无法得出学费是影响 GPA 的主要原因的结论。

Equation: UNTITLED Workfile: UNTITLED::Untitled\

View | Proc | Object | Print | Name | Freeze | Estimate | Forecast | Stats | Resids

Dependent Variable: ASP
Method: Least Squares
Included observations: 30

Variable	Coefficient	Std. Error	t-Statistic	Prob.
C	-332306.8	47572.09	-6.985332	0.0000
GMAT	641.6598	76.15036	8.426222	0.0000

R-squared	0.717175	Mean dependent var	68260.00
Adjusted R-squared	0.707074	S.D. dependent var	18187.78
S.E. of regression	9843.701	Akaike info criterion	21.29139
Sum squared resid	2.71E+09	Schwarz criterion	21.38480
Log likelihood	-317.3709	Hannan-Quinn criter.	21.32128
F-statistic	71.00122	Durbin-Watson stat	1.128809
Prob(F-statistic)	0.000000		

补解图 2-4　ASP 对 GMAT 的 OLS 估计

Equation: UNTITLED Workfile: UNTITLED::Untitled\

View | Proc | Object | Print | Name | Freeze | Estimate | Forecast | Stats | Resids

Dependent Variable: ASP
Method: Least Squares
Included observations: 30

Variable	Coefficient	Std. Error	t-Statistic	Prob.
C	23126.32	9780.863	2.364446	0.0252
X	2.633483	0.551601	4.774252	0.0001

R-squared	0.448748	Mean dependent var	68260.00
Adjusted R-squared	0.429061	S.D. dependent var	18187.78
S.E. of regression	13742.78	Akaike info criterion	21.95876
Sum squared resid	5.29E+09	Schwarz criterion	22.05217
Log likelihood	-327.3813	Hannan-Quinn criter.	21.98864
F-statistic	22.79348	Durbin-Watson stat	1.142178
Prob(F-statistic)	0.000051		

补解图 2-5　ASP 对 X 的 OLS 估计

Equation: UNTITLED Workfile: UNTITLED::Untitled\

View | Proc | Object | Print | Name | Freeze | Estimate | Forecast | Stats | Resids

Dependent Variable: GPA
Method: Least Squares
Included observations: 30

Variable	Coefficient	Std. Error	t-Statistic	Prob.
C	3.147579	0.072559	43.37936	0.0000
X	6.17E-06	4.09E-06	1.507952	0.1428

R-squared	0.075112	Mean dependent var	3.253333
Adjusted R-squared	0.042080	S.D. dependent var	0.104166
S.E. of regression	0.101951	Akaike info criterion	-1.664311
Sum squared resid	0.291032	Schwarz criterion	-1.570897
Log likelihood	26.96466	Hannan-Quinn criter.	-1.634427
F-statistic	2.273920	Durbin-Watson stat	1.702758
Prob(F-statistic)	0.142768		

补解图 2-6　GPA 对 X 的 OLS 估计

2-16　解答　(1) 以利率(Y)为纵轴、通胀率(X)为横轴作图,如补解图 2-7 所示。

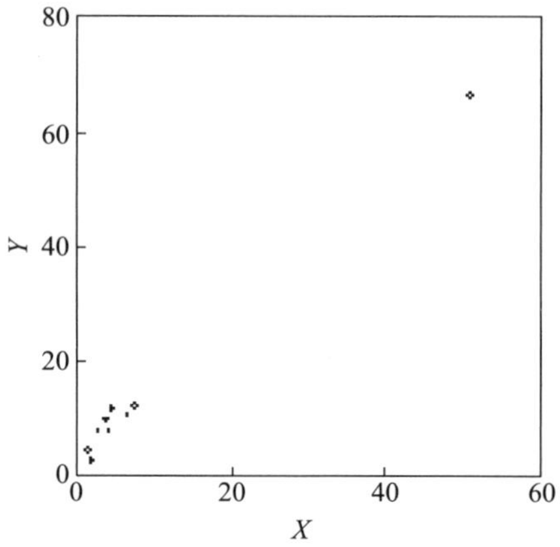

补解图 2-7　X-Y 散点图

(2) Eviews 软件中的 OLS 回归如补解图 2-8 所示。

Equation: UNTITLED　Workfile: UNTITLED::Untitled\

View | Proc | Object | Print | Name | Freeze | Estimate | Forecast | Stats | Resids

Dependent Variable: Y
Method: Least Squares
Included observations: 9 after adjustments

Variable	Coefficient	Std. Error	t-Statistic	Prob.
C	2.636174	0.691303	3.813340	0.0066
X	1.250286	0.039326	31.79274	0.0000

R-squared	0.993122	Mean dependent var	14.50000
Adjusted R-squared	0.992140	S.D. dependent var	19.69150
S.E. of regression	1.745810	Akaike info criterion	4.145445
Sum squared resid	21.33498	Schwarz criterion	4.189272
Log likelihood	-16.65450	Hannan-Quinn criter.	4.050865
F-statistic	1010.778	Durbin-Watson stat	1.819376
Prob(F-statistic)	0.000000		

补解图 2-8　利率对通胀率的 OLS 估计

(3) 上述回归结果表明,如果实际利率不变,名义利率与通胀率呈正向关系;斜率 1.250 3 表明通胀率上升 1 个点,名义利率上升 1.25 个点。

第三章补充练习题参考解答

3-1　解答　(1) 在现实经济活动中往往存在一个变量受到其他多个变量的影响的现

象，表现为在线性回归模型中有多个解释变量，这样的模型被称为多元线性回归模型，多元指多个解释变量。

（2）在多元回归模型中，每一个解释变量前的参数即为偏回归系数，它测度了当其他解释变量保持不变时，该变量增加 1 个单位对被解释变量带来的平均影响程度。

（3）正规方程组指采用 OLS 法估计线性回归模型时，对残差平方和关于各参数求偏导，并令偏导数为零后得到的一组方程，其矩阵形式为 $\boldsymbol{X}'\boldsymbol{X}\hat{\boldsymbol{\beta}}=\boldsymbol{X}'\boldsymbol{Y}$ 或 $\boldsymbol{X}'(\boldsymbol{Y}-\boldsymbol{X}\hat{\boldsymbol{\beta}})=\mathbf{0}$。

（4）调整的多元可决系数 $\bar{R}^2$，又称多元判定系数，是一个用于描述多个解释变量对被解释变量的联合影响程度的量。它与 R^2 有如下关系：

$$\bar{R}^2=1-(1-R^2)\frac{n-1}{n-k-1}。$$

（5）多重共线性是多元回归中特有的一个概念，指多个解释变量间存在线性相关的情形。如果存在完全的线性相关性，则模型的参数就无法求出，OLS 回归无法进行。

（6）联合假设检验是相对于单个参数假设检验来说的，指假设检验中对多个参数的联合假设进行检验，如多元回归中的方程的显著性检验就是一个多参数的联合假设检验，而每个参数的 t 检验就是单个参数的假设检验。

（7）在实际经济活动中，常常需要根据经济理论对模型中变量的参数施加一定的约束条件，对模型参数施加约束条件后进行回归，称为受约束回归。

（8）无约束回归是与受约束回归相对的一个概念，无须对模型中变量的参数施加约束条件进行的回归称为无约束回归。

（9）在建立模型时，有一些影响经济变量的因素无法定量描述，如：职业、性别对收入的影响，教育程度、季节因素等往往需要用定性变量度量。为了在模型中反映这类因素的影响，并提高模型的精度，需要将这类变量“量化”。根据这类变量的属性类型，构造仅取“0”或“1”的人工变量，通常称这类变量为“虚拟变量”或“哑变量”。

（10）包含有虚拟变量的模型称为“虚拟变量模型”。有两类：一类是解释变量中含有虚拟变量，另一类是被解释变量是虚拟变量。

（11）极大似然估计又称最大似然估计法，指用产生该样本概率最大的原则去确定样本回归函数的估计方法。具体说来，就是写出被解释变量样本观测点的联合密度函数，称为似然函数，再对其取对数，并对对数似然函数求最大值，以求解出要估计的参数的方法。

（12）矩估计是一种类比估计方法，它首先考察总体矩（随机变量函数的期望）的特征，称为总体矩条件，依据该条件，写出样本矩同样的条件格式（往往以均值的形式表示），并通过样本矩条件解出未知参数。

3-2　解答　（1），（2），（3）变量非线性、系数线性；

（4）变量线性，系数非线性；

（5），（6）变量和系数均为非线性；

（7）变量和系数均为线性。

3-3　解答　多元线性回归模型与一元线性回归模型的区别表现在如下几方面：一是解释变量的个数不同；二是模型的经典假设不同，多元线性回归模型比一元线性回归模型多了

“解释变量之间不存在线性相关关系”的假定;三是多元线性回归模型的参数估计式的表达更为复杂。

3-4　解答　在多元线性回归模型中,在模型满足经典假定的条件下,参数的最小二乘估计量具有线性性、无偏性以及最小方差性,所以被称为最优线性无偏估计量(BLUE)。

对于多元线性回归最小二乘估计的正规方程组,能解出唯一的参数估计量的条件是$(\boldsymbol{X'X})^{-1}$存在,或者说各解释变量间不完全线性相关。

3-5　解答　区间估计是指寻找一个以未知参数的点估计值为中心的区间,以使真实的未知参数以一定的概率落入该区间内。区间估计除用来刻画真实参数的可能范围之外,还可以用来考察参数的点估计值与真实参数间的“接近”程度。显然,如果找到的区间越窄,同时真实参数落入区间的概率越大,则说明点估计值越“接近”真实的未知参数。

3-6　解答　在一元线性方程中,最小二乘估计量与最大似然估计量的表达式之所以会一致,原因在于两种方法都存在对$\sum[Y_i-(\hat{\beta}_0+\hat{\beta}_1X_i)]^2$求极小的步骤。

证明最大似然估计量$\hat{\sigma}^2=\frac{1}{n}\sum_{i=1}^{n}e_i^2$是有偏的过程如下:

对$\hat{\sigma}^2=\frac{1}{n}\sum_{i=1}^{n}e_i^2$两边取数学期望,并考虑$\mathrm{E}\left(\frac{\sum e_i^2}{n-2}\right)=\sigma^2$得

$$\begin{aligned}\mathrm{E}(\hat{\sigma}^2)&=\frac{1}{n}\mathrm{E}\left(\sum_{i=1}^{n}e_i{}^2\right)\\&=\frac{n-2}{n}\sigma^2\\&=\sigma^2-\frac{2}{n}\sigma^2\end{aligned}$$

结果表明,在小样本下,$\hat{\sigma}^2$偏小,使得估计值比真实值低,是有偏的;在样本无限增大时,$\frac{2}{n}\to0$,从而使$\lim\mathrm{E}(\hat{\sigma}^2)=\sigma^2$,即$\hat{\sigma}^2$是渐近无偏的。

3-7　解答　在OLS估计中,由求残差平方和最小化而导出的一组含有待估参数的方程组称为正规方程组。

正规方程组的非矩阵形式如下:

$$\begin{cases}\sum(\hat{\beta}_0+\hat{\beta}_1X_{i1}+\hat{\beta}_2X_{i2}+\cdots+\hat{\beta}_kX_{ik})=\sum Y_i\\ \sum(\hat{\beta}_0+\hat{\beta}_1X_{i1}+\hat{\beta}_2X_{i2}+\cdots+\hat{\beta}_kX_{ik})X_{i1}=\sum Y_iX_{i1}\\ \sum(\hat{\beta}_0+\hat{\beta}_1X_{i1}+\hat{\beta}_2X_{i2}+\cdots+\hat{\beta}_kX_{ik})X_{i2}=\sum Y_iX_{i2}\\ \cdots\cdots\cdots\cdots\\ \sum(\hat{\beta}_0+\hat{\beta}_1X_{i1}+\hat{\beta}_2X_{i2}+\cdots+\hat{\beta}_kX_{ik})X_{ik}=\sum Y_iX_{ik}\end{cases}$$

正规方程组的矩阵形式如下:

$$(\boldsymbol{X'X})\hat{\boldsymbol{\beta}}=\boldsymbol{X'Y}$$

推导过程参见《计量经济学》(第五版)(李子奈、潘文卿编著,高等教育出版社,2020)§3.2。

3-8 解答 原因有两个。(1)模型中的参数估计量不确定,它们随着抽样的不同而不同;(2)其他随机因素的影响,即使找到了参数的真实值,由于其他随机因素的影响,也会使通过估计的模型得到的预测值具有不确定性。

正是由于预测值的不确定性,得到的仅仅是预测值的一个估计值。真实的预测值仅以某一个置信度处于以该估计值为中心的一个区间中。预测值的置信区间指:在给定 $1-\alpha$ 的置信度下,被解释变量预测值 Y_0的置信区间为

$$\hat{Y}_0-t_{\frac{\alpha}{2}}\cdot\hat{\sigma}\sqrt{1+\boldsymbol{X}_0(\boldsymbol{X}'\boldsymbol{X})^{-1}\boldsymbol{X}_0'}<Y_0<\hat{Y}_0+t_{\frac{\alpha}{2}}\cdot\hat{\sigma}\sqrt{1+\boldsymbol{X}_0(\boldsymbol{X}'\boldsymbol{X})^{-1}\boldsymbol{X}_0'}$$

预测值的置信度又称预测值的置信水平,指预测值出现在上述区间的概率,是表明预测值的可靠程度的量。

在相同的置信度下,通过增加样本容量,提高模型的拟合优度和提高样本观测值的分散度可以达到缩小置信区间的目的。

3-9 解答 (1) 由条件 $\beta_1+\beta_2=1$,容易将原模型变换为如下一元回归:

$$Y-X_2=\beta_0+\beta_1(X_1-X_2)+\mu$$

因此

$$\hat{\beta}_1=\frac{\sum(x_{i1}-x_{i2})(y_i-x_{i2})}{\sum(x_{i1}-x_{i2})^2}$$

$$\hat{\beta}_2=1-\frac{\sum(x_{i1}-x_{i2})(y_i-x_{i2})}{\sum(x_{i1}-x_{i2})^2}$$

式中,小写字母表示对其均值的离差。

(2) 由条件 $\beta_1=\beta_2$,容易将原模型变换为如下一元回归:

$$Y=\beta_0+\beta_1(X_1+X_2)+\mu$$

因此

$$\hat{\beta}_1=\frac{\sum(x_{i1}+x_{i2})y_i}{\sum(x_{i1}+x_{i2})^2}$$

$$\hat{\beta}_2=\frac{\sum(x_{i1}+x_{i2})y_i}{\sum(x_{i1}+x_{i2})^2}$$

3-10 解答 (1) 方程(b)更合理些。原因是方程(b)中的参数估计值的符号与现实更接近些,如与日照的小时数同向变化,天长则慢跑的人会多些;与第二天需交学期论文的班级数成反向变化,这一点在学校的跑道模型中是一个合理的解释变量。方程(a)相对来说不太合理,因为日照小时数前的符号与预期的正号不相符,而且所选的变量“日照小时数”与“该天的最高温度”有较强的相关性。

(2) 方程(a)和方程(b)中由于选择了不同的解释变量,如方程(a)选择的是“该天的最高温度”而方程(b)选择的是“第二天需交学期论文的班级数”,由此造成 X_2与这两个变量之间的关系不同,所以用相同的数据估计相同的变量得到不同的符号。其中变量“日照小时数”与“该天的最高温度”的较强相关性很大程度上导致了 X_2的符号为负。

3-11 解答 答案并不唯一,猜测为:X_1为学生数量,X_2为附近餐厅的盒饭价格,X_3为气温,X_4为校园内食堂的盒饭价格。理由是被解释变量应与学生数量成正比,并且应该影响显

著;与本食堂盒饭价格成反比,这与需求理论相吻合;与附近餐厅的盒饭价格成正比,因为彼此是替代品;与气温的变化关系不是十分显著,因为大多数学生不会因为气温升高不去食堂吃饭。

3-12 解答 (1) 易知

$$\hat{\beta}_1 = \frac{\sum y_i x_{i1} \sum x_{i2}^2 - \sum y_i x_{i2} \sum x_{i1} x_{i2}}{\sum x_{i1}^2 \sum x_{i2}^2 - \sum x_{i1} x_{i2} \sum x_{i1} x_{i2}}$$

$$= \frac{74\ 778.346 \times 280 - 4\ 250.9 \times 4\ 796.0}{84\ 855.096 \times 280 - 4\ 796.0^2}$$

$$= \frac{550\ 620}{757\ 810}$$

$$= 0.726\ 6$$

$$\hat{\beta}_2 = \frac{\sum y_i x_{i2} \sum x_{i1}^2 - \sum y_i x_{i1} \sum x_{i1} x_{i2}}{\sum x_{i1}^2 \sum x_{i2}^2 - \sum x_{i1} x_{i2} \sum x_{i1} x_{i2}}$$

$$= \frac{4\ 250.9 \times 84\ 855.096 - 74\ 778.346 \times 4\ 796.0}{84\ 855.096 \times 280 - 4\ 796.0^2}$$

$$= \frac{2\ 073\ 580}{757\ 810}$$

$$= 2.736\ 3$$

$$\hat{\beta}_0 = \overline{Y} - \hat{\beta}_1 \overline{X}_1 - \hat{\beta}_2 \overline{X}_2$$

$$= 367.693 - 0.726\ 6 \times 402.760 - 2.736\ 3 \times 8.0$$

$$= 53.157\ 2$$

由于

$$\sum e_i^2 = \sum e_i e_i = \sum e_i (y_i - \hat{\beta}_1 x_{i1} - \hat{\beta}_2 x_{i2}) = \sum e_i y_i$$

$$= \sum y_i^2 - \hat{\beta}_1 \sum y_i x_{i1} - \hat{\beta}_2 \sum y_i x_{i2}$$

故

$$R^2 = 1 - \frac{\text{RSS}}{\text{TSS}} = 1 - \frac{\sum y_i^2 - \hat{\beta}_1 \sum y_i x_{i1} - \hat{\beta}_2 \sum y_i x_{i2}}{\sum y_i^2}$$

$$= \frac{\hat{\beta}_1 \sum y_i x_{i1} + \hat{\beta}_2 \sum y_i x_{i2}}{\sum y_i^2} = 0.998\ 8$$

$$\overline{R}^2 = 1 - (1 - R^2) \frac{n-1}{n-k-1} = 0.998\ 6$$

(2) 如果记样本回归模型的离差形式为

$$y_i = \hat{\beta}_1 x_{i1} + \hat{\beta}_2 x_{i2} + e_i$$

则容易知

$$\text{Var}(\hat{\beta}_i) = \sigma^2 (\boldsymbol{x}'\boldsymbol{x})_{ii}^{-1} \quad i = 1, 2$$

其中

$$\boldsymbol{x}'\boldsymbol{x}=\begin{pmatrix}\sum x_{i1}^2 & \sum x_{i1}x_{i2}\\ \sum x_{i1}x_{i2} & \sum x_{i2}^2\end{pmatrix}$$

由线性代数的知识易知：

$$(\boldsymbol{x}'\boldsymbol{x})^{-1}=\begin{pmatrix}\dfrac{\sum x_{i2}^2}{\sum x_{i1}^2\sum x_{i2}^2-(\sum x_{i1}x_{i2})^2} & -\dfrac{\sum x_{i1}x_{i2}}{\sum x_{i1}^2\sum x_{i2}^2-(\sum x_{i1}x_{i2})^2}\\ -\dfrac{\sum x_{i1}x_{i2}}{\sum x_{i1}^2\sum x_{i2}^2-(\sum x_{i1}x_{i2})^2} & \dfrac{\sum x_{i1}^2}{\sum x_{i1}^2\sum x_{i2}^2-(\sum x_{i1}x_{i2})^2}\end{pmatrix}$$

由于

$$\hat{\sigma}^2=\frac{\sum e_i^2}{n-3}=\frac{\sum y_i^2-\hat{\beta}_1\sum y_ix_{i1}-\hat{\beta}_2\sum y_ix_{i2}}{15-3}$$

$$=\frac{66\ 042.269-0.726\ 6\times 74\ 778.346-2.736\ 3\times 4\ 250.9}{12}$$

$$=6.382\ 1$$

于是

$$S_{\hat{\beta}_1}=\sqrt{\hat{\sigma}^2\frac{\sum x_{i2}^2}{\sum x_{i1}^2\sum x_{i2}^2-(\sum x_{i1}x_{i2})^2}}$$

$$=\sqrt{6.382\ 1\times\frac{280}{84\ 855.096\times 280-4\ 796^2}}=0.048\ 6$$

$$S_{\hat{\beta}_2}=\sqrt{\hat{\sigma}^2\frac{\sum x_{i1}^2}{\sum x_{i1}^2\sum x_{i2}^2-(\sum x_{i1}x_{i2})^2}}$$

$$=\sqrt{6.382\ 1\times\frac{84\ 855.096}{84\ 855.096\times 280-4\ 796^2}}=0.845\ 4$$

样本容量为 $n=15$，查5%显著性水平下自由度为 $15-2-1=12$ 的分布表的临界值为 $t_{0.025}(12)=2.179$，因此 β_1、β_2 在95%置信度下的置信区间分别为

$0.726\ 6\pm 2.179\times 0.048\ 6$，　或　$0.620\ 7\leqslant\beta_1\leqslant 0.832\ 5$

$2.736\ 3\pm 2.179\times 0.845\ 4$，　或　$0.894\ 2\leqslant\beta_2\leqslant 4.578\ 4$

（3）针对每个参数都为零的假设，易有下面的 t 检验值

$$t_{\beta_1}=\frac{0.726\ 6-0}{0.048\ 6}=14.950\ 6$$

$$t_{\beta_2}=\frac{2.736\ 3-0}{0.845\ 4}=3.236\ 7$$

显然，两估计参数计算的 t 值大于临界值2.179，拒绝它们各自为零的原假设。

（4）需检验联合假设：两参数的值同时为零。易计算 F 统计量：

$$F=\frac{\mathrm{ESS}/k}{\mathrm{RSS}/(n-k-1)}=\frac{(\mathrm{TSS}-\mathrm{RSS})/k}{\mathrm{RSS}/(n-k-1)}=\frac{(\sum y_i^2-\sum e_i^2)/k}{\sum e_i^2/(n-k-1)}$$

$$=\frac{32\ 981.509}{6.604\ 2}=4\ 994.020\ 3$$

在5%的显著性水平下，自由度为(2,12)的 F 分布的临界值为 $F_{0.05}(2,12)=3.89$，计算的 F 值大于该临界值，所以拒绝原假设。

3-13 解答 （1）利用补充练习题2-15的数据建立多元回归模型，Eviews的回归结果如补解图3-1所示。

Equation: UNTITLED Workfile: UNTITLED::Untitled\

View | Proc | Object | Print | Name | Freeze | Estimate | Forecast | Stats | Resids

Dependent Variable: ASP
Method: Least Squares
Included observations: 30

Variable	Coefficient	Std. Error	t-Statistic	Prob.
C	-310301.5	58715.98	-5.284788	0.0000
GPA	25676.01	22106.48	1.161470	0.2560
GMAT	442.8452	115.9222	3.820195	0.0007
X	1.083847	0.475704	2.278409	0.0312

R-squared	0.768182	Mean dependent var	68260.00
Adjusted R-squared	0.741434	S.D. dependent var	18187.78
S.E. of regression	9248.370	Akaike info criterion	21.22585
Sum squared resid	2.22E+09	Schwarz criterion	21.41267
Log likelihood	-314.3877	Hannan-Quinn criter.	21.28562
F-statistic	28.71905	Durbin-Watson stat	1.453354
Prob(F-statistic)	0.000000		

补解图3-1 ASP关于GPA、GMAT的OLS估计

因此，有如下回归方程：

$$\widehat{ASP}=-310\ 301.5+25\ 676.0GPA+442.8GMAT+1.1X$$
$$(58\ 715.9)\quad(22\ 106.5)\quad(115.92)\quad(0.476)$$
$$n=30\quad \bar{R}^2=0.741\ 4\quad F=28.72$$

（2）从回归方程看，GPA和GMAT的系数为正，因为GPA的分数和GMAT分数越高，通常可以认为学生的水平越高，从而可以获得更高的年薪。

（3）从回归方程看，X 系数为正且显著，表明进入最昂贵的商业学校是值得的；学费 X 这个变量可以用商业学校的排名代替。

3-14 解答 （1）（2）Eviews软件的计算结果如补解图3-2所示。

可见学生购买课外书籍与其受教育年限及家庭收入水平有如下具体关系：

$$\hat{Y}=-0.975\ 5+104.315X_1+0.402X_2$$
$$(30.32)\quad(6.409)\quad(0.116)$$
$$n=18\quad R^2=0.979\ 7\quad \bar{R}^2=0.9770\quad F=362.44$$

（3）将 $X_1=10, X_2=480$ 代入回归方程，可得

$$\hat{Y}_0=-0.975\ 5+104.315\times10+0.402\times480=1\ 235.22(元)；$$

由于

$$(\boldsymbol{X}'\boldsymbol{X})^{-1}=\begin{pmatrix}0.597\ 993\ 5 & -0.048\ 416\ 1 & -0.000\ 778\ 0\\ -0.048\ 416\ 1 & 0.026\ 715\ 9 & -0.000\ 345\ 5\\ -0.000\ 778\ 0 & -0.000\ 345\ 5 & 0.000\ 008\ 8\end{pmatrix}$$

Equation: UNTITLED Workfile: UNTITLED::Untitled\

View | Proc | Object | Print | Name | Freeze | Estimate | Forecast | Stats | Resids

Dependent Variable: Y
Method: Least Squares
Included observations: 18

Variable	Coefficient	Std. Error	t-Statistic	Prob.
C	-0.975568	30.32236	-0.032173	0.9748
X1	104.3146	6.409136	16.27592	0.0000
X2	0.402190	0.116348	3.456776	0.0035

R-squared	0.979727	Mean dependent var	755.1500
Adjusted R-squared	0.977023	S.D. dependent var	258.6859
S.E. of regression	39.21162	Akaike info criterion	10.32684
Sum squared resid	23063.27	Schwarz criterion	10.47523
Log likelihood	-89.94152	Hannan-Quinn criter.	10.34730
F-statistic	362.4430	Durbin-Watson stat	2.561395
Prob(F-statistic)	0.000000		

补解图 3-2 书籍购买对受教育年限、家庭收入的 OLS 估计

因此，取 $\boldsymbol{X}_0=(1\quad 10\quad 480)$，得 $\hat{Y}_0$ 均值的预测的标准差为

$$\sqrt{\hat{\sigma}^2\boldsymbol{X}_0(\boldsymbol{X}'\boldsymbol{X})^{-1}\boldsymbol{X}_0'}=\sqrt{\frac{23\ 063.27}{18-2-1}\times 0.266\ 1}=\sqrt{409.12}=20.23$$

在 5%的显著性水平下，自由度为 $18-2-1=15$ 的 t 分布的临界值为 $t_{0.025}(15)=2.131$，于是 Y_0 均值 $\mathrm{E}(Y_0)$ 的 95%的预测区间为：

$$1\ 235.22\pm 2.131\times 20.23\qquad 或\qquad (1\ 192.12,1\ 278.32)$$

同样地，容易得到 $\hat{Y}_0-Y_0=e_0$ 的标准差为

$$\sqrt{\hat{\sigma}^2(1+\boldsymbol{X}_0(\boldsymbol{X}'\boldsymbol{X})^{-1}\boldsymbol{X}_0')}=\sqrt{\frac{23\ 063.27}{18-2-1}\times 1.266\ 1}=\sqrt{1\ 946.67}=44.12$$

于是，Y 个值的 95%的预测区间为：

$$1\ 235.22\pm 2.131\times 44.12\qquad 或\qquad (1\ 141.20,1\ 329.24)$$

3-15 解答 （1）$\hat{\beta}_1=\dfrac{\sum x_{i1}y_i}{\sum x_{i1}^2}=\dfrac{-9}{12}=-0.75$

$$\hat{\sigma}_u^2=\frac{\sum y_i^2-\hat{\beta}_1\sum x_{i1}y_i}{n-2}$$

$$=\frac{30-0.75\times(-9)}{100-2}=0.375$$

$$\mathrm{Var}(\hat{\beta}_1)=\frac{\hat{\sigma}_u^2}{\sum x_{i1}^2}=\frac{0.375}{12}=0.031\ 25$$

$$S_{\hat{\beta}_1}=\sqrt{0.031\ 25}=0.176\ 8$$

（2）记样本的二元线性模型离差形式为

$$y=\hat{\alpha}_1x_1+\hat{\alpha}_2x_2+\hat{v}$$

则有

$$\hat{\alpha}_1=\frac{\begin{vmatrix}\sum x_{i1}y_i & \sum x_{i1}x_{i2}\\ \sum x_{i2}y_i & \sum x_{i2}^2\end{vmatrix}}{\begin{vmatrix}\sum x_{i1}^2 & \sum x_{i1}x_{i2}\\ \sum x_{i2}x_{i1} & \sum x_{i2}^2\end{vmatrix}}=\frac{\begin{vmatrix}-9 & 2\\ 8 & 6\end{vmatrix}}{\begin{vmatrix}12 & 2\\ 2 & 6\end{vmatrix}}$$

$$=\frac{-70}{68}=-1.029\ 4$$

$$\hat{\alpha}_2=\frac{\begin{vmatrix}\sum x_{i1}^2 & \sum x_{i1}y_i\\ \sum x_{i2}x_{i1} & \sum x_{i2}y_i\end{vmatrix}}{\begin{vmatrix}\sum x_{i1}^2 & \sum x_{i1}x_{i2}\\ \sum x_{i2}x_{i1} & \sum x_{i2}^2\end{vmatrix}}=\frac{\begin{vmatrix}12 & -9\\ 2 & 8\end{vmatrix}}{\begin{vmatrix}12 & 2\\ 2 & 6\end{vmatrix}}$$

$$=\frac{114}{68}=1.676\ 5$$

$$\hat{\sigma}_v^2=\frac{\sum y_i^2-\hat{\alpha}_1\sum x_{i1}y_i-\hat{\alpha}_2\sum x_{i2}y_i}{n-3}$$

$$=\frac{30-[-1.029\ 4\times(-9)]-1.676\ 5\times 8}{100-3}=0.266\ 5$$

由补充题 3-12 知

$$S_{\hat{\alpha}_1}=\sqrt{\hat{\sigma}_v^2\frac{\sum x_{i2}^2}{\sum x_{i1}^2\sum x_{i2}^2-(\sum x_{i1}x_{i2})^2}}$$

$$=\sqrt{0.266\ 5\times\frac{6}{12\times 6-2^2}}=\sqrt{0.023\ 5}=0.153\ 3$$

$$S_{\hat{\alpha}_2}=\sqrt{\hat{\sigma}_v^2\frac{\sum x_{i1}^2}{\sum x_{i1}^2\sum x_{i2}^2-(\sum x_{1i}x_{2i})^2}}$$

$$=\sqrt{0.266\ 5\times\frac{12}{12\times 6-2^2}}=\sqrt{0.047\ 0}=0.216\ 9$$

（3）由上述计算结果知，一元模型中的 $\hat{\beta}_1$ 与二元模型中的 $\hat{\alpha}_1$ 不相等。主要原因在于 X_1 与 X_2 有相关性。如果它们是线性无关的，即 $\sum x_{i1}x_{i2}=0$，则容易验证二者相等。

3-16 解答 （1）在降雨量不变时，每亩增加 1 千克肥料将使得玉米产量增加 0.1 吨/亩；在每亩施肥量不变的情况下，每增加一毫米的降雨量将使得玉米产量增加 5.33 吨/亩；

（2）在种地中不施肥也不下雨的现象同时发生的可能性极小，所以玉米的负产量不可能存在；事实上，这里截距项为负无实际意义。

（3）如果 β_F 的真实值为 0.40，则表明该估计值与真值有偏误，但一般不说 0.1 是有偏的估计。理由是 0.1 是参数的一个估计值，而所谓估计量的有偏性是针对估计量的期望来说的，即如果取遍所有可能的样本，这些参数估计值的平均值与 0.40 有偏误的话，就说估计是有偏的。

(4) 不一定。即便该方程并不满足所有的经典模型的基本假设,即参数估计量不是最佳线性无偏估计量,也有可能得出的估计系数等于5.33。

3-17 解答 (1) 对于 $Y_i=\alpha_0+\alpha_1 X_{i1}+\mu_{i1}$ 的估计结果如补解图3-3所示。

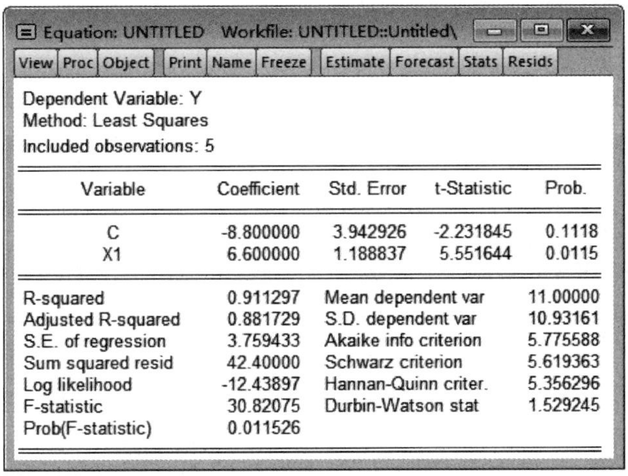

Equation: UNTITLED Workfile: UNTITLED::Untitled\

View | Proc | Object | Print | Name | Freeze | Estimate | Forecast | Stats | Resids

Dependent Variable: Y
Method: Least Squares
Included observations: 5

Variable	Coefficient	Std. Error	t-Statistic	Prob.
C	-8.800000	3.942926	-2.231845	0.1118
X1	6.600000	1.188837	5.551644	0.0115

R-squared	0.911297	Mean dependent var	11.00000
Adjusted R-squared	0.881729	S.D. dependent var	10.93161
S.E. of regression	3.759433	Akaike info criterion	5.775588
Sum squared resid	42.40000	Schwarz criterion	5.619363
Log likelihood	-12.43897	Hannan-Quinn criter.	5.356296
F-statistic	30.82075	Durbin-Watson stat	1.529245
Prob(F-statistic)	0.011526		

补解图3-3 Y 对 X_1 的OLS估计

即有

$$\hat{Y}=-8.8+6.6X_1$$
$$(3.94)(1.19)$$
$$n=5 \qquad R^2=0.911 \qquad F=30.82$$

对于 $Y_i=\lambda_0+\lambda_2 X_{i2}+\mu_{i2}$ 的估计结果如补解图3-4所示。

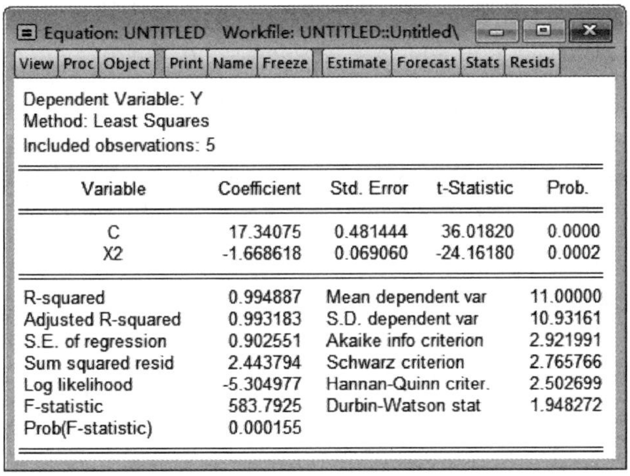

Equation: UNTITLED Workfile: UNTITLED::Untitled\

View | Proc | Object | Print | Name | Freeze | Estimate | Forecast | Stats | Resids

Dependent Variable: Y
Method: Least Squares
Included observations: 5

Variable	Coefficient	Std. Error	t-Statistic	Prob.
C	17.34075	0.481444	36.01820	0.0000
X2	-1.668618	0.069060	-24.16180	0.0002

R-squared	0.994887	Mean dependent var	11.00000
Adjusted R-squared	0.993183	S.D. dependent var	10.93161
S.E. of regression	0.902551	Akaike info criterion	2.921991
Sum squared resid	2.443794	Schwarz criterion	2.765766
Log likelihood	-5.304977	Hannan-Quinn criter.	2.502699
F-statistic	583.7925	Durbin-Watson stat	1.948272
Prob(F-statistic)	0.000155		

补解图3-4 Y 对 X_2 的OLS估计

即有

$$\hat{Y}=17.34-1.66X_2$$
$$(0.481)(0.069)$$
$$n=5 \qquad R^2=0.995 \qquad F=583.79$$

对于 $Y_i=\beta_0+\beta_1X_{i1}+\beta_2X_{i2}+\mu_i$ 的估计结果如补解图 3-5 所示。

Equation: UNTITLED   Workfile: UNTITLED::Untitled\

View | Proc | Object | Print | Name | Freeze | Estimate | Forecast | Stats | Resids

Dependent Variable: Y
Method: Least Squares
Included observations: 5

Variable	Coefficient	Std. Error	t-Statistic	Prob.
C	21.92222	4.355258	5.033507	0.0373
X1	-1.177778	1.113026	-1.058176	0.4009
X2	-1.944444	0.269316	-7.219949	0.0186

R-squared	0.996722	Mean dependent var	11.00000
Adjusted R-squared	0.993445	S.D. dependent var	10.93161
S.E. of regression	0.885061	Akaike info criterion	2.877389
Sum squared resid	1.566667	Schwarz criterion	2.643052
Log likelihood	-4.193473	Hannan-Quinn criter.	2.248451
F-statistic	304.1064	Durbin-Watson stat	2.912057
Prob(F-statistic)	0.003278		

补解图 3-5　Y 对 X_1、X_2 的 OLS 估计

即有

$$\hat{Y}=21.92-1.178X_1-1.944X_2$$
$$(4.355)\ (1.113)\ (0.269)$$
$$n=5\quad R^2=0.9967\quad \bar{R}^2=0.9934\quad F=304.11$$

(2) 从上述回归结果可知，$\hat{\alpha}_1=6.6$，$\hat{\beta}_1=-1.18$，显然 $\hat{\alpha}_1\neq\hat{\beta}_1$；

同样地，$\hat{\lambda}_2=-1.67$，$\hat{\beta}_2=-1.94$，显然 $\hat{\lambda}_2\neq\hat{\beta}_2$；

二元回归与分别对 X_1 与 X_2 所做的一元回归，其相应的参数估计不相等，主要原因在于 X_1 与 X_2 有很强的相关性，事实上两者的相关系数为 $r=-0.9679$。

3-18　解答　(1) Eviews 软件的回归结果如补解图 3-6 所示。

Equation: UNTITLED   Workfile: UNTITLED::Untitled\

View | Proc | Object | Print | Name | Freeze | Estimate | Forecast | Stats | Resids

Dependent Variable: LOG(Y)
Method: Least Squares
Included observations: 23

Variable	Coefficient	Std. Error	t-Statistic	Prob.
C	-0.731520	0.296947	-2.463467	0.0241
LOG(X)	0.345257	0.082565	4.181649	0.0006
LOG(P1)	-0.502122	0.109891	-4.569294	0.0002
LOG(P2)	0.146868	0.099006	1.483420	0.1553
LOG(P3)	0.087185	0.099852	0.873137	0.3941

R-squared	0.982474	Mean dependent var	1.361301
Adjusted R-squared	0.978579	S.D. dependent var	0.187659
S.E. of regression	0.027465	Akaike info criterion	-4.162123
Sum squared resid	0.013578	Schwarz criterion	-3.915276
Log likelihood	52.86441	Hannan-Quinn criter.	-4.100042
F-statistic	252.2633	Durbin-Watson stat	1.824820
Prob(F-statistic)	0.000000		

补解图 3-6　回归结果

即有如下回归方程：

$$\ln\hat{Y}=-0.7315+0.3453\ln X-0.5021\ln P_1+0.1469\ln P_2+0.0872\ln P_3$$

$$(0.297)\quad(0.083)\quad(0.110)\quad(0.099)\quad(0.099)$$

$$n=23\quad \bar{R}^2=0.9786\quad F=252.26\quad \text{RSS}=0.013578$$

容易验证，家庭收入水平与鸡肉的价格对鸡肉的消费需求有显著的影响，而猪肉价格及牛肉价格对鸡肉的消费影响不显著，尤其是牛肉价格的影响很小。但方程总体的线性关系是显著的。

(2) 猪肉价格与牛肉价格是否真的对鸡肉的消费需求没有影响，可检验如下原假设：$H_0:\beta_3=\beta_4=0$

对 Y 关于 X,P_1 做回归得到如补解图 3-7 所示的结果。

Equation: UNTITLED Workfile: UNTITLED::Untitled\

View | Proc | Object | Print | Name | Freeze | Estimate | Forecast | Stats | Resids

Dependent Variable: LOG(Y)
Method: Least Squares
Included observations: 23

Variable	Coefficient	Std. Error	t-Statistic	Prob.
C	-1.125797	0.088420	-12.73237	0.0000
LOG(X)	0.451547	0.024554	18.38966	0.0000
LOG(P1)	-0.372735	0.063104	-5.906668	0.0000

R-squared	0.980287	Mean dependent var	1.361301
Adjusted R-squared	0.978316	S.D. dependent var	0.187659
S.E. of regression	0.027634	Akaike info criterion	-4.218445
Sum squared resid	0.015273	Schwarz criterion	-4.070337
Log likelihood	51.51212	Hannan-Quinn criter.	-4.181197
F-statistic	497.2843	Durbin-Watson stat	1.877706
Prob(F-statistic)	0.000000		

补解图 3-7 受约束回归结果

即有如下回归方程：

$$\ln\hat{Y}=-1.1258+0.4515\ln X-0.3727\ln P_1$$

$$(0.088)\quad(0.025)\quad(0.063)$$

$$n=23\quad \bar{R}^2=0.9783\quad F=497.28\quad \text{RSS}=0.015273$$

为了检验原假设，求如下的 F 统计量

$$F=\frac{(\text{RSS}_R-\text{RSS}_U)/2}{\text{RSS}_U/(23-4-1)}$$

$$=\frac{(0.015273-0.013578)/2}{0.013578/18}=1.124$$

在 5%的显著性水平下，自由度为(2,18)的 F 分布的临界值为 $F_{0.05}(2,18)=3.55$，因此，没有理由拒绝原假设，即该地区猪肉与牛肉价格确实对家庭的鸡肉消费需求不产生显著影响。

在 Eviews 软件中，当估计完补解图 3-6 所示的模型后，选中 View\Coefficient Diagnostics\

Wald Test-Coefficient Restrictions，在出现的对话框中输入“C(4)= C(5)= 0”，单击 OK 按钮后出现补解图 3-8 所示的结果。因此，得出的结论仍是不拒绝原假设，即原假设为真。

Equation: UNTITLED Workfile: UNTITLE...

View | Proc | Object | Print | Name | Freeze | Estimate | Forecast | Stats | Re

Wald Test:
Equation: Untitled

Test Statistic	Value	df	Probability
F-statistic	1.123052	(2, 18)	0.3470
Chi-square	2.246105	2	0.3253

Null Hypothesis: C(4)=C(5)=0

补解图 3-8 Wald 检验

3-19 解答 当 $\gamma \neq 1$ 时，把消费函数线性化。对 $Y=f(\cdot)$ 在 $(\alpha^0,\beta^0,\gamma^0)$ 处展开泰勒级数得到如下近似的线性回归函数：

$$Y \approx f(\alpha^0,\beta^0,\gamma^0)+\frac{\partial f(\alpha^0,\beta^0,\gamma^0)}{\partial \alpha}(\alpha-\alpha^0)+$$

$$\frac{\partial f(\alpha^0,\beta^0,\gamma^0)}{\partial \beta}(\beta-\beta^0)+\frac{\partial f(\alpha^0,\beta^0,\gamma^0)}{\partial \gamma}(\gamma-\gamma^0)$$

$$=\alpha^0+\beta^0 X^{\gamma^0}+(\alpha-\alpha^0)+X^{\gamma^0}(\beta-\beta^0)+\beta^0 X^{\gamma^0}\ln X(\gamma-\gamma^0)$$

这个方程决定了迭代过程。

迭代开始时，需要选择一个初始的参数值 α^0、β^0、γ^0。在 Eviews 软件下，选中 Quick\Estimate Question，在出现的 Equation Estimation 的 specification 对话框中输入“Y=C(1)+C(2) * X^C(3)”。可以为 C(1)、C(2)、C(3)给定初始值（双击 Workfile 中的保留变量 c，并对出现的电子表格中的前 3 个“格”输入初始值），一般可以不输入任何值（相当于输入的都是 0）。回到 Equation Estimation 窗口，点击确定按钮，得如补解图 3-9 所示的结果。

Equation: UNTITLED Workfile: UNTITLED::Untitled\

View | Proc | Object | Print | Name | Freeze | Estimate | Forecast | Stats | Resids

Dependent Variable: Y
Method: Least Squares (Gauss-Newton / Marquardt steps)
Included observations: 36
Convergence achieved after 11 iterations
Coefficient covariance computed using outer product of gradients
Y=C(1)+C(2)*X^C(3)

	Coefficient	Std. Error	t-Statistic	Prob.
C(1)	-280.5417	80.93962	-3.466062	0.0015
C(2)	3.995339	1.297558	3.079123	0.0042
C(3)	0.846557	0.038536	21.96813	0.0000

R-squared	0.999033	Mean dependent var	1556.606
Adjusted R-squared	0.998974	S.D. dependent var	543.8533
S.E. of regression	17.41906	Akaike info criterion	8.632663
Sum squared resid	10012.99	Schwarz criterion	8.764623
Log likelihood	-152.3879	Hannan-Quinn criter.	8.678720
F-statistic	17042.44	Durbin-Watson stat	1.212675
Prob(F-statistic)	0.000000		

补解图 3-9 非线性模型估计

对于上述非线性模型而言，当 $\gamma=1$ 时，转换为线性模型

$$Y=\alpha+\beta X+\mu$$

Eviews 软件下该线性回归估计结果如补解图 3-10 所示。

Dependent Variable: Y
Method: Least Squares
Included observations: 36

Variable	Coefficient	Std. Error	t-Statistic	Prob.
C	-10.12997	10.78483	-0.939279	0.3542
X	1.111335	0.007238	153.5341	0.0000

R-squared	0.998560	Mean dependent var	1556.606
Adjusted R-squared	0.998517	S.D. dependent var	543.8533
S.E. of regression	20.94102	Akaike info criterion	8.975250
Sum squared resid	14909.90	Schwarz criterion	9.063223
Log likelihood	-159.5545	Hannan-Quinn criter.	9.005955
F-statistic	23572.73	Durbin-Watson stat	0.842919
Prob(F-statistic)	0.000000		

补解图 3-10　线性模型 OLS 估计

通过两估计结果看，无论拟合优度还是残差平方和，都是非线性估计优于线性估计。可以在非线性模型估计完成后，通过 Wald 检验来检验是否有 $\gamma=1$。Eviews 中，点击补解图 3-9 中的 View\Coefficient Diagnostics\Wald Test-Coefficient restriction，并在出现的 Wald Test 对话窗口中输入"C(3)= 1"，点击 OK 按钮，得检验结果（补解图 3-11）。可见，无论是 t 统计量、F 统计量、还是 χ^2 统计量，均在 5%的显著性水平下拒绝 $\gamma=1$ 的假设，表明估计非线性模型更合适一些。

Wald Test:
Equation: Untitled

Test Statistic	Value	df	Probability
t-statistic	-3.981835	33	0.0004
F-statistic	15.85501	(1, 33)	0.0004
Chi-square	15.85501	1	0.0001

Null Hypothesis: C(3)=1

补解图 3-11　Wald 检验

3-20　解答　在现实经济生活中，除了诸如利润、成本、收入、价格等具有数量特征、影响某个经济现象的变量外，还有一类变量，如季节、民族、自然灾害、战争、政府制定的某项经济政策等也会影响某些经济现象且可能是重要的影响因素。例如，讨论改革前后的经济发展的对比；讨论像空调、冷饮等季节性产品的销售；讨论女性化妆品的销售等问题时，不可避免地要考虑后一类变量。后一类变量所反映的并不是数量而是现象的某种属性或特征。我

们前面所讨论的回归模型是一种定量模型,所以在引入这类反映属性或特征的变量时需要先将其定量化。在计量经济学中,我们把这些反映属性或特征的变量叫“虚拟变量”。规定具备某种属性或特征时把虚拟变量赋值为“1”,反之为“0”。

3-21 解答 以调查某地区居民性别与收入之间的关系为例(假设解释变量中只含有虚拟变量),我们可以用模型表示:

$$Y_i=\alpha+\beta D_i+\mu_i$$

其中 Y 代表收入,D_i 为虚拟变量,

$$D_i=\begin{cases}1(\text{男})\\0(\text{女})\end{cases}$$

可以看出,α 代表女性的收入,β 代表男性与女性收入之间的差额,从 $Y_i=\alpha+\beta D_i+\mu_i$ 很容易得出(假设 $\mathrm{E}(\mu_i/D_i)=0$):

$$\mathrm{E}(Y_i)=\alpha+\beta D_i=\begin{cases}\alpha, & D_i=0(\text{女})\\\alpha+\beta, & D_i=1(\text{男})\end{cases}$$

检验假设 $\beta=0$ 是否成立,就是对男女的平均收入之间是否有差异进行检验。若 $H_0:\beta=0$ 成立,说明收入与性别没有明显关系。若 $H_0:\beta=0$ 不成立,说明收入与性别有明显关系。

3-22 解答 一般在引入虚拟变量时要求:如果有 m 个定性变量,只在模型中引入 $m-1$ 个虚拟变量;否则,如果引入 m 个虚拟变量,就会导致模型解释变量间出现完全共线性的情况。我们一般称由于引入的虚拟变量个数与定性因素个数相同时出现的模型无法估计的问题,称为“虚拟变量陷阱”。

3-23 解答 (1) 错。理由是 β_2 的估计值减半,其标准差也要减半,因此 t 值保持不变;

(2) 错,理由是虚拟解释变量的引入并没有违背 OLS 的基本假设条件,所以其估计值仍然是无偏的。

3-24 解答 引入反映季节因素(淡、旺)和收入层次差异(高、低)的虚拟变量如下:

$$D_1=\begin{cases}1, & \text{旺季}\\0, & \text{淡季}\end{cases},\quad D_2=\begin{cases}1, & \text{高收入}\\0, & \text{低收入}\end{cases}$$

则原消费需求函数变换为如下形式的虚拟变量模型:

$$Y_i=\alpha+\beta_1X_i+\beta_2D_{1i}+\beta_3D_{2i}+\mu_i$$

于是,低收入家庭在某商品的消费淡季对该类商品的平均消费支出为

$$\mathrm{E}(Y_i)=\alpha+\beta_1X_i$$

高收入家庭在某商品的消费淡季对该类商品的平均消费支出为

$$\mathrm{E}(Y_i)=(\alpha+\beta_3)+\beta_1X_i$$

低收入家庭在某商品的消费旺季对该类商品的平均消费支出为

$$\mathrm{E}(Y_i)=(\alpha+\beta_2)+\beta_1X_i$$

高收入家庭在某商品的消费旺季对该类商品的平均消费支出为

$$\mathrm{E}(Y_i)=(\alpha+\beta_2+\beta_3)+\beta_1X_i$$

3-25 解答 由于在利率 $r<0.08$ 时,投资 I 仅取决于利润 X;而当利率 $r\geqslant 0.08$ 时,投

资 I 同时取决于利润 X 和一个固定的级差利润 R,故可以建立如下模型来表达上述关系:

$$I_i=\beta_0+\beta_1X_i+RD_i+\mu_i \tag{a}$$

其中,

$$D=\begin{cases}1, & r\geqslant 0.08\\0, & r<0.08\end{cases}$$

假设 μ_i 仍服从经典假设 $\mathrm{E}(\mu_i\mid X_i,D_i)=0$,则有

利率 $r\geqslant 0.08$ 时的投资期望:

$$\mathrm{E}(I_i\mid X_i,D_i=1)=(\beta_0+R)+\beta_1X_i \tag{b}$$

利率 $r<0.08$ 时的投资期望:

$$\mathrm{E}(I_i\mid X_i,D_i=0)=\beta_0+\beta_1X_i \tag{c}$$

从以上看出,假设级差利润 $R>0$,两个投资函数的斜率相同而截距水平不同;当斜率相同的假设成立,对投资函数是否受到利率差异影响的假设检验,可由检验模型(b)和(c)是否具有相同截距加以描述,原假设 H_0:投资函数不受利率影响。若(a)中代表固定级差利润的参数 R 估计值的 t 检验在统计上显著等于零,则可以拒绝投资函数不受利率影响的假设。

第四章补充练习题参考解答

4-1　解答　(1) 异方差性指对于不同的样本值,随机干扰项的方差不再是常数,而是互不相同的。

(2) 多重共线性指两个或两个以上解释变量之间存在某种线性相关关系。

(3) 完全多重共线性指,在有多个解释变量的模型中,解释变量之间的线性关系是准确的。在此情况下,不能估计解释变量各自对被解释变量的影响。

(4) 不完全多重共线性指,在实际经济活动中,多个解释变量之间存在多重共线性问题,但解释变量之间的线性关系是近似的,而不是完全的。

(5) 内生解释变量指,在现实经济现象中,解释变量是随机的,且与模型的随机干扰项有相关关系,这样的解释变量称为内生解释变量。

(6) 如果在设定模型时,设定了一个“错误的”或者说是“有偏误的”模型,这时,即使所有的经典假设都满足,得到的估计结果也会与“实际”有偏误,这种偏误称为模型设定偏误。

(7) 回归设定误差检验(RESET 检验)是由 Ramsey 于 1969 年提出的对模型设定偏误的一种检验方法,它以原设定模型的估计值序列为新变量的值,再以该新变量的若干次幂为变量添加到原模型中去进行回归,如果添加的变量在统计上是显著的,则认为原模型有设定偏误。

4-2　解答　(1) 错。当存在异方差时,OLS 估计量不具有有效性但却是无偏的。

（2）对。如果存在异方差，通常使用的 t 检验和 F 检验是无效的。

（3）错。实际情况可能是高估也可能是低估。

（4）对。通过将残差对其相应的观察值描图，了解变量与残差之间是否存在可以观察到的系统模式，可以用来判断数据中是否存在异方差。

（5）对。因为它们有着不同的被解释变量。

（6）错。除非存在完全共线性，否则模型的参数是可以估计的。

（7）错。决定参数估计量的方差大小的因素除了解释变量间的相关程度外，还有解释变量自身的方差的大小，以及随机干扰项的方差的大小这两个因素。如果解释变量间有较强的相关性，但解释变量的方差较大，或随机干扰项的方差较小，都会使得参数估计量的方差变小，从而效率的损失也不大。

（8）对。模型中的基本假设是，随机解释变量与随机干扰项不相关。事实上，当解释变量与随机干扰项同期相关时（同期内生），将导致 OLS 估计量有偏且不一致。

4-3　解答　异方差的存在，使得 OLS 估计量仍是线性无偏一致的，但不再具有最小方差性，即不再有效；而由于相应的置信区间以及 t 检验和 F 检验都与估计量的方差有关，因此会造成建立的置信区间以及 t 检验与 F 检验都不再是可靠的。

4-4　解答　对于模型 $Y_i=\beta_0+\beta_1X_{i1}+\beta_2X_{i2}+\cdots+\beta_kX_{ik}+\mu_i(i=1,2,\cdots,n)$，如果出现 $\mathrm{Var}(\mu_i)=\sigma_i^2(i=1,2,\cdots,n)$，即对于不同的样本点，随机干扰项的方差不再是常数，则认为出现了异方差性。

在现实经济运行中，异方差性经常出现，尤其是采用截面数据为样本的计量经济学问题。如：工业企业的研发（R&D）费用支出同企业的销售和利润之间关系的函数模型；服装需求量与季节、收入之间关系的函数模型；个人储蓄量与个人可支配收入之间关系的函数模型等。检验异方差性的主要思路就是检验随机干扰项的方差与解释变量观察值的某种函数形式之间是否存在相关性。

4-5　解答　对于模型 $Y_i=\beta_0+\beta_1X_{i1}+\beta_2X_{i2}+\cdots+\beta_kX_{ik}+\mu_i(i=1,2,\cdots,n)$，如果某两个或多个解释变量之间出现了相关性，则称为模型存在多重共线性。

在现实经济运行中，许多经济变量往往存在共同的特征趋势，使之产生多重共现性；使用截面数据建立回归模型时，根据研究的具体问题选择的解释变量常常从经济意义上存在着密切的关联度；在建模过程中由于认识上的局限造成变量选择不当，从而引起变量之间的多重共线性；在模型中大量采用滞后变量也容易产生多重共线性。

多重共线性的危害有几个方面：一是在完全共线性下参数估计量不存在，理由是 $(\boldsymbol{X}'\boldsymbol{X})^{-1}$ 不存在；二是近似共线性下 OLS 参数估计量不可靠，理由是参数估计量的方差将可能变得很大；三是参数估计量经济意义不合理，如当 X_2 与 X_3 存在线性关系时，X_2 与 X_3 前的参数并不能反映各自与被解释变量之间的结构关系；四是变量的显著性检验失去意义，因为无论是 t 检验还是 F 检验，都与参数估计量的方差有关；五是模型的预测功能失效。

检验多重共线性的方法思路：用统计上求相关系数的原理，如果变量之间的相关系数较大则认为它们之间存在多重共线性。克服多重共线性的方法主要有：排除引起共线性的变量，差分法，减少模型估计的方差，利用先验信息改变参数的约束形式，增加样本容量，岭回归法等。

4-6 解答 对截面数据来说，内生解释变量的来源有：解释变量与被解释变量本身具有同期的双向因果关系；由于数据的可获得性等原因，设定模型时略去了某解释变量，而略去的解释变量与模型中的解释变量又是相关的，略去的解释变量“进入”随机干扰项后，造成随机干扰项与模型中的解释变量相关；由于对解释变量的测量误差而导致了内生性。

内生解释变量带来何种后果取决于它与随机干扰项是否同期相关。有两种情形：(1) 如果二者同期不相关，异期相关，此时参数的 OLS 估计量在小样本下是有偏的，在大样本具有一致性；但这种情况在截面数据中几乎不存在，因此也不被讨论。(2) 如果二者同期相关，则 OLS 估计量是有偏且不一致的。

4-7 解答 当模型存在异方差性时，加权最小二乘法得到的估计量仍是 BLUE 估计量，而 OLS 得到的估计量则不具有最小方差性。当然，OLS 与加权最小二乘法都是广义最小二乘法的特例；当加权最小二乘法中的权 $w_1=w_2=\cdots=w_n$ 时，加权最小二乘法的参数估计量就是 OLS 的参数估计量。

4-8 解答 估计量的渐近统计性质是针对大样本而言的，也称为大样本性质，它是针对样本容量无限增加时，估计量所表现出的某种趋势性的描述。渐近无偏性是指当样本容量增加时，由样本得出的参数估计量的均值形成的均值序列趋于参数的真实值。即有

$$\lim \mathrm{E}(\hat{\theta}_n)=\theta$$

其中，$\mathrm{E}(\hat{\theta}_n)$ 即为样本容量为 n 时参数 θ 的估计量的期望。

4-9 解答 估计的一致性是指，随着样本容量的增加，即当 $n\to\infty$ 时，参数估计量依概率收敛于参数的真值，即有

$$P\lim(\hat{\theta}_n)=\hat{\theta}$$

对一元线性回归模型

$$Y_i=\beta_0+\beta_1 X_i+\mu_i$$

在第二章曾得到如下最小二乘估计量：

$$\hat{\beta}_1=\frac{\sum x_i y_i}{\sum x_i^2}=\beta_1+\frac{\sum x_i\mu_i}{\sum x_i^2}$$

如果 X_i 与 μ_i 同期相关，则估计量有偏且不一致，这时需用一个与 X_i 高度相关而与 μ_i 同期无关的工具变量 Z_i 来参与 OLS 估计，这就是所谓的工具变量法。这时由正规方程组易得

$$\tilde{\beta}_1=\frac{\sum z_i y_i}{\sum z_i x_i}=\beta_1+\frac{\sum z_i\mu_i}{\sum z_i x_i}$$

两边取概率极限得

$$P\lim(\tilde{\beta}_1)=\beta_1+\frac{P\lim\frac{1}{n}\sum z_i\mu_i}{P\lim\frac{1}{n}\sum z_i x_i}$$

$$=\beta_1+\frac{\mathrm{Cov}(Z_i,\mu_i)}{\mathrm{Cov}(Z_i,X_i)}=\beta_1$$

4-10 解答 (1) 模型两边同时除以 X_{i1} 进行变换，得

$$\frac{Y_i}{X_{i1}}=\frac{\alpha_0}{X_{i1}}+\alpha_1+\alpha_2\frac{X_{i2}}{X_{i1}}+\frac{\mu_i}{X_{i1}}$$

令 $Y_i^*=\frac{Y_i}{X_{i1}},X_{i1}^*=\frac{1}{X_{i1}},X_{i2}^*=\frac{X_{i2}}{X_{i1}},\mu_i^*=\frac{\mu_i}{X_{i1}}$得

$$Y_i^*=\alpha_1+\alpha_0X_{i1}^*+\alpha_2X_{i2}^*+\mu_i^*$$

可以证明,随机干扰项 μ_i^* 是同方差的。证明如下:

$$\mathrm{Var}(\mu_i^*)=\mathrm{Var}\left(\frac{\mu_i}{X_{i1}}\right)=\frac{1}{X_{i1}^2}\sigma^2X_{i1}^2=\sigma^2$$

(2) 对变换后的模型,易知有如下 OLS 估计量:

$$\hat{\alpha}_0=\frac{(\sum y_i^*x_{i1}^*)(\sum x_{i2}^{*2})-(\sum y_i^*x_{i2}^*)(\sum x_{i1}^*x_{i2}^*)}{\sum x_{i1}^{*2}\sum x_{i2}^{*2}-(\sum x_{i1}^*x_{i2}^*)^2}$$

$$\hat{\alpha}_2=\frac{(\sum y_i^*x_{i2}^*)(\sum x_{i1}^{*2})-(\sum y_i^*x_{i1}^*)(\sum x_{i1}^*x_{i2}^*)}{\sum x_{i1}^{*2}\sum x_{i2}^{*2}-(\sum x_{i1}^*x_{i2}^*)^2}$$

$$\hat{\alpha}_1=\overline{Y}^*-\hat{\alpha}_0\overline{X}_1^*-\hat{\alpha}_2\overline{X}_2^*$$

其中,$y_i^*=Y_i^*-\overline{Y}^*,x_{i1}^*=X_{i1}^*-\overline{X}_1^*,x_{i2}^*=X_{i2}^*-\overline{X}_2^*$

4-11 解答 Eviews 软件中 Y 关于 X 的 OLS 回归结果如补解图 4-1 所示。

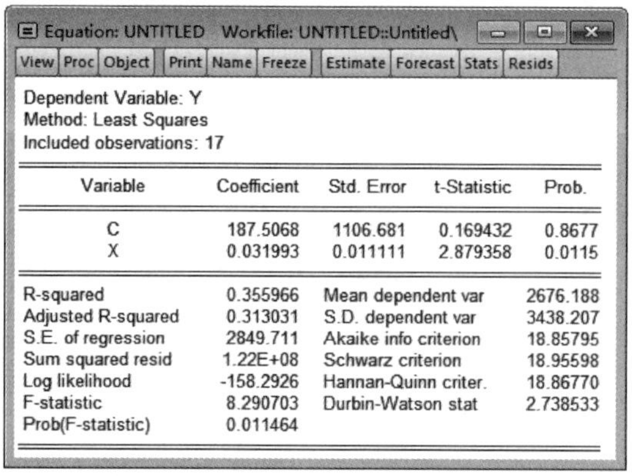

Variable	Coefficient	Std. Error	t-Statistic	Prob.
C	187.5068	1106.681	0.169432	0.8677
X	0.031993	0.011111	2.879358	0.0115

R-squared	0.355966	Mean dependent var	2676.188
Adjusted R-squared	0.313031	S.D. dependent var	3438.207
S.E. of regression	2849.711	Akaike info criterion	18.85795
Sum squared resid	1.22E+08	Schwarz criterion	18.95598
Log likelihood	-158.2926	Hannan-Quinn criter.	18.86770
F-statistic	8.290703	Durbin-Watson stat	2.738533
Prob(F-statistic)	0.011464		

补解图 4-1 Y 对 X 的 OLS 估计

下面进行异方差性的检验。

布罗施-帕甘检验:

在上述回归估计做出后,选择 View\Residual Diagnostics\Heteroskedasticity Test,在出现的 Heteroskedasticity Test 窗口中的 TestType 对话框中选择 Breusch-Pagan-Godfrey,点击 OK 按钮,得补解图 4-2 的检验结果。

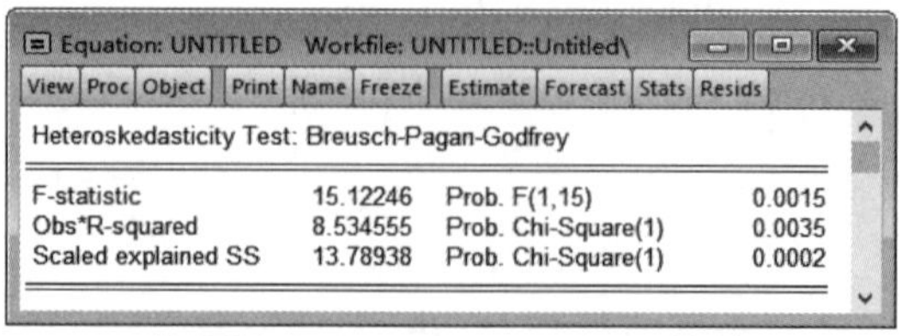

F-statistic	15.12246	Prob. F(1,15)	0.0015
Obs*R-squared	8.534555	Prob. Chi-Square(1)	0.0035
Scaled explained SS	13.78938	Prob. Chi-Square(1)	0.0002

补解图 4-2 Breusch-Pagan 检验

从 nR^2 统计量对应值的伴随概率值容易看出，在5%的显著性水平下，原模型存在异方差性。

怀特检验：

在 Eviews 软件中，在用 OLS 估计 Y 关于 X 的回归后（补解图 4-1），选择 View\Residual Diagnostics\Heteroskedasticity Test，在出现的 Heteroskedasticity Test 窗口中的 TestType 对话框中选择“3”，点击 OK 按钮，得补解图 4-3 的检验结果。

Equation: UNTITLED Workfile: UNTITLED::Untitled\

View | Proc | Object | Print | Name | Freeze | Estimate | Forecast | Stats | Resids

Heteroskedasticity Test: White

F-statistic	9.793067	Prob. F(2,14)	0.0022
Obs*R-squared	9.913742	Prob. Chi-Square(2)	0.0070
Scaled explained SS	16.01775	Prob. Chi-Square(2)	0.0003

补解图 4-3　White 检验

从 nR^2 统计量对应值的伴随概率值容易看出，在 5%的显著性水平下，原模型存在异方差性。

可运用加权最小二乘法进行估计以消除异方差性的影响。

首先，在对原模型进行 OLS 估计后（补解图 4-1），在主菜单中选择 Quick\Generate Series，在出现的对话框中输入“e=resid”，点击 OK 按钮生成新数据列 e；为了寻找适当的权，做 $\ln e^2$ 关于 X 的 OLS 回归：

$$\ln\hat{e}^2 = 11.726 + 0.000\,026X$$

在主菜单中选择 Quick\Generate Series，在出现的对话框中输入“w = 1/@sqrt(exp(11.726+0.000026 * X))”，点击 OK 按钮生成新数据列 w。

重新估计原模型，在 Equation Estimation 窗口中，选择 Options 子窗口，在 Weights 栏的 Type 项中选择 Inverse std. dev.，并在 Weight series 栏内输入“w”，点击确定按钮得如补解图 4-4 所示的估计结果。

Equation: UNTITLED Workfile: UNTITLED::Untitled\

View | Proc | Object | Print | Name | Freeze | Estimate | Forecast | Stats | Resids

Dependent Variable: Y
Method: Least Squares
Included observations: 17
Weighting series: W
Weight type: Inverse standard deviation (EViews default scaling)

Variable	Coefficient	Std. Error	t-Statistic	Prob.
C	-423.0917	335.0466	-1.262785	0.2259
X	0.042080	0.008583	4.902962	0.0002

Weighted Statistics

R-squared	0.615769	Mean dependent var	1389.703
Adjusted R-squared	0.590154	S.D. dependent var	1325.585
S.E. of regression	1098.118	Akaike info criterion	16.95071
Sum squared resid	18087933	Schwarz criterion	17.04874
Log likelihood	-142.0811	Hannan-Quinn criter.	16.96046
F-statistic	24.03903	Durbin-Watson stat	2.655467
Prob(F-statistic)	0.000191	Weighted mean dep.	776.3995

补解图 4-4　WLS 估计

与 OLS 估计结果(补解图 4-1)相比,斜率项的参数估计值变化不大,但标准差有一定程度的下降,因此 t 检验值显著增大。

可以再次通过选择 View\Residual Diagnostics\Heteroskedasticity Test,检验模型已不存在异方差性。

4-12 解答 (1) 设待估模型为 $Y=\beta_0+\beta_1X_1+\beta_2X_2+\beta_3X_3+\beta_4X_4+\mu$,OLS 的估计结果如补解图 4-5 所示。

Equation: UNTITLED Workfile: UNTITLED::Untitled\

View | Proc | Object | Print | Name | Freeze | Estimate | Forecast | Stats | Resids

Dependent Variable: Y
Method: Least Squares
Included observations: 10 after adjustments

Variable	Coefficient	Std. Error	t-Statistic	Prob.
C	3.914451	1.952440	2.004902	0.1013
X1	0.060263	0.048378	1.245671	0.2681
X2	0.089090	0.037168	2.396978	0.0619
X3	-0.012598	0.018171	-0.693309	0.5190
X4	0.007406	0.017612	0.420498	0.6916

R-squared	0.979655	Mean dependent var	7.570000
Adjusted R-squared	0.963379	S.D. dependent var	1.233829
S.E. of regression	0.236114	Akaike info criterion	0.257851
Sum squared resid	0.278750	Schwarz criterion	0.409144
Log likelihood	3.710743	Hannan-Quinn criter.	0.091884
F-statistic	60.18950	Durbin-Watson stat	2.213879
Prob(F-statistic)	0.000204		

补解图 4-5 OLS 估计

由上述估计结果知,$R^2=0.9797$,说明四个 X 联合对 Y 构成线性影响;$F=60.19$,对应的 P 值为 0.0002,远小于 5%的显著性水平,再次判断 Y 与上述解释变量间的总体线性关系显著成立。但由于 X_3、X_4 参数估计值未能通过 t 检验,故认为解释变量间可能存在多重共线性。

事实上,可以验证,X_1 与其他解释变量间有如下回归结果:

$$\hat{X}_1=1.104+0.626X_2+0.125X_3+0.341X_4$$
$$(16.47)(0.182)\ (0.145)\ (0.052)$$
$$R^2=0.9725 \qquad F=70.89$$

由拟合优度知,X_1 与其他解释变量间高度线性相关。

多重共线性对参数估计会造成影响,在本题中使变量的显著性检验失去意义,使参数估计值经济含义不合理,使 OLS 参数估计量变大。

(2) 使用分步回归法确定回归模型的步骤及结果如下:

第一步:将被解释变量 Y 分别对解释变量 X_1,X_2,X_3,X_4 做简单回归。

①
$$\hat{Y}=0.9423+0.1221X_1$$
$$(0.573)\ (0.010)$$
$$R^2=0.9451,F=137.7507$$

②
$$\hat{Y}=5.4975+0.2054X_2$$
$$(0.307)\ (0.027)$$
$$R^2=0.8791, F=58.1637$$

③
$$\hat{Y}=17.0902-0.0951X_3$$
$$(7.986)\ (0.079)$$
$$R^2=0.1511, F=1.4242$$

④
$$\hat{Y}=2.0178+0.0550X_4$$
$$(0.898)\ (0.009)$$
$$R^2=0.8320, F=39.6325$$

可见，Y 受 X_1 的影响最大，因此选①为初始的回归模型。

第二步：逐步回归，将其他解释变量分别导入上述初始回归模型，寻找最佳回归方程（如补解表 4-1 所示）。

补解表 4-1　逐步回归结果

	C	X_1	X_2	X_3	X_4	$\bar{R}^2$
$Y=f(X_1)$	0.942 3	0.122 1				0.938 3
t 值	1.644 6	11.336 7				
$Y=f(X_1,X_2)$	2.322 9	0.081 8	0.079 9			0.968 2
t 值	3.710 1	5.218 6	2.923 2			
$Y=f(X_1,X_2,X_3)$	4.047 2	0.079 3	0.079 5	-0.015 7		0.968 4
t 值	2.251 5	5.010 6	2.915 9	-1.019 9		
$Y=f(X_1,X_2,X_4)$	2.686 3	0.049 1	0.095 8		0.012 4	0.966 5
t 值	3.422 9	1.126 5	2.794 3		0.806 1	

最终，确定模型为

$$\hat{Y}=2.6863+0.0491X_1+0.0958X_2+0.0124X_4$$
$$(0.785)\ (0.043)\quad (0.034)\quad (0.015)$$
$$R^2=0.9777,\quad F=87.68$$

4-13　解答　(1) 设模型的函数形式为

$$Y=\beta_0+\beta_1X_1+\beta_2X_2+\mu$$

OLS 估计如下：

$$\hat{Y}=-1.919+0.1984X_1+0.1606X_2$$
$$(3.015)\ (0.186)\quad (0.033)$$
$$R^2=0.9504,\quad F=67.04$$

从 F 统计量的计算值看，$F=67.04$，该值大于 5%显著性水平下，自由度为(2,7)的 F 分

布的临界值 $F_{0.05}(2,7)=9.55$，表明从整体上看商品需求量与解释变量之间线性关系显著成立。但由于商品价格前的参数估计的 t 检验不显著，且符号违背经济意义，故怀疑两解释变量间存在较严重的多重共线性。事实上，容易验证两解释变量间的相关系数高达 $r=-0.942\ 7$。说明模型中解释变量间确实存在多重共线性。

（2）运用 OLS 逐一求 Y 对各个解释变量的回归，然后结合经济意义和统计检验选出拟合效果最好的线性回归模型。通过 Eviews 软件，易得：

$$\hat{Y}=12.49-0.653\ 6X_1$$
$$(1.008)(0.121)$$
$$R^2=0.783\ 6 \quad F=28.97$$

$$\hat{Y}=1.217\ 9+0.127\ 4X_2$$
$$(0.644)\ (0.011)$$
$$R^2=0.942\ 3 \quad F=130.76$$

从这两个回归结果看，第二个方程要比第一个方程好，故可选择第二个方程为最终模型。

4-14 解答 对税收函数 $T=\beta_0+\beta_1 \cdot \mathrm{GDP}+\mu$，以汽车数量 Z 作为州内生产总值 GDP 的工具变量。在 Eviews 软件中，选择 Quick\Estimate Equation，在出现的 Equation Estimation 窗口的 Specification 子窗口中输入“T C GDP”，并在 Estimate Settings 栏的 Methods 选项中选择 TSLS（二阶段最小二乘法），再在新出现的 Instrument list 栏内输入“C Z”，点击确定按钮，得如补解图 4-6 所示的结果。

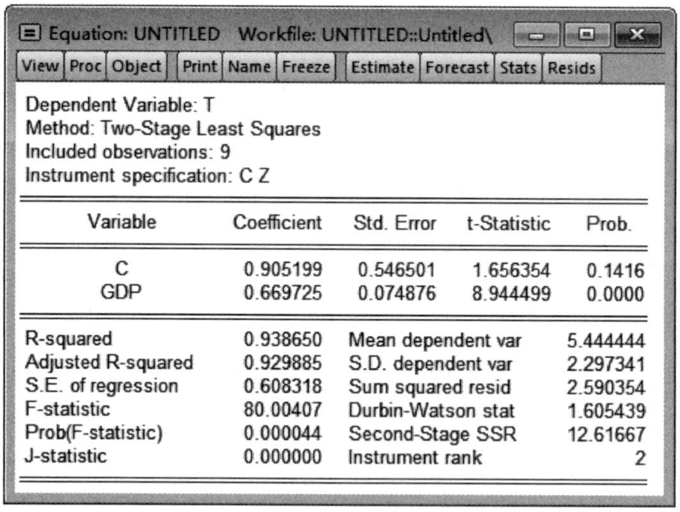

Dependent Variable: T
Method: Two-Stage Least Squares
Included observations: 9
Instrument specification: C Z

Variable	Coefficient	Std. Error	t-Statistic	Prob.
C	0.905199	0.546501	1.656354	0.1416
GDP	0.669725	0.074876	8.944499	0.0000

R-squared	0.938650	Mean dependent var	5.444444
Adjusted R-squared	0.929885	S.D. dependent var	2.297341
S.E. of regression	0.608318	Sum squared resid	2.590354
F-statistic	80.00407	Durbin-Watson stat	1.605439
Prob(F-statistic)	0.000044	Second-Stage SSR	12.61667
J-statistic	0.000000	Instrument rank	2

补解图 4-6 税收模型的 2SLS 估计

由此知税收函数的估计结果为：

$$\hat{T}=0.905\ 2+0.669\ 7\mathrm{GDP}$$
$$(0.546)\ (0.075)$$
$$R^2=0.938\ 7 \qquad F=80.00$$

直接采用 OLS 法进行估计的结果为

$$\hat{T}=0.5206+0.7265\mathrm{GDP}$$
$$(0.491)\ (0.067)$$
$$R^2=0.9444 \quad F=118.93$$

可见,OLS 高估了斜率项而低估计了截距项。

4-15 解答 (1) 从补充练习题 3-13 的估计结果看,GPA 的参数不显著,而 F 检验表明模型的总体线性关系成立,可判断 GPA 与其他两个解释变量间存在多重共线性问题。在 Eviews 软件下,选择 Quick\Group Statistics\Correlations,在出现的 Series List 对话框中输入"GPA GMAT X"(补解图 4-7),点击 OK 按钮后得如补解图 4-8 所示的相关系数矩阵。

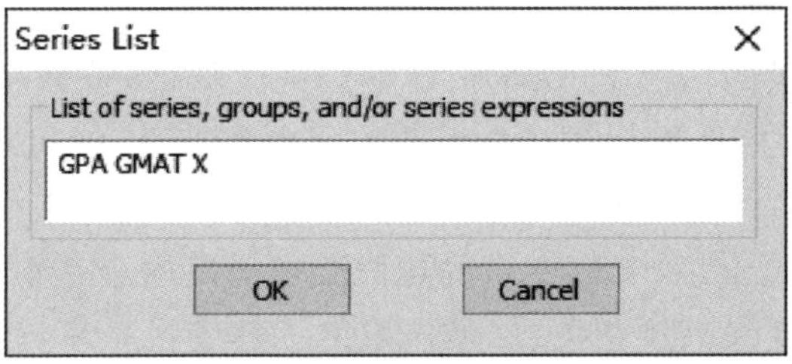

补解图 4-7 变量输入对话框

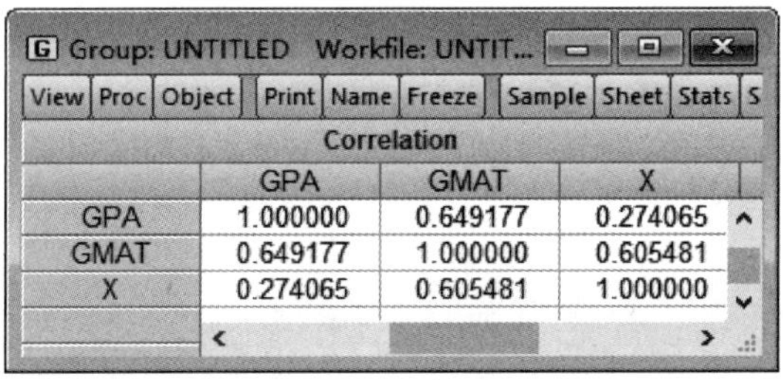

补解图 4-8 变量间相关系数矩阵

可以看出,GMAT 既与 GPA 有较强的相关性,也与 X 有较强的相关性,因此,可将其从模型中去掉。然后做 ASP 关于 GPA 与 X 的回归,得如下回归结果:

$$\widehat{\mathrm{ASP}}=-225517+78559.1\mathrm{GPA}+2.146X$$
$$(66654)\quad(21020.5)\qquad(0.473)$$
$$R^2=0.9381 \quad F=23.80$$

从 F 检验及参数的 t 检验容易判断,模型的线性关系显著成立,而且所选择的两个解释变量在 5%的显著性水平下均显著不为零。可作为最终模型初步选定。

(2) 在进行上述 OLS 回归后,选择 View\Residual Diagnostics\Heteroskedasticity Test,在出现的 Heteroskedasticity Test 窗口中选择 Breusch-Pagan-Godfrey,点击 OK 按钮,得补解图 4-9 所示的结果。

由 $n\times R^2$ 的值对应的 P 值看,模型已不存在异方差性,因此(1)中得到的模型可作为最终选定的模型。

Heteroskedasticity Test: Breusch-Pagan-Godfrey

F-statistic	0.125920	Prob. F(2,27)	0.8822
Obs*R-squared	0.277237	Prob. Chi-Square(2)	0.8706
Scaled explained SS	0.163902	Prob. Chi-Square(2)	0.9213

补解图 4-9　Breusch-Pagan 检验

4-16　解答　如果遗漏相关变量，则 OLS 估计结果在小样本下是有偏的，在大样本下也不具有一致性，随机干扰项的方差估计量 $\hat{\sigma}^2$ 也是有偏的，同时估计的参数的方差也是有偏的，从而不再能够保证最小方差性。

在多选无关解释变量的情形下，OLS 估计量仍是无偏的、一致的，随机干扰项的方差 σ^2 也能被正确估计，但 OLS 估计量却往往是无效的。也就是说，包含无关变量的偏误主要表现为，“错误”模型的 OLS 估计量的方差一般会大于“正确”模型相应参数估计量的方差。

4-17　解答　从理论上说，工具变量的选取必须满足两个基本条件：一是选取的工具变量必须与所替代的解释变量高度相关，二是选取的工具变量必须与随机干扰项不相关。

4-18　解答　（1）会选择（b）模型，理由是该模型中 D 的系数估计值在统计上显著；

（2）如果模型（b）确实更好而却选择了（a），则犯了模型设定错误，即遗漏了相关解释变量；

（3）D 的系数说明一个现实中比较普遍的现象，即男生的体重大于女生的体重。

4-19　解答　对于模型 $\ln Y=\beta_0+\beta_1\ln X+\beta_2\ln P_1+\mu$，在 Eviews 软件下的 OLS 估计结果如补解图 4-10 所示。

Dependent Variable: LOG(Y)
Method: Least Squares
Included observations: 23

Variable	Coefficient	Std. Error	t-Statistic	Prob.
C	-1.125797	0.088420	-12.73237	0.0000
LOG(X)	0.451547	0.024554	18.38966	0.0000
LOG(P1)	-0.372735	0.063104	-5.906668	0.0000

R-squared	0.980287	Mean dependent var	1.361301
Adjusted R-squared	0.978316	S.D. dependent var	0.187659
S.E. of regression	0.027634	Akaike info criterion	-4.218445
Sum squared resid	0.015273	Schwarz criterion	-4.070337
Log likelihood	51.51212	Hannan-Quinn criter.	-4.181197
F-statistic	497.2843	Durbin-Watson stat	1.877706
Prob(F-statistic)	0.000000		

补解图 4-10　Y 对 X 及 P_1 的 OLS 估计

接着选择 View\Stability Diagnostics\Ramsey RESET Test，在出现的 RESET Specification 对话窗口中输入“1”即可得到如补解图 4-11 所示的检验结果。从 F 统计量的伴随概率看，

模型不存在遗漏变量非线性项的函数误设形式偏误。

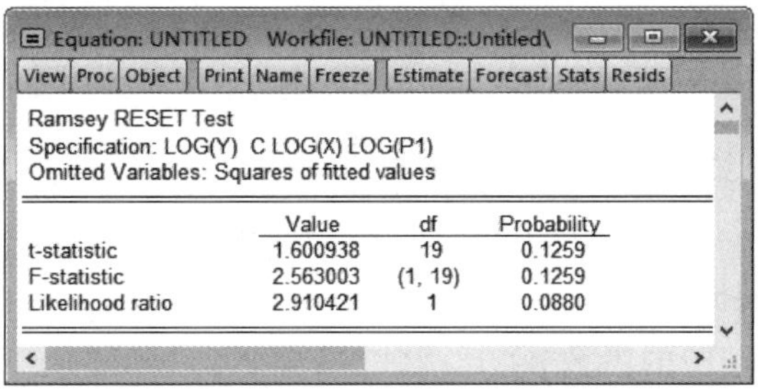

补解图 4-11　RESET 检验

对于原模型

$$\ln Y=\beta_0+\beta_1\ln X+\beta_2\ln P_1+\beta_3\ln P_2+\beta_4\ln P_3+\mu$$

其 OLS 估计为

$$\ln\hat{Y}=-0.732+0.345\ln X-0.502\ln P_1+0.147\ln P_2+0.087\ln P_3$$
$$(0.297)\ (0.083)\quad (0.109)\quad (0.099)\quad (0.099)$$
$$\bar{R}^2=0.9785\quad F=252.26$$

可以看出，在 5% 的显著性水平下，猪肉与牛肉价格均是不显著的。同样地，选择 Ramsey RESET Test，在 RESET Specification 对话窗口中输入“1”，可得到补解图 4-12 所示的检验结果。可以看出，仍不存在遗漏变量高次项的函数形式设定偏误。但显然，由猪肉与牛肉价格的 t 检验知，这里应该存在多设无关变量的偏误。

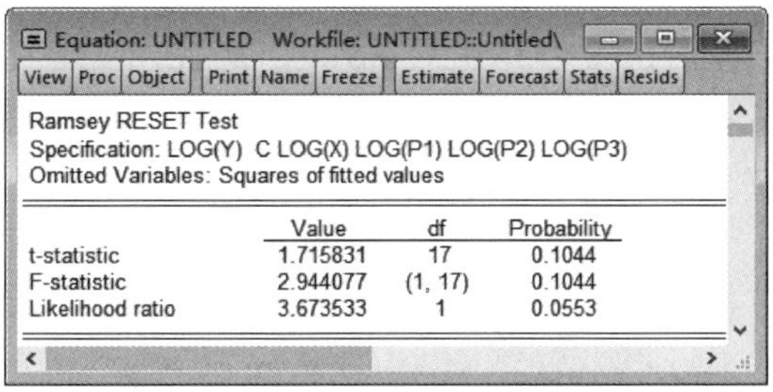

补解图 4-12　原模型 RESET 检验

第五章补充练习题参考解答

5-1　解答　(1) 错。当模型随机干扰项存在序列相关时，参数的 OLS 估计量不具有有效性,但仍具有无偏性。

(2) 错。一阶差分无法要求 $\rho=1$。该方法只需将被解释变量与各解释变量减去自相关系数 ρ 乘以它们各自变量的 1 阶滞后项,生成新的被解释变量与解释变量后,再进行 OLS 回归即可。

(3) 错。D. W. 检验只能检验模型是否存在 1 阶自相关,无法检验是否存在高阶自相关性,而且只能对解释变量满足严格外生条件且不包括被解释变量滞后项的模型进行检验。

(4) 对。该随机模型源于随机游走序列 $X_t=X_{t-1}+\mu_t$,而随机游走序列是非平稳的,它相当于随机模型 $X_t=\rho X_{t-1}+\mu_t$中的参数 $\rho=1$。

(5) 错。虽然单位根检验确实是考察模型 $\Delta X_t=\alpha+\delta X_{t-1}+\mu_t$中的 δ 是否等于 0,并且也是针对 $\delta=0$ 计算了通常的 t 统计量,但所查的分布表不是 t 分布表,而是迪基和福勒提出的 DF 分布表。DF 分布表的临界值要比通常的 t 分布表的临界值更小一些。

(6) 错。在对残差项的单位根检验中,所查的不是迪基和福勒提出的 DF 分布表或 ADF 分布表,而是麦金农通过模拟试验给出的协整检验的 ADF 分布表。

5-2 解答 在存在 AR(1) 自相关(即 1 阶自回归模式的自相关)的情况下,使用 1 阶差分法能够产生 BLUE 估计量。具体步骤简述如下:

线性回归模型的形式为

$$Y_t=\beta_0+\beta_1X_{t1}+\beta_2X_{t2}+\cdots+\beta_kX_{tk}+\mu_t,$$

μ_t满足

$$\mu_t=\rho\mu_{t-1}+\varepsilon_t$$

其中

$$\mathrm{E}(\varepsilon_t)=0,\quad \mathrm{Var}(\varepsilon_t)=\sigma_\varepsilon^2,\quad \mathrm{Cov}(\varepsilon_t,\varepsilon_s)=0,$$

则可将原模型变换为

$$Y_t^*=\beta_0(1-\rho)+\beta_1X_{t1}^*+\beta_2X_{t2}^*+\cdots+\beta_kX_{tk}^*+\mu_t-\mu_{t-1}$$

或

$$Y_t^*=\beta_0(1-\rho)+\beta_1X_{t1}^*+\beta_2X_{t2}^*+\cdots+\beta_kX_{tk}^*+\varepsilon_t$$

其中

$$Y_t^*=Y_t-\rho Y_{t-1}$$

$$X_{ts}^*=X_{ts}-\rho X_{t-1,s}(s=1,2,\cdots,k)$$

由于该模型不再存在序列相关性,对其采用 OLS 进行估计,即可产生 BLUE 估计量。

5-3 解答 在存在 AR(1) 的情况下,估计自相关参数 ρ 有下述几种方法:(1) 利用 D. W. 统计量(大样本情况)求 $\hat{\rho}$;(2) 迭代法。不论哪种方法,其基本思路都是采用 OLS 估计原模型,得到随机干扰项的“近似估计值”,然后利用该“近似估计值”求得随机干扰项相关系数的估计量。

5-4 解答 对于模型 $Y_t=\beta_0+\beta_1X_{t1}+\beta_2X_{t2}+\cdots+\beta_kX_{tk}+\mu_t(t=1,2,\cdots,n)$,如果出现 $\mathrm{Cov}(\mu_t,\mu_s)\neq0,(t\neq s,t,s=1,2,\cdots,n)$,即对于不同的样本点,随机干扰项之间不再是完全互相独立,而是存在某种相关性,则认为出现了序列相关性。

在现实经济运行中,采用时间序列数据作样本的序列相关性经常出现,如:以时间序列数据作为样本建立的行业生产函数模型;以时间序列数据作为样本建立的居民总消费函数模型等。各种检验序列相关性的方法思路大致相同,即先采用 OLS 估计原模型,记录残差 e_t 作为随机干扰项的“近似估计量”,然后通过分析这些残差项的自相关性以达到判断随机干扰项是否具有序列相关性的目的。

5-5 解答 1 阶自相关指的是随机干扰项的当前值只与其自身滞后一期值之间存在相关性。而 D. W. 方法仅适用于解释变量严格外生,随机干扰项的产生机制是 1 阶自相关,回归含有截距项,回归模型不把滞后被解释变量当作解释变量之一,没有缺失数据的情况。根据此条件,可以判断如下:

(1),(2),(3),(4)不可以;(5)可以。

5-6 解答 (1) 若题目要求用变量的一次差分估计该模型,即采用了如下形式:

$$Y_t-Y_{t-1}=\beta_2(X_t-X_{t-1})+(\mu_t-\mu_{t-1})$$

或

$$\Delta Y_t=\beta_2\Delta X_t+\varepsilon_t$$

这时,意味着 $\mu_t=\mu_{t-1}+\varepsilon_t$,即随机干扰项是自相关系数为 1 的 1 阶自相关形式。

(2) 在一次差分形式中出现截距项,即估计如下差分式:$\Delta Y_t=\beta_1+\beta_2\Delta X_t+\varepsilon_t$ 意味着在原始模型中有一个关于时间的趋势项,截距项事实上就是趋势变量的系数。即原模型应为

$$Y_t=\beta_0+\beta_1 t+\beta_2 X_t+\mu_t$$

5-7 解答 (1) Eviews 软件中,用 OLS 估计 Y_t关于 X_t的回归结果如补解图 5-1 所示。

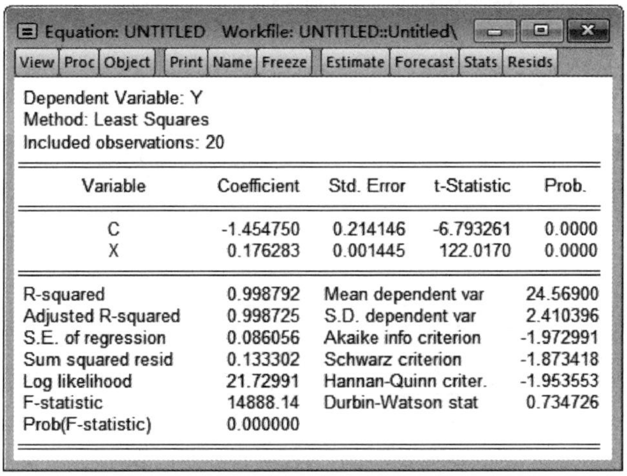
Equation: UNTITLED Workfile: UNTITLED::Untitled\

View | Proc | Object | Print | Name | Freeze | Estimate | Forecast | Stats | Resids

Dependent Variable: Y
Method: Least Squares
Included observations: 20

Variable	Coefficient	Std. Error	t-Statistic	Prob.
C	-1.454750	0.214146	-6.793261	0.0000
X	0.176283	0.001445	122.0170	0.0000

R-squared	0.998792	Mean dependent var	24.56900
Adjusted R-squared	0.998725	S.D. dependent var	2.410396
S.E. of regression	0.086056	Akaike info criterion	-1.972991
Sum squared resid	0.133302	Schwarz criterion	-1.873418
Log likelihood	21.72991	Hannan-Quinn criter.	-1.953553
F-statistic	14888.14	Durbin-Watson stat	0.734726
Prob(F-statistic)	0.000000		

补解图 5-1 *Y* 对 *X* 的 OLS 估计

即有如下回归方程

$$\hat{Y}_t=-1.454\ 8+0.176\ 3X_t$$
$$(0.214)\quad(0.001)$$
$$R^2=0.998\ 7\qquad F=14\ 888.1$$

(2) 在 5%的显著性水平下,容量为 $n=20$ 的 D. W. 分布的临界值为 $d_L=1.201$,$d_U=1.411$,由于 D. W. $=0.734\ 7<d_L$,所以该模型存在 1 阶正自相关。

(3) 序列相关稳健标准误法仍保持原 OLS 估计的参数,但需修正参数估计的标准差。Eviews 软件中,在 Equation Estimation 窗口的 Options 子窗口中,在 Coefficient covariance 栏内的 Covariance method 选项下选择 HAC(Newey-West),并点击 HAC options(补解图 5-2),在出现的 HAC Options 子窗口中,在 Kernel options 栏的 Kernel 选项下选择 Bartlett,在

Bandwidth method 选项下选择 User-specified，再在下面出现的 Bandwidth value 栏内输入“2”（Eviews 采用“1+自相关阶数”的方式）（补解图 5-3）。点击 OK 按钮，再点击 Options 窗口中的确定按钮，得到如补解图 5-4 所示的估计结果。与补解图 5-1 所示的 OLS 估计结果比较，修正估计中参数估计的标准差略有减小。

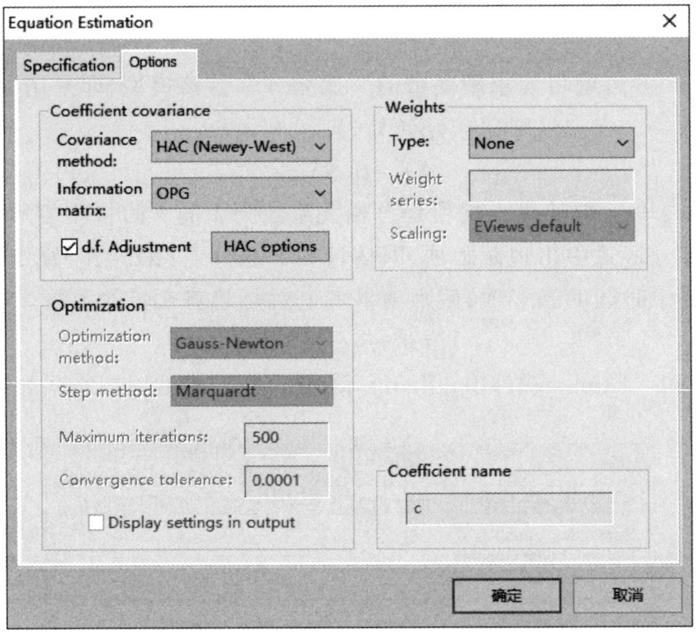

补解图 5-2　Options 窗口及相关选择

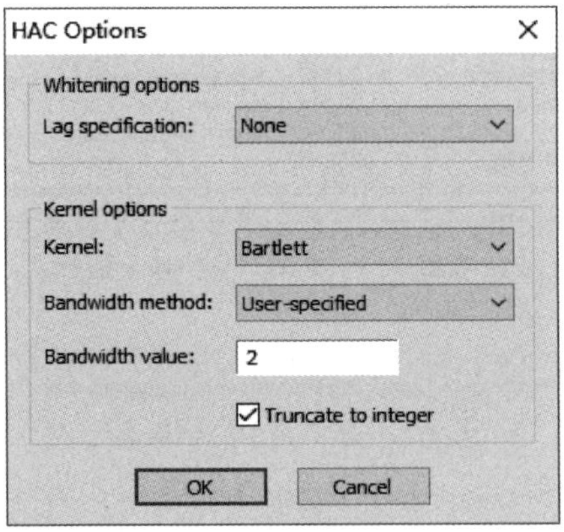

补解图 5-3　HAC Options 窗口及相关选择

（4）Eviews 软件中，直接在 Equation Estimation 窗口中的 Specification 子窗口中输入“Y C X AR(1)”，选择 Options 窗口，在 ARMA 栏内的 Method 选项中选择 GLS，点击确定按钮即得补解图 5-5 所示的估计结果。

5-8　解答　（1）在模型 A 中，$n=16$，$k=1$，$\alpha=5\%$，则查表得：$d_L=1.106$，$d_U=1.371$，$0<\text{D. W.}=0.825\ 2<d_L$，由此判定该模型中存在正的自相关。

Equation: PRAIS Workfile: UNTITLED::Untitled\

View | Proc | Object | Print | Name | Freeze | Estimate | Forecast | Stats | Resids

Dependent Variable: Y
Method: Least Squares
Sample: 1 20
Included observations: 20
HAC standard errors & covariance (Bartlett kernel, Integer User bandwidth = 2.0000)

Variable	Coefficient	Std. Error	t-Statistic	Prob.
C	-1.454750	0.214548	-6.780529	0.0000
X	0.176283	0.001416	124.5264	0.0000

R-squared	0.998792	Mean dependent var	24.56900
Adjusted R-squared	0.998725	S.D. dependent var	2.410396
S.E. of regression	0.086056	Akaike info criterion	-1.972991
Sum squared resid	0.133302	Schwarz criterion	-1.873418
Log likelihood	21.72991	Hannan-Quinn criter.	-1.953553
F-statistic	14888.14	Durbin-Watson stat	0.734726
Prob(F-statistic)	0.000000	Wald F-statistic	15506.83
Prob(Wald F-statistic)	0.000000		

补解图 5-4 HAC(Newey-West)法估计结果

Equation: UNTITLED Workfile: UNTITLED::Untitled\

View | Proc | Object | Print | Name | Freeze | Estimate | Forecast | Stats | Resids

Dependent Variable: Y
Method: ARMA Generalized Least Squares (Gauss-Newton)
Included observations: 20
Convergence achieved after 8 iterations
Coefficient covariance computed using outer product of gradients
d.f. adjustment for standard errors & covariance

Variable	Coefficient	Std. Error	t-Statistic	Prob.
C	-1.254853	0.394745	-3.178895	0.0055
X	0.174898	0.002658	65.80634	0.0000
AR(1)	0.667428	0.192614	3.465114	0.0030

R-squared	0.999284	Mean dependent var	24.56900
Adjusted R-squared	0.999200	S.D. dependent var	2.410396
S.E. of regression	0.068182	Akaike info criterion	-2.366322
Sum squared resid	0.079028	Schwarz criterion	-2.216962
Log likelihood	26.66322	Hannan-Quinn criter.	-2.337166
F-statistic	11864.65	Durbin-Watson stat	1.728054
Prob(F-statistic)	0.000000		

Inverted AR Roots .67

补解图 5-5 GLS 估计结果

在模型 B 中，$n=16$，$k=2$，$\alpha=5\%$，则查表得：$d_L=0.982$，$d_U=1.539$，$d_U<$D. W. $=1.82<4-d_U=2.461$，由此判定该模型中不存在自相关。

(2) 模型 A 存在自相关的原因在于实际中当期劳动份额受到前期劳动份额的影响，而模型并未考虑到这一影响因素，因此，其设定形式有误。

(3) 用 D. W. 可以判断回归方程是否存在自相关，也可以用其进行模型设定误差的检验，关键在于结合模型的经济意义和经济理论来区分。

5-9 解答 如果时间序列$\{X_t\}$满足下列条件：(1) 均值 $E(X_t)=\mu$，μ 为与时间 t 无关

的常数；(2) 方差 $\mathrm{Var}(X_t)=\sigma^2$，$\sigma$ 为与时间 t 无关的常数；(3) 协方差 $\mathrm{Cov}(X_tX_{t+k})=\gamma_k$，$\gamma_k$ 为只与时期间隔 k 有关，与时间 t 无关的常数，则称该随机时间序列是平稳的。

5-10 解答 在使用 DF 检验时，实际上假定了时间序列是由具有白噪声随机干扰项的 1 阶自回归过程(AR(1))生成的。但在实际检验中，时间序列可能是由更高阶的自回归过程生成的，或者随机干扰项并非是白噪声，这样用 OLS 进行估计均会表现出随机干扰项出现自相关，导致 DF 检验无效。另外，如果时间序列包含有明显的随时间变化的某种趋势(如上升或下降)，则也容易导致上述检验中随机干扰项的自相关问题。为了保证 DF 检验中随机干扰项的白噪声特性，迪基(Dicky)和福勒(Fuller)对 DF 检验进行了扩充，形成了 ADF 检验。

5-11 证明

$$\mathrm{E}(X_t)=\mathrm{E}(\xi)\cos\theta t+\mathrm{E}(\eta)\sin\theta t=0$$

$$\begin{aligned}
r_k=\mathrm{E}(x_{t+k}x_t)&=\mathrm{E}\{[\xi\cos\theta(t+k)+\eta\sin\theta(t+k)](\xi\cos\theta t+\eta\sin\theta t)\}\\
&=\cos\theta(t+k)\cos\theta t\mathrm{E}(\xi^2)+\sin\theta(t+k)\sin\theta t\mathrm{E}(\eta^2)+\\
&\quad\cos\theta(t+k)\sin\theta t\mathrm{E}(\xi\eta)+\sin\theta(t+k)\cos\theta t\mathrm{E}(\xi\eta)\\
&=\sigma^2[\cos\theta(t+k)\cos\theta t+\sin\theta(t+k)\sin\theta t]\\
&=\sigma^2\cos k\theta
\end{aligned}$$

$$\mathrm{Var}(X_t)=r_0=\sigma^2$$

所以$\{x_t,0\leqslant t\leqslant 1\}$为平稳过程。

5-12 解答 在 Eviews 软件的工作平台(Workfile)中，选择主菜单中的 Quick\Graph，在出现的 Series List 窗口中输入“Y”，点击 OK 按钮，在新出现的 Graph Options 窗口中的 Graph type 栏的 specific 选项中选择 Line & Symble，点击 OK 按钮，得到如补解图 5-6 所示的中国财政收入 Y 的时间序列图。

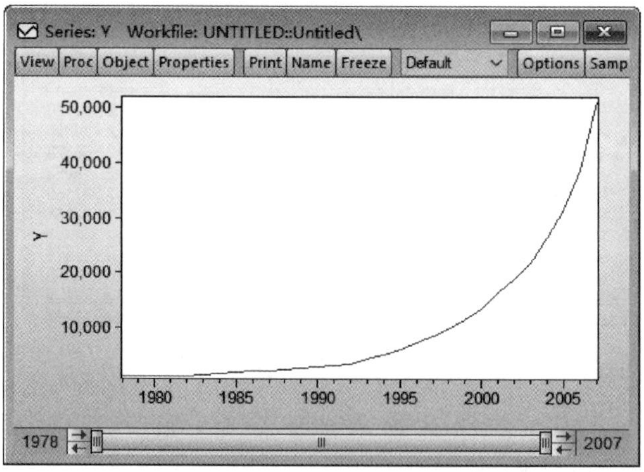

补解图 5-6 财政收入 Y 的线型图

序列图表现出了一个持续上升的过程，即在不同的时间段上，其均值是不同的，因此可初步判断是非平稳的。

在上述 Series：Y 窗口中(补解图 5-6)，继续点击 View\Correlogram，得到如补解图 5-7

所示的中国财政收入 Y 的时间序列相关图及相关系数、Q_{LB}统计量。

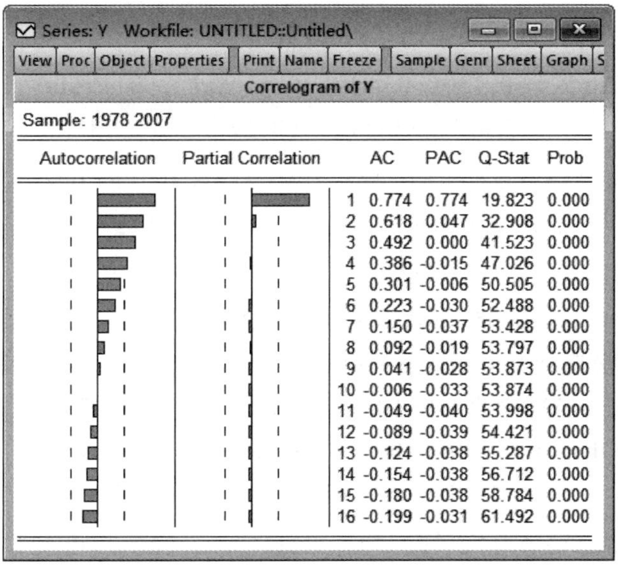

	AC	PAC	Q-Stat	Prob
1	0.774	0.774	19.823	0.000
2	0.618	0.047	32.908	0.000
3	0.492	0.000	41.523	0.000
4	0.386	-0.015	47.026	0.000
5	0.301	-0.006	50.505	0.000
6	0.223	-0.030	52.488	0.000
7	0.150	-0.037	53.428	0.000
8	0.092	-0.019	53.797	0.000
9	0.041	-0.028	53.873	0.000
10	-0.006	-0.033	53.874	0.000
11	-0.049	-0.040	53.998	0.000
12	-0.089	-0.039	54.421	0.000
13	-0.124	-0.038	55.287	0.000
14	-0.154	-0.038	56.712	0.000
15	-0.180	-0.038	58.784	0.000
16	-0.199	-0.031	61.492	0.000

补解图 5-7 财政收入 Y 的自相关系数图

从图中可以看出,样本自相关系数是缓慢下降的,表明了该序列的非平稳性。滞后 16 期的 Q_{LB}统计量计算值为 61.49,超过了显著性水平 5%下 χ^2 分布的临界值 26.30,因此进一步否定了该时间序列的自相关系数在滞后一期之后的值全部为 0 的假设。这样,结论是 1978—2007 年间中国财政收入 Y 的时间序列是非平稳序列。

5-13 解答 经过尝试,包括常数项、时间趋势项的模型,只包括常数项的模型与不包括常数项与时间趋势项的模型的适当检验式分别为:

$$\Delta Y_t = 441.7 - 67.2t + 0.11Y_{t-1} + 1.14\Delta Y_{t-1} - 0.42\Delta Y_{t-2} + 1.39\Delta Y_{t-3} - 1.31\Delta Y_{t-4}$$
$$(426.0)(34.75)(0.22) \quad (0.49) \quad (0.63) \quad (0.50) \quad (0.72)$$

$\bar{R}^2 = 0.964$ LM(1) = 0.17 ($p=0.68$) LM(2) = 1.07 ($p=0.58$) $ADF_{0.05} = -3.60$

$$\Delta Y_t = -244.3 + 0.06Y_{t-1} + 1.38\Delta Y_{t-1} - 0.54\Delta Y_{t-2} + 1.41\Delta Y_{t-3} - 1.58\Delta Y_{t-4}$$
$$(252.5)(0.236) \quad (0.508) \quad (0.673) \quad (0.533) \quad (0.750)$$

$\bar{R}^2 = 0.958$ LM(1) = 0.09 ($p=0.76$) LM(2) = 0.69 ($p=0.70$) $ADF_{0.05} = -2.99$

$$\Delta Y_t = -0.12Y_{t-1} + 1.71\Delta Y_{t-1} - 0.06\Delta Y_{t-2} + 1.66\Delta Y_{t-3} - 1.18\Delta Y_{t-4}$$
$$(0.148) \quad (0.379) \quad (0.538) \quad (3.466) \quad (0.624)$$

$\bar{R}^2 = 0.959$ LM(1) = 0.40 ($p=0.53$) LM(2) = 1.26($p=0.53$) $ADF_{0.05} = -1.96$

上述三个检验模型已不存在自相关性,因此模型的设定是正确的。从 Y_{t-1} 的参数值看,其 t 统计量的值均不比 5%显著性水平下 ADF 的临界值小,因此,不能拒绝存在单位根的零假设。至此,可断定中国财政收入时间序列 Y 是非平稳的。

5-14 解答 首先,检验 $\ln Y$ 的平稳性。利用 ADF 检验,在 5%的显著性水平下,经过检验发现 $\ln Y$ 是非平稳的,三个检验模型的适当的形式为

$$\Delta\ln Y_t = 0.31+0.01t-0.04\ln Y_{t-1}+0.65\Delta\ln Y_{t-1}-0.46\Delta\ln Y_{t-2}$$
$$(0.39)(0.01)\ (0.06)\qquad (0.20)\qquad (0.19)$$

$\overline{R}^2=0.573$ LM(1) = 0.26 (p=0.61) LM(2) = 1.27 (p=0.53) $ADF_{0.05}=-3.59$

$$\Delta\ln Y_t = -0.15+0.03\ln Y_{t-1}+0.67\Delta\ln Y_{t-1}-0.46\Delta\ln Y_{t-2}$$
$$(0.077)(0.011)\qquad (0.197)\qquad (0.195)$$

$\overline{R}^2=0.564$ LM(1) = 0.53 (p=0.47) LM(2) = 3.02 (p=0.22) $ADF_{0.05}=-2.98$

$$\Delta\ln Y_t = 0.01\ln Y_{t-1}+0.76\Delta\ln Y_{t-1}-0.33\Delta\ln Y_{t-2}$$
$$(0.003)\qquad (0.204)\qquad (0.196)$$

$\overline{R}^2=0.510$ LM(1) = 0.05 (p=0.82) LM(2) = 2.78(p=0.25) $ADF_{0.05}=-1.95$

记 $\ln Y$ 的 1 阶差分序列为 $DLY_t=\ln Y_t-\ln Y_{t-1}$，对 DLY_t进行单位根检验。利用 ADF 检验，在 5%的显著性水平下，经过检验发现 DLY_t是平稳的，适当检验模型为

$$\Delta(DLY_t)=0.040+0.005t-0.812DLY_{t-1}+0.467\Delta(DLY_{t-1})$$
$$(0.022)(0.001)\ (0.199)\qquad (0.191)$$

$\overline{R}^2=0.346$ LM(1) = 0.45 (p=0.50) LM(2) = 2.30 (p=0.32) $ADF_{0.05}=-3.59$

因此，可认为中国财政收入的对数序列 $\ln Y$ 是 1 阶单整的。

5-15 解答

$$\overline{X}=\frac{1}{10}\sum_{t=1}^{10}X_t=0.808$$

$$\hat{\gamma}_0=\frac{1}{10}\sum_{t=1}^{10}(X_t-\overline{X})^2=0.004\ 976$$

$$\hat{\gamma}_1=\frac{1}{10}\sum_{t=1}^{9}(X_t-\overline{X})(X_{t+1}-\overline{X})=-0.002\ 678\ 4$$

$$\hat{\gamma}_2=\frac{1}{10}\sum_{t=1}^{8}(X_t-\overline{X})(X_{t+2}-\overline{X})=0.000\ 971\ 2$$

$$\hat{\rho}_1=\hat{\gamma}_1/\hat{\gamma}_0=-0.538$$

$$\hat{\rho}_2=\hat{\gamma}_2/\hat{\gamma}_0=0.195$$

5-16 解答 由于

$$\begin{aligned}\Delta\ln Q_t&=\ln Q_t-\ln Q_{t-1}\\&=\alpha_0+(\alpha_1-1)\ln Q_{t-1}+\alpha_2(\ln A_t-\ln A_{t-1})+\alpha_2\ln A_{t-1}+\\&\quad\alpha_3(\ln C_t-\ln C_{t-1})+(\alpha_3+\alpha_4)\ln C_{t-1}+\mu_t\\&=\alpha_2\Delta\ln A_t+\alpha_3\Delta\ln C_t-\\&\quad(1-\alpha_1)\left(\ln Q_{t-1}-\frac{\alpha_0}{1-\alpha_1}-\frac{\alpha_2}{1-\alpha_1}\ln A_{t-1}-\frac{\alpha_3+\alpha_4}{1-\alpha_1}\ln C_{t-1}\right)+\mu_t\end{aligned}$$

短期播种面积变化 1%，将引起粮食产量变化 α_2%；短期化肥施用量变化 1%，将引起粮食产量变化 α_3%；$-(1-\alpha_1)$的大小反映了对偏离长期均衡的调整力度。

5-17 解答 由原模型知

$$K_t-\alpha_1K_{t-1}=\alpha_0+\alpha_2I_t+\alpha_3I_{t-1}+\mu_t$$

令 $K_t-\alpha_1 K_{t-1}=D_t$,则

$$\Delta D_t=D_t-D_{t-1}=\alpha_0+\alpha_2 I_t+\alpha_3 I_{t-1}-D_{t-1}+\mu_t$$
$$=\alpha_0+\alpha_2(I_t-I_{t-1})+\alpha_3(I_{t-1}-I_{t-2})-(D_{t-1}-\alpha_2 I_{t-1}-\alpha_3 I_{t-2})+\mu_t$$
$$=\alpha_2\Delta I_t+\alpha_3\Delta I_{t-1}-(D_{t-1}-\alpha_0-\alpha_2 I_{t-1}-\alpha_3 I_{t-2})+\mu_t$$

该模型即为原模型经变换后的误差修正模型。

5-18 解答 (1) 初步分析。按 1978 年价计的人均可支配收入 X 与人均消费支出 Y 已消除物价变动的影响,因此,可看成中国城镇居民家庭实际人均年可支配收入与实际年消费支出。对 X 和 Y 分别取对数,记为 $\ln X$,$\ln Y$。

(2) 单整性检验。容易验证 $\ln X$ 与 $\ln Y$ 是 1 阶单整的,它们适合的检验模型如下:

$$\Delta^2\ln X_t=0.055-0.880\Delta\ln X_{t-1}$$
$$(0.015)(0.190)$$
$$R^2=0.482\ 2\qquad \mathrm{LM}(1)=0.320\ (p=0.572)$$
$$\Delta^2\ln Y_t=0.066-1.136\Delta\ln Y_{t-1}$$
$$(0.015)(0.203)$$
$$R^2=0.576\qquad \mathrm{LM}(1)=0.201\ (p=0.654)$$

在 5%的显著性水平下,上述两方程的 ADF 检验临界值均为-2.99。

(3) 协整检验。首先,建立 $\ln Y$ 关于 $\ln X$ 的回归模型

$$\ln Y_t=0.579+0.887\ln X_t$$
$$(0.092)(0.014)$$
$$R^2=0.994\qquad F=4\ 160.0$$

该模型残差项稳定性检验的适当模型为:

$$\Delta\hat{e}_t=-0.772\ 2\hat{e}_{t-1}$$
$$(0.193\ 9)$$
$$R^2=0.388\qquad \mathrm{LM}(1)=1.862\ (p=0.172)$$

由附录 2 的协整检验临界值表可计算,在 5%显著性水平下的临界值为

$$-3.337\ 7-\frac{5.967}{27}-\frac{8.98}{27^2}=-3.571$$

这里的 t 检验值($-0.772\ 2/0.193\ 9=-3.98$)小于 5%显著性水平下的协整检验临界值,说明 $\ln Y$ 与 $\ln X$ 是(1,1)阶协整的,误差修正项:$\mathrm{ECM}_{t-1}=e_{t-1}=(\ln Y-0.579-0.887\ln X)_{t-1}$

(4) 建立误差修正模型。以 $\ln Y$ 的差分 $\Delta\ln Y$ 为被解释变量,以 $\Delta\ln Y$ 的各阶滞后,$\ln X$ 的差分 $\Delta\ln X$ 及其各阶滞后和误差修正项为解释变量,利用 OLS 进行估计并剔除不显著的解释变量,得误差修正模型:

$$\Delta\ln Y_t=0.775\Delta\ln X_t-0.792\mathrm{ECM}_{t-1}+\mu_t$$
$$(0.082)\qquad(0.191)$$
$$R^2=0.518\qquad \mathrm{LM}(1)=0.000\ (p=1.000)$$

由协整检验可知,中国城镇居民家庭人均消费支出与人均可支配收入之间具有长期均衡关系;模型中误差修正项的系数达到了-0.792,说明可支配收入与消费支出之间的长期均衡机

制对消费的变化具有强烈的修正作用。

第六章补充练习题参考解答

6-1　解答　对于二元选择问题,可以建立如下计量经济学模型:

$$Y_i = \boldsymbol{X}_i \boldsymbol{\beta} + \mu_i$$

其中 Y 为观测值为 1 和 0 的决策被解释变量,$\boldsymbol{X}$ 为解释变量向量,包括选择对象所具有的属性和选择主体所具有的属性。

在解释变量外生性的(同期不相关)假设下

$$\mathrm{E}(\mu_i \mid \boldsymbol{X}_i) = 0,\quad \mathrm{E}(Y_i \mid \boldsymbol{X}_i) = \boldsymbol{X}_i \boldsymbol{\beta}$$

所以有

$$\mathrm{E}(Y_i \mid \boldsymbol{X}_i) = P(Y_i = 1) = \boldsymbol{X}_i \boldsymbol{\beta}$$

表明 Y 的条件期望本质上是 $Y=1$ 的概率对于该式右端的 $\boldsymbol{X}_i \boldsymbol{\beta}$,并没有处于[0,1]这样的概率要求的范围内,实际上很可能超出[0,1]的范围;而对于该式左端的 $P(Y_i=1)$,则要求处于[0,1]范围内,于是产生了矛盾。所以上述模型不能作为实际研究二元选择问题的模型,需要构造效用模型。令选择 1 和 0 的效用表示如下:

$$U_i^1 = \boldsymbol{X}_i \boldsymbol{\beta}^1 + \varepsilon_i^1,\ U_i^0 = \boldsymbol{X}_i \boldsymbol{\beta}^0 + \varepsilon_i^0,$$

记

$$Y_i^* = U_i^1 - U_i^0 = \boldsymbol{X}_i(\boldsymbol{\beta}^1 - \boldsymbol{\beta}^0) + (\varepsilon_i^1 - \varepsilon_i^0) = \boldsymbol{X}_i \boldsymbol{\beta} + \mu_i^*$$

则

$$P(Y_i = 1) = P(Y_i^* > 0) = P(\mu_i^* > -\boldsymbol{X}_i \boldsymbol{\beta})$$

欲使得上式可以估计,就必须为 μ_i^* 选择一种特定的概率分布。标准正态分布或逻辑(Logistic)概率分布是两种最常选择的概率分布。

6-2　解答　$\hat{Y}^*$ 表示在模拟结果中个体选择 1 的概率,该值越接近 1 则表示越可能选择 1,该值接近 0.5 则表示个体的选择比较模糊。从表中结果看,第 18 个观测值的拟合结果为 1,就说明选择 1 的概率为 1,因此它与实际观测值完全吻合;同样地,第 22 个观测值的拟合结果为 0.999,概率已非常接近 1,而实际观测值是 1,因此也是完全吻合的。同样的道理,第 20、第 21 个观测值与拟合值也完全吻合。第 19 个观测值的拟合值为 0.447,表明取 1 的概率只有 0.447,不到一半,但实际观测值为 1,说明拟合结果与实际观测值不吻合。

6-3　解答　设线性回归模型为

$$\text{pension} = \beta_0 + \beta_1 \text{exper} + \beta_2 \text{age} + \beta_3 \text{educ} + \beta_4 \text{marry} + \mu$$

容量为 $n=100$ 的全样本 OLS 估计结果为

$$\widehat{\text{pension}} = 319.28 + 33.37\text{exper} - 28.72\text{age} + 74.98\text{educ} + 200.15\text{marry}$$
$$(442.3)\quad(11.94)\qquad(12.07)\quad(25.49)\qquad(143.5)$$

$$n=100 \quad R^2=0.178 \quad F=5.16$$

由于有 12 个个体的津贴为 0,排除后按容量为 $n=88$ 的子样本的 OLS 估计结果为

$$\widehat{pension}=586.61+28.06exper-27.23age+65.95educ+210.80marry$$
$$(413.3)(11.15) \quad (11.25) \quad (23.86) \quad (131.42)$$
$$n=88 \quad R^2=0.997 \quad F=5.18$$

按截断模型估计结果为

$$\widehat{pension}=611.05+33.39exper-32.84age+69.29educ+241.67marry$$
$$(444.7)(13.09) \quad (13.32) \quad (24.97) \quad (142.5)$$
$$n=88 \quad \ln L=-655.4 \quad RSS=15\ 739\ 268$$

按归并模型估计结果为

$$\widehat{pension}=218.73+36.22exper-31.07age+82.78educ+208.51marry$$
$$(492.0)(13.33) \quad (13.48) \quad (28.32) \quad (158.9)$$
$$n=100 \quad \ln L=-698.4 \quad RSS=26\ 459\ 348$$

截断模型的估计结果与排除津贴为 0 的数据后的 OLS 估计结果有一定的可比性。可以看出,截断模型的估计与 OLS 估计的符号相同,但前者的绝对值都大于 OLS 估计的绝对值,可见,OLS 估计有低估的趋势。

为了比较归并模型与 OLS 估计的结果,需对归并模型的参数按下式进行转换:

$$w\beta_j=\left[\frac{1}{n}\sum\Phi\left(\frac{\boldsymbol{X}_i\boldsymbol{\beta}}{\sigma}\right)\right]\beta_j$$

补解表 6-1 给出了全样本下的 OLS 估计、归并模型的估计以及归并模型参数的转换结果。可以看出,除 marry 变量外,OLS 估计结果比归并模型估计的参数值略低一些,但两者已经很相近了。由模型的估计结果知,在 5%的显著性水平下两模型均不能拒绝 marry 前参数为 0 的假设,即结婚与否对津贴的获取没有显著的影响。

补解表 6-1　OLS 估计与归并模型估计的参数比较

	exper	age	educ	marry
OLS 估计的 β_j	33.37	−28.72	74.98	200.15
归并模型估计的 β_j	36.22	−31.07	82.78	208.51
归并模型转换的 $w\beta_j$	33.64	−28.86	76.89	193.68

6-4　解答　单方程面板数据模型的一般形式为:

$$Y_{it}=\alpha_i+\boldsymbol{X}_{it}\boldsymbol{\beta}_i+\mu_{it}, \quad i=1,\cdots,n, \quad t=1,\cdots,T$$

其中 $\boldsymbol{X}_{it}$ 为 $1\times k$ 向量,$\boldsymbol{\beta}_i$ 为 $k\times1$ 向量,k 为解释变量的数目。该模型常用的有如下三种情形:

情形 1:　$\alpha_i=\alpha_j,\beta_i=\beta_j$

情形 2:　$\alpha_i\neq\alpha_j,\beta_i=\beta_j$

情形 3:　$\alpha_i\neq\alpha_j,\beta_i\neq\beta_j$

对于情形 1,在横截面上无个体影响、无结构变化,称为混合模型,则 OLS 估计给出了 α

和 β 的一致有效估计。相当于将多个时期的截面数据放在一起作为样本数据。对于情形 2，称为变截距模型，在横截面上个体影响不同，个体影响为模型中被忽略的反映个体差异的变量的影响，又分为固定影响和随机影响两种情况。对于情形 3，称为变系数模型，除了存在个体影响外，在横截面上还存在变化的经济结构，因而结构参数对不同横截面个体是不同的。若分析的问题属于第一种情况，则原来的模型是正确的，否则就会损失一些数据信息并带来模型估计的偏误甚至错误。

6-5 解答 对于变系数面板数据模型，如果 $\mathrm{E}(\boldsymbol{\mu}_i\boldsymbol{\mu}_j')\neq\mathbf{0}$，则表示随机干扰项在不同横截面个体之间的协方差不为零，记 $\boldsymbol{\Omega}_{ij}=\mathrm{E}(\boldsymbol{u}_i\boldsymbol{u}_j')$，则

$$\boldsymbol{V}=\begin{bmatrix}\boldsymbol{\Omega}_{11} & \boldsymbol{\Omega}_{12} & \cdots & \boldsymbol{\Omega}_{1n}\\ \boldsymbol{\Omega}_{21} & \boldsymbol{\Omega}_{22} & \cdots & \boldsymbol{\Omega}_{2n}\\ \vdots & \vdots & & \vdots\\ \boldsymbol{\Omega}_{n1} & \boldsymbol{\Omega}_{n2} & \cdots & \boldsymbol{\Omega}_{nn}\end{bmatrix}_{nT\times nT}$$

参数的广义最小二乘估计为：

$$\hat{\boldsymbol{\beta}}_{\mathrm{GLS}}=(\boldsymbol{X}'\boldsymbol{V}^{-1}\boldsymbol{X})^{-1}\boldsymbol{X}'\boldsymbol{V}^{-1}\boldsymbol{Y}$$

若 $\boldsymbol{V}$ 为单位矩阵，则广义最小二乘估计与每个截面个体方程的独立估计结果一样，若 $\boldsymbol{V}$ 不是单位矩阵时，仍然对每个截面个体方程进行独立估计则损失了截面之间存在的相关性信息，因此采用广义最小二乘估计相对有效。

附录 1

《计量经济学(第五版)》目录

第一章　绪论　1

附录 2

统计表

一、标准正态分布表

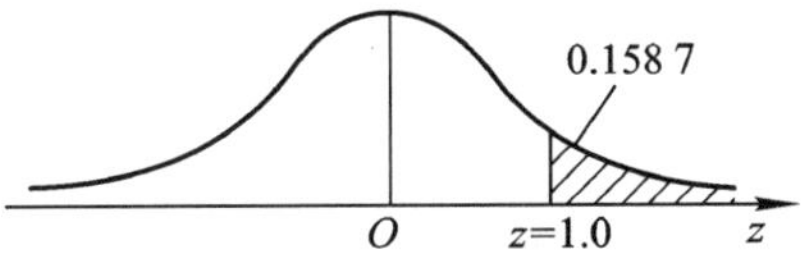

z	0.00	0.01	0.02	0.03	0.04	0.05	0.06	0.07	0.08	0.09
0.0	0.500 0	0.496 0	0.492 0	0.488 0	0.484 0	0.480 1	0.476 1	0.472 1	0.468 1	0.464 1
0.1	0.460 2	0.456 2	0.452 2	0.448 3	0.444 3	0.440 4	0.436 4	0.432 5	0.428 6	0.424 7
0.2	0.420 7	0.416 8	0.412 9	0.409 0	0.405 2	0.401 3	0.397 4	0.393 6	0.389 7	0.385 9
0.3	0.382 1	0.378 3	0.374 5	0.370 7	0.366 9	0.363 2	0.359 4	0.355 7	0.352 0	0.348 3
0.4	0.344 6	0.340 9	0.337 2	0.333 6	0.330 0	0.326 4	0.322 8	0.319 2	0.315 6	0.312 1
0.5	0.308 5	0.305 0	0.301 5	0.298 1	0.294 6	0.291 2	0.287 7	0.284 3	0.281 0	0.277 6
0.6	0.274 3	0.270 9	0.267 6	0.264 3	0.261 1	0.257 8	0.254 6	0.251 4	0.248 3	0.245 1
0.7	0.242 0	0.200 9	0.235 8	0.232 7	0.229 6	0.226 6	0.223 6	0.220 6	0.217 7	0.214 8
0.8	0.211 9	0.209 0	0.206 1	0.203 3	0.200 5	0.197 7	0.194 9	0.192 2	0.189 4	0.186 7
0.9	0.181 4	0.181 4	0.178 8	0.176 2	0.173 6	0.171 1	0.168 5	0.166 0	0.163 5	0.161 1
1.0	0.158 7	0.156 2	0.153 9	0.151 5	0.149 2	0.146 9	0.144 6	0.142 3	0.140 1	0.137 9
1.1	0.135 7	0.133 5	0.131 4	0.129 2	0.127 1	0.125 1	0.123 0	0.121 0	0.119 0	0.117 0
1.2	0.115 1	0.113 1	0.111 2	0.109 3	0.107 5	0.105 6	0.103 8	0.102 0	0.100 3	0.098 5
1.3	0.096 8	0.095 1	0.093 4	0.091 8	0.090 1	0.088 5	0.086 9	0.085 3	0.083 8	0.082 3
1.4	0.080 8	0.079 3	0.077 8	0.076 4	0.074 9	0.073 5	0.072 1	0.070 8	0.069 4	0.068 1
1.5	0.066 8	0.065 5	0.064 3	0.063 0	0.061 8	0.060 6	0.059 4	0.058 2	0.057 1	0.055 9
1.6	0.054 8	0.053 7	0.052 6	0.051 6	0.050 5	0.049 5	0.048 5	0.047 5	0.046 5	0.045 5
1.7	0.046 6	0.043 6	0.042 7	0.041 8	0.040 9	0.040 1	0.039 2	0.038 4	0.037 5	0.036 7
1.8	0.035 9	0.035 1	0.034 4	0.036 6	0.032 9	0.032 2	0.031 4	0.030 7	0.030 1	0.029 4
1.9	0.028 7	0.028 1	0.027 4	0.026 8	0.026 2	0.025 6	0.025 0	0.024 4	0.023 9	0.023 3
2.0	0.022 8	0.022 2	0.021 7	0.021 2	0.020 7	0.020 2	0.019 7	0.019 2	0.018 8	0.018 3
2.1	0.017 9	0.017 4	0.017 0	0.016 6	0.016 2	0.015 8	0.015 4	0.015 0	0.014 6	0.014 3
2.2	0.013 9	0.013 6	0.013 2	0.012 9	0.012 5	0.012 2	0.011 9	0.011 6	0.011 3	0.011 0
2.3	0.010 7	0.010 4	0.010 2	0.009 9	0.009 6	0.009 4	0.009 1	0.008 9	0.008 7	0.008 4
2.4	0.008 2	0.008 0	0.007 8	0.007 5	0.007 3	0.007 1	0.006 9	0.006 8	0.006 6	0.006 4
2.5	0.006 2	0.006 0	0.005 9	0.005 7	0.005 5	0.005 4	0.005 2	0.005 1	0.004 9	0.004 8
2.6	0.004 7	0.004 5	0.004 4	0.004 3	0.004 1	0.004 0	0.003 9	0.003 8	0.003 7	0.003 6
2.7	0.003 5	0.003 4	0.003 3	0.003 2	0.003 1	0.003 0	0.002 9	0.002 8	0.002 7	0.002 6
2.8	0.002 6	0.002 5	0.002 4	0.002 3	0.002 3	0.002 2	0.002 1	0.002 1	0.002 0	0.001 9
2.9	0.001 9	0.001 8	0.001 8	0.001 7	0.001 6	0.001 6	0.001 5	0.001 5	0.001 4	0.001 4
3.0	0.001 3	0.001 3	0.001 3	0.001 2	0.001 2	0.001 1	0.001 1	0.001 1	0.001 0	0.001 0

二、χ^2分布表

例：对于自由度 $v=10$，$P(\chi^2>15.99)=0.10$

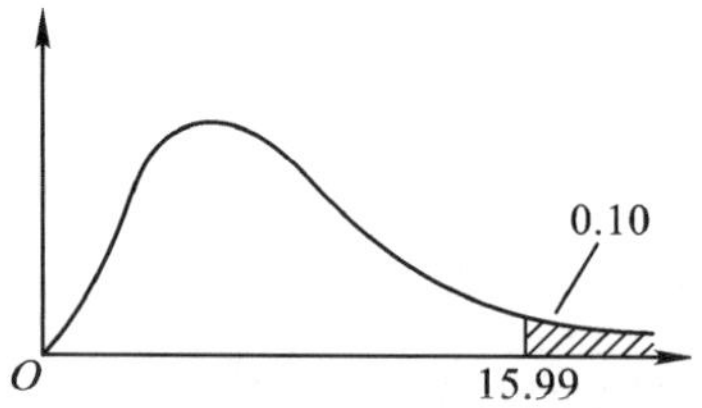

v \ α	0.99	0.975	0.95	0.90	0.75	0.50	0.25	0.10	0.05	0.025	0.01	0.005
1	0.0^3157	0.0^3982	0.0^2393	0.015 8	0.102	0.455	1.323	2.71	3.84	5.02	6.63	7.88
2	0.020 1	0.050 6	0.103	0.211	0.575	1.386	2.77	4.61	5.99	7.38	9.21	10.60
3	0.115	0.216	0.352	0.584	1.213	2.37	4.11	6.25	7.81	9.35	11.34	12.84
4	0.297	0.484	0.711	1.064	1.923	3.36	5.39	7.78	9.49	11.14	13.28	14.86
5	0.554	0.831	1.145	1.610	2.67	4.35	6.63	9.24	11.07	12.83	15.09	16.75
6	0.872	1.237	1.635	2.20	3.45	5.35	7.84	10.64	12.59	14.45	16.81	18.55
7	1.239	1.690	2.17	2.83	4.25	6.35	9.04	12.02	14.07	16.01	18.48	20.3
8	1.646	2.18	2.73	3.49	5.07	7.34	10.22	13.36	15.51	17.53	20.1	22.0
9	2.09	2.70	3.33	4.17	5.90	8.34	11.39	14.68	16.92	19.02	21.7	23.6
10	2.56	3.25	3.94	4.87	6.74	9.34	12.55	15.99	18.31	20.5	23.2	25.2
11	3.05	3.82	4.57	5.58	7.58	10.34	13.70	17.28	19.68	21.9	24.7	26.8
12	3.57	4.40	5.23	6.30	8.44	11.34	11.85	18.55	21.0	23.3	26.2	28.3
13	4.11	5.01	5.89	7.04	9.30	12.34	15.98	10.81	22.4	24.7	27.7	29.8
14	4.66	5.63	6.57	7.79	10.17	13.34	17.12	21.1	23.7	26.1	29.1	31.3
15	5.23	6.26	7.26	8.55	11.04	14.34	18.25	22.3	25.0	27.5	30.6	32.8
16	5.81	6.91	7.96	9.31	11.91	15.34	19.37	23.5	26.3	28.8	32.0	34.3
17	6.41	7.56	8.67	10.09	12.79	16.34	20.5	24.8	27.6	30.2	33.4	35.7
18	7.01	8.23	9.39	10.86	13.68	17.34	21.6	26.0	28.9	31.5	34.8	37.2
19	7.63	8.91	10.12	11.65	14.56	18.34	22.7	27.2	30.1	32.9	36.2	38.6
20	8.26	9.59	10.85	12.44	15.455	19.34	23.8	28.4	31.4	34.2	37.6	40.0
21	8.90	10.28	11.59	13.24	16.34	20.3	24.9	29.6	32.7	35.5	38.9	41.4
22	9.54	10.98	12.34	14.04	17.24	21.3	26.0	30.8	33.9	36.8	40.3	42.8
23	10.20	11.69	13.09	14.85	18.14	22.3	27.1	32.0	35.2	38.1	41.6	44.2
24	10.86	12.40	13.85	15.66	19.04	23.3	28.2	33.2	36.4	39.4	43.0	45.6
25	11.52	13.12	14.61	16.47	19.94	24.3	29.3	34.4	37.7	40.6	44.3	46.9
26	12.20	13.84	15.38	17.29	20.8	25.3	30.4	35.6	38.9	41.9	45.6	48.3
27	12.88	14.57	16.15	18.11	21.7	26.3	31.5	36.7	40.1	43.2	47.0	49.6
28	13.56	15.31	16.93	18.94	22.7	27.3	32.6	37.9	41.3	44.5	48.3	51.0
29	14.26	16.05	17.71	19.77	23.6	28.3	33.7	39.1	42.6	45.7	49.6	52.3
30	14.95	16.79	18.49	20.6	24.5	29.3	34.8	40.3	43.8	47.0	50.9	53.7

三、t 分布表

例：自由度 $v=10$，$P(t>1.812)=0.05$，$P(t<-1.812)=0.05$。

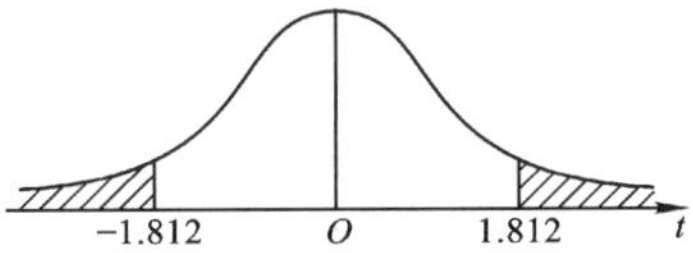

v \ α	0.25	0.20	0.15	0.10	0.05	0.025	0.01	0.005	0.000 5
1	1.000	1.376	1.963	3.078	6.314	12.706	31.821	63.657	636.619
2	0.816	1.061	1.386	1.886	2.920	4.303	6.965	9.925	31.598
3	0.765	0.978	1.250	1.638	2.353	3.182	4.541	5.841	12.941
4	0.741	0.941	1.190	1.533	2.132	2.776	3.747	4.604	8.610
5	0.727	0.920	1.156	1.476	2.015	2.571	3.365	4.032	6.859
6	0.718	0.906	1.134	1.440	1.943	2.447	3.143	3.707	5.959
7	0.711	0.896	1.119	1.415	1.895	2.365	2.998	3.499	5.405
8	0.706	0.889	1.108	1.397	1.860	2.306	2.896	3.355	5.041
9	0.703	0.883	1.100	1.383	1.833	2.262	2.821	3.250	4.781
10	0.700	0.879	1.093	1.372	1.812	2.228	2.764	3.169	4.587
11	0.697	0.876	1.088	1.363	1.796	2.201	2.718	3.106	4.437
12	0.695	0.873	1.083	1.356	1.782	2.179	2.681	3.055	4.318
13	0.694	0.870	1.079	1.350	1.771	2.160	2.650	3.012	4.221
14	0.692	0.868	1.076	1.345	1.761	2.145	2.624	2.977	4.140
15	0.691	0.866	1.074	1.341	1.753	2.131	2.602	2.947	4.073
16	0.690	0.865	1.071	1.337	1.746	2.120	2.583	2.921	4.015
17	0.689	0.863	1.069	1.333	1.740	2.110	2.567	2.898	3.965
18	0.688	0.862	1.067	1.330	1.734	2.101	2.552	2.878	3.922
19	0.688	0.861	1.066	1.328	1.729	2.093	2.539	2.861	3.883
20	0.687	0.860	1.064	1.325	1.725	2.086	2.528	2.845	3.850
21	0.686	0.859	1.063	1.323	1.721	2.080	2.518	2.831	3.819
22	0.686	0.858	1.061	1.321	1.717	2.074	2.508	2.819	3.792
23	0.685	0.858	1.060	1.319	1.714	2.069	2.500	2.807	3.767
24	0.685	0.857	1.059	1.318	1.711	2.064	2.492	2.397	3.745
25	0.684	0.856	1.058	1.316	1.708	2.060	2.485	2.787	3.725
26	0.684	0.856	1.058	1.315	1.706	2.056	2.479	2.779	3.707
27	0.684	0.855	1.057	1.314	1.703	2.052	2.473	2.771	3.690
28	0.683	0.855	1.056	1.313	1.701	2.048	2.467	2.763	3.674
29	0.683	0.854	1.055	1.311	1.699	2.045	2.462	2.756	3.659
30	0.683	0.854	1.055	1.310	1.697	2.042	2.457	2.750	3.646
40	0.681	0.851	1.050	1.303	1.684	2.021	2.423	2.704	3.551
60	0.679	0.848	1.046	1.296	1.671	2.000	2.390	2.660	3.460
120	0.677	0.845	1.041	1.289	1.658	1.980	2.358	2.617	3.373
∞	0.674	0.842	1.036	1.282	1.645	1.960	2.326	2.576	3.291

四、F分布表

例：自由度 $v_1=5$，$v_2=10$，$P(F>3.33)=0.05$，$P(F>5.64)=0.01$。

注：表中的数字是1%的显著性水平，上面的为5%的显著性水平。

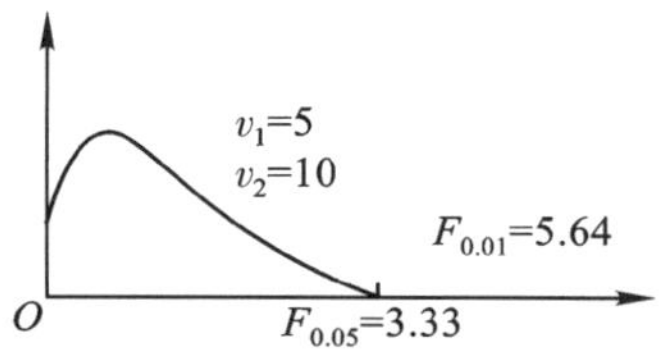

分母自由度 v_2 \ 分子自由度 v_1	1	2	3	4	5	6	7	8	9	10	11	12
1	161	200	216	225	230	234	237	239	241	242	243	244
	4 052	4 999	5 403	5 625	5 764	5 859	5 928	5 982	6 022	6 056	6 082	6 106
2	18.51	19.00	19.16	19.25	19.30	19.33	19.36	19.37	19.38	19.39	19.40	19.41
	98.49	99.00	99.17	99.25	99.30	99.33	99.34	99.36	99.38	99.40	99.41	99.42
3	10.13	9.55	9.28	9.12	9.01	8.94	8.88	8.84	8.81	8.78	8.76	8.74
	34.12	30.82	29.46	28.71	28.24	27.91	27.67	27.49	27.34	27.23	27.13	27.05
4	7.71	6.94	6.59	6.39	6.26	6.16	6.09	6.04	6.00	5.96	5.93	5.91
	21.20	18.00	16.69	15.98	15.52	15.21	14.98	14.80	14.66	14.54	14.45	14.37
5	6.61	5.79	5.41	5.19	5.05	4.95	4.88	4.82	4.78	4.74	4.70	4.68
	16.26	13.27	12.06	11.39	10.97	10.67	10.45	10.27	20.15	10.05	9.96	9.89
6	5.99	5.14	4.76	4.53	4.39	4.28	4.21	4.15	4.10	4.06	4.13	4.00
	13.74	10.92	9.78	9.15	8.75	8.47	8.25	8.10	7.98	7.87	7.79	7.72
7	5.59	4.74	4.35	4.12	3.97	3.87	3.79	3.73	3.68	3.63	3.60	3.57
	12.25	9.55	8.45	7.85	7.46	7.19	7.00	6.84	6.71	6.62	6.54	6.47
8	5.32	4.46	4.07	3.84	3.69	3.58	3.50	3.44	3.39	3.34	3.31	3.28
	11.26	8.65	7.59	7.01	6.63	6.37	6.19	6.03	5.91	5.82	5.74	5.67
9	5.12	4.26	3.86	3.63	3.48	3.37	3.29	3.23	3.18	3.13	3.10	3.07
	10.56	8.02	6.99	6.42	6.06	5.80	5.62	5.47	5.35	5.26	5.18	5.11
10	4.96	4.10	3.71	3.48	3.33	3.22	3.14	3.07	3.02	2.97	2.94	2.91
	10.04	7.56	6.55	5.99	5.64	5.39	5.21	5.06	4.95	4.85	4.73	4.71
11	4.84	3.98	3.59	3.36	3.20	3.09	3.01	2.95	2.90	2.86	2.82	2.79
	9.65	7.20	6.22	5.67	5.32	5.07	4.88	4.74	4.63	4.54	4.46	4.40
12	4.75	3.88	3.49	3.26	3.11	3.00	2.92	2.85	2.80	2.76	2.72	2.69
	9.33	6.93	5.95	5.41	5.06	4.82	4.65	4.50	4.39	4.30	4.22	4.16
13	4.67	3.80	3.41	3.18	3.02	2.92	2.84	2.77	2.72	2.67	2.63	2.60
	9.07	6.70	5.74	5.20	4.86	4.62	4.44	4.30	4.19	4.10	4.02	3.96
14	4.60	3.74	3.34	3.11	2.96	2.85	2.77	2.70	2.65	2.60	2.56	2.53
	8.86	6.51	5.56	5.03	4.69	4.46	4.28	4.14	4.03	3.94	3.86	3.80
15	4.54	3.68	3.29	3.06	2.90	2.79	2.70	2.64	2.59	2.55	2.51	2.48
	8.68	6.36	5.42	4.89	4.56	4.32	4.14	4.00	3.89	3.80	3.73	3.67

续表

v_2 \ v_1	分子自由度											
分母自由度	1	2	3	4	5	6	7	8	9	10	11	12
16	4.49	3.63	3.24	3.01	2.85	2.74	2.66	2.59	2.54	2.49	2.45	2.42
	8.53	6.23	5.29	4.77	4.44	4.20	4.03	3.89	3.78	3.69	3.61	3.55
17	4.45	3.59	3.20	2.96	2.81	2.70	2.62	2.55	2.50	2.45	2.41	2.38
	8.40	6.11	5.18	4.67	4.34	4.10	3.93	3.79	3.68	3.59	3.52	3.45
18	4.41	3.55	3.16	2.93	2.77	2.66	2.58	2.51	2.46	2.41	2.37	2.34
	8.28	6.01	5.09	4.58	4.25	4.01	3.85	3.71	3.60	3.51	3.44	3.37
19	4.38	3.52	3.13	2.90	2.74	2.63	2.55	2.48	2.43	2.38	2.34	2.31
	8.18	5.93	5.01	4.50	4.17	3.94	3.77	3.63	3.52	3.43	3.36	3.30
20	4.35	3.49	3.10	2.87	2.71	2.60	2.52	2.45	2.40	2.35	2.31	2.28
	8.10	5.85	4.94	4.43	4.10	3.87	3.71	3.56	3.45	3.37	3.30	3.23
21	4.32	3.47	3.07	2.84	2.68	2.57	2.49	2.42	2.37	2.32	2.28	2.25
	8.02	5.78	4.87	4.37	4.04	3.81	3.65	3.51	3.40	3.31	3.24	3.17
22	4.30	3.44	3.05	2.82	2.66	2.55	2.47	2.40	2.35	2.30	2.26	2.23
	7.94	5.72	4.82	4.31	3.99	3.76	3.59	3.45	3.35	3.26	3.18	3.12
23	4.28	3.42	3.03	2.80	2.64	2.53	2.45	2.38	2.32	2.28	2.24	2.20
	7.88	5.66	4.76	4.26	3.94	3.71	3.54	3.41	3.30	3.21	3.14	3.07
24	4.26	3.40	3.01	2.78	2.62	2.51	2.43	2.36	2.30	2.26	2.22	2.18
	7.82	55.61	4.72	4.22	3.90	3.67	3.50	3.36	3.25	3.17	3.09	3.03
25	4.24	3.38	2.99	2.76	2.60	2.49	2.41	2.34	2.28	2.24	2.20	2.16
	7.77	5.57	4.68	4.18	3.86	3.63	3.46	3.32	3.21	3.13	3.05	2.99
26	4.22	3.37	2.98	2.74	2.59	2.47	2.39	2.32	2.27	2.22	2.18	2.15
	7.72	5.53	4.64	4.14	3.82	3.59	3.42	3.29	3.17	3.09	3.02	2.96
27	4.21	3.35	2.96	2.73	2.57	2.46	2.37	2.30	2.25	2.20	2.16	2.13
	7.68	5.49	4.60	4.11	3.79	3.56	3.39	3.26	3.14	3.06	2.98	2.93
28	4.20	3.34	2.95	2.71	2.56	2.44	2.36	2.29	2.24	2.19	2.15	2.12
	7.64	5.45	4.57	4.07	3.76	3.53	3.36	3.23	3.11	3.03	2.95	2.90
29	4.18	3.33	3.93	2.70	2.54	2.43	2.35	2.28	2.22	2.18	2.14	2.10
	7.60	5.42	4.54	4.04	3.73	3.50	3.33	3.20	3.08	3.00	2.92	2.87
30	4.17	3.32	2.92	2.69	2.53	2.42	2.34	2.27	2.21	2.16	2.12	2.09
	7.56	5.39	4.51	4.02	3.70	3.47	3.30	3.17	3.06	2.98	2.90	2.84
32	4.15	3.30	2.90	2.67	2.51	2.40	2.32	2.25	2.19	2.14	2.10	2.07
	7.50	5.34	4.46	3.97	3.66	3.42	3.25	3.12	3.01	2.94	2.86	2.80
34	4.13	3.28	2.88	2.65	2.49	2.38	2.30	2.23	2.17	2.12	2.08	2.50
	7.44	5.29	4.42	3.93	6.61	3.38	3.21	3.08	2.97	2.89	2.82	2.76
36	4.11	3.26	2.86	2.63	2.48	2.36	2.28	2.21	2.15	2.10	2.06	2.03
	7.39	5.25	4.38	3.89	3.58	3.35	3.18	3.04	2.94	2.86	2.78	2.72
38	4.10	3.25	2.85	2.62	2.46	2.35	2.26	2.19	2.14	2.09	2.05	2.02
	7.35	5.21	4.34	3.86	3.54	3.32	3.15	3.02	2.91	2.82	2.75	2.69

续表

v_2 \ v_1	分子自由度											
分母自由度	1	2	3	4	5	6	7	8	9	10	11	12
40	4.08	3.23	2.84	2.61	2.45	2.34	2.25	2.18	2.12	2.07	2.04	2.00
	7.31	5.18	4.31	3.83	3.51	3.29	3.12	2.99	2.88	2.80	2.73	2.66
42	4.07	3.22	2.83	2.59	2.44	2.32	2.24	2.17	2.11	2.06	2.02	1.99
	7.27	5.15	4.29	3.80	3.49	3.26	3.10	2.96	2.86	2.77	2.70	2.64
44	4.06	3.21	2.82	2.58	2.43	2.31	2.23	2.16	2.10	2.05	2.01	1.98
	7.24	5.12	4.26	3.78	3.46	3.24	3.07	2.94	2.84	2.75	2.68	2.62
46	4.05	3.20	2.81	2.57	2.42	2.30	2.22	2.14	2.09	2.04	2.00	1.97
	7.21	5.10	4.24	3.76	3.44	3.22	3.05	2.92	2.82	2.73	2.66	2.60
48	4.04	3.19	2.80	2.56	2.41	2.30	2.21	2.14	2.08	2.03	1.99	1.96
	7.19	5.08	4.22	3.74	3.42	3.20	3.04	2.90	2.80	2.71	2.64	2.58
50	4.03	3.18	2.79	2.56	2.40	2.29	2.20	2.13	2.07	2.02	1.98	1.95
	7.17	5.06	4.20	3.72	3.41	3.18	3.02	2.88	2.78	2.70	2.62	2.56
55	4.02	3.17	2.78	2.54	2.38	2.27	2.18	2.11	2.05	2.00	1.97	1.93
	7.12	5.01	4.16	3.68	3.37	3.15	2.98	2.85	2.75	2.66	2.59	2.53
60	4.00	3.15	2.76	2.52	2.37	2.25	2.17	2.10	2.04	1.99	1.95	1.92
	7.08	4.98	4.13	3.65	3.34	3.12	2.95	2.82	2.72	2.63	2.56	2.50
65	3.99	3.14	2.75	2.51	2.36	2.24	2.15	2.08	2.02	1.98	1.94	1.90
	7.04	4.95	4.10	3.62	3.31	3.09	2.93	2.79	2.70	2.61	2.54	2.47
70	3.98	3.13	2.74	2.50	2.35	2.23	2.14	2.07	2.01	1.97	1.93	1.89
	7.01	4.92	4.08	3.60	3.29	3.07	2.91	2.77	2.67	2.59	2.51	2.45
80	3.96	3.11	2.72	2.48	2.33	2.21	2.12	2.05	1.99	1.95	1.91	1.88
	6.96	4.88	4.04	3.56	3.25	3.04	2.87	2.74	2.64	2.55	2.48	2.41
100	3.94	3.09	2.70	2.46	2.30	2.19	2.10	2.03	1.97	1.92	1.88	1.85
	6.90	4.82	3.98	3.51	3.20	2.99	2.82	2.69	2.59	2.51	2.43	2.36
125	3.92	3.07	2.68	2.44	2.29	2.17	2.08	2.01	1.95	1.90	1.86	1.83
	6.84	4.78	3.94	3.47	3.17	2.95	2.79	2.65	2.56	2.47	2.40	2.33
150	3.91	3.06	2.67	2.43	2.27	2.16	2.07	2.00	1.94	1.89	1.85	1.82
	6.81	4.75	3.91	3.44	3.14	2.92	2.76	2.62	2.53	2.44	2.37	2.30
200	3.89	3.04	2.65	2.41	2.26	2.14	2.05	1.98	1.92	1.87	1.83	1.80
	2.39	4.71	3.88	3.41	3.11	2.90	2.73	2.60	2.50	2.41	2.34	2.28
400	3.86	3.02	2.62	2.39	2.23	2.12	2.03	1.96	1.90	1.85	1.81	1.78
	6.70	4.66	3.83	3.36	3.06	2.85	2.69	2.55	2.46	2.37	2.29	2.23
1 000	3.85	3.00	1.61	2.38	2.22	2.10	2.02	1.95	1.89	1.84	1.80	1.76
	6.66	4.62	3.80	3.34	3.04	2.82	2.66	2.53	2.43	2.34	2.26	2.20
∞	3.84	2.99	2.60	2.37	2.21	2.09	2.01	1.94	1.88	1.83	1.79	1.75
	6.64	4.60	3.78	3.32	3.02	2.80	2.64	2.51	2.41	2.32	2.24	2.18

续表

分母自由度 v_2 \ v_1	分子自由度											
	14	16	20	24	30	40	50	75	100	200	500	∞
1	245	246	284	249	250	251	252	253	253	254	254	254
	6 142	6 169	6 208	6 234	6 258	6 286	6 302	6 323	6 334	6 352	6 361	6 366
2	19.42	19.43	19.44	19.45	19.46	19.47	19.47	19.48	19.49	19.49	19.50	19.50
	99.43	99.44	99.45	99.46	99.47	99.48	99.48	99.49	99.49	99.49	99.50	99.50
3	8.71	8.69	8.66	8.64	8.62	8.60	8.58	8.57	8.56	8.54	8.53	8.53
	26.92	26.83	26.69	26.60	26.50	26.41	26.35	26.27	26.23	26.18	26.14	26.12
4	5.87	5.84	5.80	5.77	5.74	5.71	5.70	5.68	5.66	5.65	5.64	5.63
	14.24	14.15	14.02	13.93	13.83	13.74	13.69	13.61	13.57	13.52	13.48	13.46
5	4.64	4.60	4.56	4.53	4.50	4.46	4.44	4.42	4.40	4.38	4.37	4.36
	9.77	9.68	9.55	9.47	9.38	9.29	9.24	9.17	9.13	9.07	9.04	9.02
6	3.96	3.92	3.87	3.84	3.81	3.77	3.75	3.72	3.71	3.69	3.68	3.67
	7.60	7.52	7.33	7.31	7.23	7.14	7.09	7.02	6.99	6.94	6.90	6.88
7	3.52	3.49	3.44	3.41	3.38	3.34	3.32	3.29	3.28	3.25	3.24	3.23
	6.35	6.27	6.15	6.07	5.98	5.90	5.85	5.78	5.75	5.70	5.67	5.65
8	3.23	3.20	3.15	3.12	3.08	3.05	3.03	3.00	2.98	2.96	2.94	2.93
	5.56	5.48	5.36	5.28	5.20	5.11	5.06	5.00	4.96	4.91	4.88	4.86
9	3.02	2.98	2.93	2.90	2.86	2.82	2.80	2.77	2.76	2.73	2.72	2.71
	5.00	4.92	4.80	4.73	4.64	4.56	4.51	4.45	4.41	4.36	4.33	4.31
10	2.86	2.82	2.77	2.74	2.70	2.67	2.64	2.61	2.59	2.56	2.55	2.54
	4.60	4.52	4.41	4.33	4.25	4.17	4.12	4.05	4.01	3.96	3.93	3.91
11	2.74	2.70	2.65	2.61	2.57	2.53	2.50	2.47	2.45	2.42	2.41	2.40
	4.29	4.21	4.10	4.02	3.94	3.86	3.80	3.74	3.70	3.66	3.62	3.60
12	2.64	2.60	2.54	2.50	2.46	2.42	2.40	2.36	2.35	2.32	2.31	2.30
	4.05	3.98	3.86	3.78	3.70	3.61	3.56	3.49	3.46	3.41	3.38	3.36
13	2.55	2.51	2.46	2.42	2.38	2.34	2.32	2.28	2.26	1.24	2.22	2.21
	3.85	3.78	3.67	3.59	3.15	3.42	3.37	3.30	3.27	3.21	3.18	3.16
14	2.48	2.44	2.39	2.35	2.31	2.27	2.24	2.21	2.19	2.16	2.14	2.13
	3.70	3.62	3.51	3.43	3.34	3.26	3.21	3.14	3.11	3.06	3.02	3.00
15	2.43	2.39	2.33	2.29	2.25	2.21	2.18	2.15	2.12	2.10	2.08	2.07
	3.56	3.48	3.36	3.29	3.20	3.12	3.07	3.00	2.97	2.92	2.89	2.87
16	2.37	2.33	2.28	2.24	2.20	2.16	2.13	2.09	2.07	2.04	2.02	2.01
	3.45	3.37	3.25	3.18	3.10	3.01	2.96	2.89	2.86	2.80	2.77	2.75
17	2.33	2.29	2.23	2.19	2.15	2.11	2.08	2.04	2.02	1.99	1.97	1.96
	3.35	3.27	3.16	3.08	3.00	2.92	2.86	2.79	2.76	2.70	2.67	2.65

续表

v_2 \ v_1	分子自由度											
	14	16	20	24	30	40	50	75	100	200	500	∞
分母自由度 18	2. 29	2. 25	2. 19	2. 15	2. 11	2. 07	2. 04	2. 00	1. 98	1. 95	1. 93	1. 92
	3. 27	3. 19	3. 07	3. 00	2. 91	2. 83	2. 78	2. 71	2. 68	2. 62	2. 59	2. 57
19	2. 26	2. 21	2. 15	2. 11	2. 07	2. 02	2. 00	1. 96	1. 94	1. 91	1. 90	1. 88
	3. 19	3. 12	3. 00	2. 92	2. 84	2. 76	2. 70	2. 63	2. 60	2. 54	2. 51	2. 49
20	2. 23	2. 18	2. 12	2. 08	2. 04	1. 99	1. 96	1. 92	1. 90	1. 87	1. 85	1. 84
	3. 13	3. 05	2. 94	2. 86	2. 77	2. 69	2. 63	2. 56	2. 53	2. 47	2. 44	2. 42
21	2. 20	2. 15	2. 09	2. 05	2. 00	1. 96	1. 93	1. 89	1. 87	1. 84	1. 82	1. 81
	3. 07	2. 99	2. 88	2. 80	2. 72	2. 63	2. 58	2. 51	2. 47	2. 42	2. 38	2. 36
22	2. 18	2. 13	2. 07	2. 03	1. 98	1. 93	1. 91	1. 87	1. 84	1. 81	1. 80	1. 78
	3. 02	2. 94	2. 83	2. 75	2. 67	2. 58	2. 53	2. 46	2. 42	2. 37	2. 33	2. 31
23	2. 14	2. 10	2. 04	2. 00	1. 96	1. 91	1. 88	1. 84	1. 82	1. 79	1. 77	1. 76
	2. 97	2. 89	2. 78	2. 79	2. 62	2. 53	2. 48	2. 41	2. 37	2. 32	2. 28	2. 26
24	2. 13	2. 09	2. 02	1. 98	1. 94	1. 89	1. 86	1. 82	1. 80	1. 76	1. 74	1. 73
	2. 93	2. 85	2. 74	2. 66	2. 58	2. 49	2. 44	2. 36	2. 33	2. 27	2. 23	2. 21
25	2. 11	2. 06	2. 00	1. 96	1. 92	1. 87	1. 84	1. 80	1. 77	1. 74	1. 72	1. 71
	2. 89	2. 81	2. 70	2. 62	2. 54	2. 45	2. 40	2. 32	2. 29	2. 23	2. 19	2. 17
26	2. 10	2. 05	1. 99	1. 95	1. 90	1. 85	1. 82	1. 78	1. 76	1. 72	1. 70	1. 69
	2. 86	2. 77	2. 66	2. 58	2. 50	2. 41	2. 36	2. 28	2. 25	2. 19	2. 15	2. 13
27	2. 08	2. 03	1. 97	1. 93	1. 88	1. 84	1. 80	1. 76	1. 74	1. 71	1. 68	1. 67
	2. 83	2. 74	2. 63	2. 55	2. 47	2. 38	2. 33	2. 25	2. 21	2. 16	2. 12	2. 10
28	2. 06	2. 02	1. 96	1. 91	1. 87	1. 81	1. 78	1. 75	1. 72	1. 69	1. 67	1. 65
	2. 80	2. 71	2. 60	2. 52	2. 44	2. 35	2. 30	2. 22	2. 18	2. 13	2. 09	2. 06
29	2. 05	2. 00	1. 94	1. 90	1. 85	1. 80	1. 77	1. 73	1. 71	1. 68	1. 65	1. 64
	2. 77	2. 68	2. 57	2. 49	2. 41	2. 32	2. 27	2. 19	2. 15	2. 10	2. 06	2. 03
30	2. 04	1. 99	1. 93	1. 89	1. 84	1. 79	1. 76	1. 72	1. 69	1. 66	1. 64	1. 62
	2. 74	2. 66	2. 55	2. 47	2. 38	2. 29	2. 24	2. 16	2. 13	2. 07	2. 03	2. 01
32	2. 02	1. 97	1. 91	1. 86	1. 82	1. 76	1. 74	1. 69	1. 67	1. 64	1. 61	1. 59
	2. 70	2. 62	2. 51	2. 42	2. 34	2. 25	2. 20	2. 12	2. 08	2. 02	1. 98	1. 96
34	2. 00	1. 95	1. 89	1. 84	1. 80	1. 74	1. 71	1. 67	1. 64	1. 61	1. 59	1. 57
	2. 66	2. 58	2. 47	2. 38	2. 30	2. 21	2. 15	2. 08	2. 04	1. 98	1. 94	1. 91
36	1. 98	1. 93	1. 87	1. 82	1. 78	1. 72	1. 69	1. 65	1. 62	1. 59	1. 56	1. 55
	2. 62	3. 54	2. 43	2. 35	2. 26	2. 17	2. 12	2. 04	2. 00	1. 94	1. 90	1. 87
38	1. 96	1. 92	1. 85	1. 80	1. 76	1. 71	1. 67	1. 63	1. 60	1. 57	1. 54	1. 53
	2. 59	2. 51	2. 40	2. 32	2. 22	2. 14	2. 08	2. 00	1. 97	1. 90	1. 86	1. 84

续表

分母自由度 v_2 \ v_1	分子自由度											
	14	16	20	24	30	40	50	75	100	200	500	∞
40	1.95	1.90	1.84	1.79	1.74	1.69	1.66	1.61	1.59	1.55	1.53	1.51
	2.56	2.49	2.37	2.29	2.20	2.11	2.05	1.97	1.94	1.88	1.84	1.81
42	1.94	1.89	1.82	1.78	1.73	1.68	1.64	1.60	1.57	1.54	1.51	1.49
	2.54	2.46	2.35	2.26	2.17	2.08	2.02	1.94	1.91	1.85	1.80	1.78
44	1.92	1.88	1.81	1.76	1.72	1.66	1.63	1.58	1.56	1.52	1.50	1.48
	2.52	2.44	2.32	2.24	2.15	2.06	2.00	1.92	1.88	1.82	1.78	1.75
46	1.91	1.87	1.80	1.75	1.71	1.65	1.62	1.57	1.54	1.51	1.48	1.46
	2.50	2.42	2.30	2.22	2.13	2.04	1.98	1.90	1.86	1.80	1.76	1.72
48	1.90	1.86	1.79	1.74	1.70	1.64	1.61	1.56	1.53	1.50	1.47	1.45
	2.48	2.40	2.28	2.20	2.11	2.02	1.96	1.88	1.84	1.78	1.73	1.70
50	1.90	1.85	1.78	1.74	1.69	1.63	1.60	1.55	1.52	1.48	1.46	1.44
	2.46	2.39	2.26	2.18	2.10	2.00	1.94	1.86	1.82	1.76	1.71	1.68
55	1.88	1.83	1.76	1.72	1.67	1.61	1.58	1.52	1.50	1.46	1.43	1.41
	2.43	2.35	2.23	2.15	2.06	1.96	1.90	1.82	1.78	1.71	1.66	1.64
60	1.86	1.81	1.75	1.70	1.65	1.59	1.56	1.50	1.48	1.44	1.41	1.39
	2.40	2.32	2.20	2.12	2.03	1.93	1.87	1.79	1.74	1.68	1.63	1.60
65	1.85	1.80	1.73	1.68	1.63	1.57	1.54	1.49	1.46	1.42	1.39	1.37
	2.37	2.30	2.18	2.09	2.00	1.90	1.84	1.76	1.71	1.64	1.60	1.56
70	1.84	1.79	1.72	1.67	1.62	1.56	1.53	1.47	1.45	1.40	1.37	1.35
	2.35	2.28	2.15	2.07	1.98	1.88	1.82	1.74	1.69	1.62	1.56	1.53
80	1.82	1.77	1.70	1.65	1.60	1.54	1.51	1.45	1.42	1.38	1.35	1.32
	2.32	2.24	2.11	2.03	1.94	1.84	1.78	1.70	1.65	1.57	1.52	1.49
100	1.79	1.75	1.68	1.63	1.57	1.51	1.48	1.42	1.39	1.34	1.30	1.28
	2.26	2.19	2.06	1.98	1.89	1.79	1.73	1.64	1.59	1.51	1.46	1.43
125	1.77	1.72	1.65	1.60	1.55	1.49	1.45	1.39	1.36	1.31	1.27	1.25
	2.23	2.15	2.03	1.94	1.85	1.75	1.68	1.59	1.54	1.46	1.40	1.37
150	1.76	1.71	1.64	1.59	1.54	1.47	1.44	1.37	1.34	1.29	1.25	1.22
	2.20	2.12	2.00	1.91	1.83	1.72	1.66	1.56	1.51	1.43	1.37	1.33
200	1.74	1.69	1.62	1.57	1.52	1.45	1.42	1.35	1.32	1.26	1.22	1.19
	2.17	2.09	1.97	1.88	1.79	1.69	1.62	1.53	1.48	1.39	1.33	1.28
400	1.72	1.67	1.60	1.54	1.49	1.42	1.38	1.32	1.28	1.22	1.16	1.13
	2.12	2.04	1.92	1.84	1.74	1.64	1.57	1.47	1.42	1.32	1.24	1.19
1 000	1.70	1.65	1.58	1.53	1.47	1.41	1.36	1.30	1.26	1.19	1.13	1.08
	2.09	2.01	1.89	1.81	1.71	1.61	1.54	1.44	1.38	1.28	1.19	1.11
∞	1.67	1.64	1.57	1.52	1.46	1.40	1.35	1.28	1.24	1.17	1.11	1.00
	2.07	1.99	1.87	1.79	1.69	1.59	1.52	1.41	1.36	1.25	1.15	1.00

五、D.W. 检验上下界表

5%的上下界

n	$k=2$		$k=3$		$k=4$		$k=5$		$k=6$	
	d_L	d_U	d_L	d_U	d_L	d_U	d_L	d_U	d_L	d_U
15	1.08	1.36	0.95	1.54	0.82	1.75	0.69	1.97	0.56	2.21
16	1.10	1.37	0.98	1.54	0.86	1.73	0.74	1.93	0.62	2.15
17	1.13	1.38	1.02	1.54	0.90	1.71	0.78	1.90	0.67	2.10
18	1.16	1.39	1.05	1.53	0.93	1.69	0.82	1.87	0.71	2.06
19	1.18	1.40	1.08	1.53	0.97	1.68	0.86	1.85	0.75	2.02
20	1.20	1.41	1.10	1.54	1.00	1.68	0.90	1.83	0.79	1.99
21	1.22	1.42	1.13	1.54	1.03	1.67	0.93	1.81	0.83	1.96
22	1.24	1.43	1.15	1.54	1.05	1.66	0.96	1.80	0.86	1.94
23	1.26	1.44	1.17	1.54	1.08	1.66	0.99	1.79	0.90	1.92
24	1.27	1.45	1.19	1.55	1.10	1.66	1.01	1.78	0.93	1.90
25	1.29	1.45	1.21	1.55	1.12	1.66	1.04	1.77	0.95	1.89
26	1.30	1.46	1.22	1.55	1.14	1.65	1.06	1.76	0.98	1.88
27	1.32	1.47	1.24	1.56	1.16	1.65	1.08	1.76	1.01	1.86
28	1.33	1.48	1.26	1.56	1.18	1.65	1.10	1.75	1.03	1.85
29	1.34	1.48	1.27	1.56	1.20	1.65	1.12	1.74	1.05	1.84
30	1.35	1.49	1.28	1.57	1.21	1.65	1.14	1.74	1.07	1.83
31	1.36	1.50	1.30	1.57	1.23	1.65	1.16	1.74	1.09	1.83
32	1.37	1.50	1.31	1.57	1.24	1.65	1.18	1.73	1.11	1.82
33	1.38	1.51	1.32	1.58	1.26	1.65	1.19	1.73	1.13	1.81
34	1.39	1.51	1.33	1.58	1.27	1.65	1.21	1.73	1.15	1.81
35	1.40	1.52	1.34	1.58	1.28	1.65	1.22	1.73	1.16	1.80
36	1.41	1.52	1.35	1.59	1.29	1.65	1.24	1.73	1.18	1.80
37	1.42	1.53	1.36	1.59	1.31	1.66	1.25	1.72	1.19	1.80
38	1.43	1.54	1.37	1.59	1.32	1.66	1.26	1.72	1.21	1.79
39	1.43	1.54	1.38	1.60	1.33	1.66	1.27	1.72	1.22	1.79
40	1.44	1.54	1.39	1.60	1.34	1.66	1.29	1.72	1.23	1.79
45	1.48	1.57	1.43	1.62	1.38	1.67	1.34	1.72	1.29	1.78
50	1.50	1.59	1.46	1.63	1.42	1.67	1.38	1.72	1.34	1.77
55	1.53	1.60	1.49	1.64	1.45	1.68	1.41	1.72	1.38	1.77
60	1.55	1.62	1.51	1.65	1.48	1.69	1.44	1.73	1.41	1.77
65	1.57	1.63	1.54	1.66	1.50	1.70	1.47	1.73	1.44	1.77
70	1.58	1.64	1.55	1.67	1.52	1.70	1.49	1.74	1.46	1.77
75	1.60	1.65	1.57	1.68	1.54	1.71	1.51	1.74	1.49	1.77
80	1.61	1.66	1.59	1.69	1.56	1.72	1.53	1.74	1.51	1.77
85	1.62	1.67	1.60	1.70	1.57	1.72	1.55	1.75	1.52	1.77
90	1.63	1.68	1.61	1.70	1.59	1.73	1.57	1.75	1.54	1.78
95	1.64	1.69	1.62	1.71	1.60	1.73	1.58	1.75	1.56	1.78
100	1.65	1.69	1.63	1.72	1.61	1.74	1.59	1.76	1.57	1.78

续表　1%的上下界

n	$k=2$		$k=3$		$k=4$		$k=5$		$k=6$	
	d_L	d_U	d_L	d_U	d_L	d_U	d_L	d_U	d_L	d_U
15	0.81	1.07	0.70	1.25	0.59	1.46	0.49	1.70	0.39	1.96
16	0.84	1.09	0.74	1.25	0.63	1.44	0.53	1.66	0.44	1.90
17	0.87	1.10	0.77	1.25	0.67	1.43	0.57	1.63	0.48	1.85
18	0.90	1.12	0.80	1.26	0.71	1.42	0.61	1.60	0.52	1.80
19	0.93	1.13	0.83	1.26	0.74	1.41	0.65	1.58	0.56	1.77
20	0.95	1.15	0.86	1.27	0.77	1.41	0.68	1.57	0.60	1.74
21	0.97	1.16	0.89	1.27	0.80	1.41	0.72	1.55	0.63	1.71
22	1.00	1.17	0.91	1.28	0.83	1.40	0.75	1.54	0.66	1.69
23	1.02	1.19	0.94	1.29	0.86	1.40	0.77	1.53	0.70	1.67
24	1.04	1.20	0.96	1.30	0.88	1.41	0.80	1.53	0.72	1.66
25	1.05	1.21	0.98	1.30	0.90	1.41	0.83	1.52	0.75	1.65
26	1.07	1.22	1.00	1.31	0.93	1.41	0.85	1.52	0.78	1.64
27	1.09	1.23	1.02	1.32	0.95	1.41	0.88	1.51	0.81	1.63
28	1.10	1.24	1.04	1.32	0.97	1.41	0.90	1.51	0.83	1.62
29	1.12	1.25	1.05	1.33	0.99	1.42	0.92	1.51	0.85	1.61
30	1.13	1.26	1.07	1.34	1.01	1.42	0.94	1.51	0.88	1.61
31	1.15	1.27	1.08	1.34	1.02	1.42	0.96	1.51	0.90	1.60
32	1.16	1.28	1.10	1.35	1.04	1.43	0.98	1.51	0.92	1.60
33	1.17	1.29	1.11	1.36	1.05	1.43	1.00	1.51	0.94	1.59
34	1.18	1.30	1.13	1.36	1.07	1.43	1.01	1.51	0.95	1.59
35	1.19	1.31	1.14	1.37	1.08	1.44	1.03	1.51	0.97	1.59
36	1.21	1.32	1.15	1.38	1.10	1.44	1.04	1.51	0.99	1.59
37	1.22	1.32	1.16	1.38	1.11	1.45	1.06	1.51	1.00	1.59
38	1.23	1.33	1.18	1.39	1.12	1.45	1.07	1.52	1.02	1.58
39	1.24	1.34	1.19	1.39	1.14	1.45	1.09	1.52	1.03	1.58
40	1.25	1.34	1.20	1.40	1.15	1.46	1.10	1.52	1.05	1.58
45	1.29	1.38	1.24	1.42	1.20	1.48	1.16	1.53	1.11	1.58
50	1.32	1.40	1.28	1.45	1.24	1.49	1.20	1.54	1.16	1.59
55	1.36	1.43	1.32	1.47	1.28	1.51	1.25	1.55	1.21	1.59
60	1.38	1.45	1.35	1.48	1.32	1.52	1.28	1.56	1.25	1.60
65	1.41	1.47	1.38	1.50	1.35	1.53	1.31	1.57	1.28	1.61
70	1.43	1.49	1.40	1.52	1.37	1.55	1.34	1.58	1.31	1.61
75	1.45	1.50	1.42	1.53	1.39	1.56	1.37	1.59	1.34	1.62
80	1.47	1.52	1.44	1.54	1.42	1.57	1.39	1.60	1.36	1.62
85	1.48	1.53	1.46	1.55	1.43	1.58	1.41	1.60	1.39	1.63
90	1.50	1.54	1.47	1.56	1.45	1.59	1.43	1.61	1.41	1.64
95	1.51	1.55	1.49	1.57	1.47	1.60	1.45	1.62	1.42	1.64
100	1.52	1.56	1.50	1.58	1.48	1.60	1.46	1.63	1.44	1.65

注：n 是观察值的数目；k 是解释变量的数目，包括常数项。

六、协整检验临界值表

N	模型形式	p	φ_∞	φ_1	φ_2
1	无常数项,无趋势项	0.01	−2.565 8	−1.960	−10.04
		0.05	−1.939 3	−3.098	0.00
		0.10	−1.615 6	−0.181	0.00
1	常数项,无趋势项	0.01	−3.433 6	−5.999	−29.25
		0.05	−2.862 1	−2.738	−8.36
		0.10	−2.567 1	−1.438	−4.48
1	常数项,趋势项	0.01	−3.963 8	−8.353	−47.44
		0.05	−3.412 6	−4.039	−17.83
		0.10	−3.127 9	−2.418	−7.58
2	常数项,无趋势项	0.01	−3.900 1	−10.534	−30.03
		0.05	−3.337 7	−5.967	−8.98
		0.10	−3.046 2	−4.069	−6.73
2	常数项,趋势项	0.01	−4.326 6	−15.531	−34.03
		0.05	−3.780 9	−9.421	−15.06
		0.10	−3.495 9	−7.203	−4.01
3	常数项,无趋势项	0.01	−4.298 1	−13.790	−46.37
		0.05	−3.742 9	−8.352	−13.41
		0.10	−3.451 8	−6.241	−2.79
3	常数项,趋势项	0.01	−4.667 6	−18.492	−49.35
		0.05	−4.119 3	−12.024	−13.13
		0.10	−3.834 4	−9.188	−4.85
4	常数项,无趋势项	0.01	−4.649 3	−17.188	−59.20
		0.05	−4.100 0	−10.745	−21.57
		0.10	−3.811 0	−8.317	−5.19
4	常数项,趋势项	0.01	−4.969 5	−22.504	−50.22
		0.05	−4.429 4	−14.501	−19.54
		0.10	−4.147 4	−11.165	−9.88
5	常数项,无趋势项	0.01	−4.958 7	−22.140	−37.29
		0.05	−4.418 5	−13.641	−21.16
		0.10	−4.132 7	−10.638	−5.48
5	常数项,趋势项	0.01	−5.249 7	−26.606	−49.56
		0.05	−4.715 4	−17.432	−16.50
		0.10	−4.434 5	−13.654	−5.77
6	常数项,无趋势项	0.01	−5.240 0	−26.278	−41.65
		0.05	−4.704 8	−17.120	−11.17
		0.10	−4.424 2	−13.347	0.00
6	常数项,趋势项	0.01	−5.512 7	−30.735	−52.50
		0.05	−4.976 7	−20.883	−9.05
		0.10	−4.699 9	−16.445	0.00

注:① 临界值计算公式为 $C_p=\varphi_\infty+\frac{\varphi_1}{T}+\frac{\varphi_2}{T^2}$,其中 T 表示样本容量。② N 表示协整回归式中所含变量个数,p 表示显著性水平。③ $N=1$ 时,协整检验即转化为单变量平稳性的 ADF 检验。

反盗版举报电话　(010)58581999　58582371　58582488

反盗版举报传真　(010)82086060

反盗版举报邮箱　dd@hep.com.cn

通信地址　北京市西城区德外大街4号

高等教育出版社法律事务与版权管理部

邮政编码　100120